DR. DR. CLAUS SCHULZ

# BÄUME UND MENSCHEN

Für Half

WERNER-VERLAG

CLAUS SCHULZ

# BÄUME UND MENSCHEN

WERNER-VERLAG

# INHALT

Wenn der Eukalyptus seine Rinde ablöst,
lösen sich ganze Alleen auf.

# Einleitung

## Die Betrachtungsweise

In diesem Buch geht es um die Bäume, genauer gesagt, um ihre ganzheitliche Betrachtung. Ist aber nicht der Versuch, die Bäume umfassend zu beschreiben, zugleich das Eingeständnis, von ihnen nicht viel zu verstehen? Müßte nicht jeder, der sich auch nur einigermaßen mit dieser Thematik beschäftigt hat, merken, daß sie unerschöpflich ist!

Das vorliegende Buch stellt nicht den Versuch dar, die Bäume in ihrer unendlichen Vielfalt abschließend zu beschreiben. Der Autor hat diesen Versuch auch gar nicht erst unternommen, denn wer sich lange genug mit dem Thema Bäume beschäftigt hat, merkt, wie ihm diese allmählich das Geschehen unwiderstehlich diktieren.

Andererseits ist das Buch keineswegs der Versuch, sich so weitgehend in diesem Thema zu bescheiden, die Bäume und den Wald wiederum nur (und zum wievielten Male eigentlich?) auf den Wegen zu erkunden, die fast so lange vorgezeichnet sind, wie es das Papier und die Schrift gibt. Dort stehen sich nur alle im Wege und, was viel schlimmer ist, langweilen auch noch ihre Leser, die am Ende gar noch meinen, die Bäume hätten tatsächlich nicht mehr zu bieten.

Obwohl dieses Buch viele fachliche Aspekte liefert, ist es kein Fachbuch, etwa das Buch des Försters, des Dendrologen oder des Ökologen. Es zeigt in dem Versuch einer Ganzheitsbetrachtung allerdings eines: Es gibt einen Baum des Försters und einen solchen des Dendrologen oder des Ökologen und außerdem noch viele andere. Übereinstimmend mit der Erkenntnis, daß niemand das Thema zu erschöpfen vermag, sieht jeder gewöhnlich immer nur einen kleinen Ausschnitt des Bildes vom Baum. Erst alle Blickwinkel zusammen ergänzen sich aber zum Gesamtbild.

Entsteht also in der Addition der hier beschriebenen Blickwinkel doch ein Gesamtbild des Baumes? Leider nein, denn wer wollte schon alle Betrachtungsweisen finden oder auch nur einzelne davon erschöpfen! Zu letzterem reicht nicht einmal das Wissen der wirklichen Fachleute. Die Natur der Bäume belehrt sie immer wieder eines Besseren.

»Bäume und Menschen« will und kann nur die Richtung aufzeigen und deutlich machen, wie sich die verschiedenen Aspekte der Bäume zu einem in Wirklichkeit viel größeren, unendlich großen Gesamtbild ergänzen. Dieser Versuch ist im ersten, weitgehend objektiven Teil des Buches unternommen worden.

Wer sich vom Baum ein Bild machen will, muß nicht unbedingt einen mit ihm verbundenen Beruf haben. Jeder Leser wird dem hier Dargestellten seine eigene Betrachtung hinzufügen und auf diese Weise die Vorstellung von den Bäumen erweitern. Genauso wie es die Kommentatoren und Photographen in diesem Buch getan haben. Mit ihren Beschreibungen, Erinnerungen, ganz persönlichen Ideen oder Bildern haben sie den zweiten, subjektiven Teil des Buches mitgeprägt und dazu beigetragen, das Gesamtbild des Baumes um ein weiteres Stück zu ergänzen.

Man kann das Anliegen des Buches auch so ausdrücken: Sollte ein Sekretär der Bäume – der diesen in der Vergangenheit in mancher Beziehung leider selbst nicht immer ganz gerecht geworden ist – dazu beigetragen haben, daß keiner seiner Leser zukünftig gedankenlos an einem Baum vorbeikommt, dann hätte er alles erreicht.

## Der Umweltgipfel in Rio de Janeiro

Kurz vor Redaktionsschluß dieses Buches standen die Umwelt und in ihr die Bäume endlich einmal so eindrucksvoll im Mittelpunkt des weltweiten Interesses, wie sie es an sich immer verdienten. Zwanzig Jahre hatte es gedauert, der ersten Umweltkonferenz in Stockholm eine zweite in Rio folgen zu lassen. Trotz dieser langen Vorbereitungszeit war dem Veranstalter, den Vereinten Nationen, ein entscheidender Fehler unterlaufen: Er hatte übersehen, daß in den Vereinigten Staaten gerade die Gesetze des Wahlkampfes herrschten.

Dort glaubte der Präsident, um wiedergewählt zu werden, die Umweltschützer sogar in die Rolle von Extremisten drängen zu müssen. Dabei ging es in Rio nicht darum, die industrielle Welt zu schädigen, um die Umwelt zu entlasten. Es ging um nicht mehr und nicht weniger, als diese eine Welt, in der wir leben, zu erhalten und dabei die Opfer so zu verteilen, daß sie alle gleichermaßen beträfen.

Im Mittelpunkt des Treffens standen zwei völkerrechtlich verbindliche Abkommen: das Artenschutz- und das Klimaschutzabkommen. In ersterem verpflichten sich die Unterzeichnerstaaten, verschiedene Tiere, Pflanzen und Mikroorganismen vor dem Aussterben zu bewahren. Das letztere verpflichtet zu einer Reduzierung von Treibgasen.

Die USA unterzeichneten zwar das Klimaschutzabkommen, hatten zuvor allerdings durchgesetzt, daß verbindliche Grenzwerte gestrichen wurden. Das Artenschutzabkommen wurde von den USA nicht unterzeichnet. Das machte das Ergebnis der Konferenz materiell unbefriedigend, für viele auch enttäuschend. Dabei darf aber nicht vergessen werden, daß mancherorts auch zuviel erwartet worden war. Es fehlte einfach das Bewußtsein.

Wenn die Konferenz ein Ergebnis gehabt haben sollte, das der Welt weiterhelfen könnte, dann dieses:

Das Bewußtsein für die Probleme unserer Umwelt ist seither zweifellos gewachsen.

Es bleibt nicht mehr lange abzuwarten, bis es reif ist für die entscheidenden Schritte. Baumgeschichtlich vielleicht gerade noch so lange, wie die Augenblicke des Samenfluges von einem Ast herab auf die Erde.

**Ausblick**

Wenn sich im Laufe der Untersuchungen dieses Buches auch vieles aufgeklärt hat oder in einem ganz neuen Lichte erschien, stellte sich doch immer deutlicher eine Frage, auf die es leider bis zum Schluß keine Antwort gab: Wie kommt es eigentlich, daß es den Bäumen so schlecht geht? An den Menschen kann es nicht liegen. Als der Autor Kommentatoren für die Bäume suchte, fand er trotz größter Mühe keinen, der diesen nicht wenigstens grundsätzlich wohlgesonnen war. Er fand mit anderen Worten keinen Kontrast zu all den positiven Stimmen, die allenfalls einmal bis zur nüchternen Betrachtung gingen. Ist dies nicht außerordentlich erstaunlich, wo doch die Bäume weltweit so sehr leiden! Schließlich haben Bäume unbestritten ihre Besonderheiten. Zum Beispiel werfen sie mit Blättern und Ästen. Oder fallen auf Dächer. Außerdem nehmen sie manchmal die Sicht, und im gemäßigten Klima verweigern sie den Menschen eher die Sonne, als daß sie Schatten spenden.

Ist es der Zeitgeist, der keinen Widerspruch gegen die Bäume duldet? Dann werden die Menschen weiter so handeln und zum Teil anders denken als sich äußern. Ist es aber eine neue Überzeugung, die sich da breitmacht und durch den Umweltgipfel gestärkt wird, dann müßte es den Bäumen eigentlich irgendwann einmal bessergehen.

Unabhängig davon, was es nun wirklich ist, das da die Bäume in unser Bewußtsein wachsen läßt, wird jedoch deren tatsächliches Wachstum inzwischen leider auch an den Dingen gemessen, mit denen wir uns selbst von den zentralen Problemen ablenken und betäuben oder aber von denen wir in eine andere Richtung gezwungen werden. Der (Weiter-)Entwicklung der Ozonlöcher, dem Anstieg der Weltbevölkerung und vergleichbaren Themen gehörten eigentlich die täglichen Balkenüberschriften auf der ersten Seite. Nicht dem morgentlichen Aufstrich aus Sensationen, der politischen Pflichtübung des Alltags oder gar der Kür einzelner Personen. Dann stünde es um die Lösung der inzwischen die ganze Menschheit berührenden Überlebensfragen anders. Folglich wären auch die vor allem international insgesamt doch erbärmlichen Ergebnisse umweltpolitischer Konferenzen mehr wert als die periodische journalistische Gewohnheit oder die in einer wissenschaftlichen Spalte verschämt versteckte kurze Nachricht.

Aber täuschen wir uns auch nicht über die ganz elementaren Probleme des Alltags hinweg, welche uns in all unserem Denken von sich aus beanspruchen. Zum Beispiel den Hunger. In den Nachfolgestaaten der Sowjetunion etwa greift der Hunger auch nach den Bäumen. Bäume gegen Konserven! Da bleiben die Bäume nicht nur auf der Strecke. Sie tauschen sich so sehr unter ihrem Wert, wie sie es bei weitem nicht verdienen.

Erosion bedroht den Waldstandort im Gebirge

## Dank

Gewiß, den Bäumen ist an erster Stelle zu danken, daß sie dem Autor von sich diktiert haben. Darüber sollten aber all jene nicht vergessen werden, die ihm ihre Lieblingsbäume gezeigt und ihre eigenen Berufs- und Liebhaberwälder geöffnet haben, um ihm darin ihre Kenntnisse, Erfahrungen und die persönliche Sicht dieser Pflanzen zu erläutern. Das hatte meist einen doppelten Vorteil. Für den Autor erweiterte sich der Rahmen in dankenswerter Weise immer mehr zu einer Gesamtschau. Aber auch für manchen Baumliebhaber oder Besitzer eines solchen beruflichen oder persönlichen Waldes änderte sich manches. Indem er von ganz andersartigen Bäumen oder Wäldern erfuhr, bereicherte sich die Kultur seiner eigenen Gehölze durch zusätzliche Arten.

Von dem individuellen bis zu dem uns allen gemeinsamen, die gesamte Vielfalt seiner großartigen Erscheinung zeigenden Baum ist es ein weiter Weg. Dem Autor ist er leicht gefallen, weil sich ihm auf allen Etappen neue Einblicke gezeigt haben.

Es hat Spaß gemacht, mit Monika Ram, Peter Stöver und Christine Wetzel durch Märchenwälder zu gehen, mit Professor Dr. Albert Baumgartner große klimatologische Zusammenhänge oder mit Matthias Forst die Kleinlebewesen am Baum zu beobachten. Die ökologische Sicht zusammen mit Wolfgang Schoeller war genauso interessant wie die dendrologischen Betrachtungen mit Professor Dr. Peter Schütt und Heribert Reif. Bruno Hammerschmidt war ein vorbildlicher Förster, wie Heimo van Elsbergen ein Jäger war, der die Jagd nicht ernster nahm als die Bäume. Gisa Bringer wird vielleicht in Zukunft in der Literatur nicht mehr ohne die Bäume auskommen, und Professor Dr. Herbert Anton schien es ein Vergnügen zu sein, wieder einmal in den ihm vertrauten literarischen Blättern zu rascheln. Für Klaus Witteler mögen sich die Bäume musikalisch zu Weltenbäumen formen. Dr. Martin Gerlach aber mag auf seinen Waldgängen darauf achten, daß sich die Bäume in den christlichen Wäldern nicht noch einmal in einer bestimmten Weise wichtig machen wie vor langen Zeiten, und Dr. V.P. Joshi wäre zu gönnen, daß ihm durch einen Baum das zuteil wird, was ihm alle wünschen. Dr. Walter J. Hofmann zeigte sich in der Kunstakademie zu Hause und gleichermaßen in Baumbildern bewandert. Professor Dr. Günther Friedrich als Hydrologe und Dr. Oskar Burkhardt als Geologe schließlich zeigten mit der gebotenen Nüchternheit, die der Verankerung der Bäume im Erdboden angemessen ist, was Bäume unsichtbar sonst noch alles bewirken.

Herzlich bedanken möchte ich mich auch noch bei Sven Broman, Gisela Claudius, Claus Clemens, Manfred Fiene, Gisela Fritschi, Reimer Hartwich, Alana Garwood (Australian Institute of Aboriginal and Torres Strait Islander Studies), Hugh Gilbert, Dora Grunwald mit Schülern, Dr. U. Heldt, Dr. Werner Kranz, Karola Nordt mit Schülern, Christopher Pawlik, Hans Joachim Rech, Jürgen V. Riedel, Manfred Riewer, Professor Dr. Rainer Roth, Fred Schmidt, Werner Schmieder, Peter von Schreitter, Michael Stamm, Georg Steinbacher, Professor Dr. Dieter Strauch, Gerda Walzel, Dr. Jaroslaw Warenczuk, S. Zuhdi und ganz besonders herzlich auch bei Janosch, Spießer Alfons, Hubert Seebohm, Professor Paul Flora und Peter Dauscha.

Besonderer Dank gilt auch Greta Hillringhaus, sie hatte die Phantasie, viele Treffen unter den Bäumen zu verabreden. Ebenso Klaus Wildenhaus, der jeden Freitag den Bäumen geweiht hat. Bedanken möchte ich mich schließlich mit dem Nachdruck der Schlußsätze bei Renate Behla. Sie beschränkte sich nicht auf das formale Gerüst der Grafik, sondern kletterte eifrig mit in den Bäumen herum. Und natürlich, um das Bild des Dankes abzurunden, bei Eberhard Dickert, dem als Verleger nicht ein einziges Mal schwindlig wurde, wenn er mit ansehen mußte, wie die Bäume auf seine Kosten bestiegen wurden.

Bäume als Merkmal einer Landschaft (Pappeln in der Toskana)

Baumkulturen in südlicher Landschaft (Katalonien)

Süsskirschen

»Indian Summer« (Wisconsin, USA)

Herbst, Zeit verschwenderischer Samenproduktion (Hainbuche *(Carpinus)*

Baumspiegelungen

Der Baum der Holzwirtschaft lässt sich wohl am einfachsten definieren.

# Was ist ein Baum?

Wäre eine alles umfassende Definition so relativ einfach, wie man sie rein botanisch formulieren kann, dann gäbe es über Bäume weit weniger zu reden und zu schreiben. Zunächst einmal ist der Baum ein Holzgewächs. Als solches bezeichnet man langlebige Pflanzen mit einem ausgeprägten Stamm und bevorzugtem Längenwachstum. So werden Holzgewächse in den Lexika definiert. Botanische Bücher sind da ausführlicher. Die deutschen unterscheiden zwischen Laub- und Nadelgehölzen, wobei letztere auch noch als Koniferen bezeichnet werden. Laubgehölze sind sogenannte Angiospermae, Bedecktsamige Pflanzen, Nadelgehölze dagegen sogenannte Gymnospermae, Nacktsamige Pflanzen. Bei den Bedecktsamern sind im Gegensatz zu den Nacktsamern die Samenanlagen im Fruchtknoten, einem von den Fruchtblättern gebildeten Gehäuse, eingeschlossen. Diesen verlassen sie entweder als fertige Samen, oder sie befreien sich als keimende Pflanze.

Die Bezeichnung »Holzgewächs« oder auch »Gehölz« muß der Baum noch mit den Sträuchern und den Halbsträuchern, die wir hier vernachlässigen, teilen. Das ist weniger eine Einschränkung für den Baum als eine Chance für die Sträucher. Zwischen beiden besteht nämlich eine Grenze, die von den Sträuchern überschritten werden kann, wenn sie sich selbst übertreffen. Man hat selbstverständlich versucht, diese Grenze genauer zu definieren. Viele sehen den entscheidenden Unterschied darin, daß Bäume ein akrotones, d.h. an der Spitze liegendes, Sträucher dagegen ein basitones, d.h. an der Basis liegendes Verzweigungssystem haben. Dies ist immerhin ein ernstzunehmender Gedanke. Völlig unbrauchbar ist es dagegen, den Baum mit unbestimmten Begriffen zu umschreiben, wie etwa: Ein Baum ist ein größeres, sprich höheres Gehölz. Und wenn die Mindesthöhe dann auch noch bestimmt und ganz ernsthaft etwa bei 5 m angesetzt wird, dann kann man sich eigentlich nur noch wundern. Solche »Sachverständige« sind dem Wesen des Baumes ferner als jedes Kräuterweiblein, das noch niemals in einer Vorlesung gesessen hat. Man stelle sich vor, man mäße den Charakter eines Baumes mit Meßlatte und Zollstock.

Dabei zeigt es doch der Bonsai, mag man über diese Art der Veredelung denken, wie man will. Oder noch weit mehr die von allen Jahreszeiten, vom Boden und von allen Lebensumständen benachteiligte Kiefer *(Pinus)* auf einem hochragenden Felsen. Der Winzling hat genausoviel Ausstrahlung und Charakter wie ein ganz großer Baum. Und genau das ist es, was einen Baum ausmacht: die unvergleichliche Ausstrahlung, die ihn über alle Pflanzen erhebt. Man erfährt sie in längerem Umgang mit Bäumen und bei ihrer Beobachtung. Es geht dabei nicht um meßbare Stammdicke, Höhe oder ein weiteres unbestreitbares Charakteristikum. Was den Baum wirklich ausmacht und ihn vom Strauch unterscheidet, muß jeder letztlich selbst im Umgang mit Bäumen erfahren. Bücher können ihm nur den Weg weisen.

Manchen Sträuchern fehlt alles, um ein Baum zu werden, mögen sie nun 2 m oder 6 m hoch sein. Andere haben es dagegen sozusagen in ihrem Saft, aus eigener Kraft ein Baum und nur das zu werden, so zum Beispiel auch einige Ahorne wie *Acer ginnala,* der Amurahorn, der Cissusblättrige Ahorn *(A. cissifolium)* oder *A. palmatum.* Wem sie in seinem Garten zu Bäumen heranwachsen, erhält sozusagen die höheren Weihen als Baumgärtner.

Holzwirtschaftlich ist die Bedeutung des Baumes klar umrissen. Die Zuwachs- und Ertragslehre versteht unter einem Baum die ganze oberirdische Holzmasse eines Stammes mitsamt dem Astholz, aber ohne den Stock. Unter »Stock« ist in der Terminologie der Holzfachleute der Teil des Baumes zu verstehen, der nach dem Fällen in der Erde zurückbleibt. Dazu gehört der Schaft, also der stehengebliebene oberirdische Abschnitt des Stammes.

Die einzelnen Teile des Baumes werden dann entsprechend der geplanten Nutzung verwendet. Entscheidend sind dabei die Art des Holzes und die Größe des Stammes oder der verwertbaren Äste. Fast immer tritt auch die Frage auf, ob und gegebenenfalls in welchem Umfang das Splintholz mitverarbeitet werden kann, darüber hinaus, ob die Baum- oder Waldkante beim Einschnitt des Holzes toleriert wird. Diese ergibt sich, wenn das Holz nicht scharfkantig geschnitten wird und mehr oder weniger große Teile der natürlichen Holzoberfläche aufweist. Von Bedeutung sind ebenfalls physikalische bzw. wirtschaftlich relevante Eigenschaften, wie zum Beispiel das Gewicht. Das Gewicht ist in vielfacher Beziehung von Belang. Man denke nur daran, daß sich Hölzer mit geringerem Gewicht leichter bearbeiten lassen und solche mit höherem Gewicht haltbarer sind. Je nach dem Einsatz des Holzes stellt sich unter anderem auch die Frage nach der Textur, der Farbe oder nach dem besonderen Verhalten bei der Trocknung, zum Beispiel dem Schwund. Weiterhin spielen Eigenschaften wie Härte, Druck- oder Biegefestigkeit, Zug- oder Scherfestigkeit eine Rolle. Für die Holzwirtschaft stellt sich schließlich noch die Frage nach Fehlern und Zeichen der Holzzersetzung. Da geht es um das ganz wesentliche Merkmal der Astigkeit oder um die Wuchsform des Stammes. Dieser darf beispielsweise nicht drehwüchsig sein, das heißt, die Holzfasern müssen achsenparallel verlaufen, sie dürfen sich nicht schraubenförmig um die Stammachse drehen. Auch Farbfehler oder Abweichungen in der Struktur des Holzes spielen eine Rolle. Und nicht zuletzt natürlich die Zeichen für eine Zerstörung des Holzes, wie etwa die Rotstreifigkeit, eine Verfärbung in Nadelholzstämmen, vor allem bei der Fichte *(Picea)* oder der Tanne *(Abies)*. Sie zeigt an, daß Pilze das Holz allmählich zersetzen. Diese Fragen und viele mehr bewegen den Holzfachmann, der einen Baum in erster Linie unter dem Blickwinkel des wirtschaftlichen Nutzens sieht.

So definiert sich der Baum in der Holzwirtschaft vielleicht kompliziert, da bis in die letzte Nutzung, aber am Ende doch ziemlich eindeutig als die oberirdische Holzmasse. Die Möglichkeiten ihrer Verwertung kennen wir alle vom Kunstwerk mit höchstem Anspruch, zum Beispiel einer Skulptur oder einem Barockmöbel in handwerklicher Vollendung, bis zur Einwegpalette. Aber weder der Botaniker noch der Dendrologe, der sich speziell mit Baum- und Gehölzkunde befaßt, noch die Vertreter der Holzwirtschaft können den Baum für sich allein beanspruchen. Es gibt noch viele andere, die in einem engen Verhältnis zum Baum stehen. Man denke an diejenigen, die die Früchte der Bäume ernten, mit ihren Obstbaum- oder Ölpalmenplantagen oder riesigen Kautschukpflanzungen. Sie interessiert nicht, ob sie von Bäumen oder Sträuchern ernten, und auch nicht, ob sich eine von der langjährigen Ernte erschöpfte Pflanze zum Schluß noch holzwirtschaftlich verwerten läßt. In ganz anderer Weise bildet der Baum den Mittelpunkt ihres Lebens. Und damit fügen auch sie wiederum der Definition des Baumes Merkmale hinzu, ohne die sein Wesen nicht abschließend gekennzeichnet wäre. Dies gilt auch noch für viele andere, die sich unmittelbar oder nur mittelbar beruflich oder in anderer Weise mit Bäumen befassen. Zum Beispiel für die Entomologen, die sich dem Leben der Insekten verschrieben haben und deshalb an den Bäumen unmöglich vorbeikommen. Oder die Ornithologen, die Vogelkundler, denn was wären Vögel ohne Bäume! Oder die Meteorologen und Klimaforscher, und nicht zu vergessen die vielen Gärtner und Gartengestalter. Vergessen wir aber auch nicht die Gentechniker, wie sehen sie einen Baum? Schließlich sind da noch die Vertreter der Religion, bei denen manche Baumart bis zu den Ursprüngen ihres Glaubens reicht, oder die Naturvölker mit ihrem baumverwurzelten Leben. Man kann sie unmöglich alle aufzählen, und doch haben sie alle etwas zu den Bäumen zu sagen, und vieles davon gehört zu deren Wesensgehalt.

Vergessen wir darüber nicht uns selbst, die wir uns praktisch oder in Gedanken mit den Bäumen befassen! Vergessen wir also nicht das eigene Bild vom Baum, das wir in uns tragen, das millionenfach andersartige Bild der Bäume im Spiegel der menschlichen Seele, wo es endgültig frei wird für jede Art von Betrachtung. Das Gesamtbild des Baumes setzt sich aus all diesen Einzelbildern zusammen. Es gibt keine gültige Definition, die alles zusammen erfaßt. Und es wird sie auch nach diesem Buch nicht geben. Eines aber steht fest: Wer dem Baum nicht in einer Ganzheitsbetrachtung näherzutreten versucht, kann ihm nicht gerecht werden. Dies soll hier zumindest methodisch versucht werden. Wenn es dennoch nicht zu einer abschließenden Ganzheitsbetrachtung kommt, ist dies allein dem Baum anzulasten oder zu verdanken, denn das Thema Baum ist unerschöpflich.

Noch etwas könnte und sollte im übrigen auch nicht gelingen, nämlich dem einzelnen sein persönliches Bild von einem Baum zu vermitteln. Er muß es aus der Vielzahl der Blickwinkel herausfinden, denn jedes Bild vom Baum ist in der letzten Konsequenz höchst persönlich. Das Aufzeigen der verschiedenen Möglichkeiten einer Betrachtung soll ihm jedoch helfen, sich zu orientieren und das herauszulesen, was für ihn von Bedeutung ist und bei ihm auf fruchtbaren Boden fällt. Dort kann es sich, je nach den persönlichen Ansprüchen, zu einem Wald von Vorstellungen und Gedanken auswachsen, die sämtlich aus einem einzigen Baum, seinem persönlichen Bild vom Baum, sprießen.

Ist unter diesen Umständen nicht schon die Frage falsch gestellt: »Was ist ein Baum?« Müßte es nicht treffender heißen: »Wer ist ein Baum?« Denn wer ihnen nähertritt, spürt, daß sie lebende Persönlichkeiten und alles andere als neutrale Sachen sind. Es bildet sich eine persönliche Beziehung zu ihnen wie sonst zu keiner anderen Planze. Wie in jeder persönlichen Beziehung entscheiden am Ende ganz subjektive Momente. Dies bedeutet nicht, daß der Baum in den Himmel gehoben werden soll. Es soll auch niemandem der Weg von den Menschen weg zu den Bäumen gewiesen werden. Schließlich gibt es schon so viele naturverirrte Schwärmer, daß die Gebüsche davon knacken und selbst die Wurzeln der starken Bäume ihre Mühe haben, sich dem Druck ihrer Füße gewachsen zu zeigen. Was wir statt dessen brauchen, ist die natürlich selbstverständliche Beziehung zu den Bäumen, wie sie früher einmal allen Menschen eigen war und noch heute bei den Naturvölkern erhalten ist. Eine Beziehung, die allerdings frei ist von Religiosität, aber auch unbelastet von dem Egoismus.

# Was ist ein Wald?

Nachdem sich der Mensch von der Natur und von den Bäumen getrennt hatte, verkam der Wald zunehmend zu einer bloßen Ansammlung von Bäumen. Erst als er, ursprünglich ein Sinnbild für Widerstand und Kraft, allmählich vor der Gewalt des Menschen zurückwich und auf Blättern, Nadeln, Stamm, Wurzeln und Ästen Zeichen von Schwäche und Krankheit erkennen ließ, wandten sich die Menschen wieder verstärkt dem Wald zu. Seither spricht niemand mehr von einem Wald als der Summe der darin enthaltenen Bäume. Jedenfalls niemand, der dem Trend gerecht werden will.

Ein Wald ist eine Gruppe von Bäumen, die zu einer Gemeinschaft verwachsen, mehr noch, zu einer Lebensgemeinschaft mit allem, was sich neben, an oder auf ihnen ansiedelt. Ihm gegenüber steht der Einzelbaum, der jedoch immer auch in der Gemeinschaft zu sehen ist, die er mit anderen Lebewesen bildet.

Ein Wald läßt sich nicht in Einzelbäume aufteilen, wohl aber in einzelne Bäume. Der Einzelbaum, der Solitär also, gibt sich grundsätzlich anders als der Waldbaum.

Dementsprechend kann aus einem Waldbaum höchstens einmal ein einzeln stehender Baum, aber kein ausgeprägter Einzelbaum werden, wie der von Anfang an auf sich allein gestellte, der sich frei entfalten konnte. Würden dagegen frei wachsende Bäume zu einem Wald zusammengerückt, würden sie sich nach einer gewissen Zeit wie Waldbäume nach dem Licht ausrichten und sich dabei schlank wachsen. Um die Kraft für das nun lebenswichtige Höhenwachstum aufzusparen, würden sie die Pracht der unteren Verzweigung, die ihre ganze Wirkung als Einzelbaum ausmachte, einfach vernachlässigen und schließlich ganz aufgeben. Dies ist eine wichtige Unterscheidung, die man sich immer vor Augen halten sollte.

Der Wald ist also in erster Linie eine Lebensgemeinschaft von Bäumen gleicher oder unterschiedlicher Art. Diese wachsen, einem Grundbedürfnis entsprechend, formähnlich in die Höhe zum Licht. In den Tropen, wo der Urwald mehrstufig wächst, bedeutet das, daß sich Arten mit den gleichen Lichtbedürfnissen in einer bestimmten Höhe arrangieren. Ähnliches gilt in den gemäßigten Klimazonen für Bäume, die schattenverträglich sind oder sogar ein Leben in dem gefilterten Licht eines über ihnen befindlichen Blattdaches bevorzugen, wie zum Beispiel die Eibe *(Taxus)*. Wie es scheint, wachsen Bäume aber nicht nur sachlich verträglich nebeneinander. Manche Fälle legen geradezu den Gedanken nahe, zwischen ihnen könnte es ganz besondere Beziehungen geben, so etwas wie natürliche Freundschaften oder Feindschaften. Das ahnte bereits Theophrast, vielleicht auch nur im Anklang an Homer. Er meinte, unter Berufung auf einen älteren Gewährsmann, einige Bäume schienen einander zu lieben. So pflegten Myrte *(Myrtus)* und Olivenbaum *(Olea europaea)* ihre Wurzeln durcheinander zu flechten, die Zweige der Myrte durch das Geäst des Olivenbaums zu wachsen, während anderen Pflanzen der Olivenbaum zuwider sei.[1)]

Je nach der Art, der Dichte des Bestandes, dem Untergrund und den allgemeinen klimatischen Bedingungen ergänzt sich die Gemeinschaft der Bäume zu einer erweiterten, vielfältigen und komplizierten Lebensgemeinschaft mit anderen Pflanzen und Tieren. Diese Gemeinschaft kann teilweise auf den ersten Blick sichtbar werden, oder sich gänzlich vor dem menschlichen Auge verbergen.

Zu der Kategorie der letzteren, also der für das Auge nicht sichtbaren Mitglieder derartiger Gemeinschaften, gehören die Bodenmikroben, die überwiegend Bakterien sind. Mit den auf den Boden fallenden Bäumen und deren einzelnen Bestandteilen, also vor allem den Blättern, werden dem Boden große Mengen wertvoller organischer Substanz zugeführt. Diese wird unsichtbar von einem unvorstellbaren Millionenheer winziger Mikroben und anderer Klein- oder Kleinsttiere allmählich zu neuer Pflanzennahrung zersetzt. Diese Mikroben und ihre Helfer, zum Beispiel Springschwänze, Asseln, Insektenlarven und Regenwürmer, erfüllen für die Bäume lebenswichtige Funktionen.

Das gilt ebenso für Pflanzen, die, unseren Augen verborgen, im Erdreich wirken und mit ihren Wurzeln den Bäumen in vielfacher Beziehung nützlich sind. Dazu zählt vor allem eine ganze Reihe von Pilzen. Ihr Myzel, das Wurzelgeflecht in der Erde, durchzieht filigranhaft den Boden und bildet mit den Wurzeln der Bäume Gemeinschaften zu gegenseitigem Nutzen. Diese können so weit gehen, daß eine lebensnotwendige Abhängigkeit entsteht, wie zum Beispiel beim Goldröhrling *(Suillus grevillei)*. Diese Abhängigkeit drückt sich bereits in seinem zweiten Namen aus. Er heißt nämlich auch noch Goldgelber Lärchenröhrling. Der giftige Fliegen pilz *(Amanita muscaria)* ist demgegenüber in der Wahl seiner Wirtsbäume viel unabhängiger.

Bei einer Lebensgemeinschaft von Pilz und Baum umhüllen die Pilzfäden die Faserwurzeln der Bäume und dringen in das Rindengewebe der Wurzeln ein. Dabei lösen sie die Mittellamellen der Zellwände auf, die Zellen selbst jedoch tasten sie nicht an. Sie zapfen deren Leitungsbahnen an, um die dort erzeugten Nährstoffe in Form von Zuckerlösungen aufzunehmen. Ihrerseits geben sie aber den Wurzeln der Bäume auch etwas. Die Pilzfäden sind infolge von Säureausscheidungen im Boden dazu fähig, Mineralsalze aufzunehmen und sie über ihre Leitungsbahnen den Baumwurzeln zukommen zu lassen. Dies alles klingt plausibel, einvernehmlich und friedlich. Tatsächlich aber wollen die Pilze immer mehr von den Bäumen, als diesen zuträglich ist. Solange ein Baum gesund ist, kann er den übermäßigen Forderungen der Pilze widerstehen. Wird er allerdings durch irgendeinen Umstand geschwächt, versucht der Pilz die Oberhand zu gewinnen und direkt in die Zellen und Leitungsbahnen des Baumes einzudringen. So kann fast jede dieser Gemeinschaften zugleich Freundschaft und Feindschaft bedeuten.

In der Natur gilt der Grundsatz, stark, anpassungsfähig und widerstandsfähig zu sein und zu bleiben. Selbst in den engsten Lebensgemeinschaften regeln sich die Beziehungen nur auf dieser Basis. Auch die kleine Assel dient immer nur dem gesunden Baum. Entdeckt sie an Stamm oder Ästen eine Faulstelle, also eine Schwäche, wird sie diese systematisch vergrößern. Regen und holzzerstörende Pilze werden sie dabei unterstützen und bald selbst die Regie übernehmen. So ist der mächtigste Baum eigentlich vor nichts und niemandem sicher. Mitglieder seiner Lebensgemeinschaft lassen sich von ihm, wenn überhaupt, nur durch Kraft und Stärke in den Schranken der Freundschaft halten. Es bleibt einem Baum daher gar nichts anderes übrig, als stark und mächtig zu sein.

Gilt dies bereits gegenüber den baumfreundlichen Pilzen, den oben erwähnten sogenannten Mykorrhizen, so natürlich erst recht gegenüber den erklärten Baumfeinden, zum Beispiel den Parasiten. Das sind Pilze, die es von Anfang an auf den lebendigen Organismus des Baumes abgesehen haben. Vom Sparrigen Schüppling *(Pholiota squarrosa)* oder vom Hallimasch *(Armillaria mellea)* haben Bäume niemals etwas Gutes zu erwarten.

Der Wald als Lebensgemeinschaft von Bäumen, Tieren und anderen Pflanzen interessiert den Menschen natürlich hauptsächlich im sichtbaren Bereich. Nun besteht diese Gemeinschaft aber aus allem, was sich in, an, auf, neben oder unter den Bäumen bewegt, dort also entweder kriecht, läuft, hüpft, springt oder fliegt, und sie bezieht sich auf alles, was im Umkreis der Bäume wächst. Pilze zeigen sich allerdings außerhalb ihres Erdmyzels nur zu bestimmten Zeiten. Das gilt auch noch für viele andere Pflanzen. Die Krautschicht des Waldes zieht sich im gemäßigten Klima während bestimmter Perioden in die Erde zurück. Die Moose dagegen begleiten die Bäume über alle Jahreszeiten, sie verändern sich jedenfalls kaum einmal in ihrer lebensvollen Ausstrahlung. Anders die Sträucher, sie richten sich in allem nach dem Vorbild der Bäume. Tiere lieben einerseits den Standortwechsel, andererseits bleiben manche Zeit ihres Lebens in der Umgebung eines Baumes, wenn sie sich dort erst einmal eingerichtet haben. So ist die Lebensgemeinschaft im Umkreis von Bäumen abwechslungsreich, in ihrer Zusammensetzung unberechenbar, voller Überraschungen und dennoch typisch.

Wissenschaftlich definiert ist der Wald eine Lebensgemeinschaft (Biozönose) von Produzenten, Konsumenten und Zersetzern in einem Biotop, also einem durch bestimmte Pflanzen, Tiere und Mikroorganismen gekennzeichneten Raum. Die Produzenten sind die Pflanzen, vor allem die Bäume. Mit Hilfe der Photosynthese bauen sie aus einfachen anorganischen Stoffen hochmolekulare Verbindungen auf. Konsumenten sind die Pflanzenfresser, beispielsweise das Wild und die Insekten, die sich von pflanzlichem Gewebe ernähren, und die Fleischfresser, zum Beispiel die Vögel, die sich zum Teil wiederum von Pflanzenfressern ernähren. Die Zersetzer werden in Destruenten (zum Beispiel Regenwürmer) und Reduzenten bzw. Mineralisierer (Mikroorganismen im Boden) unterteilt. Die ersteren zerkleinern die am Boden liegenden Pflanzen- und Tierreste. Die letzteren zerlegen (mineralisieren) die organischen Überreste wieder vollständig in pflanzenverfügbare Nährstoffe. Je größer die Artenvielfalt und je dichter diese Wechselwirkungen, desto größer ist die Widerstandskraft des Waldes. In diesen Zusammenhängen sind laubabwerfende Bäume mit ihrem Blattfall für das Ökosystem Wald von viel größerer Bedeutung als Nadelbäume.

In manchen Definitionen des Begriffes »Wald« wird auch noch das Kriterium der Dichte angesprochen. Dieses Merkmal ergibt sich jedoch bereits aus der Lebensgemeinschaft selbst. Die Lebensgemeinschaft des Waldes ist zunächst die des Baumes mit anderen Bäumen sowie den anderen Pflanzen und Tieren. Zu einer Lebensgemeinschaft gehört unerläßlich, daß sich alle, im Falle der Waldgemeinschaft also auch die Bäume, enger berühren. Bei den Waldbäumen geht das so weit, daß sie sich in ihrem Wachstum gegenseitig bestimmen. Somit ergibt sich aus der Lebensgemeinschaft mit anderen Bäumen bereits die Dichte als typisches Merkmal.

Aus der Gemeinschaft von Bäumen ergeben sich besondere klimatische und ökologische Bedingungen, die die Inselfunktionen des Waldes in der Landschaft begründen. So herrschen im Wald zum Beispiel eine höhere relative Luftfeuchtigkeit und gleichmäßigere Temperaturen als in der offenen Landschaft. Das Blätterdach filtert das Licht, und die Stämme, Äste und Blätter der Bäume schwächen die Luftbewegung ab. Der Wald ist je nach seinem Standort und je nach den Baumarten, die ihn ausmachen, immer eine Welt für sich. Er bildet ein System von Beziehungen, das sich nur in genau derselben Zusammensetzung wiederholen kann. In seiner höchsten, weil eigentlichen Form, die vom Menschen niemals bis in die letzten Feinheiten, Zusammenhänge und Abhängigkeiten nachvollziehbar ist, zeigt sich der Wald als Urwald. Wird dieser zerstört, stirbt an der Stelle, wo er gestanden hat, unwiderruflich ein Teil der natürlichen Welt. Eine Wiederbelebung, soweit sie nicht, weil grundsätzliche Bedingungen weggefallen sind, unmöglich ist, wird sich in tausend Jahren nicht vollziehen. Die Bäume, die nachgepflanzt werden, tragen immer den Makel des Eingriffs. Sicher, auch Kulturwälder sind anschaulich, mitunter sogar Achtung gebietend und von immer noch erstaunlicher Vielfalt, abgesehen von einer reinen Fichtenkultur zum Beispiel, bei der sich die Lebensgemeinschaft der Bäume fast ausschließlich auf ihresgleichen beschränkt. Schließlich bedient sich Kultur des natürlich Wachsenden, um ihre Ziele zu erreichen, und Natur, das heißt ausnahmslos jede Pflanze, folgt immer nur unbeirrt ihren inneren Gesetzen, gleich, ob sie in einem Ur- oder Kulturwald steht. Aber der Kulturwald macht Natur durchschaubarer, als sie in Wirklichkeit ist. Die Monokultur schließlich, als Höhepunkt dieser Entwicklung, bringt Natur auf einen so unzulässig einfachen Nenner, daß sich die Natur am Ende mit allen Mitteln dagegen auflehnt und auf verschiedene Weise sogar ihren Dienst versagt.

Welche Arten von Wäldern sind zu unterscheiden? Zunächst einmal trennt man nach ihrem Ursprung die natürlichen, vom Menschen unberührten Urwälder von den künstlich angelegten Kulturwäldern. Die letzteren haben grundsätzlich eine wirtschaftliche Nutzfunktion. Sie bestehen entweder aus einer einzigen Baumart (Monokultur) oder aus verschiedenen Arten (Mischwald).

Der wegen seiner Zweckbestimmung auch Wirtschaftswald genannte Kulturwald wird künstlich in der Baumart oder in den Arten angelegt, die später einmal den Endbestand des Waldes bis zur »Ernte« bilden sollen. Die Entwicklung eines solchen Waldes vom Pflanzen bis zur wirtschaftlichen Verwertung vollzieht sich völlig anders als die eines natürlich entstandenen Waldes. Richtet sich ein Wald natürlich ein, geschieht dies allmählich und in Stufen. Und in seinen einzelnen Stufen wachsen ganz unterschiedliche Bäume. Gehen wir einmal davon aus, ein solcher Wald würde in der gemäßigten Klimazone entstehen, und vernachlässigen wir den ersten Anflug der Gräser, Kräuter und Sträucher. Dann erscheinen als erste sogenannte Pionierbäume, zum Beispiel die Birke *(Betula)*, die Espe *(Populus tremula)*, die Robinie *(Robinia)* oder die Erle *(Alnus)*. Folgerichtig war die Birke auch der erste Baum, der sich nach dem Ende der Eiszeit wieder in Westeuropa ansiedelte. Nach zwanzig Jahren haben diese Pionierbäume die Gräser ersetzt. Allmählich stellen sich dann aber auch die Bäume ein, die später einmal, spätestens nach hundert Jahren, das Schlußdach des Waldes bilden werden und im Zuge ihres Wachstums die ersten wieder verdrängen. Zu ihnen zählen die Schattenbaumarten wie Ahorn *(Acer)* oder Buche *(Fagus)*. Zusammen mit der Eiche *(Quercus)* und anderen bilden diese dann den endgültigen Bestand. Der Wirtschaftswald überspringt dagegen die Stufe der Pionierpflanzen und erhöht damit künstlich den Ertrag des Bodens. Das System der natürlichen Waldbildung funktioniert selbstverständlich nur dort, wo auch die dazugehörigen Pflanzen noch vorkommen. Nur dort können Wind oder Tiere die Samen verbreiten. Nur dort wird also ein neuer natürlicher Wald entstehen.

Man unterscheidet die Wälder nach den Klimata der Erde in den tropischen Regenwald, den Monsunwald, den Hartlaubwald, den immergrünen Wald der gemäßigten Zone, den sommergrünen Laubwald der gemäßigten Zone und den borealen Nadelwald.

Wenn man vom tropischen Regenwald spricht, denkt man zunächst an den »Dschungel«. Dieses Wort stammt aus dem Sanskrit, einer altindischen Sprache, und bedeutet soviel wie unpassierbares Dickicht. Der Begriff steht für das verwobenste, komplizierteste, variantenreichste Ökosystem der Welt, das den größten Teil der Waldfläche der Erde ausmacht. Tropischen Regenwald gibt es grob gesprochen im Amazonasgebiet, im Zaire-Becken sowie im Küstengebiet am Golf von Guinea und im Malaiischen Archipel. In diesen Gebieten ist es das ganze Jahr über heiß und vor allem feucht. Es herrscht also ein Klima, das Pflanzen in ihrem Wachstum außerordentlich fördert und auch eine große Artenvielfalt begünstigt. Nicht selten wachsen auf einem einzigen Hektar mehr als 150 Baumarten. Ist das nicht eine geradezu unglaubliche Zahl? Kann man unter diesen Umständen die Monokulturen überall in der Welt überhaupt noch als Wälder bezeichnen? Entsprechend vielfältig ist im tropischen Regenwald auch die Pflanzen- und Tierwelt, die sich um die Bäume gruppiert. Tropischer Regenwald, das sind in unserer Vorstellung die sich windenden holzigen Stränge der Lianen, die Epiphyten oder Überpflanzen, die ohne Wurzelbindung mit dem Erdboden auf den Bäumen wachsen, oder die beeindruckenden oberirdischen Brettwurzeln, die manche Bäume entwickeln. Selbst der nüchternste Betrachter ist überwältigt von den phantastischen Anpassungen, die ein solches Klima hervorbringt. Wer die scheinbar nicht zu bändigende Kraft tropischer Regenwälder erlebt, wird vielleicht meinen, ein solcher Überschwang des Wachstums sei nicht einzudämmen. In Wirklichkeit jedoch hängt es an einem seidenen Faden. Die Humusschicht des Bodens ist außerordentlich dünn. Ist sie, nachdem ein Urwald gefällt worden ist, erst einmal freigelegt, dauert es nicht lange, bis sie weggewaschen und der Boden unfruchtbar ist.

Eine Übergangsform des tropischen Regenwalds ist der regengrüne Monsunwald, in dem Regen- und Trockenperioden abwechseln. Er besteht aus immergrünen Bäumen und Bäumen, die während der Trockenzeit ihr Laub abwerfen.

Hartlaubwälder sind kennzeichnend für ein Klima, wie es am Mittelmeer vorherrscht. Das heißt, sie wachsen in Gebieten mit heißen, trockenen Sommern und warmen, feuchten Wintern. Früher einmal prägten die Steineichen *(Q. ilex)* das Landschaftsbild des Mittelmeerraums. Wer seinen Blick über die Berge und Hügel dort schweifen läßt, erlebt besonders krass die Folgen menschlicher Eingriffe in die Herrschaft der Bäume.

In der Zone der immergrünen Wälder des warm gemäßigten Klimas, auf einem Küstenstreifen Oregons und Nordkaliforniens, gedeihen die riesigen Küstensequoien (»Redwood«, *Sequoia sempervirens)*. Die Wälder der warm-gemäßigten Zone liegen vor allem an den Ostküsten der Kontinente, wo Monsun- und Passatwind ihr Leben beeinflussen und ergiebige Niederschläge das ganze Jahr über ihren Wasserhaushalt regeln.

Sommergrüne Laubwälder beherrschen bis heute große Flächen Nordamerikas. Früher überzogen solche Wälder auch fast ganz Westeuropa. Sie zeichnen sich dadurch aus, daß sie vor Beginn des Winters ihr Laub abwerfen und sich damit dem Rhythmus der Jahreszeiten anpassen. Nur wenige

Gehölzarten, die ihr Laub behalten, sind in der Lage, die kalte Jahreszeit zu überleben. Wenn die Wurzeln bei Frost kein neues Wasser nachliefern können, sterben die Pflanzen an Wassermangel. In Westeuropa wurde die Artenvielfalt der Bäume durch Eingriffe des Menschen in den Wald stark verringert. Auch die Eiszeit hat den einstigen Artenreichtum reduziert. Das wirft für die »Artenpuristen« die Frage nach den »Exoten« auf.

Bleiben schließlich noch die borealen Nadelwälder. Die Definition steckt teilweise schon in dem Wort »boreal«, was soviel bedeutet wie nördlich, dem nördlichen Klima Europas, Asiens und Amerikas zugehörig. Dort herrschen Winter, die kälter sind und länger andauern. Als Reaktion auf die klimatischen Verhältnisse überwiegen dort Koniferen (lat. die Zapfentragenden), also die Nadelhölzer. Mit ihren Nadeln ertragen sie Trockenheit und Kälte besser als Laubbäume. Außerdem ist ihre Wuchsform besser geeignet, mit dem Schnee fertigzuwerden, und schließlich beginnt bei ihnen die Photosynthese sofort nach Ablauf des Winters mit der ersten wärmeren Witterung. An Regionen mit kürzeren Vegetationsperioden sind sie also besser angepaßt als die Laubbäume.

Zu diesen Hauptformen der Wälder kommt der Variantenreichtum innerhalb des bestimmten Typus, und das nicht nur im Falle der unglaublich, unerreichbar, unerklärbar und unersetzbar lebenden tropischen Wälder. Außerdem muß man sich die unzähligen Ausprägungen der Übergangsformen vorstellen. Dazu die erstaunlichen Anpassungen an die Gegebenheiten bestimmter Standorte. Dann denke man an all die Eigenschaften von den Wurzeln bis zu den Blättern, die ein einziger Baum dem Auge zu bieten hat. Schließlich überlege man sich, wie viele Details unterschiedlicher Ausformung jeden Baum von einem anderen seiner Art und erst recht von anderen Arten abheben. Und schließlich darf nicht vergessen werden, daß es auf der Welt einige zehntausend Baumarten gibt, die sich an bestimmten Stellen in ganz bestimmter Weise zu Lebensgemeinschaften miteinander und mit anderen Pflanzen und Tieren verbinden. All dies überfordert den menschlichen Verstand und seine Phantasie. Wer mag unter diesen Umständen von sich sagen, er kenne die Bäume oder fühle sich in den Wäldern bewandert!

»Waldesstille« oder »Waldesruh«, gibt es so etwas für jemanden, der seine Sinne noch nicht begraben hat? Wie arm sind wir doch mit unserer Kunst und unserer Technik im Vergleich zu den Bäumen, auch wenn die letztere die Bäume fällt und ihnen überlegen zu sein scheint. Höhe oder Größe eines Baumes sind nicht unbedingt das entscheidende Kriterium für seine Bewertung. Aber was ist schon Kunst im Vergleich zu Baumgerüsten oder Rinden! Und was ist Technik im Vergleich zu den Flugbildern der Samen oder Blätter oder gar zu dem seit unendlichen Jahren verläßlich funktionierenden Lebenssystem eines intakten Urwalds! Wie arm wären wir geworden, wenn wir dies alles schon nicht mehr bemerkten. Nein, der Wald ist nicht Ruhe oder Stille, der Wald hält eine ständige Zwiesprache mit sich selbst, mit allem, was in ihm lebt. Wer dafür offen ist, kann es hören und lesen, und wer bereits weiter fortgeschritten ist, kann sich daran beteiligen. In einem Wald ist sogar das abgestorbene Holz noch auf vielfache Weise lebendig. Wer selbst noch Leben in sich spürt und durch den Wald geht, kann sich an dem Ereignis aktiv beteiligen und dabei gleichwohl seine innere Ruhe finden.

# Das Alter der Bäume

Das Alter der Bäume läßt sich nicht einheitlich bewerten. Weder das Zeitalter der Bäume, also die Zeit, in der Bäume vorkommen, noch die individuelle Lebenszeit der einzelnen Baumarten und Bäume.

Das Zeitalter der Bäume ist genausowenig einheitlich wie die Lebenszeit der einzelnen Bäume. Ursprünglich war die Erde weitgehend mit Bäumen überzogen. An vielen Stellen stehen heute überhaupt keine Bäume mehr, das Zeitalter der Bäume ist dort bereits vorüber. In der krassesten Form läßt sich dies in den Wüstengebieten beobachten. Zahlreiche Plätze auf der Erde sind nur noch spärlich mit Bäumen oder kleinen Waldresten bestanden. An manchen Stellen der Erde schien das Zeitalter der Bäume bereits einmal zu Ende, lebte danach aber wieder von alleine auf, zum Beispiel im Anschluß an die Eiszeiten in Europa. An anderer Stelle wurden Bäume von Menschen wieder zum Leben erweckt, beispielsweise durch künstliche Bewässerung in Teilen der Wüste.

In beidem, also sowohl ganz allgemein in der Dauer ihres Vorkommens auf der Erde als auch in ihrer individuellen Lebenszeit, sind die Bäume dem Menschen weit überlegen. Beim direkten Aufeinandertreffen mit dem Menschen erwiesen sich die Bäume allerdings von jeher ausnahmslos als die Schwächeren.

Wälder gibt es auf der Erde seit 350 Millionen Jahren!

Eigentlich reicht es nicht, dieser Feststellung nur einen Absatz zu überlassen. Man müßte ein dikkes Buch damit füllen, auf jeder Seite nur diesen einen Satz: Den Wald gibt es auf der Erde seit 350 Millionen Jahren! Dann müßte man dieses Buch mit diesem einzigen Satz zur Pflichtlektüre der gesamten Bevölkerung machen. Angefangen mit den Kindergärten, wo bereits die Kleinsten diesen Satz auf jeder Seite neu lernen müßten, über die Unternehmen und die Politik, wo letztlich über die Bäume entschieden wird. Und jeder müßte jeden Tag eine neue Seite mit immer wieder diesem Satz und auf solche Weise das Buch ein paarmal lesen. Das sollte so lange dauern, bis wir alle unseren eigenen Standort in der Erdgeschichte maßstabgerecht bestimmen und bewerten können. Dann käme eine Phase, in der wir uns bei allem Respekt und bei aller Ehrfurcht wieder daran gewöhnen müßten, daß wir nicht nur mit den Bäumen zusammen leben sollten, sondern uns ihrer sogar in Maßen bedienen dürfen. Wenn sich dabei diese zeitschwere Erkenntnis nicht wieder gänzlich verwischte, wäre es für die Bäume und die Menschen ein neuer Anfang.

Die Existenz von Menschen läßt sich übrigens bis in die Eiszeit, also 50–100000 Jahre zurück, nachweisen.

Alle Erkenntnisse über das Alter der Bäume auf der Erde verdanken wir fossilen Pflanzenfunden. Die Wissenschaft, die sich mit der Erforschung solcher Funde befaßt, heißt Paläobotanik. Ihr ist es gelungen, die Evolution der Landpflanzen bis in diese fast unvorstellbar langen Zeiträume zurückzuverfolgen und zu verläßlichen Aussagen zu gelangen. Verwertbar sind dabei allerdings nur Pflanzenreste, die unter Luftabschluß konserviert worden sind, bevor sie verwesen oder verfaulen konnten. Interessant sind in diesem Zusammenhang Samen, Früchte, Blütenstaub, Blätter oder Teile des Holzes. Auf fossile Pflanzenreste trifft man häufig in Kohlenlagerstätten. Der physikalisch-chemische Prozeß der Fossilentstehung wird als Fossildiagenese bezeichnet. Seine Ergebnisse fallen verschieden aus. Sie reichen vom bloßen inkohlten Abdruck, zum Beispiel eines Blattes, bis zu der echten Versteinerung unter Erhaltung der ursprünglichen Pflanzenteile.

Die ersten Bäume erschienen im Paläozoikum, also dem Erdaltertum, genauer im Oberdevon, dem Zeitalter der Farne. Sie waren frühe Nacktsamer, Progymnospermae. Nacktsamer oder Gymnospermae sind Pflanzen, deren Samen nicht in einem Fruchtknoten eingeschlossen sind, sondern frei an Samenblättern oder -schuppen sitzen. Die im Oberdevon auftretenden ersten Bäume wurden in den nachfolgenden Zeitaltern Karbon und Perm deutlich von den Bärlappgewächsen, Farnen und Schachtelhalmen übertroffen. Bärlappgewächse traten im Karbon namentlich als Schuppenbäume *(Lepidodendron)* auf, heute gibt es sie nur noch als krautige Gewächse. Sie erreichten Höhen bis zu 38 m und Stammdurchmesser an ihrer Basis bis zu 2 m. Schachtelhalmgewächse, heute gleichfalls auf krautige Pflanzen reduziert, waren mit baumartigen Calamiten vertreten (z.B. *Calamites gigas,* dem Riesenschachtelhalm). Die echten Farne schließlich stellten sich gleichfalls als beachtliche Bäume dar. Im Gegensatz zu Schachtelhalmen und Schuppenbäumen haben sie diese Eigenschaft allerdings noch nicht ganz verloren. Die Baumfarne der Tropen und Subtropen zeugen immer noch eindrucksvoll von vergangener Größe.

Die Nacktsamer hatten vom Oberperm bis zur Unterkreide, also während eines Zeitabschnitts, der sich etwa mit dem Erdmittelalter (Mesozoikum) deckt, den höchsten Anteil an der Vegetation. Dieser Abschnitt der Erdgeschichte wird deshalb auch als Mesophytikum oder Zeitalter der Nacktsamer bezeichnet. Vergessen wir hier der Einfachheit halber die Bennettiteen unter den Nacktsamern, die den bedecktsamigen Pflanzen in ihrer Entwicklung schon sehr nahe kamen. Vergessen wir aber nicht, daß es damals 30-40 000 Arten von Nacktsamern gab, heute dagegen auf der ganzen Erde nicht einmal mehr 800. Nicht nur der Mensch hat sich als Artenzerstörer erwiesen, auch die Erdentwicklung hat die Vielfalt immer wieder reduziert.

Wichtig für die weitere Entwicklung der Bäume war dann jedoch das Auftreten der Bedecktsamer, auch *Angiospermae* genannt, im oberen Teil der Unterkreide. Bedecktsamer sind Pflanzen, deren Samenanlagen in einem Fruchtgehäuse eingeschlossen sind, in dem sie sich zu reifen Samen entwickeln. Dieses Fruchtgehäuse entsteht dadurch, daß die Fruchtblätter miteinander verwachsen. Diese Pflanzen leiteten das Känophytikum, das Zeitalter der Bedecktsamer, ein.

Im Erdmittelalter begannen die Landmassen allmählich in einzelne Kontinente zu zerbrechen. Im Tertiär, der ersten Stufe des Känozoikums, also der Erdneuzeit, näherte sich während 65 Millionen Jahren das Bild der Erde allmählich dem Zustand, den wir noch heute vorfinden. Nach der Teilung in Kontinente nahm die Entwicklung der Pflanzengesellschaften vielfach einen eigenen Fortgang.

Noch heute lassen sich jedoch anhand von Fossilien Übereinstimmungen in der Pflanzenwelt aus der Zeit vor der Teilung der Kontinente feststellen. Zum Beispiel war Europa im Alttertiär von warmen Meeren umgeben, das Klima war feuchtwarm. Im Jungtertiär herrschten subtropische Bedingungen. Der für diese Zeiten typische Lorbeer-Waldbewuchs zeigt sich heute in der gleichen Form noch auf dem als Naturschutzgebiet ausgewiesenen Mount Kinabalu in der Nähe von Kota Kinabalu auf Sabah (Nordborneo), Malaysia. Aufgrund von Fossilfunden in Wiesa bei Kamenz, in der Nähe von Dresden, steht fest, daß es die gleiche Vegetation auch in unseren Breiten gegeben hat.

Der Beginn des Quartärs, des Zeitalters der großen Vereisungen, liegt ca. 600 000, sein Ende etwa 12 000 Jahre zurück. Es kam zu einer ganzen Reihe von Vereisungsperioden, die mit Warmzeiten wechselten. Ihre Zahl ist nicht genau bekannt. Auf die Vegetation hatten diese klimatischen Einbrüche einschneidende Auswirkungen. Wärmebedürftige Gehölze wurden während dieser Phasen verdrängt, überleben konnte der Wald, der sich den Veränderungen erfolgreich anpaßte.

Wesentlich einschneidender wirkten sich nach der Eiszeit die verschiedenen, zwar unvergleichlich kürzeren, aber mancherorts nicht weniger gravierenden und möglicherweise nicht mehr umkehrbaren Eingriffe der unterschiedlichen Menschzeiten aus. Extrem deutlich wird dies am Beispiel der Wüsten. Schon Platon (427-347 v. Chr.) beklagte, daß Griechenland nur noch wenige Waldreste besaß. Es ist nachgewiesen, daß schon vor 5000 Jahren libanesische Zedern als Floßholz nach Ägypten ausgeführt wurden. Außerdem belegen ägyptische Dokumente, daß bereits um 2500 v. Chr. von einer Verknappung des Zedernholzes die Rede war.

Bis zum 7. Jahrhundert blieben die Wälder in Europa jedoch weitgehend von den Menschen verschont. Sie bestanden im wesentlichen aus ursprünglichem Urwald. Danach begann die Zeit der Besiedlung und ab dem 12. Jahrhundert die Zeit der Holznutzung und damit eines erhöhten Holzbedarfs und schließlich Holzmangels. Aber erst im 18. Jahrhundert kam es zu einer regelrechten Forstwirtschaft. Im 19. Jahrhundert wurden dann viele Laubwälder durch wirtschaftlichere Nadelbaumarten ersetzt. Es begann die Zeit der Monokulturen mit allen daraus folgenden Problemen. Etwa in der Mitte des 20. Jahrhunderts wurden sich die Menschen dann allmählich der Probleme bewußt, die ihr Leben bedrohten und denen ein Teil der Bäume bereits nicht mehr gewachsen war. Zu diesem Zeitpunkt war der Urwald bis auf größere Regionen in Asien und Südamerika weltweit vernichtet. Man hatte ihn durch Forst- oder Landwirtschaft ersetzt oder den Boden einfach sich selbst überlassen. Als man nun begann, den restlichen Urwald zu nutzen, kollidierte man mit dem inzwischen erwachten Weltgewissen. Für diejenigen, die den übriggebliebenen Urwald, die darunterliegenden Bodenschätze oder den Boden ausbeuten, hat der Wettlauf mit der Zeit begonnen. Und er wird schneller zu Ende sein, als man glaubt. Angesichts der ungeheuren technischen Hilfsmittel schrumpft der Zeitraum, der für Rettungsaktionen bleibt, auf wenige Jahre.

Ein paar Länder, mit denen sich allenfalls für geschichtsinteressierte Leser heute noch die Vorstellung von Wald verbindet, mögen die Entwicklung verdeutlichen. Oft hat es dort nur einer einzigen relativ kurzen Menschzeit bedurft, um die Landschaft vollkommen zu verändern. Nehmen wir den bereits erwähnten Libanon. Obwohl sich die Ägypter bereits um 2500 v. Chr. über den rückläufigen Holzexport aus dem Libanon besorgt zeigten, dauerte es noch weitere Menschzeiten, bis die Zedern des Libanon endgültig aufhörten, dem Land das Gepräge zu geben. Im Mittelalter war trotz der frühgeschichtlichen Ausbeutung der Holzreichtum des Libanon noch weitgehend vorhanden. Sogar Anfang des 19. Jahrhunderts berichtet man noch von bemerkenswerten Baumbeständen. Erst während der beiden Weltkriege wurde dann das Schicksal der Zedernwälder bis auf unbedeutende Restbestände besiegelt. Nur im Emblem des Staates hat sich die Zeder unbeschadet erhalten.

Von den Wüsten als Extrembeispiel einer von den Wäldern verlassenen Landschaft war schon die Rede. Die Sahara ist dafür das uns naheliegendste Beispiel. Dort gab es früher einmal eine beachtliche Vegetation und ausgedehnte Waldgebiete, und es gab auch eine Besiedlung. Mit dem Ende der Baumzeit war dort dann auch das Ende der Menschzeit gekommen.

Gleiches gilt für Ägypten. Fossile Funde aus besiedelten Landesteilen wie aus der Wüste beweisen, daß das Land in der Vergangenheit mit Naturwäldern bewachsen war. Ägypten war sich früher wohl durchaus der Konsequenzen des großen Holzverbrauchs und der Ausbeutung auch der eigenen Wälder bewußt. Weit früher als anderenorts, nämlich bereits im 11. und 12. Jahrhundert, gab es sogar so etwas wie eine systematische Bewirtschaftung der Wälder. Diese waren Eigentum des Staates, und man reservierte das wertvolle, für den Schiffsbau geeignete Holz ausschließlich für diesen Zweck. Nur Holz minderer Qualität stand, allerdings mit einer Sondersteuer belegt, zum freien Verkauf. Bald geriet der Gedanke einer Forstwirtschaft jedoch in Vergessenheit, und mit dem Wald ging es in Ägypten zu Ende.

Nicht nur in Ägypten brauchte man enorm viel Holz für den Schiffsbau. Auf Mittelmeerinseln wie Zypern und Kreta, einstmals grünen, bewaldeten Gebieten, begann mit dem extensiven Schiffsbau für militärische und wirtschaftliche Zwecke die Endzeit der Wälder. Das gleiche gilt für Griechenland. Als es sich zur Seemacht aufrüstete, holzte man dort die ganzen Wälder ab. Wer keine Wälder mehr hatte, mußte das Holz für den Neubau und die Unterhaltung der Schiffe aus anderen Ländern beschaffen. Im Jahre 404 v. Chr. wurde dies Athen zum Verhängnis. Sparta schnitt es vom Holznachschub ab, und es mußte kapitulieren.

In Italien, im Iran und Irak, in Jordanien, Libyen, Saudi-Arabien und Syrien ereilte den Wald das gleiche Schicksal. In Nordafrika vernichteten Griechen und Römer die riesigen Wälder, das Land wurde zur Kornkammer des Römischen Reiches. Die spanischen Eroberer trugen schließlich diese Praktiken in die Neue Welt. In Nordamerika besorgten die Siedler die Rodung der Wälder. Früher war es vor allem der Schiffsbau, der nach Holz verlangte, später brauchte man freie Flächen für die Besiedelung oder die Landwirtschaft, oder es wurde einfach Brennmaterial benötigt. Schon vor langer Zeit entstanden von Menschenhand geschaffene Landschaftsbilder, an denen sich kaum mehr etwas geändert hat und die heute für uns selbstverständlich sind. In vielen dieser Gebiete werden wohl auch niemals mehr neue Baumzeiten beginnen.

Bei den Bäumen gibt es in bezug auf das individuelle Alter eine viel größere Schwankungsbreite als bei den Menschen. Von Art zu Art schwankt das mögliche Alter beträchtlich. Im äußersten Fall kann der Unterschied sogar ein paar tausend Jahre betragen. Pioniergehölze wie die Birken *(Betula)*, Aspen *(Populus tremula)* oder Erlen *(Alnus)* bringen es auf hundert Jahre. Andere Bäume fangen dagegen in diesem Alter noch nicht einmal richtig an zu leben. Eiben *(Taxus baccata)*, am Ende des Lebens der Pionierbäume vielleicht immer noch ebenmäßig grün und gestaltlos, unauffällig in ihrem Schatten stehend und sich langsam in die Höhe dienend, sind die langlebigsten Bäume der gemäßigten Klimazone. Wenn sie äußerlich schon anfangen zu zerfallen, scheint es, als begänne erst ihre eigentliche und längste Lebensperiode.

Bei manchem alten Exemplar sieht es so aus, als ob es allmählich bis auf die jungen Zuwächse verfiele, es löst sich sozusagen auf bis zur völligen Verjüngung. Deshalb macht es uns ein solches Exemplar auch so schwer, sein Alter zu bestimmen, die uralten Jahresringe sind längst mit den Jahren vergangen. Wie alt ist sie also nun, die bekannte Eibe bei Balderschwang in der Nähe von Oberstdorf in Süddeutschland? 4000 Jahre, 3000 Jahre oder »nur« 2000, also so alt, wie zum Beispiel auch Drachenbäume *(Dracaena draco)* auf den Kanarischen Inseln werden können? Manche meinen sogar, allenfalls 700 Jahre und, wenn sie zweistämmig gewesen sein sollte, was sich nicht mehr feststellen läßt, nur halb so alt. Wie sie selbst ist auch das Holz der Eibe. Fast unvergänglich, wenn es eingeschnitten ist, und dazu auch noch elastisch. Das machte die Eibe einmal für Armbrüste, Pfeil und Bogen unentbehrlich. Und so verschwanden die alten Eiben allmählich aus den Wäldern.

Ebenfalls ein hohes Alter erreichen im gemäßigten Klima Eichen *(Quercus)*, Linden (*Tilia*, die älter werdende Sommerlinde heißt *T. platyphyllos*, die Winterlinde *T. cordata*, dazwischen gibt es nicht selten Bastarde) und Zirbelkiefern *(Pinus cembra)*. Von Eichen und Linden sind unter anderem auch in Deutschland sehr alte Exemplare belegt: Die Feme-Eiche in Erle, unweit von Gelsenkirchen, dürfte über 1000 Jahre alt sein, ebenso die berühmte Eiche bei Schloß Nagel (Bayern). Die Kaiser-Lothar-Linde in Königslutter in der Nähe von Helmstedt soll von dem Regenten im Jahre 1135 gepflanzt worden sein. Die Dorflinde in Schenklengsfeld (Hessen) ist nachgewiesenermaßen über 1100 Jahre alt. Daneben gibt es noch eine Reihe weiterer Veteranen, wie die tausendjährige Kirchlinde in Reelkirchen in der Nähe von Bad Meinberg und die Sommerlinde von Hohenbodman in Süddeutschland mit einem Stammumfang von 10 m.

Linden haben eine besondere Art, sich im Alter zu schützen. Im Inneren ihres Stammes bilden sie keinen festen Kern und verrotten dort sehr schnell. Von ihren Ästen aus senden sie aber Luftwurzeln durch das Innere des Stammes in die Erde. Auf diese Weise holen sie sich die notwendigen Nährstoffe und ihre Stabilität.

Zirbelkiefern kommen vor allem in den Alpen und Karparten vor. Auch sie können bis zu 1000 Jahre alt werden. Lärchen *(Larix)* dagegen werden im Höchstfall nicht älter als 600-700 Jahre. Die Ulmen *(Ulmus)* sind vielerorts aus dem Rennen, weil sie von einem tödlichen Holzpilz *(Ceratocystis ulmi)* befallen sind. Schließlich sollte noch die Eßkastanie *(Castanea sativa)* wegen ihres hohen Alters erwähnt werden, das durchaus an das der Lärche heranreichen kann. Andere Bäume, wie zum Beispiel die Tanne *(Abies alba)*, erreichen nur in Ausnahmefällen unter den günstigsten Standortbedingungen ein solch hohes Alter wie etwa die Lärche. Auch Bergfichten *(Picea)* können immerhin über 400 Jahre alt werden. In Süddeutschland (Allgäu) sind einige solcher Exemplare bekannt. Je höher und magerer der Baum steht, desto besser sind seine Alterschancen.

Die anerkannt ältesten Bäume aber wachsen nicht im europäischen Klima. Sie stehen in den White Mountains der Sierra Nevada in den Vereinigten Staaten. Es sind Grannenkiefern *(P. aristata)*. Die ältesten unter ihnen erreichen ein Alter von ca. 4600 Jahren und vielleicht sogar noch mehr. Unter den dort herrschenden, geradezu lebensfeindlichen Klima- und Bodenverhältnissen ist ihr jährlicher Zuwachs minimal. In besonders harten Jahren scheint ihr Wachstum sogar völlig zu stagnieren. Ihre Jahresringe sind äußerst dünn, und ihr Höhenwachstum von 12-15 m erscheint in einem derartigen Zeitraum als unglaublich gering. Sie keimten bereits zur Zeit des babylonischen Reiches. Wie fühlt sich ein Mensch beim Anblick eines solchen lebenden Denkmals? Und wie geht er von dannen? Als Sandfloh durch die Wüste, am Ende zum Sandkorn erstarrt und unauffindbar unter seinesgleichen, nachdem er sich die Stationen der menschlichen Geschichte seit den Babyloniern vor Augen geführt hat?

Oder gab bzw. gibt es die ältesten Bäume woanders? Jedenfalls sind es nicht die Mammutbäume *(Sequoiadendron giganteum)* an den Berghängen der Sierra Nevada, wie man lange Zeit annahm. Sie dürften »lediglich« bis zu 3200 Jahren alt sein. War es ein umfangreicher alter afrikanischer Baobab oder Affenbrotbaum *(Adansonia digitata)* oder ist es gar der vermeintlich dickste Baum der Welt, eine Zypresse *(Taxodium mucronatum)* in dem mexikanischen Städtchen Santa Maria del Tule? Ihr Stamm hat einen Durchmesser von über 15 m und einen Umfang von mehr als 40 m! Eine Schulklasse reichte vielleicht nicht aus, ihn zu umfassen. Um diesen Baum, der unter Umständen auch noch aus mehreren Individuen besteht, gibt es geradezu phantastische Geschichten. Seine Betrachter ließen sich so sehr von seinen gewaltigen Ausmaßen beeindrucken, daß sie ihm ein Alter von 10 000 Jahren gaben. Die vielleicht allzu Nüchternen, die das Gleichgewicht wiederherstellen wollten, machten daraus nicht einmal 1000. Jedenfalls hat diese mexikanische Sumpfzypresse Verwirrung unter den Menschen gestiftet.

Bei der Altersbestimmung der Bäume geht es zu wie auf einer Gerüchtebörse. Phantasie und Spekulation begünstigen die zum Teil geradezu abenteuerlichen Kurse. Nicht nur in Deutschland bei der Eibe von Balderschwang. In anderen Ländern unterliegen die altersbesessenen Baumkundigen genauso der Versuchung, immer wieder neue Höchstalter zuzuschreiben. Jedenfalls so lange, bis ein Dendrochronologe kommt und mit exakten Messungen der Phantasie oft ein Ende setzt und die Methusalems in die Phantasiewälder der Baumlegende versetzt, wo sie ihr Alter pflegen dürfen. Schließlich verdient es der Baum, auch im Mittelpunkt von Legenden zu stehen. Belassen wir es deshalb ruhig bei den über 7000 Jahren, mit denen eine Sicheltanne *(Cryptomeria japonica)* im Süden Japans auf der Insel Yakushima dekoriert worden ist, damit auch diejenigen auf die Höhe der Großartigkeit der Bäume angehoben werden können, die dazu eines statistischen Sensationgerüstes bedürfen. Wer über genügend Phantasie verfügt, dem wird dagegen schon ein 100jähriger Baum in extremer Lage im Gebirge oder an der Küste genügen, um seine Träume vom Baum damit zu füllen.

Das Alter als eines der wesentlichen Merkmale der Bäume bringt andere Eigenschaften mit sich, die gleichfalls imponieren, nicht nur den atemberaubenden Zerfall alter Bäume, auch deren Stammdurchmesser oder Umfang, das Ausmaß ihrer Krone und nicht zuletzt natürlich ihre Höhe. Die Mammutbäume, imponierend in ihrem Alter, aber auch in der Höhe, sind allerdings auch darin nicht die größten, sprich höchsten, obwohl sie 80-100 m und mitunter sogar noch mehr erreichen. Nicht so gewaltig, aber schnellwüchsiger sind die Küstensequoien *(Sequoia sempervirens)* in Nordkalifornien. Sie erreichen etwa 120 m Höhe, werden jedoch noch von anderen Bäumen erreicht und sogar überboten. Im westlichen Nordamerika tun es ihnen mitunter Douglasien *(Pseudotsuga menziesii)* gleich. In Australien messen sich mit ihnen verschiedene Eukalyptusbäume *(Eucalyptus)*. Die höchste Art von allen scheint *E. amygdalina* zu sein. Einer dieser Bäume soll bereits einmal eine Höhe von 155 m erreicht haben.

Beeindruckend in der Verbindung mit dem Alter der Bäume kann auch der im Laufe der Zeit entwickelte Umfang ihrer Krone sein. Unschlagbar scheint in dieser Beziehung der indische Banyan *(Ficus benghalensis)*. Er nutzt bekanntlich als Epiphyt die Trägerschaft eines anderen Baumes aus, senkt Luftwurzeln von oben bis in den Erdboden, erwürgt nicht nur allmählich seinen Wirt, sondern pflanzt sich stelzig weiter fort und entwickelt dabei eine Krone, die einen Umfang von mehreren 100 m haben kann. Noch eine Baumart ist im Zusammenhang mit dem Alter der Bäume bemerkenswert. Im 18. Jahrhundert kam sie über Japan nach Europa. Ihr japanischer Name bedeutet soviel wie »Silberaprikose«. Unter diesem Namen erkennt sie aber kaum einer wieder. Ihren botanischen Namen wiederum können sich viele nicht merken. Sie heißt *Ginkgo biloba*. Obwohl dieser Baum keine Nadeln trägt, wird er zu den Nadelbäumen gezählt. Seine Entdeckung war für die Botaniker eine Sensation. Er ist nämlich ein Relikt prähistorischer Baumarten, die vor ungefähr 180 Millionen Jahren verbreitet waren und als längst ausgestorben galten. In Fachkreisen erregte er soviel Aufmerksamkeit, wie sie einem Neandertaler zugekommen wäre, hätte er plötzlich statt der gewohnten Gartenzwerge im Garten gestanden.

# Die äußere Erscheinung und das innere Bild der Bäume

Am augenfälligsten zeigt sich der Charakter der Bäume an ihrem äußeren Erscheinungsbild. Hier haben sie bei weitem mehr zu bieten als jede andere Pflanze. Der Hauptstamm oder die Hauptstämme und die davon abgehenden Nebenstämme, die Äste, bilden die Krone. Aus den Ästen wachsen die Zweige und dann die jährlichen Triebe. Dazu kommt auf Stämmen und Zweigen die Rinde, aus der sich wiederum die Borke bildet. Wenn man das, was die Bäume sonst noch sichtbar zu bieten haben, schlicht mit Blättern umschreibt, ist dies eine der unverantwortbarsten Untertreibungen, die ansonsten eher auszeichnen als anklagen. Denn allein hinter den Blättern verbirgt sich mehr, als ein einzelner Mensch je erfassen kann. Aber damit nicht genug, Bäume haben auch noch Blüten. Und natürlich Früchte, die unterschiedlichsten, oft erstaunlichsten Früchte. Außerdem entwickeln sie Samen.

Schließlich ist noch die Oberfläche der Pflanzenteile zu erwähnen. Ihre Eigenschaften sind zunächst einmal über jede Deutung erhaben. Man hat sie, wie alles Wesentliche an einem Baum, lateinisch bezeichnet und damit zu einem Bestandteil der Wissenschaft gemacht. So reichen die Eigenschaften der Oberfläche von nackt *(nudus)* oder glanzlos *(opacus)* über schmierig *(viscosus)*, klebrig *(glutinosus)*, rauh *(asper)*, scharf *(scaber)* oder geglättet *(laevigatus)* bis stark glänzend *(lucidus)*. Gelegentlich hat die Oberfläche auch Haare. Nicht einfach Haare wie bei den Menschen. Nein, Schlauch-, Brenn-, Stern-, Geweih-, Glieder-, Drüsen-, Wimperhaare oder Zotten. Allein die Haare auf den Pflanzenteilen bilden Wälder, Dschungel, undurchdringliche, unentwirrbar bizarre Dickichte aus den unglaublichsten Formen. Oder tragen die Pflanzenteile gerade Stacheln oder Dornen? Alle Mühe, auch nur die Oberfläche der Pflanzenteile sachlich zu betrachten, endet in Augennähe oder spätestens unter der Lupe. Da steht selbst die Wissenschaft mit ihrem Latein auf verlorenem Posten.

## Die Früchte

Aber was ist schon die Oberfläche der Bäume im Vergleich zu den viel augenfälligeren Attributen, zum Beispiel zu den Früchten! Solchen, die wie auf die Landschaft regnende Würste den afrikanischen »Sausage tree« *(Kigelia pinnata)* zum Schlaraffenlandbaum gestalten. Oder auch den Früchten und Samen, die tatsächlich fliegen. Wer schreibt einmal das Buch über diese! Wer findet heraus und erklärt, wie und warum sie fliegen! Ein Konstrukteur von Flugzeugen oder ein Flieger? Früchte und Samen von Birke *(Betula pendula)*, Ahorn *(Acer monspessulanum)* oder Götterbaum *(Ailanthus altissima)* warten darauf, entdeckt zu werden. Vielleicht fliegen wir dann bald in Ahornflüglern statt Hubschraubern, oder wir wagen uns in Birkentaumler statt auf neunmal geschwänzte Achterbahnen. Und wer danach und nach einem ausgedehnten Flug in die Tropen immer noch nicht vom Fliegen genug hat, der mag sich anschließend an dem Trudelflug einer einsamigen Keruingfrucht *(Dipterocarpus* sp.*)* mit ihren gespenstig langen Flügeln endgültig satt sehen.

Aber Früchte brauchen schließlich nicht unbedingt zu fliegen oder so zu tun, als ob sie dazu in der Lage wären. Sie können auch schön, zumindest jedoch interessant aussehen und dazu sogar noch sehr gut schmecken. Zum Beispiel »Jackfruit« *(Artocarpus heterophyllus)*, »Breadfruit« *(A. altilis)* oder »Papaya« *(Carica papaya)* auf Hawaii, Tahiti oder sonstwo, die Früchte des »Affenbrotbaums« *(Adansonia digitata)* im Senegal, in Tansania, Kenia oder Uganda, »indischer Mango« *(Mangifera indica)* vielleicht aus Polynesien, »Kokosnüsse« *(Cocos nucifera)*, sagen wir in Guayana, oder die Früchte von »Coco de mer« *(Lodoicea maldivica)*, besser die sitzbreiten Doppelnüsse auf den Seychellen, die aussehen wie ein üppig geformter menschlicher Hintern. Vielleicht auch nur Äpfel *(Malus)*, Birnen *(Pyrus)*, Pfirsiche oder Pflaumen *(Prunus)* im gemäßigten Klima Europas oder der berühmte »Durian« *(Durio zibethinus)* in Südostasien, vielleicht auf Bali. Meistens tragen all diese Früchte beide Vorzüge in einem. Der letztere, die Schmackhaftigkeit, sei hier allerdings warnend hinzugefügt, bleibt aber wohl besser den einheimischen Bewohnern vorbehalten. Aber das kann man nicht beschreiben, und nur der wird es nachempfinden, der sie einmal gerochen oder sogar genossen hat.

## Die Blüten

Lösen wir uns aber wieder von den Früchten, so schön sie auch aussehen und so gut sie schmekken mögen. Gehen wir einfach davon aus, daß die Bäume nicht nur in dem fälschlich sogenannten Nutzgarten »fruchten«, den wir besser den Erntegarten nennen würden. Nehmen wir vielmehr an, daß die Bäume überall Früchte tragen und daß diese »nutzen«, selbst wenn sie von Menschen oder Tieren, soweit dies zusammen überhaupt vorkommt, nicht geerntet werden. Allein deshalb nutzen, weil sie nicht nur der Fortpflanzung dienen, sondern das Ansehen der Bäume mehren, indem sie sehr oft einfach dekorativ aussehen. Wenden wir uns einer anderen Attraktion der Bäume zu, ihren Blüten, die ja die Vorstufe des Fruchtens sind.

Denken wir doch nur an die weißen, gelbrot gefleckten Pyramidenbluten der Gemeinen Roßkastanie *(Aesculus hippocastanum)* oder an die Rotblühende Roßkastanie *(A.* x *carnea)*. Sind diese Blütenbäume nicht Blumenstraußbäume für Giganten, die um die Hand des letzten kristallklaren Bergsees anhalten! Oder nähmen sie dazu besser die violett verträumten Blütenstände der Paulownie *(Paulownia tomentosa)*, weil sie sich in heimischen Gewässern so melancholisch fremdartig spiegeln? Oder würde ein ebenso gewaltiger wie ansehnlicher und ungewöhnlicher Baum noch mehr imponieren: *Cavanillesia platanifolia*, der von Zentralamerika bis Columbien und Peru wächst und, sobald er seine Blätter abgeworfen hat, diese durch viele kleine rote Blüten ersetzt! Blühende Magnolienzweige *(Magnolia)* sollen demgegenüber bei den Menschen im Frühling genauso wenig ihre Wirkung verfehlen wie die viel unscheinbareren Blüten des Götterbaums *(Ailanthus altissima)* bei den vormals so zahlreichen Göttern. Wer dagegen selbst das Geheimnis des Urwalds noch übertreffen will und den ganzen faszinierenden Zauber der Tropen auf einmal in der Hand halten möchte, nimmt am besten die Blüten von Flamboyant *(Delonix regia)*. Er wird erleben, wie unter dessen vulkanisch roten Strahlen selbst das Blau eines wolkenfrei souveränen tropischen Himmels in sich geht und verblaßt. Auch in ihrer Blüte sind Bäume unübertrefflich. Um dies noch einmal zu unterstreichen: Auch die Zapfen der Nadelbäume sind Blüten!

## Die Blätter

Vergessen wir bei all dem Überfluß, den Bäume dem Betrachter bieten, einfach die Knospen, die Blatt- oder Blütenknospen, und gehen wir weiter zu den Blättern. Um es gleich vorwegzunehmen, es soll hier nicht gewagt werden, sie abschließend zu beschreiben. Die Blätter aller Bäume auf der Erde sind nicht nur unzählbar. Sie alle ordnungsgemäß zu erfassen, überstiege auch die dem Menschen geläufigen Formen und das Maß an Phantasie, das sich Wissenschaftler erlauben. So bleibt es bei groben Umrissen, innerhalb derer sich die Bäume mit ihren Blättern und Nadeln für den Naturbeobachter in unvorhersehbaren Entwicklungen oder Nuancen und immer neuen Überraschungen entfalten.

Vergessen wir nicht, ehe uns vielleicht die Blattphantasie fortträgt, was die Blätter für den Baum tun. Ein Lexikon drückt es nüchtern so aus, daß das Blatt ein Pflanzenteil ist, der der Ernährung und Verdunstung dient.

Der Baum lebt mit Hilfe der Sonnenenergie von anorganischer Nahrung. Das Blatt verwandelt anorganische Substanzen wie Kohlendioxid und Wasser zu organischen Betriebs- und Baustoffen. Die Sonnenenergie, die von den Blättern eingefangen wird, dient der Pflanze namentlich in zwei Zusammenhängen: Einerseits wird sie in Form von Betriebs- und Baustoffen in chemische Energie umgewandelt, andererseits sorgt sie dafür, den Fluß des Wassers aus dem Boden in die Blätter nicht abreißen zu lassen.

Und nun zum Bild der Blätter. Aber wo soll man bei dem Blatt beginnen? Bei seinem Umriß, seinen Rändern, seiner Oberfläche oder seiner Spitze? Wo man auch immer bemüht sein mag, dessen vielfältige Gestaltung zu erfassen, man kommt nie zu einem befriedigenden Ende, das dem Reichtum des Blatts genügte und die unnachahmlichen Blattphantasien nur einigermaßen vorstellbar machte. Deshalb muß die gängige Einteilung[2)] so grob und zwangsläufig unvollkommen sein, daß sie nicht einmal einen Abglanz von dem vermittelt, was die Natur in den Blättern der Bäume hervorgebracht hat.

So versucht man es mit länglichen Blattformen, die von linealisch, d. h. schmal länglich, bis zu sehr breit länglich in einem seitlich leicht gedrückten Kreis enden. Dazu kommen die elliptischen oder ovalen Blattformen. Diese beginnen mit der schmalen Ellipse und verschieben sich zum Ende zu einem kreisrunden Gebilde. Daneben hat man die Blätter in eirunde Formen eingeteilt. Diese fangen mit einem geradezu unglaublich schmal lanzettlich gefährlichen Spitzei an und enden mit der Eiform, die einem glücklichen Regentropfen ähnelt, der nach unendlich langer Reise selbstzufrieden breit auf weicher Unterlage landet. Bei dem nächsten Versuch, die Blätter in ihren möglichen Umrissen systematisch zu erfassen, steht die vorige Reihe der Eiförmigen als Beispiel für die sogenannten verkehrt eiförmigen Vertreter auf dem Kopf. Das beendet aber noch nicht den Versuch, die vorhandenen Blattformen im Namen der Systematik völlig zu erfassen.

Schließlich bleibt ein großer Rest der Blätter, die beim besten Willen und selbst unter Einsatz der Phantasie weder als aufrechte noch auf dem Kopf stehende Eier oder einfach oder kompliziert längliche oder elliptische Gebilde anzusehen sind. Da die Botanik genausowenig wie andere Wissenschaften unbeschriebene Gesetze duldet, ist der unerfaßbare Rest der Blätter unter »Besondere Blattformen« zusammengefaßt. Und da sich auch dort die mathematischen Figuren, nicht aber die Formen der Blätter als erschöpflich erweisen, behilft man sich mit anderen Formen, die allenfalls annähernd beschreiben, was die Natur allein in den Blättern der Bäume hervorbringt. Dann sollen ein Schild, der Mond oder die Niere eine Blattform beschreiben. All dies zeigt, abgesehen von einer wissenschaftlich wünschenswerten groben Eingrenzung und Erfassung, nur eines: Natur ist bereits in der Gestaltung der Blattformen der Bäume so uferlos uneingrenzbar großartig, wie es die menschliche Kunst nicht annähernd nachempfinden kann. Nachdem sich aber schon Kunst nur bedingt mit dem System einer eingrenzenden Systematik verträgt, um wieviel weniger ist der Botaniker mit den ihm zur Verfügung stehenden Mitteln in der Lage, auch nur die Natur der Bäume in den Blättern zu erfassen. Muß unter diesen Umständen eigentlich noch erwähnt werden, daß das Blattbild einer Baumart innerhalb seiner typischen Form noch von unzählig vielen Nuancen bestimmt wird? Kein Blatt auf einem Baum ist mit einem anderen identisch.

Dann gibt es da außerdem noch die verschiedenartige Gliederung des Blattes: die einfachen Blätter oder die zusammengesetzten. Manche sprechen auch noch von geteilten Blattformen. Bei den einfachen Blättern hat der Blattstiel nur eine einzige, gegebenenfalls geteilte Blattspreite. Aber damit nicht genug. Je nach der unterschiedlichen Tiefe der Einschnitte spricht man von fiederspaltig, fiederteilig oder fiederschnittig. Das ist allerdings nur eine der gröberen Gliederungen. Daneben gibt es weitere und feinere und vor allem wiederum das, was unmöglich alles beschrieben werden kann.

Unmöglich läßt sich auch das Ereignis des Blattrands übersehen. Wer zählt oder beschreibt die gewimmperten, gekrausten, gesägten, gezähnten oder sonstwie eingeschnittenen oder rundgeschlossenen Ränder! Nicht zu vergessen die Form der Blattspitze oder der Blattbasis, wo die Spreite in den Blattstiel übergeht. Und die Äderung der Blätter? Wer unternimmt es, die Nervatur der Blätter ernsthaft zu beschreiben? Allenfalls ein Poet mit den höchsten dichterischen Gaben. Wenn es ein solcher unternähme, jeden Tag ein neues Gedicht auf ein anderes Blatt zu schreiben, hinterließe er der Menschheit vielleicht den schönsten Gedichtband, den es je gegeben hat. Die Äderung jedes Blattes ist ein ungeschriebenes Gedicht, selbst für einen Goldschmied viel zu schade, er könnte bei vielen Blattern nur noch vor Neid erblassen. Schließlich, aber noch längst nicht als letztes, deren ober- und unterseitige Fläche. Ist sie eingerollt *(involutus)*, gewölbt *(convexus)*, gefaltet *(plicatus)*, runzelig *(rugosus)* oder durchscheinend licht *(pellucidus)* oder irgendwo dazwischen, wenn nicht sogar noch ganz anders?

Bezeichnenderweise hat René Magritte seine ca. 1938 entstandene Gouache, in deren Mittelpunkt die Darstellung eines Blatts als Baum steht, »Die Suche nach dem Absoluten« genannt.

Führen wir uns nur kurz weitere Arten von Blättern unter anderen Gesichtspunkten vor Augen, ohne sie alle weiter zu betrachten. Die Alters- oder Jugendblätter, die Frühlings-, Herbst- oder Winterblätter. Auch die Winterblätter, die normalerweise im Herbst abfallen, die aber ein harter Frost an den Zweigen vorher festgefroren hat und die erst im Frühling dem neuen Austrieb weichen und so einen ganzen Winter lang braun, gekräuselt und zerknittert steife Wintermäntel für Buchen *(Fagus)*, Parrotien *(Parrotia persica)* oder andere abgeben. Oder soll man noch die Niederblätter erwähnen, die bei den Bäumen allgemein als Deckschuppen nur die Winterknospen schützen, im Gegensatz zu den Laubblättern, die oben beschrieben sind? Dann müßte man auch noch die Hochblätter, die Brakteen, aufzählen, die vorgeben, Blütenblätter zu sein.

Wie ist es weiterhin mit der Beschaffenheit der Blätter? Sind sie krautartig, ledrig oder fleischig? Die Unterscheidung ist gewiß nicht unerheblich für das Auge des Betrachters. Ebensoviel Bedeutung kommt der Frage zu, ob Blätter langlebig oder nur von kurzer Dauer sind. Manche Blätter fallen bereits vor Abschluß einer Vegetationsperiode ab, andere, und das ist der Normalfall, mit deren Abschluß. Dann gibt es noch Blätter, die wintergrün sind und erst mit Beginn der folgenden Wachstumsperiode abfallen. Darüber hinaus können Blätter auch zweijährig sein. Dann fallen sie mit dem Ende der zweiten Vegetationsphase ab. Die sogenannten Immergrünen verlieren ihre Blätter nach und nach im Laufe der Jahre und ersetzen sie daraufhin durch neue.

Bei der Welwitschie *(Welwitschia mirabilis)* in der südafrikanischen Wüste sind die Blätter sogar so angelegt, daß sie die Pflanze bis zu ihrem Lebensende begleiten. Diese in vielfacher Beziehung wahrlich wunderbare Pflanze ragt nur einige Zentimeter über den Erdboden und erreicht einen Durchmesser von ca. 4 m. Der Stammteil ist schüsselartig vertieft und trägt an seinem Rand übermäßig lange bandförmige Blätter. Das Gewächs, das über hundert Jahre alt werden kann und seine Blätter während dieses Zeitraums nicht auswechselt, dürfte in dieser Beziehung alle anderen Pflanzen übertreffen. Allerdings ist hinzuzufügen, daß die Blätter an der Basis allmählich durch Zellenbildung verjüngt werden, während deren Spitzen im gleichen Maße absterben. All diese Dinge beantworten nicht nur Fragen der botanischen Abgrenzung und Bestimmung, sondern sie haben auch nachhaltigen Einfluß darauf, wie wir den Aufbau und die Zusammensetzung des Blattes sehen und bewerten.

Auch zu der Größe der Blätter ließe sich vieles sagen. In Westafrika bringt *Anthocleista* sp. Blätter hervor, die über 1 m Länge erreichen und genauso breit sein können. Oder denken wir an die Blätter der Palmen. Der Paulownie begegnet man auch im gemäßigten europäischen Klima, ebenso dem Trompetenbaum *(Catalpa bignonioides)*. Beide haben große herzförmige Blätter. Die diesen zuweilen kontrastvoll gegenüberstehende Südbuche *(Nothofagus antartica)* hat dagegen sehr kleine Blätter. Wie wirken aber erst einmal die kleinen, nadelförmigen Blätter einer Tanne *(Abies)*! Darf man die Nadeln gegenüber den Blättern der Laubbäume überhaupt vernachlässigen? Die einzige Rechtfertigung, die Nadelbäume nicht in gleicher Weise wie die Laubbäume zu betrachten, kann nur darin liegen, daß nicht einmal die Laubbäume abschließend betrachtet werden. Natur lehrt nun einmal die Selbstbeschränkung, und diese liegt hier in der bloßen Andeutung einer unbeschreiblichen Vielfalt.

Um uns, wie der gewöhnliche Baum im Herbst, allmählich von den Blättern zu trennen, vergessen wir hier einmal die gleichfalls hochinteressante Stellung der Blätter, die höchst unterschiedlichen Weisen, wie sie dem Baum anhaften und andere Punkte. Nehmen wir statt dessen die Jahreszeit zum Anlaß, uns noch einmal einem letzten, wesentlichen Kriterium der Blätter zuzuwenden, ihrer Farbe. Aber nicht nur der Farbe im Herbst. Das würde den Blättern nicht gerecht. Auch Grün ist Farbe. Und zwischen Grün und Grün liegen Arten- und Gestaltungswelten. Zwischen Grüngrün, Grüngrau, Grünblau, Grünbraun und vielen naheliegenden, fast undefinierbaren Farben und Tönen. Aber auch der Sommer färbt die Blätter. Zum Beispiel die übermäßige Sonne, wenn sich der durstende Baum allmählich entschließt, seine Blätter nicht mehr zu versorgen. Ihre Farbe ändern auch die Blätter an denjenigen Ästen, die der Baum aufgibt, weil er dort nicht mehr die Kraft hat, sie mit Leben zu versorgen, oder weil er all seine Kräfte in andere Äste legen will, um insgesamt zu überleben. Dann feiert er auf diesen Teilen und den dazugehörigen Blättern im Sommer einen vorgezogenen Herbst.

Vor allem aber bringt auch der Frühling farbige Blätter hervor. Solche, die sich später wieder in das allgemeine Grün einreihen, und solche, die andersfarbig bleiben. Im Austrieb rot ist zum Beispiel die Lavendelheide (*Pieris japonica* ‚Forest Flame'). Rot sollen die Blätter der Blutbuche *(F. purpurea)* auch den ganzen Sommer über bleiben. Und manche wechseln gar im Frühling, Sommer und Herbst, insgesamt dreimal, ihre Farbe. Beispielsweise der kleine Korallenrindenahorn (*Acer palmatum* ‚Corallinum'). Seine im Prinzip hellgrünen Blätter sind, wenn sie austreiben, leicht rosa getönt, im Herbst färben sie noch einmal kräftig mit, werden dann orange bis hellrot. Zu erwähnen, daß dieser Ahorn im Winter durch seine leuchtenden korallenroten Triebe auffällt, gehört eigentlich gar nicht an diese Stelle, fließt bei der Begeisterung über die Wandlungsfähigkeit der Bäume jedoch zwangsläufig aus der Feder.

Die eigentliche Jahreszeit der Blätter ist wohl der Herbst, dann, wenn sie sich allmählich von den Bäumen lösen. Daß die Bäume ihre Blätter abwerfen, gilt im Prinzip auch für die Tropen. Der Regenwald erscheint nur deshalb immer grün, weil die meisten Tropenbäume das ganze Jahr über ständig alte Blätter abwerfen und neue produzieren. Dennoch gibt es eine Reihe von Tropenbäumen, die es so halten wie die Arten des gemäßigten Klimas. Sie werfen ihre Blätter innerhalb einer kurzen Periode ab und lassen sie dabei oft noch in prächtigen Farben leuchten.

Mußten sich schon die Botaniker in ihrer Aufgabe erschöpfen, die Blattformen einigermaßen naturgerecht zu beschreiben, so stoßen im Herbst auch die Farbexperten und Künstler an ihre Grenzen, genauso wie sie schon an den Grüntönen des Frühlings und Sommers gescheitert sind. Und was heißt es überhaupt, die Herbstfarben der Baumblätter zu erfassen! Derselbe Baum zeigt nicht in jedem Jahr dieselbe Farbe. Die Parrotie färbt einmal gelb, einmal rot, einmal orange, ein weiteres Mal rotorange und auch schon einmal gelbrotorange in einem. Das hängt von der Witterung ab, vom Maß an Licht und Nahrung und von Umständen, die wir vielleicht nicht durchschauen. Wie wird der Maler dann erst einmal über die Farben zweier Parrotien an zwei unterschiedlichen Standorten staunen!

Bleiben wir aber bei den Herbstfarben, die die verschiedenen Gehölze unter bestimmten Umständen hervorbringen können. Zum Beispiel Gelb. Gelb beinhaltet bei den Blattfarben eine breite Skala. Gelb ist reingelb bei einem der Schlangenhautahorne *(Acer pensylvanicum)*. Es ist goldgelb bis lederbraun bei der Amerikanischen Buche *(F. grandifolia)*. Glänzend gelb ist es dagegen beim Silberahorn *(A. saccharinum)*. Beim Zuckerahorn *(A. saccharum)* ist es chromgelb. Chrom- bis dunkelgelb ist es auch bei den Roßkastanien *(Aesculus)*. Der Zürgelbaum *(Celtis occidentalis)* wiederum zeigt ein Goldgelb. Neben vielen anderen Gelbvariationen gibt es natürlich auch Übergangstöne zu anderen Farben oder das Zusammenleben mit diesen an einem Baum auf verschiedenen Blättern oder sogar auf einem einzigen Blatt. Ein Ahorn *(A. nikoense)* zeigt Gelb, Rosa und Scharlach, eine Felsenbirne *(Amelanchier lamarckii)* begrenzt sich auf Gelbrot, und der Tulpenbaum *(Liriodendron tulipifera)* konzentriert sich auf Gelb bis Orange, eine Zierkirsche *(Prunus* x *yedoensis)* gar auf Goldgelb bis Ziegelrot. Aber sagt das schon jedem wirklich etwas über die Farben? Und ist Schwefelgelb beim Katsurabaum *(Cercidiphyllum japonicum)* an allen Standorten und zu allen Herbstzeiten Schwefel? Ist es auch nur an einem einzigen Blatt während der gesamten Zeit der Verfärbung dasselbe? Es ist nicht einmal das. Oder besser, es ist weit mehr als das.

Das Problem, das Undurchschaubare und das Wunderbare bei den Farben der Blätter liegt darin, daß sie mit den Bäumen leben und sich mit ihnen, mit der Jahreszeit, mit den Umständen, mit ihrem Wohlbefinden und sogar mit ihrem Alter ändern, sich mit allem, was den Baum betrifft, identifizieren und darüber hinaus noch ihr eigenes Leben haben, in dem es ihnen gutgeht, in dem sie leiden und in dessen zeitlichen Grenzen sie mit unterschiedlichen Merkmalen ihrer selbst auch wieder vergehen. Sie sind mit anderen Worten lebendige Farben, die nicht nur allen verständlich von Schönheit sprechen, sondern auch noch von vielen anderen Dingen, die wir trotz größter botanischer Mühe nicht alle verstehen. Farben auch, die sich nicht festlegen und immer veränderbar bleiben.

So ist der Gärtner nicht nur deshalb bei der Kennzeichnung der Blattfarben überfordert, weil die Farbbestimmung der Blätter mehr den Farbexperten oder den Maler verlangt als botanisches Wissen. Es ist auch noch die Unberechenbarkeit des hier besonders augenfälligen, stetigen Wandels der Natur, der nur die Momentaufnahme am bestimmten Standort erlaubt. Ein paar Tage später, vielleicht schon am nächsten Tag, mag es wieder ganz anders aussehen. Sicherlich gibt es ein Farbkriterium für die Hochzeit der Blattfärbung einer bestimmten Art oder Sorte unter einigermaßen vergleichbaren Standortbedingungen. Dennoch sind die Bäume allein in der Farbe ihrer Blätter letztlich unergründlich. Dazu noch ein besonderes Beispiel: Die panaschierten Pflanzen enthalten kein grünes Chlorophyll in ihren Blättern; sie geben sich daher gelblich oder weiß und nehmen nicht am herbstlichen Farbenspiel teil. Ungreifbar vielfältig und wandelbar sind Bäume sogar in der jährlichen Routine, im selbstverständlichen Hervorbringen von Blättern und im anschließenden Vorgang, sich wieder von sich zu lösen. Zeigt es nicht die Ohnmacht der botanischen Experten, wenn sie den Japanischen Ahorn (*A. japonicum,* ‚Aconitifolium') als »herrlich brennendrot«, die Blätter anderer Gehölze als »feurigrot«, »flammendrot« oder sonstwie differenziert und eben doch nicht differenziert bezeichnen! Oder zeigt sich darin nur die Faszination, die von den Bäumen ausgeht und nicht einmal die Wissenschaft ausläßt!

Wer einen Baum in seinem Garten pflanzt, mag ihn sich vorher ruhig in der Baumschule ausgesucht haben. Er wird auf jeden Fall seine Überraschung mit ihm erleben. Nicht nur dessen sich stetig auswachsender Gesamtcharakter, auch die Eigentümlichkeiten von Pflanzenteilen wie die Variationsbreite der Blattfarben im Herbst unter den Bedingungen des Standorts und im Wandel der Zeiten werden ihn unaufhörlich beschäftigen. Um seinen Baum richtig kennenzulernen, reicht vielleicht nicht einmal ein ganzes Leben. Schon an diesem Detail wird klar, daß mit Bäumen zu leben immer spannend ist.

Zweifellos, wer die Blätter der Bäume betrachtet, kommt dabei ins Schwärmen. Führen wir uns noch einmal vor Augen, daß sie diese optischen Wirkungen erzielen, ohne dabei ihre bereits oben angedeuteten Aufgaben für den Baum zu vernachlässigen. Mit Hilfe zweier innerer Gewebe produzieren sie wichtige Aufbaustoffe. Zum einen kehren sie dabei ihre Oberfläche der Sonne zu, um das zur Assimilation in der Photosynthese gebrauchte Kohlendioxid eintreten zu lassen. Zum anderen sorgen sie mit Hilfe von großen Zellzwischenräumen in Verbindung mit oberflächlichen Spaltöffnungen für die Durchlüftung.

Man kann die Ursachen für die Entstehung der Blattfarben im Herbst auf sich beruhen lassen und sich einfach ihrem Anblick hingeben. Man kann allerdings diesen Vorgang auch wissenschaftlich erklären. Bevor sich die Blätter im Herbst lösen, zerfallen in ihnen der Chloroplast, ein kugeliger Einschluß von Pflanzenzellen, und das Chlorophyll, der magnesiumhaltige, grüne Farbstoff der Pflanzenzellen. Die unterschiedlichen Farben beruhen auf verschiedenen Vorgängen. Wenn die Carotine und Xanthophylle, die neben den Chlorophyllen Bestandteil des Blattgrüns sind, mit Fettwachsen »verestern«, entsteht Gelb. Reichert sich der Zellsaft mit Anthocyan an, färbt sich das Blatt rot. Braun entsteht, wenn sich nach dem Absterben des Blattes wasserlösliche braune Farbstoffe bilden.

## Die Rinde

Von den sichtbaren Merkmalen des Baumes ist auch noch seine Rinde von besonderem Interesse. Bekannt sind die sogenannten Schlangenhautahorne (z.B. *A. capillipes, A. davidii, A. grosseri, A. pensylvanicum*) mit grün-weißen Rindenstreifen. Auch der Eukalyptus zeigt sich mit ganz bemerkenswerten Stämmen, beispielsweise der »River red gum« *(Eucalyptus camaldulensis)* oder der »New Guinea gum« *(E. deglupta)* in leuchtenden roten und grünen Farben. Palmen können einen Stamm haben, der wie rote Warnfarbe leuchtet (z.B. *Cyrtostachys renda*). Die Rinde anderer Arten fällt mehr dadurch auf, daß sie sich ablöst. Die mahagonirote, spiegelnd glänzende Rinde eines chinesischen Prunus *(P. serrula)* löst sich in papierenen Fetzen. Dies trifft im Prinzip auch auf den Pazifischen Erdbeerbaum *(Arbutus menziesii)* zu, nur daß unter den sich auflösenden braunen »Papierrollen« ein makellos frischer, hellbegrünter neuer Baum zum Vorschein kommt. Die zimtbraune Rinde eines Ahorns *(A. griseum)* rollt sich grober, aber ebenso malerisch vom Stamm des Baumes ab, ohne dabei eine neue Farbe zu offenbaren. Auch er verjüngt sich dabei immer wieder zu scheinbar ewigem Leben.

Selbst die unauffällige, vorbildlich korrekt benadelte und immergrüne Eibe *(Taxus)* braucht ein Ventil für ihre persönliche Freiheit. Sie blättert ihre Rinde in holzharten, kleinen Platten ab und sorgt damit an ihrem Stamm für aufregende Unordnung. Ein anderer, in Zentralchina heimischer Nadelbaum, eine Kiefer *(Pinus bungeana)*, schafft auf ihrem Stamm wie die Platanen Abwechslung und Verwechslung, indem sie ihre Rinde in weißen, rotbraunen, graugrünen und grünen Flecken zu einem natürlichen Patchwork abwirft. Ganz besonders attraktiv wirken die Bäume, deren Stämme sich mit tief gefurchter Borke schon viel früher eine Greisenhaut zulegen, als ihnen eigentlich dem Alter nach zusteht. Dazu zählen die Eichen (*Quercus*, vor allem die bekannte Korkeiche, *Q. suber*), aber auch die Scheinakazie *(Robinia pseudoacacia)*.

### Stamm, Äste und Zweige

Lösen wir uns auch von der Rinde der Bäume, obwohl sie bei verschiedenen Arten mehr über die Bäume erzählt, als man aufschreiben kann. Kommen wir nun zu dem, was das äußere Bild der Bäume im wesentlichen ausmacht, dem Stamm in seiner Wuchsform und der Art und Stellung seiner Äste und Zweige.

Jeder weiß, daß die verschiedenen Baumarten oft ganz unterschiedliche Formen haben. Den meisten Menschen dürfte auch aus eigener Betrachtung geläufig sein, daß sich ein freigestellter Baum ganz anders entwickelt als ein solcher, der in enger Nachbarschaft mit anderen Bäumen leben muß. Im Extremfall kann die nachbarschaftliche Bedrängnis sogar soweit führen, daß es für einen Baum nur noch darum geht, zu überleben. Dann zählt unter allen vorgegebenen Erbanlagen für jede Art von Baum nur noch das eine: schnelles Höhenwachstum zum Licht, um vor anderen oben anzukommen. Dort erst wird eine Krone ausgebildet und mit ihrer Hilfe ein möglichst breiter Raum eingenommen und ausgebaut, den kein anderer Baum mehr streitig machen kann und der zugleich ausreichend ist, um zu überleben. Unter diesen Umständen kommen die verschiedenen Wuchsformen der Bäume einander näher. Sie machen sich so schlank, wie es eben geht, und sparen alle Kraft für den möglichst direkten Weg zum Licht. Das hat auch zur Folge, daß die Seitenäste vernachlässigt, d.h. erst gar nicht ausgebildet oder später aufgegeben werden.

Wenn beispielsweise im tropischen Urwald ein Baumriese fällt und eine Lichtung entsteht, dann bildet sich darin zwar einerseits eine Chance für viele kleine Bäume, sich in der Höhe eine dauernde Lebensgrundlage zu schaffen. Erreichen werden dieses Ziel allerdings nur ganz wenige. Das heißt, die weitaus meisten bleiben in diesem gnadenlosen Rennen nach dem Licht in irgendeiner Höhe auf der Strecke. Jedenfalls soweit sie nicht im Etagenaufbau des Regenwaldes einer der Schichten angehören, in der sich auf einem niedrigeren Niveau mit entsprechend weniger Licht auch noch bestimmte Spezies nicht nur halten, sondern sogar ihre idealen Lebensbedingungen finden. Dies ist auch einer der Gründe, warum tropisches Holz in der Welt so begehrt ist. Die Bäume können es sich nicht erlauben, in ihrem Kampf gegeneinander an ihre Form zu denken und Seitenäste auszubilden. Deshalb ist tropisches Holz astfrei, ein wirtschaftlicher Vorteil, der wesentlich dazu beiträgt, daß die Nachfrage so groß ist. Ließe man dagegen den Tropenbaum in bequemen Seitenabständen zu seinen Nachbarn wachsen, nähme er eine völlig andere Gestalt an.

Die Bäume in den gemäßigten Klimazonen verhalten sich im Prinzip nicht anders. Bei Enge wissen sie sich mit dem gleichen Schlankheitswachstum zu helfen. Zwar zielen sie in einer solchen Situation darauf ab, den Nachbarn zu verdrängen, sind aber gerade dann auf ihn angewiesen. Mit ihrem schlank aufragenden Wuchs wären sie im freien Stand extremem Wind nicht gewachsen. Im Verband dagegen widerstehen sie gemeinsam. Das schlanke Wachstum hat allerdings einen Preis, der selbst im Verband mit anderen Bäumen nicht immer ausgeglichen wird. Das läßt sich besonders gut in einem Buchenwald beobachten. Der Stamm der Rotbuche *(F. sylvatica)* teilt sich in großer Höhe oft zu einem steilwinkeligen Zwilling (Juckoff'sches Syndrom). In einem mittig entstehenden Einschnitt bildet sich dann leicht eine Fäulnis, die sich mit der Zeit metertief in den Stamm hineinfressen kann, nachdem sie für den weiteren Zersetzungsprozeß immer gut mit Wasser versorgt ist. Man spricht in derartigen Fällen auch von »Zwickelfäule«. Bei einem Sturm brechen dann nach einer gewissen Zeit die Stämme im Einschnitt auseinander. Gut sichtbar wird dann, wie sich die Fäulnis oft viele Meter tief in den Stamm hineinzieht.

Daß Bäume, die in extremen Lagen wachsen, allgemein ihre eigentliche Form verleugnen und in erster Linie an ihr Überleben denken, wirkt sich auch noch in anderen Erscheinungen aus. Gehen wir wiederum durch einen Buchenwald. Während die ausgewachsenen Bäume steil dem Licht entgegengewachsen sind und dort oben, jede Lichtlücke nutzend, ein Schattendach bilden, fristen die jüngeren Exemplare regelrecht ein Schattendasein mit eigenen Gesetzen. Wenn der junge Baum keine Lichtlücke sieht, in die er steil wachsend stoßen könnte, versucht er im Schatten der großen noch einmal, ein eigenes Blätterdach zu entwickeln, um mit dessen Hilfe vom bereits gefilterten Licht so viel auf sich zu ziehen, wie er auffangen kann. Daraus entstehen merkwürdig gebogene und verrenkte Gebilde, die nur noch an ihrem Stamm und den Blättern als Buchen erkennbar sind. Je nachdem, wieviel Licht sie auf diese Art für sich gewinnen, können sie sogar eine ganze Reihe von Jahren, mehr verharrend als weiterwachsend, vegetieren. Ergibt sich dann plötzlich eine Lücke in dem gewaltigen Blattdach, schaltet der Kümmerling sofort um und sendet neue Stammreserven nach oben, wird, wenn er noch nicht zu sehr geschwächt war, doch noch zu einer richtigen, auf den ersten Blick erkennbaren Buche. Zeigt sich dem jungen Baum die Lücke nicht rechtzeitig, muß er sich schließlich in sein Schicksal ergeben und kümmert zu Tode. Dann versucht eine noch jüngere Generation ihr Glück, vielleicht wiederum vergeblich. Das kann sich über Jahrzehnte wiederholen, bis sich endlich für eine Jungpflanze der nachfolgenden Generationen die Gelegenheit ergibt, sich zu einem richtigen Baum zu entwickeln. Wer durch den Wald geht und die untere oder mittlere Schicht der jüngeren Bäume aufmerksam betrachtet, kann an der Haltung der einzelnen Exemplare ablesen, wie lange sie schon warten und ob sie weiter auf ihre Chance warten oder bereits dabei sind, zu resignieren.

Überhaupt spricht der Baum mit seiner jeweiligen Haltung. Mit jener, die für ihn typisch ist, wenn er sich frei entfaltet, aber ebenso mit jener, die ihm durch die Umstände aufgezwungen wurde. Diese Haltung mag nicht immer eindeutig sein. Nicht jeder vermag in der Trauerweide (*Salix alba* ‚Tristis') einen Baum zu erblicken, der auf seinen Ästen und Zweigen Trauer trägt. Wirkt er nicht eher wie ein Märchen-, Sagen- oder Mythenbaum, der das ihm anvertraute Geheimnis wohlbehütet in sich verbirgt! Gleichgültig, wie man nun seine Haltung deutet, der Wuchscharakter dieses Baumes und vieler anderer Gehölze gibt genügend Anlässe, sich nicht nur einen Augenblick oder einen Spaziergang lang damit zu befassen. Er drängt den aufmerksamen Betrachter geradezu, sich tiefergehend mit dem Wesen des Baumes zu befassen. Solche Gedanken setzen dort an, wo die strenge Botanik aufhört. Nur wo die Bäume vollkommen atypisch wachsen, gibt es eine sachliche Ursache und immer einen allgemeinen Grund: Sie fühlen sich unwohl oder leiden. In vielen Fällen weiß der Erfahrene sogar gleich, woran das liegt.

Allgemein kann man nicht sagen, die Bäume seien gesellig und brauchten die Gesellschaft von ihresgleichen bzw. ständen vorzugsweise alleine. Dies hängt ganz von der jeweiligen Art und Sorte ab und gilt sowohl für gemäßigte Zonen wie für die Tropen. Nicht einmal, wenn ein Baum hier allein oder dort in der Gesellschaft mit anderen gut zurechtkommt, heißt das, daß er an diesem speziellen Standort nun seine ideale Stellung gefunden hat.

Dazu ein Beispiel aus der gemäßigten Klimazone, wo die Wälder aus wenigen Baumarten bestehen, die das gesamte Bild des Waldes beherrschen und ihm oft ihren Namen geben. Etwa Buchenwald, Eichenwald, Fichtenwald. Eine Buche, die in der Gesellschaft anderer Buchen kräftig heranwächst, tut dies zwar zur ungetrübten Freude des Försters, weil sie an ihrem Stamm größere astfreie Partien ausbildet und somit wirtschaftlich höchst nützlich ist. Eine Buche im Einzelstand auf einer freien Fläche zeigt demgegenüber erst einmal richtig, was alles in ihr steckt. Auf sich allein gestellt, wird sie zwar weniger der Holzwirtschaft nutzen, dafür aber mit ihrem breiten Astwuchs um so stärker ihre wahre Natur entfalten. Dabei wird sie diejenigen beeindrucken, die in ihr nichts als den Baum suchen und von ihm nicht mehr und nicht weniger erwarten als seine natürliche Größe. Die Eibe *(Taxus)* dagegen oder die Stechpalme *(Ilex)* finden in einem Wald, der nicht mit Fichten oder Tannen bestanden ist, nicht nur ein Auskommen, sondern all das, was sie im besten Fall für sich wünschen: ein lichtverhangenes, geschütztes Klima. So verhält es sich auch im stufenhaften Aufbau der Tropenwälder, wo nicht einzelne Baumarten, sondern eine große Anzahl verschiedener Bäume zusammenleben, bei mehr oder weniger gefiltertem Licht. Dort sind die »tropischen Stechpalmen oder Eiben« zahlreicher und vielartiger und bilden ein durchgängiges Blätterdach, wenn ihnen die höherragenden anderen Bäume genau das Lichtmaß zugestehen, das sie brauchen. Bleiben wir, was den Wuchscharakter der Bäume angeht, zunächst bei der Botanik. Dieser wird in erster Linie durch einen Hauptstamm, in Ausnahmefällen auch mehrere Hauptstämme gebildet. Der Stamm ist der oberirdische, verholzende Teil des Baumes und trägt die Krone. Diese wiederum wird von den älteren Nebenstämmen gebildet, sie heißen Äste. Palmen haben dagegen keine Äste. Von den Ästen gehen die jüngeren Nebenstämme aus, die Zweige. Für das äußere Bild des Baumes insgesamt sind die ein- oder zweijährigen Triebe nur von untergeordneter Bedeutung.

Der Stamm ist der wirtschaftlich bei weitem interessanteste und sehr oft auch noch ansehnlichste Teil des Baumes. Allgemein für die wirtschaftliche Nutzbarkeit von Bedeutung ist vor allem die Unterscheidung, ob der Stamm einer Laub- oder Nadelholzart angehört. Weiterhin fällt ins Gewicht, ob es sich um ein Hart- oder Weichholz handelt oder um ein Holz, dessen Härtegrad zwischen diesen Stufen liegt. Zwar sind die meisten Nadelbäume als Weichholz einzustufen, doch spielen auch hier Abstufungen eine Rolle. Stellvertretend sei hier das bekannte afrikanische »Eisenholz« erwähnt, auch Bongossi oder Azobé *(Lophira alata)* genannt. Es ist selbstverständlich, daß die verschiedenen Härtegrade des Stammes eine ganz unterschiedliche wirtschaftliche Nutzung nahelegen.

Das äußere Bild des Baumes wird ohne eine zumindest grobe Einsicht in seine inneren Funktionen nicht verständlich. Es wurden bereits die Aufgaben der Blätter im Lebensablauf des Baumes erläutert sowie die Entstehung der Herbstfarben erklärt, nun soll noch ein kurzer Einblick in das Bild des inneren Stammgefüges gegeben werden.

Der Stamm eines Baumes besteht sozusagen aus zwei Welten. Grob verallgemeinernd kann man ihn in eine lebende und eine tote Welt einteilen. Unter der »toten Welt« werden hier aber nicht etwa die infolge Fäulnis vergehenden Partien des Stammes verstanden, sondern, abgesehen von der Borke, das sich Jahr für Jahr vermehrende gesunde und fertige Holz im Innenbereich des Stammes, nämlich der eigentliche Teil der wirtschaftlichen Nutzung. Die »tote Welt des Stammes« ist also insoweit auch eine »intakte Welt«.

Unter der sichtbaren Außenrinde des Stammes befinden sich verschiedene Schichten, die bis ins Kernholz hineinreichen. Die Außenrinde schützt den Baum vor schädlichen äußeren Einflüssen. Die daran anschließende Innenrinde, der Bast, verteilt die Assimilationsprodukte der Blätter im Baum. Darauf folgt eine dünne, aber lebenswichtige Schicht, das Gefäßkambium. Durch Teilung bildet es sowohl neue Innenrindenzellen nach außen als auch neue Holzzellen nach innen. Nach diesem Kambium folgt das Holz, das den überwiegenden Teil des Stammes bildet. Der äußere Teil des Holzes wiederum besteht aus dem sogenannten Splint. Wirtschaftlich ist er der minderwertige bzw. überhaupt nicht verwertbare Teil des Holzes. Am Schnittholz ist der Splint verpönt, weil er weicher ist als das übrige Holz, mit Pilzen auch die Fäulnis auf sich zieht und als erster vergeht. Am Stamm dagegen leiten seine röhrenförmigen Zellen das Wasser und die gelösten Nährstoffe aus dem Boden von der Wurzel bis zu den Blättern. Jahr für Jahr entsteht ein neuer derartiger Ring (Jahresring), während der alte seine Funktion verliert und sich der Masse des inneren Kernholzes hinzufügt. Dieses bildct die innere tote Welt. Solange sie »in Ordnung« ist, das heißt nicht in sich zerfällt, gibt sie dem Stamm und damit dem Baum seinen Halt.

Zum Wachstum ist zu sagen, daß es auf die ausreichende Zufuhr von Wasser und Nährstoffen angewiesen ist. Der wichtigste äußere Einflußfaktor ist die Temperatur. Sie entscheidet darüber, in welchem Umfang es vonstatten geht bzw. wann es vollständig ruht. Klimate mit kalten und warmen Jahreszeiten zeigen dies am deutlichsten. Gleichfalls wichtig ist das Licht, die Dauer seiner Einstrahlung genauso wie seine Intensität. Der beim Wachstum ablaufende innere Prozeß ist verwickelt. Vereinfacht ausgedrückt, wird das Kambium im Frühjahr dadurch reaktiviert, daß in den Knospen Wuchshormone gebildet und in Bewegung gesetzt werden. In der Spitze des Triebes steigert das primär zellbildende Gewebe seine Aktivität, es verbraucht eingelagerte Nahrung und setzt dabei Energie frei. So werden Teilung und Vergrößerung der Zellen beschleunigt. Während das Gefäßkambium tätig wird, nimmt es den jährlichen Wachstumsrhythmus wieder auf und bildet, wie oben beschrieben, neue Innenrindenzellen nach außen und neue Holzzellen nach innen.

Habitus nennt sich die gesamte äußere Gestalt des Baumes. Er bestimmt sich vor allem aus dem Stamm und der Krone. Die Wuchsrichtung des Stammes und der Winkel, den die Äste und Zweige mit der Hauptachse bilden, entscheiden über den äußeren Eindruck. Es muß aber auch hier noch einmal betont werden, daß man in einem dichtbestandenen Wald vergeblich die typische Form einer Art suchen wird. Ihr Überlebenstrieb gebietet den Bäumen in erster Linie, sich an ihrem Standort zu behaupten. In unseren dicht bepflanzten Gärten ist es gewöhnlich nicht anders. Man kann daher sagen, meist kommt der Habitus der Bäume nur bedingt zum Tragen.

Bei der Bestimmung der Wuchsrichtung stößt man wieder auf das Dilemma, das unendlich vielfältige Verhalten der Bäume nur mit zum Teil hilflos allgemeinen Begriffen bestimmen zu können. Aufrecht *(erectus)* nach oben wachsend, kann man sich noch vorstellen. Bei »übergebogen«, »überhängend« und »niedergebogen« fragt man sich im Zweifelsfall vergeblich, an welchem Punkt die drei Begriffe wohl gegeneinander abzugrenzen sind. Bei Begriffen wie »verworren« oder »stark verästelt« zeigt sich dann endgültig die Hilflosigkeit des botanischen Betrachters. Bäume sind eben mit unseren Maßstäben nicht zu messen. Sie bieten auch keinen Anhaltspunkt für Vergleichbares, und deshalb verwirren sie den Botaniker bereits bei ihrer Bestimmung. Um dies nicht einzugestehen, bezeichnet er sie lieber seinerseits als »verworren«. Bäume entziehen sich in vielem der nüchternen Betrachtung. Gewiß könnte man versuchen, die Eigenschaften der Bäume neu zu definieren. Am Ende würde sich aber auch jeder neue Versuch, den Wuchsformen der Bäume definitorisch gerecht zu werden, als untauglich erweisen.

Ähnliches gilt auch für die Stellung der Äste. Was hilft alle denkbare Systematik, wenn beispielsweise ein Exemplar des »Australian tea tree« *(Leptospermum laevigatum)* zu beschreiben ist. »Verworren« wäre hier eine nichtssagende Charakterisierung. Zutreffender, wenngleich zur Beschreibung der Art genauso wenig hilfreich, ließe sich der erste Eindruck auf den Betrachter kennzeichnen: »verwirrend«. Zutreffender, aber noch viel zu ungenau, würde man den Baum in seinem Habitus als gedreht, gedrechselt, verwachsen, in sich verschlungen, unvorhersehbar gewölbt oder gebogen beschreiben. Kaum jemand, der ihn noch nicht mit eigenen Augen gesehen hat, könnte sich eine Vorstellung bilden. Der »Australian tea tree« steht mit seinen aufsehenerregenden Eigenheiten nicht allein. In dieser Beziehung ist er stellvertretend dafür, daß sich manche Bäume jeder Beschreibung entziehen und einer Systematik geradezu spotten.

Unter diesen Umständen gilt: Wohl dem, der nicht von Berufs wegen gezwungen ist, die Bäume zu erklären und sie dabei zur einfachen Sache herabzuwürdigen. Daß man sie so behandelt hat, ist vielleicht ein Grund dafür, warum man mit den Bäumen im Laufe der Jahrhunderte immer wieder so unempfindlich und ihrer Natur unangemessen umgegangen ist.

So bleibt es dabei, daß man letztlich anhand verschiedener Kriterien nur aufzeigen kann, daß die Bäume unerschöpflich und in mancher Beziehung unerklärbar sind. Die bei weitem nicht vollständigen Andeutungen äußerer Eigenschaften mögen für den Betrachter eine Hilfe sein, sich auf bestimmte Kriterien zu konzentrieren und sich vielleicht dadurch ein wenig zu orientieren, mehr nicht. Vieles davon läßt sich für ihn sachlich erfassen, von vielem aber kann er sich nur ein ganz persönliches Bild machen. So trägt jeder Baum sein Mysterium in sich.

**Die Wurzeln**

Vieles von einem Baum läßt sich äußerlich nicht einmal in einem Bild erfassen. Dazu gehören im allgemeinen die Wurzeln. Sie bilden, nüchtern betrachtet, das Gerüst, das den Baum fest in der Erde verankert. Dazu gehört auch, daß die Wurzeln nicht nur stark genug sind, sich je nach der Art des Baumes auszubreiten oder zu vertiefen und sich auf ihrem Wege jede verfügbare Menge Terrain »anzueignen«. Sie müssen sich dabei auch gegenüber den fremden Wurzeln, vor allem denen der Baumkonkurrenz, durchsetzen und behaupten. Außerdem ist es ihre Aufgabe, mit ihren Spitzen Wasser und Nährstoffe aus dem Boden aufzunehmen.

Die Wissenschaftler haben dem Wurzelbereich auch einen Namen gegeben. Er heißt Rhizosphäre. Darin spielen sich komplizierte Vorgänge ab, die nicht vollständig erforscht sind. Es geht dabei namentlich um die Verflechtung der Baumwurzeln mit den Kleinstlebewesen und der im Einflußbereich der Wurzeln wachsenden Flora. Es wurde bereits oben erläutert, daß zwischen Pilzen, genauer dem Wurzelgeflecht der Pilze, dem Myzel, und den Baumwurzeln eine Verbindung besteht, die bis zu einer echten Symbiose, also dem engen Zusammenleben zu gegenseitigem Nutzen, führen kann.

Es gibt also nicht nur den oberirdischen, sich in den Jahreszeiten verändernden Frühlings-, Sommer-, Herbst- und Winterbaum, sondern auch noch den Baum in der Erde. Wo er sich in seinen Wurzeln zeigt, sorgt er offenbar für zusätzliche Betrachtungen. Die Wurzeln gehören gewöhnlich nur dann zum äußeren Erscheinungsbild eines Baumes, wenn dieser entwurzelt worden ist. Umgefallene Bäume zeigen also mehr von ihrem Habitus, allerdings auch noch nicht alles, weil ein Teil der Wurzeln abgerissen in der Erde bleibt. Wird ein Baum in seiner gesamten Ausprägung sichtbar, weiß man nicht mehr, ob man ihn an seinem oberen oder an seinem unteren Ende betrachten soll. Zuweilen geben Bäume, ohne dabei immer gleich ihr Leben aufzugeben oder zu gefährden, auch während ihres natürlichen Wachstums den Blick auf einen Teil ihrer Wurzeln frei, zum Beispiel wenn ihnen Regen oder Flußwasser die Erde wegwäscht oder wenn ein steiniger Untergrund die Wurzeln allmählich über den Boden hinausschwellen läßt. In diesen Fällen zeigen zum Beispiel Pappeln *(Populus)* in Flußnähe, Kiefern im Gebirge oder Buchen in Parks oft mehr als nur eine Andeutung ihres Lebens in der Erde. Dann ziehen die Wurzeln statt des Stammes und der Äste alle Phantasie auf sich, weil sie immer noch etwas verbergen.

Fast beherrschend werden die Wurzeln immer dann, wenn sie wie der Stamm und die Äste zum äußeren Wuchsbild gehören. Dies ist ganz ausgeprägt bei Brettwurzeln oder Stelzwurzeln. Wie soll man Brettwurzeln beschreiben? Sachlich könnte man es sich leicht machen und sie einfach als brettartig langgezogene, schmale, von der Erdoberfläche nach oben sich verjüngende Anhaftungen des Stammes bezeichnen, die dem Baum im Boden einen zusätzlichen Halt geben. Das wäre zu einfach, denn Bäume mit Brettwurzeln haben Flügel. Oder tragen sie Wurzelschleier, die den Baum in ausgeprägten Falten schmücken? Diese sichtbaren Wurzeln prägen sich ungeheuer vielfältig aus. Und sie reichen mitunter bis in Höhen von 5 m empor. Der asiatische Keruingbaum zum Beispiel besitzt Brettwurzeln. Viele kennen ihn indirekt von ihrer Fahrt mit der Eisenbahn, denn viele Weichenschwellen sind aus Keruingholz. Es ist ein weltweit begehrtes Holz. Deshalb sind die Keruingbestände in Südostasien auch weit zurückgegangen. Die wirtschafltich viel weniger gefragte Art *Tetrameles nudiflora,* malaysisch «Mengkundur» genannt, zeigt wesentlich stärker ausgeprägte Brettwurzeln. Bei einem Baum dieser Art könnte man meinen, er wüchse auf einem Vulkan und würde in malerischer Holzlava in den Boden zerfließen.

Stelzwurzeln geben einem Baum den Anschein, er könne laufen. Damit verleihen sie ihm etwas Unheimliches, Mystisches, das die Phantasie unmittelbar beschäftigt. Auf den Sandbänken Südfloridas wächst der Manglebaum *(Rhizophora mangle).* Er durchquert auf seinen Stelzen das seichte Wasser und läuft, sich immer weiter ausbreitend, kilometerweit die Küste entlang. Seine Wurzeln stehen so dicht wie ein Heer von Soldaten. So erscheinen sie undurchdringlich und gefährlich. Aber selbst wenn Stelzenbäume nicht dazu neigen, umzingelnd breit zu verlaufen, begegnet man ihnen mit Scheu. Vielleicht ist es neuerdings die Angst, die Bäume könnten sich doch einmal an den Menschen rächen, sie mit ihren Stelzwurzeln zertreten und mit ihren Ästen erschlagen. Wäre diese Vorstellung wahr, würde sich endlich Respekt und Achtung vor den Bäumen einstellen, und sie blieben in all ihrer Vielfalt erhalten.

**Die Düfte**

Auch in ihren Düften zeigt sich die Großartigkeit der Bäume. Bei Duft denkt man wohl an erster Stelle an die Blüten. Diese sind jedoch bei den Bäumen nicht die wichtigste Duftquelle. Gewiß, nicht alle Blüten von Bäumen riechen für unsere Nasen angenehm oder verträglich, etwa so anziehend wie die weißen Blüten der Scheinakazie. Aber schließlich sind wir nicht die einzigen Lebewesen, auf die es ankommt.

Auch Früchte können duften. Und das tun sie meistens im Sinne der Bäume, nicht für unsere Nasen, mit denen wir nur zu gerne ganz von unserem Standpunkt aus die Gerüche beurteilen. Bei Dschungelpflanzen findet man häufig Samen, die von Tieren verbreitet werden müssen. Sie sind regelmäßig hartschalig und liegen in einer weichen

Frucht. Reift diese aus, färbt sie sich auffällig, und manchmal versendet sie starke Düfte. Alles zusammen macht sie unwiderstehlich. Damit erreichen die Bäume immer ihr Ziel, die Tiere, auf die es für sie ankommt, anzulocken. Sie bedienen sich und scheiden die hartschaligen Samen unverdaut wieder aus. So tragen sie zur Erhaltung der Baumart bei. Ähnlich machen es bei uns die Amseln mit Kirschen und anderen Früchten. Auch die Menschen werden von den Bäumen zur Verbreitung von Samen eingespannt. Es ist ganz im Sinne der Bäume, wenn sie die Steine des Kernobstes in die Gegend werfen.

Aber es sind weder die Blüten noch die Früchte, deren Düfte den Geruchssinn bei den Bäumen am meisten anziehen. Es sind auch nicht die Blätter, die duften, manchmal selbständig, wie bei der Balsampappel *(P. balsamifera)* oder Balsamtanne *(A. balsamea)* oder beim Zerreiben zwischen Fingern, wie bei der Lawson-Scheinzypresse *(Chamaecyparis lawsoniana)* oder der Nutka-Scheinzypresse *(Ch. nootkatensis)*. Es sind vielmehr das Holz und die Rinde.

Das Holz des lebendigen Baumes, das frisch gesägte Holz, das sich faulend zersetzende Holz und das trocken verarbeitete oder gelagerte Holz mit der fast unbegrenzten Lebensdauer.

Nicht alle Bäume äußern ihren Duft, und wenn sie es tun, dann in ganz unterschiedlicher Intensität. Das Holz des Stammes und der Äste reagiert mit Duft vor allem auf die Witterung, besonders auf höhere Temperaturen und hohe Luftfeuchte oder Regen. Nach einem warmen Regen geben sich sogar noch Bäume mit arteigenem Geruch zu erkennen, die sonst keinen zu haben scheinen. Sehr stark sprechen Nadelbäume den Geruchssinn an. Bei ihnen erkennt man sogar ihren Lebensatem, den sie sonst nur ungehemmt verströmen, wenn ihr Holz bricht oder zersägt wird. Beim Sägen von Holz läßt nicht selten der wunderbare Geruch, der ihm entsteigt, alle Mühe vergessen. Ein Sägewerk ist ein Duftkabinett. Und wer dort arbeitet, nimmt diese äußerst angenehmen, unerforschten und unaussprechlichen Düfte an. Warum eigentlich hat sich noch kein Parfumhersteller daran versucht? Ist es nicht vielleicht sogar richtig, daß fast alle Bäume, wenn sie zersägt werden, einen Duft männlichen Charakters abgeben?

Ganz gleich wie klein man Bäume zersägt, niemals werden sie ihren Lebensatem gänzlich verströmen. In einem Möbel können sie sogar unsterblich werden. Wenn sie in dieser Gestalt feuchte Luft umgibt, erinnern sie immer aufs Neue an sich selbst, indem sie sich knackend regen und den arteigenen Duft verströmen. Alte Möbel sind plötzlich nicht mehr Schrank, Kommode, Regal oder sonst etwas. Sie sind dann nur noch Eiche, Fichte, Tanne oder eine andere Art, aus der sie hergestellt sind. So wird ein Baum unsterblich. Nicht nur das berühmte Indische Sandelholz *(Santalum album)* lebt in seinem Duft fort.

Wenn Holz jedoch, vom lebendigen Baum getrennt, in der freien Natur auf der Erde liegenbleibt, dann haben je nach der Härte früher oder später alle Baumarten einen gemeinsamen Duft. Sie riechen nach Fäulnis, nach Pilzen, den Saprophyten, die am Prozeß der Zersetzung teilhaben und dabei ihre eigenen Duftnoten setzen. Diese Fäulnis strahlt etwas Positives aus, weil man aus ihrem Duft herausspürt, daß sie einmal dem Wachstum anderer Pflanzen dienen wird. Verrottendes Holz verströmt den Duft einer lebenfördernden Fäulnis.

Wer es unternimmt, die Bäume zu beschreiben, hat am Ende das Gefühl, Wesentliches zu vergessen. Mehr noch, er kommt im Laufe seiner Untersuchungen immer mehr zu dem Ergebnis, eigentlich nur einen Beitrag zu der These geleistet zu haben, daß das Thema «Bäume» letztlich eine nicht zu bewältigende Herausforderung ist. Wer auch nur einen einzigen Baum richtig beschreiben will, muß dessen sämtliche Eigenschaften aufzeigen, ohne eine davon zu vergessen. Und er muß deren Wirkung auflisten, den Einfluß auf Menschen, Tiere und Pflanzen. Wem aber ist es jemals gelungen, auch nur einen einzigen Baum in all seinen Eigenschaften, seiner Ausstrahlung und den Wirkungen erschöpfend zu charakterisieren! Und dann stelle man sich vor, jemand versuchte, alle Bäume der Welt in dieser Weise zu beschreiben, Zigtausende von Arten und Sorten! Dann führe man sich noch vor Augen, wie unterschiedlich sich die Bäume an den verschiedenen Standorten entwickeln, wie sie die breite Skala ihrer Persönlichkeit ausschöpfen oder im Laufe der Zeit sogar erweitern, sei es, um zu überleben oder um alle Eigenschaften zu höchstem Wohlbefinden zu entfalten. Als Extrem seien hier die ewig windgepeitschten oder kärglich versorgten, in jeder Beziehung benachteiligten und ausnahmslos zu auffälligen Individuen ausgeprägten, für unsere Augen dafür aber um so malerischeren Einzelkämpfer an den unwirtlichen Orten genannt. Wer ein Buch über Bäume schreibt, muß sich zwangsläufig beschränken. Bestenfalls kann er damit erreichen, den Leser für den Baum empfänglich zu machen, damit seine Waldspaziergänge zu unendlichen Erlebniswanderungen werden.

Der Baum kann nicht nur nüchtern gesehen werden. Immer noch verbirgt der Baum in seinen bestreitbaren, noch nicht einmal erkannten Funktionen auch vor der Wissenschaft so viele Geheimnisse, daß er immer ein Fundort neuer Erkenntnisse sein wird. Da er darüber hinaus mehr ist, als sich wissenschaftlich ausdrücken läßt, mag sich jeder berufen fühlen, das Unerforschliche auf seine subjektive Weise durch Beobachtung zu ergründen und für sich selbst zu interpretieren. Wo sonst findet sich ein für jedermann zugängliches Ereignisfeld von vergleichbarer Größe!

# Die Stimmungen der Bäume und des Waldes

Bäume geben sich, je nachdem, ob sie einzeln stehen oder in den Verband eines Waldes gehören, nicht nur äußerlich ganz unterschiedlich. Ihre Eigenschaft, sich als Einzelnstehende nachdrücklich völlig zu entfalten oder in der Gemeinschaft mit anderen Bäumen ihre Art nahezu vollkommen zu verleugnen, weckt im Betrachter nicht nur einen vorübergehenden äußeren Anschein, sondern erzeugt in ihm auch länger anhaltende Stimmungen. Diese richten sich allerdings nicht nur danach, ob er einen Einzelbaum vor sich hat oder einer Baumgemeinschaft begegnet. Die jeweilige Stimmung wird zusätzlich durch andere Umstände bestimmt. Zum Beispiel durch die Art der Bäume, durch ihren Duft oder auch durch das Aroma des Bodens. Die Begegnung mit einem Wald oder mit Bäumen bewegt den Menschen mehr als eine gewöhnliche Betrachtung. Bäume versetzen auf vielfältige Art das menschliche Gemüt in Schwingungen.

Gehen wir zuerst in einen Wald. Schon fragen wir uns, worauf wir gehen. Gibt der Boden lautlos, kraftlos nach, um uns kaum einen Moment später so elastisch abzufedern, daß wir uns für einen kurzen Augenblick der Schwerkraft der Erde überlegen fühlen? Dann möchten wir bis auf die Spitzen der Fichten *(Picea)* oder Tannen *(Abies)* hochsteigen, die diese Art von Boden erzeugen. Wer so weich und abgehoben geht, fühlt sich überlegen, ist beschwingt. Er fühlt eine Kraft in sich, die seine Stimmung weit über das Maß erhebt, das ihm im Vergleich zu den überragenden Bäumen zukommt. Er fühlt sich auch willkommen, weich empfangen, wohl und unumstritten. Wie anders geht da doch der Laubgänger, vor allem, wenn das Laub trocken ist. Es stellt sich ihm ausnahmslos entgegen, jedes einzelne Blatt läßt ihn wie einen Störenfried empfinden. Es knistert ihm entgegen zu verharren, sich einzufügen und vielleicht wie ein Baum zu stehen. Buchenblätter beispielsweise bilden auf dem Waldboden eine Brandung des Protestes bei jedem harmlosen Spaziergänger. Abgefallene Äste können den Wald geradezu wie ein Minenfeld gegen ungebetene Eindringlinge wirken lassen. Wer raschelnd durch einen Wald läuft, wird nicht Teil seiner Umgebung. Vielleicht fühlt er sich tatsächlich als Störer, vielleicht aber auch als Herrscher über die Natur, weil der Protest der Blätter letztlich ohnmächtig verhallt. Läuft er in einem Laubwald dagegen über die frischen Moospolster, dann schwankt er vielleicht, seine Seele darin ausruhen zu lassen und sich ganz der Natur hinzugeben oder sich von den lebendigen Bodenhügeln kissenweich hochschmeicheln und bis auf die Wipfel der Bäume emporjubeln zu lassen.

Am deutlichsten und reinsten teilen sich die Bäume dem menschlichen Gehör mit, wenn der Beobachter verharrt und sie reden läßt. Mit sich selbst oder mit den Mitgliedern der Lebensgemeinschaft, die sie eingegangen sind. Dann empfängt er die Klanglandschaft des einzeln stehenden Baumes oder des Waldes. Beim offen dastehenden Einzelbaum vermischt sie sich immer mit dem Klangbild der umgebenden Landschaft. Tief in einem Wald dagegen kann die Klanglandschaft sogar unverfälscht einzig die Lebensgemeinschaft widerspiegeln, der sie entspringt. Wer dann selbstvergessen wie bei einem Konzert oder Theaterstück dasitzt, wird die Aufführung nach einiger Zeit wie ein Mitwirkender erleben. Die daraus entstehenden Stimmungen sind höchst unterschiedlich, denn die Bäume und alle Pflanzenarten, die sich um sie gruppieren, reden mit gänzlich verschiedenen Stimmen. Das Klangbild sagt, wer sich gerade äußert und wie er dies tut. Das wiederum geschieht in Abhängigkeit von der Jahreszeit, dem Wetter und all den Umständen, die ein lebendiges Bild beeinflussen und bewegen.

Das wohl Großartigste in der Klangstimmung der Bäume bewirken ihre Blätter. Blätter sind die größten Geschichtenerzähler der Welt, sie übertreffen darin sogar noch die Halme der Gräser. Manchmal sind es auch vertonte Geschichten, die sie erzählen. All dies verdanken sie dem Wind, der sie zum Sprechen und Tönen erweckt und dabei auch noch den Inhalt bestimmt. Je nach seiner Laune wird es ein geheimnisvolles Flüstern, ein besinnliches Klangstück oder ein rauschendes Ereignis. Um das Hörerlebnis zu vollenden, nutzt der Wind jede Blattform oder Nadel. Nadeln sind geborene Streicher, Blätter bilden die gesangliche Kulisse oder den alles übertönenden Chor. Und wenn es dem Wind beliebt, läßt er Blätter auch schon einmal ganz für sich alleine flüstern oder sich in solistischen Klangfarben selbst beschreiben. Selbstverständlich richtet sich die Musik auch nach der Bauart des Klanginstruments, jede Baumart baut bekanntlich ihre Blätter anders. Und noch etwas bestimmt das Klangerlebnis. Musik entsteht bekanntlich aus der Bewegung. Die Art und Weise, wie Musik entsteht, ist ein nicht zu trennender Bestandteil des Gesamterlebnisses wie bei der künstlerischen Aufführung eines Musikstücks. Vergleichen wir einmal die Grundformen der Blätter einer Rotbuche *(Fagus sylvatica)*, einer Eiche *(Quercus robur)* und eines Bergahorns *(Acer pseudoplatanus)* miteinander. Da wird sofort jedem deutlich, daß sie sich im Wind ganz anders bewegen und dementsprechend vollkommen unterschiedliche Klänge erzeugen müssen.

Der Chor aller Blätter ruft natürlich gänzlich andere Stimmen hervor als das Solospiel eines einzelnen Blattes, das die Gunst eines Lufthauchs für sich nutzt. Und wenn erst einmal die Äste der Bäume anfangen, sich zu unterhalten, sich gar gegenseitig reibend zu bedrohen oder auch nur unter der von einem starken Wind oder sogar Sturm aufgebürdeten Last zu ächzen, zu stöhnen und zu knarren, dann wird sogar der Chor der Blätter übertönt und von einer ganz anderen Stimmlage und Stimmung überlagert. Wie immer bei der Stimmung, die von den Bäumen ausgeht, hat die Jahreszeit ihre Hand im Spiel. Vor allem natürlich in den Regionen, wo sich die Bäume zusammen mit anderen Pflanzen stark ausgeprägten Jahreszeiten anpassen und sich zum Beispiel einem Winter mit Eis und Schnee geradezu unterwerfen müssen, um zu überleben. Die Jahreszeit ist ein Regisseur für Stimmungen, die jeweilige Tages- oder Nachtzeit ein anderer. Die Nacht und der frühe Morgen beispielsweise schaffen nicht nur ganz unterschiedliche Lichtklimata und daher stimmungsmäßig vollkommen unterschiedliche Welten, sondern nehmen auch auf das Klangbild ihren Einfluß.

Der Gang durch einen tief verschneiten Wald führt zwangsläufig immer tiefer ins eigene Bewußtsein. So wie die Landschaft in sich selbst ruht, dämpft sie jeden Laut und jede Erwartung oder Hoffnung, sie könnte sich dem menschlichen Beobachter öffnen. Die Funktion der Bäume und der mit ihnen zusammenlebenden Gemeinschaft sind darauf abgestellt, die Ruhe der Landschaft um ihrer selbst willen nicht zu stören, um nämlich dabei die schlafenden eigenen Lebenskräfte nicht zu vergeuden und sich nicht zu schwächen. Auf den Wegen durch tiefen Schnee bleibt man allein, man wird nicht von der Landschaft empfangen. Sie lädt zwar zur Betrachtung ein, bleibt aber ruhig und distanziert, so kühl wie der Schnee, und die eigene Betrachtung gerät dem Wanderer angesichts dieser Stimmung eher nüchtern.

Wie anders wirkt dagegen die Lebensgemeinschaft eines Waldes auf ihre Besucher im Frühling! Sie lebt fast unbeeindruckt von dem ungebetenen Gast weiter, weil sie viel zu sehr damit beschäftigt ist, ihr Leben wieder neu einzurichten und den gebührenden Platz in der Gemeinschaft zu sichern und zu erweitern. Da herrscht ein Aufbruch, der ansteckt und alle mit sich fortreißt. Nach der langen Ruhezeit des Winters verbreitet sich unwiderstehlich die Lust, sich zu entäußern. Die Vögel sind es jetzt, die sich zu Sprechern der Gemeinschaft machen. Sie lassen keinen Platz für Nachdenklichkeit, machen dafür aber die Trauer unerträglich. Auch wer dem Frühling andere Jahreszeiten vorzieht, kommt im allgemeinen kaum umhin, sich mit dem überall wirkenden positiven Trend zu identifizieren. Schließlich geht es darum, den Anschluß an das Leben wiederzufinden, und wer möchte da schon zurückstehen?

Die Töne, die der Landschaft das Gepräge geben, wirken auf unsere Stimmung nie allein, sondern immer zusammen oder in einem Wettbewerb mit anderen Umständen, denen die Sinne ausgesetzt sind. Es kann aber auch sein, daß fast alle Sinneseindrücke hinter einem einzigen zurücktreten und es diesem überlassen, die Stimmung zu prägen. Möglicherweise wird dann dieser Sinneseindruck unter den neuen Umständen vollkommen andere Wirkungen entfalten. Ein solcher Fall liegt vor, wenn nachts in einem Wald das Licht immer mehr schwindet und die Klanglandschaft die Stimmung übernimmt. Dann bedeutet der einsame Ruf eines Eulenvogels weit mehr für das Befinden des Zuhörers als am Tag Frühlingsgesang aus unüberhörbar vielen Vogelkehlen. Eine piepsende Maus kann zu einem auf den Fingern pfeifenden Riesen werden. Dazu brauchte sie, ohne überhaupt persönlich Stellung nehmen zu müssen, nur leicht im Laub zu rascheln, und schon fühlte man sich überfallen. Erscheinen während der Nacht schon leise Stimmen und Geräusche unheimlich, so wirkt das nächtliche Gebrüll der Affen im tropischen Urwald für viele kaum erträglich beängstigend und geradezu lähmend. Eines ist sicher, die Konzerte der Nacht sind nichts für ungeübte Ohren, seien es nun Mäuseviolinen in den gemäßigten Breiten oder Trompetenklänge in den Tropen.

Das Licht im Wald, Licht und Schatten, das Licht in allen Schattierungen oder Schatten, von Lichtstrahlen durchdrungen, das Licht bei Tag und bei Nacht, das Licht in den Jahreszeiten, vor allem jedoch das typische von Blättern oder Nadeln gefilterte Lichtbild des Waldes sind nicht nur immer beteiligt, wenn der Wald Stimmungen erzeugt. Meist trägt das Licht die Stimmung, und wenn dem Betrachter das besondere Glück zuteil wird, zaubert es auch Stimmungen, die unverwechselbar alles für sich einnehmen. Ein Wald setzt das allgemeine Lichtbild des Klimas in Waldlichtbilder um. Er schichtet das Licht, teilt es in Segmente und verhängt es vorübergehend während der Zeit der Blätter und dauernd in einem Wald aus Nadelbäumen. Es ist, als würde durch einen Wald ein Diamant in einen unberechenbar funkelnden Brillanten veredelt. Veredelt und eingefärbt, vor allem von den Laubbäumen, die im Frühjahr durch den Filter ihrer frischen Blätter das Lichtgrün immer wieder neu erfinden.

Das Licht liegt in einem Wald nicht allein in der Hand der Jahreszeit oder des Wetters, sondern auch im Ermessen der Bäume. Aber Bäume spielen nicht mit dem Licht, sie beanspruchen davon im allgemeinen soviel für sich wie möglich. Was dem Wanderer angenehm und dem Leben vieler Pflanzen zuträglich erscheint, wirkt sich für andere Pflanzen, vor allem kleine Bäume, auf Dauer unter Umständen tödlich aus. Das typische Licht in einem Wald ist im Grunde das Ergebnis des ewigen Lichtkampfes der Bäume. Erzeugt es deshalb bei manchen Menschen, vor allem bei Kindern, unheimliche Empfindungen?

Anders als ein Wald verhält sich ein einzelner großer Baum in freier Landschaft gegenüber dem Licht. Während der Lichtzeit des Jahres verbinden sich mit ihm stimmungsmäßig vor allem die Schatten, die eindeutigen Schatten, die er wirft, um sich und andere vor der Sonne zu schützen. Ein solcher Baum manipuliert nicht das Licht wie die Bäume des Waldes. Das Licht der Landschaft wird von einem einzeln stehenden Baum nicht abgeschafft, sondern nur ausgegrenzt und unterbrochen. Er filtert und interpretiert es also nicht für alle verbindlich zu einem Licht eigener Art, wie es ein Wald tut. Dem Betrachter bleibt nicht nur die Wahl, sich für Licht oder Schatten zu entscheiden, aus dem Schatten eines einzeln stehenden Baums heraus kann er das freie Licht auch klarer und uneingeschränkt empfinden.

Ganz erheblich wirkt in einem Wald auf die Stimmung der Duft, das typische Waldaroma. Wenn Kinder einen Wald definieren und ihn dabei vor allem auch als unheimlich einstufen, spielen dabei nicht nur die rätselhaften riesigen Gestalten der Bäume, das gedämpfte Baumlicht und die damit in der warmen Jahreszeit auch noch verbundene Kühle, sondern gleichermaßen der unverkennbare Duft der Wälder eine große Rolle. Der Duftstoff aus Humus, Laub und Pilzen wirkt so nachhaltig und unvergeßlich, daß die bloße Erinnerung ausreicht, ihn wieder so zu beleben, als würde man ihn gerade einatmen. Vor allem an warmen Tagen, im Sommer nach einem Regen, fängt der Wald an, seine Duftnoten zu versenden, als wollte er sich dabei gänzlich verströmen. Dann ist der Duft für die Stimmung im Wald vor allem anderen prägend. Ohne daß ihm jemand in irgendeiner Weise widerstehen könnte, bannt er den menschlichen Geruchssinn und läßt ihn ganz allein über die Stimmung entscheiden.

Schließlich wirkt auf alle Umstände, die die Stimmung in einem Wald verursachen, der Baum als solcher, der Baum als Nadelbaum oder als Laubbaum und die bestimmte Baumart. Wo sie nicht nur, kaum zu unterscheiden und lichtschlank gewachsen, dastehen, um zusammen den Wald zu bilden, da gibt es auch den einzelnen Baum, den Baum, der ein eigenes Gewicht hat und ganz für sich allein eine Stimmung schaffen kann – den Baum, der Platz genug hatte, sich artgemäß zu entfalten oder den Baum, der uralt ist und auch so aussieht, oder den Baum, der sichtbare Wurzeln oder eine Rinde hat, die stimmungsvolle Deutungen nahelegen.

Als von den Erscheinungsbildern der Bäume die Rede war, sollte nicht nur deutlich gemacht werden, daß deren Wuchsformen nicht aufzählbar und letztlich auch nicht zu beschreiben sind. Es sollte daraus auch abgeleitet werden, welch unterschiedliche Stimmungen die verschiedenartigen Formen der Bäume zwangsläufig in jedem Betrachter erzeugen müssen.

Stellen wir uns einmal eine alte Stieleiche vor, die entweder frei als Einzelbaum gewachsen ist oder die in einem Wald genügend Platz hatte, sich beliebig zu entfalten. Und daneben eine nordamerikanische Papierbirke *(Betula papyrifera)*, die gleichfalls alle Voraussetzungen hatte, ihre Artmerkmale ungehindert zu entwickeln. Schließlich auch noch einen tropischen Baum, vielleicht einen freiwachsenden »Raintree« *(Samanea saman)*.

Eichen unterscheiden sich in vielem von anderen Bäumen. Als letzte zeigen sie im Frühjahr ihre Blätter, als letzte verlieren sie entsprechend auch im Herbst ihre Blätter und erhalten sie sich manchmal sogar braunverbraucht bis in den Frühling. Eichen werden älter als die meisten anderen Bäume ihres Umfelds, daher ist auch ihr Umtrieb länger. Das heißt, sie werden in sehr langen Zeiträumen bewirtschaftet. 200 bis 250 Jahre dauert es, bis sich der Forstwirt entschließt, sie »bestmöglich« wirtschaftlich zu verwerten. Wer also eine Eiche pflanzt, denkt nicht an sich selbst. Zu seinen Lebzeiten wird sie sich ihm noch nicht typisch zeigen, und auch wirtschaftlich wird er nichts von ihr haben. Nach diesen ca. 200 Jahren wird sie sich erst zu dem Erscheinungsbild entwickeln, das wir von alten Eichen kennen. Und dieses Erscheinungsbild erst ist es, in dem sich ein Eichenleben erfüllt und das sich jemandem als Urbild dieses Baumes unvergeßlich einprägt. Auf diese Weise ist schon jeder Eichensämling mit einer Hypothek belastet. Es gilt für ihn, lange zu leben, zu überleben und dabei zu kämpfen, daß er sich dabei in einigen hundert Jahren in eine Form wächst, der der bereits vorgefertigte goldene Rahmen ansteht.

Unter diesen Umständen ist es nicht erstaunlich, daß die Eiche keinen Charme hat. Wer solch weitgesteckte Zielsetzungen hat, muß über dem Tag, den Jahren und sogar über der Zeit stehen. Er darf sich weder vom Wetter oder der Jahreszeit beeinflussen noch von der Stimmung der um ihn entstandenen Lebensgemeinschaft anstecken lassen. Er hat weder Zeit für Stimmungen noch für Gefühle. Jedenfalls nicht freiwillig. Gefühle zeigt der Baum nur gezwungenermaßen, wenn er es dann im Alter, durch viele Wunden entstellt, seiner Art schuldig ist, verkrampft, verbissen und verkrüppelt weiter Leben zu zeigen.

Daher hat die Eiche keine Zeit, sich auch einmal anders zu zeigen, sich vielleicht wetterwendisch zu geben, ihre Blätter mit einem Lufthauch kokettieren oder die Zweige vor Frühlingssehnsucht im Föhnwind beben zu lassen. Ihre Blätter sind steif, und ihre Zweige sind steif. Sie sind zeitlos steif, dem Augenblick und jeder Art von Annäherung unzugänglich. Eine Eiche ist jedoch alles andere als schweigsam. Sie redet soviel wie kaum ein anderer Baum. Nur, ihre Steifheit, die im hohen Alter gebrochenen, knorrigen Äste, der manchmal zur Höhle ausgezehrte Stamm und ihre tiefrissige, dunkelgraue Borke sprechen eine ernste Sprache. Wen die Wirklichkeit des Lebens nicht schreckt und wer sich nicht davor fürchtet, nur an dessen peinvolle Seite erinnert zu werden, der spricht auch gerne mit einer Eiche und bringt sich damit in eine ernste Stimmung.

Eine freilebende Birke dagegen spielt mit dem Leben. Sie ist zu leichtlebig, um sehr alt zu werden, und genießt jede Stimmung der Natur, um ihre Lebenslust zu zeigen. Vielleicht werden Birken sogar nie erwachsen. Auf jedem Fest der Jahreszeiten sind sie dabei. Im Winter messen sie sich in ihrer blendendweißen Rinde mit dem Schnee der Landschaft. Nach dem Winter entscheiden ihre zarten, hellgrünen Blättchen darüber, ob es dem Frühling gelungen ist, Fuß zu fassen. Im Sommer bündeln sie ringsum den Genuß am Leben in ihrem Geäst und auf ihren Zweigen. Im Herbst sind sie wesentlich daran beteiligt, den Altweibersommer zu einem unvergeßlichen Farbfest zu machen. Birken sind Lichtkinder. Und Lichtkinder flirten immer mit dem Leben. Ihre Blätter lieben es, vom Wind angefaßt und gedreht zu werden, und ihre Zweige geben alle unmittelbar nach, was sie schwingend weich bewegt. Sie sind oberflächlich bis auf die makellose Schönheit ihrer glatten Rinde. Sie geben nach, ehe sie brechen, und sie halten überhaupt nichts davon, sich selbst unähnlich, jahrhundertelang der Zeit zu trotzen. Sie leben in der Zeit und nicht viel länger als der Mensch. Damit sterben sie im Vergleich zu den Eichen mit ihren vielleicht 1500 und mehr Lebensjahren ganz jung, fast gleich, nachdem sie geboren worden sind. Und wenn sie mit Hilfe ihrer Samen überleben, tun sie auch dies nicht todernst wie die Eichen. Jene lassen ihre Früchte pflichtbewußt, schwer und gerade auf dem direkten Weg auf den Boden fallen. Birken können dagegen auch hierin nicht von ihrer Lebenslust lassen. Wenn sich im Herbst ihre geflügelten Samen lösen, flirten diese solange mit dem Wind, bis er sie sogar dorthin weht, wo noch niemals Birken standen. Dennoch sollte keiner die Heiteren unterschätzen. Solange die Kraft der Birken für ihr kurzes, leichtlebiges Dasein reicht, trotzen sie selbst den härtesten Proben. Sie machen sich nichts aus tiefster Kälte, und ihre zarten Blätter überstehen Spätfröste weit besser als die der viel mächtigeren Buche.

Birken sind heiter und stecken jeden an, der sie betrachtet. Sie sprechen immer nur vom Leben und laden ein, mit ihnen zu fahren. Wenn sie dann Spuren des Todes an sich tragen, werden sie uns fremd, vergessen ist ihr beschwingter Widerstand in harten Zeiten, es gilt ihnen von nun an allenfalls noch beiläufiges Mitleid. Eichen ziehen uns demgegenüber erst richtig an, wenn sie offen zu uns von Kampf und Widerstand, vom Leben und vom Tod sprechen. Bei ihnen muß man immer ernst sein. Birken nehmen alles so heiter, daß sie dafür im Alter zur Strafe von uns als Bäume nicht mehr ernstgenommen werden.

Der Raintree ist ein ganz besonderer Stimmungsfänger. Magisch zieht er die Sinne an, um sie einzig auf sich zu vereinen. So, wie er ausnahmslos alles auf sich bezieht, möchte er auch wachsen, im Einzelstand, uneingeschränkt in der Entfaltung seiner Äste. Denn er wächst weit weniger hoch als breitmächtig. Dabei bildet er die gewaltigsten Baumschirme der Erde. Oder sind es Himmelsschirme? Jedenfalls verdeckt er die Erde und bildet über ihr einen neuen Himmel. Ob er nun aber dem Himmel die Erde wegnimmt oder umgekehrt der Erde den Himmel, vielen Pflanzen, die malerisch epiphytisch auf ihm wachsen, bedeutet er die ganze Welt.

Der Baum heißt Raintree, weil von ihm Träume regnen. Die üppigsten Träume, die wie die phantasievollen Pflanzen nur im tropischen Klima gedeihen. Wer in einen Raintree eintritt, verläßt die Welt. Von nun an steht er unter dem Schutz des Baumes, und je länger er dort bleibt, desto mehr unterstellt er sich seiner Schutzherrschaft, denn dieser Baum bannt und bindet.

So rufen einzelne Baumarten vollkommen verschiedene Stimmungen hervor, die individuell noch einmal ganz anders empfunden werden können als oben beschrieben. Niemand wird jedoch bestreiten können, daß Eiche, Birke und Raintree völlig unterschiedlich wirken. Betrachten wir das Gesamtbild eines Waldes, so ist auch von Bedeutung, ob sich die Ausstrahlung einer einzelnen Art durch die Vielzahl der Bäume lediglich in ihrer Wirkung steigert oder ob sich aus der Kombination verschiedener Baumarten, die dort zusammen wachsen, ganz andersartige Eindrücke ergeben. Dies gilt in der größtmöglichen Vielfalt eines Waldes exotischer Prägung, aber auch in einem Mischwald des gemäßigten Klimas. Je nachdem, wie sich ein Wald zusammensetzt, entwickelt sich eine ganz spezifische Lebensgemeinschaft, die wiederum die Gesamtstimmung beeinflußt.

Man kann nicht alle Elemente beschreiben, die auf die Stimmung unter Waldbäumen oder unter einem Solitärbaum auf uns einwirken. Noch weniger weiß man, wie sie zusammenwirken, sich gegenseitig beeinflussen, in ihrer Wirkung steigern oder sich dabei verändern. Am allerwenigsten lassen sich die Stimmungen aufzählen, die von dem Phänomen Baum mit seiner mancherorts nicht zu überblickenden Faszination auf uns einwirken. Auch insoweit bleibt festzustellen, daß man sich völlig öffnen und die Natur der Bäume intensiv auf sich wirken lassen muß, damit sie sich im Gemüt eines jeden selbst den Platz suchen, der sie wesensgemäß entfaltet.

Nur noch eines sei hinzugefügt: Ein Wald vereinnahmt und nimmt stimmungsmäßig gefangen. Mit anderen Worten: Die Stimmung in einem Wald ist gewöhnlich so geschlossen, wie die Bäume eng zusammenstehen, so daß sich niemand davon ausschließen kann. Man wird von den Bäumen und der dort herrschenden Lebensgemeinschaft umfaßt. Ein einzeln in der Landschaft stehender Baum nimmt einem dagegen nicht die persönliche Freiheit. Man kann ihm mit den Augen und in Gedanken jederzeit entkommen.

DER BAUM ALS VORBILD FÜR DIE ARCHITEKTUR DES HAUSES,
DER WALD ALS VORLAGE FÜR DIE ANORDNUNG DER STÄDTE.

# Bäume und Gärten, Bäume und Wälder – lebendiges Gegenbild zu den Häusern und Städten

Wer gestalten will und dabei etwas Gegebenes vorfindet, muß es beachten. Als wir anfingen, Bauwerke, Gebäude zu errichten, gab es bereits die Gebirge, Berge und die Bäume, die sich aus der ebenen Erde erhoben. Um harmonisch gestalten zu können, mußte also der Mensch entweder die natürlichen Erhebungen in seine Planungen mit einbeziehen oder sie unsichtbar machen oder sonstwie beseitigen.

Soweit sie dazu in der Lage waren, haben die Menschen reichlich Gebrauch davon gemacht, Vorgefundenes zu beseitigen. Das war bei den Bergen nur bedingt möglich, bei den Gebirgen überhaupt nicht. Soweit also der Mensch seine Bauten in der Nähe derartiger Erhebungen errichtet hat, werden sie zwangsläufig an diesen gemessen. Mit den Bäumen ist es etwas anderes. Sie lassen sich leicht beseitigen, dann stehen die Bauten in der Ebene ohne natürliche Bezugs- oder Vergleichspunkte.

Es gab einmal Zeiten, da fügten sich die Bauten harmonisch in die Landschaft ein. Mit der modernen Massenbauweise änderte sich der Maßstab, wurde so künstlich, daß er sich von den natürlichen Vorgaben vollkommen entfernte und am Ende sogar seinen Erfindern unerträglich wurde. Da konnte selbst dann keine Harmonie mehr hergestellt werden, wenn die Bäume zurückgeholt wurden. Sie dienten nur noch dazu, so breit und so hoch es ging zu verdecken.

So wurden die Bäume immer mehr ein Gegenpol zu den Bauwerken. Dabei hätten sie, in sich bis in die Blattspitzen und letzten Wurzelfasern harmonisch, der Maßstab für die Bauten sein und mit diesen eine Einheit bilden müssen. In vielen Fällen bilden sie heute den Kontrast zum künstlich Erstellten. Sie zeigen, wie es heute sein könnte, wenn sie bemerkt worden wären. An freien Tagen gibt es deshalb die Flucht in den Wald und die Flucht in die Gärten.

Jeder einzelne Baum, der frei wachsen konnte, ist ein nicht zu überbietendes und zumindest im Detail einmaliges Werk der Natur. Darüber hinaus ist er auch noch Wohnstätte ungezählter Tiere. Ideal verbindet er in sich die Forderungen nach Zweckmäßigkeit, Aussehen, Einbindung in die Umgebung, Geborgenheit und Statik.

Jeder Baum, der nicht in Züchtungen auf Kosten seiner Vitalität gekreuzt worden ist, hat sich im Laufe von Jahrmillionen auf die bestimmten Voraussetzungen eines Standorts einschließlich aller Bedingungen des Klimas so eingerichtet, daß er zugleich seine für das Überleben zweckmäßigste Form gefunden hat. Dazu gibt es so unterschiedliche Erscheinungsbilder bei Bäumen, daß sie sich nur grob erfassen lassen. Die Besonderheiten der einzelnen Arten können sich je nach dem Standort noch einmal bis zu nicht zählbarer individueller Ausprägung oder sogar so weit entwickeln, daß sie scheinbar die Grenzen der Art überschreiten.

Im Kapitel »Die äußere Erscheinung der Bäume« ist versucht worden, ein wenig von dem einzufangen, was selbst die lebenslange intensive Beschäftigung mit den Bäumen nicht einmal annähernd offenkundig macht. Das Bild ist derartig faszinierend vielfältig belebt, daß es schwerfällt, sich nicht auch an dieser Stelle wieder hineinzuversenken und vielleicht unbegrenzt lange darin zu bewegen. Immer wieder stellt sich außerdem die nicht zu beantwortende Frage, warum es in einer natürlichen Umgebung keinen Mißton gibt, keine unpassende Struktur, keinen nicht zu ertragenden Farbklang. Wer ergründet die Geheimnisse der Natur in ihrer Eigenschaft als Gestalter? Und die Natur strahlt Geborgenheit aus. Ein natürlicher Mischwald lädt ein, einzutreten und zu verharren. Der Wald bietet Schutz, er erzeugt das Gefühl, daß man sich ihm anvertrauen kann. Er wirkt auch entspannend. Die in ihm lebenden Tiere und früher auch die Menschen hatten nicht das Gefühl, sich von ihm von Zeit zu Zeit erholen zu müssen wie die Menschen heute von den Städten und Häusern. Die Statik der Bäume reicht unter normalen Umständen so lange, wie die Lebensdauer der Art ausgelegt ist. Und wenn sie den

»Madras Thorn« oder »Manila Tamarind« (Ingadulsis) in Bombay

Prüfungen in vielen Millionen Jahren nicht standgehalten hat, ist der Baum inzwischen ausgestorben und nur noch in fossilen Resten vorhanden.

Der Baum als Vorbild für die Architektur des Hauses, der Wald als Vorlage für die Anordnung der Städte. Bäume und Wälder, nicht als die lebendigen Gegenbilder zu Häusern und Städten, sondern als gegenseitige Ergänzungsbilder zu einem Bild von Einheit. Zu jedem ausgewogenen Bauwerk gibt es unter den Bäumen ein Pendant. Man kann es auch so ausdrücken, ein Bauwerk, für das sich keine natürliche Ergänzung findet, ist zumindest fragwürdig, sind doch alle denkbar harmonischen architektonischen Formen in den Bäumen vorgegeben.

Bei der Errichtung von Häusern oder Städten sollte aber das Bauwerk nicht ausgeführt werden, ehe die Frage des Baumwerks nach den Regeln der Praxis als eher schmückendes, wenn nicht gar oft verdeckendes Beiwerk diskutiert worden ist. Dem Bauwerk darf nicht so viel Bedeutung zugestanden werden, daß es dem, der mit der Natur gestaltet, also dem Gartengestalter, als vollendete Tatsache vorgegeben wird. Dann ist ein Bild der Einheit, wie es vom Menschen nachher als wohlgefällig oder zumindest erträglich empfunden werden kann - schließlich empfindet er, selbst Bestandteil der Natur, in erster Linie natürlich -, oft nicht mehr oder nur noch unvollständig erreichbar. Die Rolle des Architekten von Bauwerken wird also überbetont in dem Sinne, daß am Ende das Natürliche und damit auch die naturverträgliche Einheit auf der Strecke bleibt. Der Architekt, der mit den Pflanzen gestaltet, sollte also viel früher mit einbezogen werden, denn nur so entstehen gleichgewichtige Planungen.

Auf der anderen Seite darf aber auch der Gartenarchitekt nichts vernachlässigen, wenn ihm baulich etwas vorgesetzt wird, auf das er keinen Einfluß hat. Es ist eine seiner wichtigsten Aufgaben, den

Es ist zugleich das Verhängnis und das Glück der Bäume, dass sie einen wirtschaftlichen Nutzen haben.

Garten, die Erde mit dem Haus, und dies in erster Linie mit Hilfe von Bäumen, zu verbinden. Die falsche Auswahl von Bäumen kann die Kluft zwischen Kultur und Natur nur noch vergrößern. Ein kleinwüchsiger und nach seinem Charakter vielleicht auch noch zierlicher Baum neben einem hochragenden Baukomplex erniedrigt die Natur.

Die Flucht aus der Stadt in den Wald hat mehrere Ursachen. Sie zeigt vor allem an, daß die Häuser und Städte nicht wohnlich sind. Ein Haus sollte wieder - wie früher einmal - so gebaut sein wie ein Baum. Daher sollte zukünftig keinem Kandidaten mehr das Architektendiplom zugesprochen werden, solange er nicht gelernt hat, zu den Bäumen aufzuschauen, denn diese sind unverändert der natürliche Maßstab für Häuser. Niemand kann so hoch oder so breit bauen, daß er damit den Baum überträfe. Im Gegenteil, alles, was an Bauwerken erstellt wird und mächtiger ist als die Bäume, entfernt sich damit vom Maß des Baumes und wird dadurch nicht besser. Weil aber ein nach dem Baum gebautes Haus am Ende immer noch nicht an diesen heranreicht, sollte es sich auch mit Bäumen umgeben. Die letzte wohnliche Geborgenheit der Städte und Häuser läßt sich nämlich nur erreichen, wenn diese durch Pflanzen und in deren Mittelpunkt durch Bäume ergänzt werden. Nicht nur die Menschen wären dankbar, wenn ihre Umgebung das ausstrahlte, was sie natürlich brauchen. Auch unsere Wälder könnten dabei nur profitieren. Schließlich sind sie schon lange nicht mehr in der Lage, die Last zu tragen, die ihnen durch die Menschen an deren freien Tagen auferlegt wird. Dies leitet über zur Frage der friedlichen Nutzung der Bäume.

# Die Bäume und ihre wirtschaftliche Nutzung

Es ist zugleich das Verhängnis und das Glück der Bäume, daß sie einen meßbaren wirtschaftlichen, meist auf das Holz bezogenen Nutzen haben. Dies dürfte praktisch für alle der insgesamt weit über 30 000 Baumarten gelten.

Wenn der Verwendungszweck einzelner Arten noch nicht erkannt oder zu gering angesetzt wurde, so liegt das zwar grundsätzlich an den Menschen, aber natürlich auch an bestimmten Bäumen. Das Holz einiger Baumarten hat nämlich derart überragende Eigenschaften, daß man darüber die anderen leicht vergessen kann.

Dies ist auch einer der Gründe dafür, warum die Tropenwälder anfangs so atemberaubend rasch aus der Landschaft verschwanden. Die Konzessionäre waren ausschließlich an den Bäumen der Arten interessiert, die allen anderen überlegene Eigenschaften hatten. Der Tropenholzmarkt wird seit längerem von Baumarten beherrscht, die aus Südostasien, vor allem Malaysia und Indonesien, zunehmend auch Vietnam, stammen. Unter diesen ragen wegen ihrer besonders interessanten Eigenschaften beispielsweise folgende Arten heraus: Yellow und Red Balau (Yellow Balau: vor allem *Shorea laevis* und *S. maxwelliana;* Red Balau: *S. kunstleri, S. quiso, S. ochrophloia*); unter den Shorea-Arten in erster Linie jedoch das heute allgemein bekannte Dark Red Meranti *(S. platyclados, S. singkawang, S. pauciflora* (Nemesu), *S. curtisii* (Seraya)); Chengal *(Balanocarpus heimii);* Kapur *(Dryobalanops aromatica, D. oblongifolia);* Kempas *(Koompassia malaccensis),* oft verwechselt mit Tualang *(K. excelsa);* Keruing *(Dipterocarpus grandiflorus, D. baudii, D. cornutus, D. kunstleri, D. kerrii, D. sublamellatus, D. crinitus, D. verrucosus und D. lowii);* Merbau *(Intsia palembanica);* Ramin *(Gonystylus bancanus)* und Teak *(Tectona grandis).*

Zunächst erntete man in Asien nur diese Baumarten zur wirtschaftlichen Nutzung. Der Rest wurde mit möglichst geringem Kostenaufwand beseitigt. Hierbei erwies sich lange Zeit das Verbrennen als die billigste Methode.

Heute ist man zwar in der Erkenntnis der wirtschaftlichen Verwertbarkeit der anderen Arten weiter fortgeschritten, leider aber auch in den Urwäldern. Denn längst ist, ähnlich wie bei den tropischen Früchten, die Welt auf den Geschmack des harten tropischen Holzes gekommen. Wo früher heimische Hölzer ausreichten, müssen es heute tropische oder subtropische Hölzer sein, deren besondere Eigenschaften den Bewertungsmaßstab bei traditionellen Arten unerreichbar nach oben verschoben haben. Diese Baumarten verwöhnten die Schreiner und alle anderen, die mit Holz umgehen, bis zum Käufer, so daß schließlich ein falscher Maßstab gesetzt wurde. Für bestimmte Einsatzzwecke, zum Beispiel für Fenster, wurden Holzeigenschaften gefordert, die herkömmliche Baumarten nicht besaßen und die, insbesondere auch unter Berücksichtigung der technischen Entwicklung, etwa bei den Lacken, nicht unbedingt notwendig waren. Mit der Zeit wurden fast alle tropischen Hölzer in irgendeiner Form verarbeitet, und damit stieg der Gesamtanteil des verwertbaren Einschlags. Aber die Nachfrage insgesamt stieg unaufhaltsam, vor allem auch nach den überlegenen Arten, so daß immer mehr Urwaldbäume der Säge zum Opfer fielen.

Doch zurück zur allgemeinen wirtschaftlichen Nutzung der Bäume als ihrem gleichzeitigen Verhängnis und Glück. Der wirtschaftliche Nutzen weckt immer Begierden, vor allem nach den Hölzern mit den besten Eigenschaften. Diese sind aber wiederum auch immer diejenigen, die die längste Zeit brauchen, um bis zur Schlagreife heranzuwachsen. Das heißt, wer sie fällt, muß lange auf eine neue Generation dieser Arten warten. Weil das in unserer schnellebigen Zeit aber kaum jemand kann, werden nicht die qualitätvollsten, sondern schnellwüchsige Arten gepflanzt. Das heißt, die Hölzer mit idealen Eigenschaften für bestimmte Zwecke werden immer weniger. Zu einem Teil ist das Elend der Bäume also irreparabel.

Zum anderen jedoch wird ihm durch das Anpflanzen neuer Bäume abgeholfen. Denn wer aus Bäumen wirtschaftlichen Nutzen ziehen will, wird bald erkennen, daß der Bedarf an Holz auch in der Zukunft gesichert sein muß. Nicht in allen Fällen ist es zu dieser Einsicht gekommen. Am Mittelmeer etwa ist die Landschaft nach dem Raubbau an den Wäldern kahl geblieben. Doch bemüht man sich vor allem in unserer Zeit überall dort, wo größere Waldflächen abgeholzt werden, intensiv um eine Aufforstung des Waldes.

Was, fragt man sich heute, wäre wohl geschehen, wenn die Menschen die Bäume nicht hätten nutzen können! Wie stände es jetzt um die Bäume, die Welt und die Menschen, wenn man Bäume gefällt hätte, nur weil sie im Wege standen, ohne jeden Nutzen und ohne jeden Sinn, denn lange wußte man nichts über ihren fundamentalen Einfluß auf die Umwelt. Gäbe es in vielen, heute noch oder wieder in weiten Teilen bewaldeten Ländern überhaupt Bäume? So gesehen ist der wirtschaftliche Nutzen also zugleich auch das Glück der Bäume.

Nicht nur deshalb muß die wirtschaftliche Nutzung der Bäume an sich legitim sein. Auch in der Bibel heißt es, der Mensch solle sich die Erde untertan machen. Sie fordert ihn damit allerdings nicht auf, sie zu zerstören, sondern nur, sich ihrer ungefragt zu bedienen. Es gibt auch keinen vernünftigen Grund, die Früchte der Erde nicht zu nutzen. Und dazu gehört nun einmal auch das Holz, auch wenn die Bäume dies meist nur zusammen mit ihrem Leben fortgeben können. An der Berechtigung zur wirtschaftlichen Nutzung gibt es also keine Zweifel. Es stellt sich nur die Frage, ob der Mensch intelligent genug ist, es nicht zu übertreiben.

Über das Schicksal der Bäume entscheiden heute nicht Mitleid oder Skrupel, sondern ganz andere, ungetrübte, klare Gedanken, die keineswegs nur wirtschaftlicher Natur sind. In vielen Fällen sind es sogar ausschließlich andere, namentlich solche, die sich allgemein mit dem Überleben der Arten befassen. Daneben gibt es natürlich noch andere Blickwinkel, zum Beispiel den eines großen, positiven Gefühls. Daraus lassen sich zugleich die schönsten oder zumindest interessantesten Gedankenverbindungen zu den Bäumen knüpfen. Nachfolgend aber wird der Baum zunächst in seiner zentralen Bedeutung als Wirtschaftsfaktor, nämlich als Rohstofflieferant betrachtet. Wer dieser Bedeutung der Bäume nicht Rechnung tragen will, ist ein Träumer. Und welcher Träumer hat schon jemals die Wirklichkeit positiv verändern können! Jemand, der auf diese Weise Argumente sammelt, wird den Bäumen nicht gerecht und deshalb keinem von ihnen wirklich helfen können.

Die Eigenschaften seines Holzes machen den Baum allgegenwärtig. Offen oder versteckt begegnet uns Holz überall. Es ist Bestandteil von Produkten, in denen viele es niemals vermuten würden. Nachdem es im Wald geerntet worden ist, wird das weniger wertvolle Holz direkt verbraucht, der andere Teil wird für eine holzspezifische Verwendung bearbeitet. Direkt verbraucht wird das Holz beispielsweise als Brenn- oder Papierholz. Ist es für eine weitergehende Wertschöpfung vorgesehen, geht der Stamm, das sogenannte Rundholz, in der

Birkenweg *(Betula)*

Anpassung und Widerstandskraft in trockenen Gebieten

Verschiedene Laubbäume in der Hochgebirgslandschaft

LINKS: BUCHE *(Fagus)*
RECHTS: KIEFER *(Pinus)*

Caspar David Friedrich: »Der einsame Baum« (Traubeneiche) *(Quercus petraea)*

»Der tote Baum«

Bäume im Wechsel der Jahreszeiten am Niederrhein

Ein Weidenschiff *(Salix)* ankert am Rhein

Winter, »Ruhezeit« der Bäume?

Auch wer ansonsten an den Bäumen vorbeigeht,
den Frühling im Austrieb ihrer Blätter übersieht er nicht.

Lebensgemeinschaft
mit Moosen

Lebensgemeinschaft mit Flechten, Weissbirke *(Betula pendula)* in Finnland

Der Baum als schnell verwertbares Wirtschaftsgut: Holzpappeln *(Populus)*

Ölbaum *(Olea europaea)*

Bäume und Agrarzwänge (Holzpappeln)

Regel zu einem Sägewerk, um dort für die verschiedenen Verwendungszwecke in die gängigen oder spezielle Dimensionen eingeschnitten, also zu sogenanntem Schnittholz zu werden.

Während des Sägens fällt je nach Verwendungszweck, nach den gewünschten Dimensionen, der Art, Größe und Beschaffenheit des Stammes noch einmal eine bestimmte Menge an Ausschuß an, die für die primäre Bestimmung des Stammes nicht geeignet ist. Für die insgesamt beim Einschnitt erzielte wirtschaftliche Ausbeute stellt sich dann die wichtigste Frage, ob und in welchem Umfang es gelingt, auch diesen Holzanteil so zu dimensionieren, daß er sich mit möglichst hohem Erlös verkaufen läßt.

Das wirtschaftliche Ergebnis seiner Bemühungen hängt für den Säger beim Einschnitt aber nicht allein von der geschickten Einteilung des Holzes entsprechend den Marktbedürfnissen ab. Es sind noch eine Reihe weiterer Maßnahmen erforderlich, um die Qualität des Holzes zu sichern. Diese erstrekken sich nicht nur auf die Zeit nach dem Einschnitt, wenn das Holz zur Werterhaltung oder sogar Wertsteigerung gestapelt und je nach Jahreszeit und Art entweder geschützt oder im Freien gelagert wird. Bereits bevor der Baum gefällt wird, ist Vorsorge zu treffen. Unter anderem ist auch der Einschlag des sogenannten Wertholzes bestimmten Jahreszeiten vorbehalten, damit seine Qualität nicht durch Pilzbefall oder Rißbildung gemindert wird. Im gemäßigten Klima sollten daher zum Beispiel die Buche *(Fagus)* und die Kiefer *(Pinus)* unbedingt in der Zeit zwischen Spätherbst und März des kommenden Jahres eingeschlagen sein. Auch können die Bäume, wenn sie einmal gefällt sind, nicht im Wald sich selbst überlassen werden. Liegt das Holz dort zu lange, besteht die Gefahr, daß es von Schadinsekten befallen wird, zum Beispiel den Borkenkäfern *(Ipidae)*, die sich massenhaft ausbreiten, wenn sich große Mengen von Stämmen anbieten. Haben diese erst einmal einen Teil ihrer Feuchtigkeit verloren, bieten sie den Tieren die ideale Lebensgrundlage. Liegt die Feuchtigkeit jedoch über 60%, haben die Käfer, bei denen es praktisch für jede Nadelholzart eine eigene Spezies gibt, keine Chance.

Auch bei eingeschnittenem Holz spielt die Jahreszeit eine besondere Rolle. Wer eine eingeschnittene, nicht mit Schutzmitteln behandelte oder trokken geschützte Kiefer in regenreichen Monaten nicht sehr schnell ihrer Verwendung zuführt, kann fast zusehen, wie sie »verblaut«. Damit zeigt sie an, daß sie von Schlauchpilzen *(Ascomyzeten)* befallen ist und von diesen zumindest im Splintholz allmählich zersetzt wird. In der Praxis heißt das, das eingeschnittene Holz muß manchmal nicht nur gestapelt und entweder bald abgefahren oder natürlich oder künstlich in besonderen Kammern getrocknet, sondern vielfach auch imprägniert, gedämpft, getaucht oder sonstwie behandelt werden. Dabei stellt sich seit einiger Zeit die Frage nach der Schädlichkeit der eingesetzten Mittel. Manchmal muß eingeschnittenes Holz sehr lange unter den richtigen Bedingungen lagern und seinen wirtschaftlichen Wert erst noch erzielen, wie zum Beispiel das der Eiche *(Quercus)*. Eichenholz wird im Laufe der Zeit zu einer wahren Kostbarkeit.

All dies zeigt, daß das einmal gefällte bzw. eingeschnittene Holz geschützt werden muß. Von der Natur her ist es dazu bestimmt, als Humus zu enden und letztlich dem allgemeinen Wachstum der Pflanzen zu dienen. Hier gibt es keine Ausnahme, der Prozeß dauert bei den einzelnen Holzarten nur unterschiedlich lange. Das gilt sowohl für das sogenannte »Eisenholz« *(Lophira alata)* als auch für das leicht vergängliche Pappelholz *(Populus)*. Bis es schließlich zur Zersetzung kommt, nutzt es nicht nur den Menschen, sondern auch Tieren, Pilzen und Pflanzen. Auch unter diesem Gesichtspunkt ist der Einsatz von Holzschutzmitteln gründlich zu überdenken.

Die Güte des Holzes wird bei zwei Gelegenheiten festgelegt, einmal im Wald bei der Bewertung des Stammes, anschließend und endgültig aber erst, nachdem das Holz fertig eingeschnitten worden ist. Selbst bei sorgfältigster Begutachtung der Stämme im Wald lassen sich sogar schwerwiegende Mängel des Holzes nicht ausschließen. Schließlich kann niemand in den Stamm hineinsehen. Dieses Problem stellt sich auch am lebenden Baum, vor allem in verkehrsreichen Zonen. Dort versucht man jetzt mit modernen Prüfmethoden die Stabilität alter Bäume zu messen, um deren Widerstandskraft unter extremen äußeren Bedingungen auszuloten und somit Unglücke zu verhindern.

Die sogenannte Sortierung des Schnittholzes erfolgt im Rahmen von Güteklassen. Die Einordnung in eine dieser Klassen sagt dem Verbraucher, welche Qualitätsmerkmale er bei dem Holz voraussetzen kann bzw. welche Fehler er dabei in Kauf zu nehmen hat. Er hat dann zu entscheiden, ob diese Merkmale dem von ihm beabsichtigten Einsatz angemessen sind. Wichtig für die spätere Verwendung des Holzes nach dem Einschnitt ist außerdem, ob es dabei besäumt worden ist. Unter »Besäumen« versteht man das Abtrennen der Baumkante an den Rändern.

Die Schnittergebnisse der Säge haben verschiedene Namen. Jeder dieser Begriffe beinhaltet eine Bandbreite von Abmessungen mit bestimmten Längen, Dicken und Breiten. In Deutschland gibt es unter anderem Latten, Kanthölzer, Bretter, Bohlen oder Dielen, Schwellen und Balken. Beispielsweise reicht die Dicke bei Brettern von 8 bis 39 mm. Ihre Breite beträgt mindestens 80 mm. Der Fachmann versteht unter jedem Begriff sofort einen Meßbereich, der auf bestimmte Zwecke abzielt. Manchmal sind die Begriffe auch noch genau auf die Verwendungsart hin spezifiziert, so daß sogar die Güteklasse bereits im Wort vorgegeben ist. Zum Beispiel gibt es in der Kategorie der Kanthölzer sogenannte Unterlagshölzer. Das sind etwa solche, die bei bestimmten höherwertigen Gütern eine Berührung mit dem Boden verhindern oder sie leichter transportierbar machen. An derartige Hölzer werden natürlich nur mindere Anforderungen gestellt, sie haben in jeder Beziehung nur eine untergeordnete Funktion. Auch wer unter den Dielen sogenannte Gerüstdielen haben will, hat damit zugleich die Güteklasse festgelegt. Er verbindet mit seinem Wunsch automatisch die höchsten Gütevorstellungen. Jeder kann sich schließlich leicht vorstellen, was ein solches Gerüst aushalten muß.

Die Vermessung von Nadel- und Laubschnittholz und die Einteilung in Güteklassen, das heißt ihre Sortierung, sind in Gewohnheiten, Gebräuchen, Regeln oder wie auch immer bezeichneten Normen festgeschrieben. In Deutschland sind die sogenannten Tegernseer Gebräuche maßgebend. Es können aber auch Anforderungen aus DIN-Normen vereinbart werden. Weltberühmt sind die von den Engländern initiierten malaysischen Regeln, die sogenannten Malaysian Grading Rules (M.G.R.). Für amerikanisches Laubschnittholz gelten die Vorschriften der National Hardwood Lumber Association (NHLA) und für amerikanisches sowie kanadisches Nadelschnittholz die Export R-list und N-list.

Es gibt beim Schnittholz zahlreiche qualitätsmindernde Merkmale. Unter anderem können sie sich bereits aus dem Wachstum des Baumes ergeben. Ein dreh- oder wechseldrehwüchsiger Baum erfreut das Auge, allerdings nur, solange er im Wald steht und dort nicht gerade vom Waldbesitzer oder Förster betrachtet wird. Auch Seitenäste erhöhen den Betrachtungswert eines Baumes. Eingewachsen in einem Brett dagegen können sie die Qualität unter Umständen beträchtlich mindern. Dies gilt genauso für eingewachsene Rinde oder Harzgallen. Genausogut können gütemindernde Eigenschaften aber auf den Einschnitt zurückzuführen sein. Wem die Säge verläuft, der hat einen irreparablen Schaden. Fehler werden gelegentlich auch von der Art der Lagerung oder der künstlichen Trocknung verursacht. Von der Kiefernbläue wurde bereits gesprochen. Umgekehrt kann Holz auch zu trocken liegen, etwa schutzlos über einen längeren Zeitraum der tropischen Sonne ausgeliefert sein. Das führt dann zur Bildung von Rissen, die das Holz für den vorgesehenen Zweck nur bedingt tauglich oder im schlimmsten Fall sogar untauglich machen. Der gleiche Schaden kann auch in der Trockenkammer auftreten. Trockenrisse sind ein Symptom für unvorschriftsmäßige künstliche Trocknung. Entsprechendes gilt, wenn sich das Schnittholz längs- oder querkrümmt, verdreht, verwirft oder dessen Zellen kollabieren. Es ist für den Säger keine erfreuliche Entdeckung, wenn er bei jedem Schnitt die Fraßgänge eines Insekts verfolgen kann. Und schließlich passiert es immer wieder einmal, daß die Säge kurz vor dem Ende einer langen Bohle doch noch das nach dem Liefervertrag mit dem Abnehmer des Holzes ausdrücklich ausgeschlossene, holztechnisch minderwertige Splintholz berührt und dabei die Bohle für den avisierten Zweck unbrauchbar wird.

Neben diesen Qualitätsmerkmalen gibt es eine ganze Reihe weiterer Mängel, die den Gebrauch von Schnittholz mindern oder ausschließen. Schließlich ist es ein langer und nicht exakt kalkulierbarer Weg bis zum fertigen Produkt! Und verdiente darum nicht auch jedes Stück Holz ein wenig mehr Beachtung? Wie aber sieht es damit in den industrialisierten Ländern wirklich aus! Das beim endgültigen Zuschnitt des Holzes vor dem Endprodukt anfallende Restholz, das oft auch aus beachtlichen Brettern oder sonstigen Stücken besteht, muß, sofern es nicht gleich in großen, für die Plattenproduktion interessanten Mengen anfällt, in der Regel gegen beträchtliches Entgelt »entsorgt« werden. In der Praxis kann dies mitunter sogar bedeuten, daß es einfach verbrannt wird. Gewöhnlich zeigt niemand Interesse daran, es kostenfrei für sich zu verwerten. Wie leicht machen wir es uns doch, wenn wir sagen, das Holz werde weltweit vergeudet. Und dann gehen wir in einen Supermarkt und kaufen uns die Bretter in einbaufertigen Maßen, folienverpackt und so künstlich sauber, daß nichts mehr an Wald erinnert.

Der für die Schnittholzerzeugung allein maßgebliche nackte Stamm ohne Krone, Äste, Stumpf, Wurzeln und Rinde, kurz ohne all das, was zu seinem Wesen gehört, sowie die anschließend selbst bei geschicktester Einteilung des Stammes weit von einer vollständigen Nutzung entfernte wirtschaftliche Ausbeute und die bei Herstellung des Endprodukts noch einmal wegfallenden Reststücke scheinen darauf hinzudeuten, wie unverantwortlich gering der Anteil dessen ist, was vom Holz der Bäume tatsächlich wirtschaftlich genutzt wird. Glücklicherweise hat jedoch die Technik nicht nur dazu geführt, die mächtigsten Bäume in unglaublich kurzer Zeit zu fällen und aus unwegsamstem Gelände herauszuholen. Sie hat auch bewirkt, daß heute in anderen Bereichen viel mehr von einem Baum verwertet werden kann, als man dies früher für möglich gehalten hat. Gemeint ist hier der mengenmäßig immer weiter wachsende Bereich der Platten, zum Beispiel der Span- oder Hartfaserplatten. Dank neuartiger Verbindungen, die die technischen Eigenschaften verbessern, werden immer mehr Bestandteile des Baumes verwendet. Der Einsatzbereich der verschiedenartigen Platten wird dabei zusätzlich ständig erweitert.

Bleiben wir aber zunächst noch beim Schnittholz. Auch hier ist übrigens die Technik in den verschiedenen Anwendungsbereichen nicht stehengeblieben. Denken wir nur an das bequeme Verlegen der seitlich mit Nut und Feder versehenen Profilbretter. Einen wichtigen Beitrag hat auch in diesem Zusammenhang die Leimindustrie geleistet. Mit sogenannten Leimbindern werden einzelne Bretter zu Balken verleimt. Das fertige Produkt bietet einige Vorteile gegenüber Balken, die aus einem Stück erzeugt worden sind. Für den Fachmann haben sie eine höhere »Steifigkeit« und »Formstabilität«. Ohne zusätzliche Behandlung sind sie Konstruktionen aus Stahl unter Umständen ohne weiteres überlegen, da sie ihre statische Festigkeit nicht verlieren. Ähnliches gilt auch für das übrige Leimholz.

Als Schlußbemerkung zum Schnittholz noch ein paar Kriterien, auf die es bei der Bewertung besonders ankommt. Da ist zunächst einmal die Frage nach der Holzfeuchte. Frisch eingeschnittenes Holz kann zwischen 50 und 150% Wasser enthalten. Die Bezugsgröße ist das Darrgewicht, das heißt das Gewicht absolut trockenen Holzes. Die Holzfeuchte bestimmt sich aus der Gewichtsdifferenz zwischen dem zu messenden Holz und absolut trockenem Holz.

Nachdem das Holz eingeschnitten worden ist, beginnt der Austrocknungsprozeß. Dabei gibt es zunächst das Wasser ab, das sich in den Zellhohlräumen befindet, das »freie« Wasser. Allerdings findet sich auch noch in den Zellwänden in winzig kleinen Gängen Feuchtigkeit, das »gebundene« Wasser. Nachdem das Wasser in den Zellhohlräumen ausgetrocknet ist, wird es auch diesen Gängen entzogen. Die Zellwand beginnt nun zu schrumpfen. Das ist der Zeitraum, in dem der Trocknungsprozeß wirtschaftlich von Belang wird. Das Holz beginnt nämlich zu schwinden, und zwar so lange, bis sich die im Holz verbliebene Feuchtigkeit mit der der umgebenden Luft in einem Gleichgewicht befindet. Erhöht sich die Luftfeuchtigkeit wieder, paßt sich das Holz an, es quillt. Der Fasersättigungspunkt liegt allerdings bei 30% Feuchtigkeit. Oberhalb dieses Punktes quillt oder schwindet das Holz nicht mehr, ohne die bekannten Folgen ändert sich nur die Menge freien Wassers. Mit dieser erstaunlichen Eigenschaft des Holzes kann man sogar Felsen sprengen. Wer einen trockenen Holzkeil in eine Felsspalte treibt und anschließend befeuchtet, weckt damit Kräfte, die Sprengstoff gleichkommen.

Da aber das Sprengen von Felsen kein alltägliches Geschäft ist, bleiben eigentlich nur die Probleme, die diese Eigenschaft des Holzes im allgemeinen mit sich bringt. Wird beispielsweise ein in der Kammer künstlich auf ca. 10% Feuchte heruntergetrocknetes Holz bei feuchter Witterung verladen, so hat es je nach der Transportdauer und der Abdeckung am Bestimmungsort ganz andere Werte und andere Maße sowie ein anderes Gewicht. Es kann sogar passieren, daß im Laufe des Transports die Ladung für das Fahrzeug zu schwer wird. Was dies alles in der wirtschaftlichen Praxis bedeutet, kann sich jeder ausrechnen.

Es ist diese besondere Eigenschaft des Holzes, die einen bei einer Veränderung der Luftfeuchtigkeit in seinen Wohnräumen nicht allein bleiben läßt. Holz wird nämlich in einem solchen Fall sofort lebendig. Es »arbeitet«, dehnt sich aus oder zieht sich zusammen, und zwar unterschiedlich stark in den verschiedenen Wuchsrichtungen. Und es macht sich bemerkbar, indem es knackt und sich manchmal auch verformt, verwirft oder rissig wird und dabei unter Umständen als Produkt, als Schublade, Tür oder Fenster nicht mehr funktioniert.

»Die Teufelskanzel« oder »Kanzelbuche« von Sternenfels (Baden-Württemberg), von Botanikern »Fagus sylvatica Tortuosa« getauft.

Darüber hinaus gibt es objektive Merkmale, die die Einsatzfähigkeit der einzelnen Holzarten wesentlich beeinflussen. Es handelt sich dabei um physikalische und mechanische Eigenschaften wie Rohdichte, Wärmeleitfähigkeit und elektrische Leitfähigkeit, Druck-, Zug- und Biegefestigkeit sowie Härte. Dabei ist zu berücksichtigen, daß sich - wie beim Quellen und Schwinden - die Festigkeit parallel oder quer zur Faser sehr unterschiedlich verhält. Dies ist so zu erklären: Die meisten Zellen in einem Baum verlaufen parallel zur Baumachse. Der Stamm erhält dadurch eine größere Stand- und Biegefestigkeit. Außerdem wird so der Wassertransport von der Wurzel zur Krone gefördert. Deshalb ist auch die Festigkeit von Nutzholz parallel zur Faser viel größer als quer zur Faser. Beim Einsatz des Schnittholzes ist darauf unbedingt zu achten. Man braucht allerdings keine aufwendigen Tests durchzuführen, wenn man eine bestimmte Holzart ausprobieren will. Die Eigenschaften der bekannten in- und ausländischen Hölzer sind längst wissenschaftlich verläßlich getestet und tabellarisch erfaßt. Um es dem Anwender leicht zu machen, sind außerdem den einzelnen Hölzern die möglichen Anwendungsbereiche zugeordnet. Dies gilt auch für die weltweit vermarkteten Arten der Tropenhölzer. Für den Verbraucher von marktgängigem Schnittholz gibt es also nicht mehr sehr viel zu erforschen.

Allerdings harren noch zahlreiche tropische und subtropische Arten ihrer botanischen wie wirtschaftlichen Entdeckung. Ob es allerdings jemals zu einer wirtschaftlichen Nutzung kommt, hängt nicht nur vom Tempo ab, mit dem der Urwald zurückgedrängt wird, sondern auch von der Frage, ob eine bestimmte Art in einer ökonomisch interessanten Menge auftritt. So wird manche wirtschaftlich wertvolle Baumart weitgehend unbemerkt auf der Strecke bleiben. Ein Beispiel zu dieser Problematik: Im Regenwaldgebiet des Amazonas kommen nach vorläufigen Schätzungen etwa 4000 Baumarten vor. Davon sind aber erst ca. 2200 botanisch erfaßt. Etwa 300 unterschiedliche Baumarten werden als wirtschaftlich verwertbar eingestuft, nur ungefähr 50 davon werden aber von der Holzwirtschaft tatsächlich eingesetzt.

Holz hat längst Konkurrenz bekommen, Mitbewerber im eigenen Hause mit verschiedenen Eigenschaften, an die das reine Holz nicht heranreicht. In vielen Anwendungsbereichen hat diese Konkurrenz das Holz in seiner Reinform sogar längst verdrängt. Dem Menschen ist es unter Hinzugabe verschiedener Mittel gelungen, Holz mit sich selbst zu überbieten. Gemeint sind die Holzwerkstoffe in der Form der bereits oben erwähnten Platten.

Bei den sogenannten Plattenwerkstoffen wird das Holz, nachdem es mechanisch verformt worden ist, mit Hilfe von Bindemitteln zu einem Gebilde eigener Art zusammengefügt. Die auf diese Weise entstehende Platte besteht je nach Art und späterem Verwendungszweck aus verschiedenen Schichten, die nicht einmal aus demselben Material bestehen müssen. Entsprechend weist sie unterschiedliche Stärken auf, auch ihre Formate sind zum Teil handelsüblich verschieden.

Natürlich sollen und können diese Platten das Holz nicht überall ersetzen. Nur dort, wo reines Holz gewisse Nachteile hat, kommen solche Platten, allerdings mit deutlich steigender Tendenz, zum Einsatz. Dies ist einmal der Fall, wenn Holz flächig verwendet werden soll. Bei den geringen Abmessungen des Schnittholzes haben hier die Platten selbstverständlich große Vorteile. Weiterhin ist die technische Entwicklung inzwischen so weit fortgeschritten, daß das besprochene Quellen und Schwinden des Holzes bei bestimmten Platten ausgeschlossen ist, was natürlich namentlich auch deren Verwendbarkeit im Freien begünstigt. Außerdem wird Rißbildung bei Verwendung von Platten vermieden. Ein dreifacher Vorteil entsteht den Platten daraus, daß sie nicht aus hochwertigen Holzarten und auch nicht aus den besten Teilen des Holzes hergestellt werden. Einerseits tragen sie auf diese Weise dazu bei, das bessere Holz für angemessene Zwecke zu reservieren, andererseits haben sie damit die Entwicklung eingeleitet, auch noch Abfallholz weitreichend zu nutzen. Schließlich bedeutet der Einsatz minderwertiger Teile des Baumes eine Kostenersparnis, die in den Verkaufspreisen dieser Platten ihren Niederschlag findet.

Die Herstellung von Platten hat allerdings auch Probleme mit sich gebracht, die im Gegensatz zu ihrer rohstoffsparenden Wirkung stehen. Ein seit Jahren diskutiertes und noch längst nicht in allen Ländern auf gleichmäßig verträgliche Normen eingegrenztes Problem ist der Anteil von Formaldehyd in diesen Werkstoffen. Vergessen wir dabei aber nicht, daß auch das Holz selbst nicht immer über den Verdacht erhaben ist, unserer Gesundheit zu schaden. Beispielsweise kann nach entsprechenden wissenschaftlichen Untersuchungen davon ausgegangen werden, daß jedes Holz einen natürlichen Formaldehydgehalt hat. Vor einiger Zeit sind der Eichen- und der Buchenholzstaub auf eventuell schädigende Wirkungen untersucht worden. Als Ergebnis stehen diese Stäube unter anderem in Deutschland seit ein paar Jahren auf der Liste der krebserregenden Stoffe. Welche Hölzer kämen hinzu, wenn alle Arten daraufhin untersucht würden! Aber ist dies eigentlich so sehr verwunderlich, schließlich gibt es genauso eßbare wie giftige Früchte an den Bäumen. Bei aller Notwendigkeit, die Produkte der Technik mißtrauisch zu überwachen, sollte nicht vergessen werden, auch solche »natürlichen Tatbestände« zu erwähnen.

Wichtige Holzwerkstoffe sind Spanplatten, Sperrholz und Faserplatten. Spanplatten kennt wohl jeder, auch wenn nicht jeder ahnt, wie viele er davon in seiner Wohnung hat. Bei der Herstellung dieses Stoffes werden unter Druck und hohen Temperaturen Holzspäne und Bindemittel zu einer Platte verpreßt, wobei grundsätzlich alle Holzarten verwendbar sind. Man nimmt vor allem das junge Stangenholz aus den Wäldern, das ohnehin im Zuge der Waldpflege ausgelichtet werden muß. Außerdem wird das Abfallholz aus Säge- und Furnierwerken herangezogen. Nach Herstellungsverfahren, Spanmaterial, Bindemitteln, Plattenaufbau und Oberfläche sowie den Normtypen unterscheidet man verschiedene Plattenarten. Dabei sind auch solche entstanden, die sich mit den bekannten üblichen Anwendungsbereichen der Spanplatte nicht decken, zum Beispiel die OSB-Platten (Oriented Strand Board). Das sind Spanplatten, deren Späne längs oder quer zur Richtung der Plattenherstellung orientiert sind. Sie konkurrieren beispielsweise als preisgünstige Variante mit Verpackungssperrholz.

Sperrholz ist der Oberbegriff für Platten, die aus mindestens drei verleimten Holzlagen bestehen. Dabei sind Furniersperrholz, Stab- und Stäbchensperrholz zu unterscheiden. Bei ersterem bestehen Außen- und Innenlagen aus kreuzweise verleimten Furnieren. Bei den letzteren hat jeweils die Außenlage Furniere. Während jedoch beim Stabsperrholz die Innenlage aus gesägten, miteinander verbundenen Leisten aus reinem Holz besteht, setzt sie sich bei Stäbchensperrholz aus verleimten Holzstäbchen oder hochkant gestellten Furnierstreifen bis 8 mm Dicke zusammen. Auf Sperrholz trifft man vor allem im Bauwesen und bei industrieller Verpackung. Bekannt ist vor allem das amerikanische und kanadische Nadelsperrholz. Nicht weniger anerkannt in Bauwesen, Modellbau und Autoindustrie, also für höherwertige Einsatzzwecke, ist auch das finnische Birkensperrholz.

Bei den Faserplatten wird das Holz zerfasert, die Fasern verfilzen im Wasserbad und werden dann unter Zugabe von Bindemitteln aus Kunstharz entweder in der Presse unter hohem Druck zur Hartplatte oder nach der Trocknung zur Dämmplatte verarbeitet. Man verwendet diese Platten im Bauwesen oder beispielsweise für Verpackungen. Seit einigen Jahren tritt eine neuartige Faserplatte, die MDF-Platte (Mitteldichte Faserplatte/Medium density fibre board) ihren Siegeszug vor allem durch die Möbelindustrie an. Ihre besonderen Eigenschaften (homogener Aufbau, hohe mechanische Festigkeit, glatte, ebene Oberfläche und damit gute Lackierfähigkeit, stabile Kanten sowie Werkzeugfreundlichkeit) haben ihr immer mehr Anwendungsgebiete erschlossen. Bald wird sie, wasserfest verleimt und feuerhemmend, auch in anderen Bereichen geschätzt werden. Und das besonders Gute an ihr: Sie hat die Eigenschaften des reinen Holzes und muß dabei nicht unbedingt aus Holz, nicht einmal aus minderwertigen Stämmen oder Holzabfällen hergestellt werden. In Nordchina beispielsweise gibt es eine MDF-Anlage, die die Stengel von Baumwollpflanzen verarbeitet. An anderer Stelle in China, in Shitow (Nancun Panyu Guangzhou), steht eine Anlage, die MDF-Platten hoher Qualität aus Bagasse, also dem Rückstand bei der Zuckergewinnung aus Rohrzucker, erzeugt. Und die Entwicklung, möglichst alle Teile des Baumes auszunutzen und damit die Wälder zu entlasten, geht weiter. Selbst Gras als möglicher Rohstoff für MDF wird bereits untersucht. Wir sind also schon in der Lage, Holzqualität aus Substanzen herzustellen, die gewöhnlich aufwendig entsorgt werden müssen!

Besonders hochwertige Produkte, die aus Bäumen gewonnen werden, sind die Furniere. Die edelsten darunter sind Wurzelfurniere. Deren Maserung ist mitunter so bewegt, daß sich manchmal kein System mehr erkennen läßt. Bedeutend sind vor allem das Messerfurnier und das Schälfurnier. Beim ersteren werden die eigens zu diesem Zweck halbierten Stämme mittels eines riesigen Messers Furnierblatt für Furnierblatt abgehoben. Diese Art Furnier ist in der Regel das dekorativere und wertvollere gegenüber dem weit häufigeren Schälfurnier, das von außen nach innen vom Stamm abgeschält wird. Es dient der Massenproduktion und hat den Aufschwung der Sperrholzindustrie begründet. Holz gibt es in kaum aufzählbaren Variationen und

Verwendungsarten. Zwei davon darf man hier nicht unerwähnt lassen, weil dabei unvorstellbar große Mengen dieses Materials, ohne daß etwas vom ursprünglichen Bild zurückbleibt, verbraucht werden: Holz als Rohstoff für die Papierindustrie, dem wir unseren Lesestoff im allgemeinen und im besonderen unsere Bücher verdanken, und Holz als Brennmaterial, vielleicht das traurigste Kapitel überhaupt, auf das später noch beim Thema Baumschutz eingegangen wird.

Bücher ganz eigener Art, die die Verbindung zum Baum besonders augenfällig betonten, entstanden gegen Ende des 18. Jahrhunderts. Sie waren aus reinem Holz gefertigt, äußerlich wie ein Buch anzusehen, wie dieses aufklappbar, allerdings nur in jeweils zwei gleichgroße, kästchenhafte Teile. In diesen waren alle besonderen Merkmale gesammelt, die die Besonderheit dieser Baumart ausmachten. Ein solches Buch enthielt also immer nur zwei Seiten und eine Baumart. In den Kästchenseiten fand sich, angefangen von den Blättern, Nadeln, der Rinde, Holzproben, den Früchten, Samen bis hin zum Blütenstaub und manchmal sogar den mit der Art »befreundeten« oder »verfeindeten« Pilzen, Flechten, Käfern und anderen Insekten, alles, was für die Spezies charakteristisch war. Bezeichnend war auch die jeweilige Machart. Jedes Buch entstand aus der Baumart, die darin beschrieben wurde, der Buchrücken entsprechend aus der Rinde. Und der Autor: Candid Huber, ein Benediktinermönch aus dem bayerischen Ebersberg.

Holz hat im Laufe der Zeit viele Bereiche erobert und ist aus vielen ganz oder teilweise wieder verdrängt worden. In manchen Anwendungsgebieten unterliegt sein Einsatz dem sich wandelnden Geschmack. Beispielsweise ist zur Zeit die Nachfrage nach Parkett so groß, daß weltweit immer neue Fertigungskapazitäten geschaffen werden und diese dennoch kaum ausreichen, um den ständig steigenden Bedarf zu decken. Der Teppichboden hat erst einmal ausgedient, was wird die nächste Moderichtung bringen? In anderen Bereichen haben Zweckmäßigkeit und Wirtschaftlichkeit endgültig gegen das Holz entschieden. Im Großschiffbau ist Holz inzwischen undenkbar geworden. Im Schienenbau hat die Holzschwelle standgehalten. Wird sie jetzt endgültig der Spannbetonschwelle unterliegen, obwohl deren Entsorgung eines Tages größere Probleme aufwerfen wird? Es bleibt abzuwarten. Schließlich laufen unter anderem erfolgversprechende Versuche, kurze Abschnitte von Buchenschwellen mittels Verzinkung kostengünstig zu beliebigen Schwellenlängen zu ergänzen. Im Fensterbau entscheidet dagegen bei der Frage, ob Holz-, Kunststoff- oder Aluminiumrahmen eingesetzt werden sollen, nicht immer die Wirtschaftlichkeit, sondern oft allein der Geschmack zugunsten des Holzes. Insbesondere die Einsatzmöglichkeiten des Holzes in Form von Holzplatten erhalten diesem Rohstoff seinen Marktanteil. Der Verbrauch von Holz steigt sogar von Jahr zu Jahr weiter.

Holz ist nicht die einzige Frucht der Bäume. Manchmal ist ein anderer Teil eines Baumes viel wichtiger. Im Mittelmeergebiet, vor allem in Portugal (besonders an der Algarve), Spanien (Katalanien), Algerien, Marokko, Tunesien und Südfrankreich wächst eine immergrüne Eiche, die Korkeiche *(Quercus suber)*. Sie ist ein Baum, der nicht höher als 12-15 m wird und meist einen Durchmesser von ca. 1 m erreicht. Legt man wirtschaftlich ihren Holzwert zugrunde, hat diese Eiche nur lokale Bedeutung. Als Besonderheit bildet ihr Stamm jedoch eine dicke Korkborke. Diese wird alle 7-12 Jahre geerntet. Ihr qualitätvollster Teil wird zu Flaschenkork, Sohlen und anderen hochwertigen Erzeugnissen verarbeitet, den minderwertigeren Teil mahlt man zu Korkschrot und verwendet ihn für die Herstellung von Linoleum, Korkplatten und ähnlichem.

Ebenfalls ein besonderes Produkt liefert der in den Tropen beheimatete Kautschukbaum. Dessen lange Zeit völlig verkanntes und praktisch überhaupt nicht genutztes Holz ist inzwischen zwar auch ein zur Herstellung von Möbeln begehrter Rohstoff geworden. Seine Hauptbedeutung erreicht der Baum aber weiterhin in anderer Beziehung. Die Samen des im Amazonasgebiet vorkommenden, botanisch *Hevea brasiliensis* genannten Baumes wurden im Jahre 1876 in andere tropische Regenwälder geschmuggelt. Damit war das brasilianische Kautschukmonopol gebrochen. Heute gibt es in den Tropen riesige Plantagen, die ganze Landstriche dominieren. Der als Latex bezeichnete Milchsaft findet sich beim Kautschukbaum in weitreichenden Röhrensystemen unter der Rinde. Mit Hilfe von speziellen Messern wird die Rinde angeritzt; die Milch tritt aus und wird in Behältern aufgefangen. Die Eingeborenen gewinnen Rohkautschuk, indem sie Holzstäbchen in Latex tauchen und über dem offenen Feuer räuchern. Für den weltweiten Bedarf an Kautschuk wurden selbstverständlich industrielle Verfahren entwickelt. Ver-

Haben (diese) Bäume noch eine Zukunft?

wendung findet Kautschuk in sehr vielen Produkten, zum Beispiel in Luftschläuchen, Absätzen, Sohlen, Dichtungen oder gummierten Geweben. Kaugummi allerdings stammt von einem anderen Baum, dem mittelamerikanischen Sapotillbaum *(Achras zapota)*.

Noch viele andere Stoffe werden den Bäumen entnommen. Bekannt sind vor allem die Harze. In zahlreichen Staaten steht die Harzgewinnung bei der Nutzung bestimmter Nadelgehölze sogar an erster Stelle vor der Verwertung des Holzes. Das meiste Harz stammt dabei von den Kiefern. Nachdem die Borke stellenweise entfernt worden ist, öffnet man mit einem Schnitt in das Holz die Kanäle, aus denen dann später das Harz herausfließt, ehe es an der Luft hart wird. In Destillationsanlagen zerlegt man das Harz anschließend in seine Bestandteile Kollophonium (70-85%) und Terpentinöl.

Jeder kann im Wald an den Wunden der Kiefern sehen, wie das Harz ausläuft. An unbesäumtem Schnittholz aus Stämmen, die auf diese Weise genutzt wurden, lassen sich die Spuren der Harzgewinnung noch deutlicher ablesen. Fichten dagegen geben weniger Harz ab. Außerdem wird ihr Holz dabei leicht geschädigt. Deshalb zapft man bei Fichten nicht das Holz selbst an, sondern schält nur die Rinde in Streifen ab. Ergebnis ist das Scharrharz, so genannt, weil es nach dem Austreten abgescharrt wird.

Auch Gerbsäuren gewinnt man aus Baumrinden. Zu den bekanntesten zählt Gerbsäure aus Eichenrinden. Auch *Quebracho, Quebracho colorado* und *Q. blanco,* werden als Gerbsäurelieferanten genutzt. Die erste Art wächst in Brasilien, Nordargentinien, Westparaguay, Uruguay und Bolivien. Sie entwickelt etwa 20 m hohe Bäume, deren Holz wegen seiner Dauerhaftigkeit und guten technischen Eigenschaften begehrt ist. Seinen Wert bestimmt auch der hohe Tanningehalt, der in der Rinde bei etwa 10%, im Kernholz noch weitaus höher liegt. Um diesen Baum hat sich eine regelrechte Industrie gebildet, der Gerbstoff wurde dabei zum Exportartikel. Das Chinin wiederum stammt aus der Rinde des Chinarindenbaums *(Cinchona)*. Baumrinden sind in bezug auf ihre Verwendungsfähigkeit sehr interessant. In Norwegen wird aus Pappelrinde sogar Brot gebacken. Schließlich nutzt man Rinde noch als Humus, der anstelle von Torf eingesetzt wird, um die letzten Moore zu schonen. Aber Vorsicht, Rinden mit Gerbsäuregehalt sind nicht für jeden Boden eine Wohltat!

Die neben dem Holz bekanntesten Produkte der Bäume aber sind ihre eßbaren Früchte. Sie sprechen so allgemeinverständlich für sich selbst, daß Sie keiner längeren Erklärung bedürfen. Man kann ohne weiteres sagen, an den Früchten der Bäume kommt niemand vorbei, denn sie beinhalten in ihrer Reichhaltigkeit alle Geschmacksnuancen. So reich an Formen und Farben sie sind, so unterschiedlich ist auch ihre Beschaffenheit und »Verpakkung«. Manche geben sich hart mit weichem Inneren wie im Extremfall die Kokosnuß (z.B. *Cocos nucifera*), andere geben sich weich mit hartem Kern wie zum Beispiel die Pflaume *(Prunus)*. Andere wiederum sind so weich, daß sie sich bis auf den Stiel aufessen lassen, wie etwa die Birne *(Pyrus)*. Viele Früchte können für Tiere oder Menschen zur Hauptnahrung werden, wie die oben genannte Kokosnuß. Manche scheinen eher dazu angetan, das Leben auf der Erde zu versüßen. Dies könnte auf die chinesische Litschi-Frucht *(Litchi chinensis)* zutreffen.

Charles M. Peters vom »Institute of Economic Botany« in New York untersuchte ein Stück Regenwald in Peru und fand dabei Dutzende verschiedener Früchte, Pflanzen, Öle und Harze. Deren Wert schätzte er neunmal so hoch ein wie den Wert des Tropenholzes. In Thailand beispielsweise leben eine Million Familien überwiegend von solchen Sammelprodukten[3)]. Auch viele Bergbauern im Himalaya ernähren sich auf diese Weise, soweit dort überhaupt noch Wald vorhanden ist. Ähnliche Beispiele gibt es in vielen Teilen der Welt.

Welche Rolle die Früchte der Bäume im Leben der Menschen spielen können, zeigen die Bunya-Bunya *(Araucaria bidwillii)* in Queensland, Australien. Sie tragen riesige Zapfen, und diese wiederum enthalten nußähnliche Samen, die, solange sie noch nicht ganz reif sind, sehr süß schmecken. Der Geschmack der reifen Früchte erinnert an den gerösteter Kastanien. Regelmäßig alle drei Jahre bringen diese Bäume eine Rekordernte hervor.

Den Aborigines in diesem Gebiet war nicht am Holz der Bäume gelegen, sie interessierten sich allein für die Früchte. Trugen die Bäume wieder einmal reichlich Zapfen, dann kamen die Eingeborenen aus einem Umkreis von mehreren hundert Meilen zu der Stelle, wo sie der Fruchtgenuß erwartete. Zu diesem Zweck wurde sogar ein Waffenstillstand zwischen den Stämmen ausgerufen. Jeder der Bunya-Bunya-Bäume gehörte einer Familie, und alle hatten einen eigenen Namen. Sie waren das einzige unbewegliche Vermögen der Aborigines. An Ort und Stelle machten sich die Eingeborenen dann daran, mit ihren Steinäxten Fußkerben in die Stämme zu schlagen, um anschließend mit Hilfe von Pflanzenschlingen die Bäume hinaufzuklettern. Ganz im Gegensatz zu ihrer Gewohnheit aßen sie nicht nur solange von den Früchten, bis sie satt waren. Sie sammelten auch die Samen, um sie nachher in Höhlen als Vorrat für die kommenden Monate zu lagern.

Was müssen das doch für erstaunliche Früchte sein! Einerseits schaffen sie jahrhundertelange Gewohnheiten und versammeln die Menschen zu bestimmten Zeiten. Andererseits ändern sie deren Lebensweise einschneidend, indem sie der Auslöser dafür sind, daß unbewegliches Vermögen und eine primitive Vorratshaltung eingeführt werden. Aber über allem bewirken sie Frieden. Statt Essensneid zu Kriegen zu schüren, stiften sie den allgemeinen Waffenstillstand!

Unter den so zahlreichen Verwendungsarten der Bäume sei zum Schluß wenigstens noch eine erwähnt, deren Ausmaß sich bei weitem noch nicht bzw. teilweise nicht mehr überblicken läßt: Die Nutzung pflanzlicher Stoffe für medizinische Zwecke. Bereits oben im Zusammenhang mit der wirtschaftlichen Verwertung der Rinde wurde das Chinin erwähnt. In Europa wie in anderen Kontinenten ist viel vom ursprünglichen Wissen um die Pflanzen verlorengegangen. Zusammen mit großen Kulturen, mit Volksstämmen oder Angehörigen bestimmter Berufe sind große Teile ihres Wissens um die heilende Wirkung der Bäume und anderer Pflanzen untergegangen. Man versucht, den überlieferten Kenntnissen jetzt systematisch nachzugehen. Wissenschaft muß dabei die vormals aus der engen Verbindung mit der Natur entstandene Intuition ersetzen. Aber die wissenschaftlichen Verfahren brauchen oft länger, als die Tropenbäume dem Ansturm der Technik noch standhalten können. Viel zu lange hat man geglaubt, neu erfinden zu müssen, was doch in der Natur längst vorhanden war und was man dort nur hätte abzusehen brauchen.

Bei den alten Kulturvölkern und bei uns im Mittelalter war das Wissen um die Heilkraft pflanzlicher Drogen groß. Westindisches Bitterholz, das unter anderem gegen Verdauungsbeschwerden hilft und die Sekretion von Magen, Darm, Leber und Galle anregt, soll von dem großen schwedischen Botaniker Linné nach dem Negersklaven Gramen Quasi *Quassia* genannt worden sein. Dieser soll als erster herausgefunden haben, daß sich mit der Rinde des kleinwüchsigen Baumes Fieber wirksam bekämpfen läßt. Die Silberpappel *(P. alba)* wurde von den amerikanischen Indianern in mehrfacher Beziehung eingesetzt. Noch heute gilt sie in der Naturheilkunde als Mittel gegen Erschöpfung infolge von Durchfall. Ihre Rinde hilft gegen Gicht, auch hat sie sich von alters her als Mittel gegen die Malaria bewährt. In der modernen Medizin haben synthetische Salizylsäurepräparate ihre Aufgabe übernommen. Die alten Chinesen bekämpften unter anderem die Gelbsucht mit einer durch Abkochen gewonnenen Flüssigkeit aus Birkenrinde. Innerlich angewendet, wirkt das Mittel gegen Hautkrankheiten, infektiöses Fieber und Gicht, äußerlich noch einmal gegen Hautkrankheiten. Schon Dioskurides, der griechische Arzt, der 77 oder 79 nach Christus eine Arzneimittellehre verfaßte, und Plinius, der im Jahre 23 oder 24 nach Christus geborene römische Schriftsteller, erwähnten die Edelkastanie *(Castanea sativa)*, deren Früchte und Schalen medizinisch verwendet wurden. Eng verbunden mit dem Gedanken an Hexenbeschwörung ist die Eibe *(Taxus baccata)*. Dafür spricht in Shakespeares Macbeth auch die Dritte Hexe. Die Zweigspitzen der Eiben wurden gegen Gelenk- und Muskelrheumatismus eingesetzt, außerdem auch noch bei Störungen der Harnwege und bei Erkrankungen der Leber. Eibe, ein »Giftbaum« zwischen Tod und Heilung.

Lebensbedrohende und heilende Wirkung liegen bei vielen sogenannten Giften eng beieinander. Die oben erwähnte Eibe lieferte den Kelten ein tödliches Nervengift, mit dem sie ihre Pfeile präparierten. Die Zweigspitzen der Eiben dienten in manchen Gegenden auch als Abtreibungsmittel. Weit bekannter sind die alkaloiden Mittel, die die Brechnußbäume *(Strychnos)* liefern, entweder als Medizin oder als Gift. Von diesen Bäumen stammen Strychnin, Brucin und Curarin, das ein wirksamer Bestandteil des Pfeilgifts Curare ist. Was der Kokastrauch *(Erythroxylum coca)* für Südamerika und Java ist - Kokablätter enthalten bekanntlich Alkaloide, darunter das Kokain - ist für Afrika der Kolabaum *(Cola acuminata)*. Dieser bis zu 20 m hoch wachsende Baum trägt Früchte, die in unreifem Zustand geerntet werden, um den Samen, den Kolanüssen, die wichtigsten Stoffe zu entnehmen. Diese wirken als Stimulans auf Nerven und Muskeln. Indios kauen die Blätter des Kokastrauchs, die eingeborenen Afrikaner kauen Kolanüsse. Am Ende sei auch noch der Baum erwähnt, der seinen Wert als

Wirtschaftsgut daraus erfährt, daß er unversehrt bleibt. Der Baum der Baumschulen hat sein Leben erst noch vor sich. In einem Wald, in einem Park, entlang einer Straße oder in Reih und Glied mit seinesgleichen bzw. anderen in einer Hecke und natürlich auch in unseren Gärten. In den Baumschulen ist der Baum, wenn er dort nicht bevorzugt und zum Solitär erzogen wird, zum Massengut geworden, unpersönlich, dafür aber für viele erschwinglich. Im Wald oder in einer Hecke muß er auch unpersönlich bleiben, da ihm der Raum fehlt, sich individuell und artgemäß zu entfalten. In Einzelstellung im Park oder im Garten, dort gar als Hausbaum, wird aus dem erzogensten Baumschüler schließlich doch noch ein erwachsener Baum mit allem, was eine Baumpersönlichkeit ausmacht, solange wir ihm nur die Chance dazu geben und ihn gewähren lassen.

# Die Bäume und ihre friedliche Nutzung

Bäume können in mancher Beziehung auch sehr viel geben, ohne daß wir ihnen etwas nehmen. Hierin sind sie lebenslang unerschöpflich.

Bäume, die weitgehend unbehelligt leben, ohne daß man aus ihnen in irgendeiner Form wirtschaftlichen Nutzen zieht, werden für uns immer wichtiger. Gewiß, sie waren schon immer unentbehrlich. Schließlich geben sie, wenngleich weniger als allgemein angenommen, Sauerstoff ab, den wir zum Atmen brauchen. Weit wichtiger ist, daß sie zusammen mit den krautigen Pflanzen die Luft filtern und dabei Staubteilchen und Gase binden. In anderer Beziehung sind Bäume so bedeutend geworden, daß dahinter gelegentlich selbst ihr wirtschaftlicher Nutzen zurückgetreten ist. Man hat sie deshalb sogar geschützt und damit »unberührbar« gemacht. Sich selbst überlassen, können sie sich frei entfalten.

Mit »Erholung« umschreibt man die neugesteckten Ziele, denen viele Bäume diesen Freiraum verdanken. Unser künstlich bestimmtes Leben führt dazu, daß wir uns in immer kürzeren Abständen davon erholen müssen. Die selbst auferlegte Hektik der Zeit überfordert den Menschen. Bei jeder sich bietenden Gelegenheit flieht er dorthin, wo er einen Gegenpol der Ausgeglichenheit und Ruhe findet. Diesen bieten ihm die Bäume. In ihrem in vielen Millionen Jahren ausbalancierten Gleichgewicht wiegen sich die Aufregungen und Probleme des Tages zu vergeßlichen Momenten aus. Der Mensch tauscht in einem Wald mit den Bäumen nicht nur den Atem. Die Bäume übertragen auf ihn auch etwas von ihrer unanfechtbaren, ursprünglichen Ruhe, während sich seine Alltagshektik spurlos in ihnen verliert.

Wodurch teilt sich dem Menschen die Ruhe der Bäume des Waldes mit? Neben der unerschütterlichen, unverrückbaren Gestalt der Bäume wirken auf ihn noch weitere Eigenschaften ein, die sich ihm beruhigend vermitteln. Da ist einmal das Grün der Blätter und der Nadeln, das dämpfend auf ihn wirkt. Auch das Licht, durch Laub und Astwerk gefiltert, erreicht den Menschen im Inneren eines Waldes selten in der aufputschenden Grelle, die sich mit dem direkten Sonnenlicht verbindet. Ähnliches gilt für das Innenklima eines Waldes. Der menschliche Wärmehaushalt paßt sich immer auch den atmosphärischen Bedingungen an. Der Wald erleichtert diese Aufgabe deshalb, weil seine Bäume Extreme mildern. Sein Innenklima ist viel ausgeglichener als das der offenen Landschaft oder der Städte. Der Wind wird durch die Bäume weitgehend abgehalten, die Temperaturen sind milder, im Sommer weniger warm, im Winter weniger kalt.

Differenziert zu betrachten ist die Dämpfung von Geräuschen im Walde. Die Frage, ob der Lärmpegel tatsächlich gesenkt wird und, falls dies so ist, in welchem Ausmaß, richtet sich nach einer ganzen Reihe von Umständen. Zunächst einmal ist offenbar, daß die unterschiedliche Form und vor allem Größe der Blätter eine wichtige Rolle spielen. Laubbäume, die große Blätter haben, entfalten größere lärmabweisende Wirkungen als kleinblättrige Arten und Nadelbäume. Von verschiedenen im gemäßigten Klima getesteten Bäumen schnitten Ahornarten *(Acer)* am besten, Kiefern *(Pinus)* am schlechtesten ab. Wenn dann allerdings im Herbst die Blätter abfallen, tritt die Wirkung der Laubbäume noch hinter die der Nadelbäume zurück. Entscheidend sind auch Form und Alter des Baumbestands. Handelt es sich zum Beispiel um Jungbäume, die bis zum Boden belaubt sind, ist die Wirkung am besten. Ganz anders dagegen verhält es sich bei stammkahlen Altbeständen. Dies kann jeder leicht selbst ausprobieren. Ein lautes Rufen in einem solchen Altbestand scheint sich endlos unterm Kronendach fortzusetzen, während es sich im Freien viel schneller abschwächt. Eine Straße, die durch einen solchen Wald gelegt wird, wirkt also viel lauter, als wenn sie über ein freies Feld führt. Aus diesen Gründen ist es geradezu grotesk, wenn die Bäume auf den Lärmschutzwällen beidseitig der Straßen in einem gewissen Alter aufgeastet werden. Eine ähnliche Wirkung »erreicht« man auch damit, daß die Gehölze auf den Lärmschutzwällen so eng gepflanzt werden, daß sie sich innen gegenseitig das Licht nehmen und allmählich stammaufwärts verkahlen.

Ausgleichende und beruhigende Wirkung hat schließlich auch noch die infolge der Filterwirkung der Bäume reine Luft, vermischt mit dem typischen Aroma des Waldes und seiner Pflanzen. Wer hat nicht schon einmal die entspannende Wirkung der Düfte des Waldes erlebt, wenn sich in, je nach Jahreszeit, Witterung und auch Tageszeit, unterschiedlich empfindbaren Maßen das Holz der Bäume oder ihre Blätter oder Nadeln, der Humus am Boden, Pilze, Farne oder andere krautige Gewächse verströmen.

Und schließlich gibt es da noch den Erlebniswert des Waldes. Trotz seiner scheinbaren Unverrückbarkeit lebt er so unverkennbar, daß er alle und alles, was sich in ihm aufhält, mitbelebt. Niemand, der sich in ihm aufhält, kann da unbeteiligt bleiben, es sei denn, er ist ohne Sinneswahrnehmungen, durchlärmt den Wald in der Gruppe oder bedient sich seiner als Mittel zum Zweck, um sich darin laufend zu erschöpfen. Der Wald bezieht im übrigen jeden, der dafür sensibel genug ist, unentrinnbar in die Lebensgemeinschaft mit ein. Das beginnt für den Menschen damit, daß er beobachtet, die Tiere, die Pflanzen, die Zusammenhänge zwischen den Tieren und den Pflanzen und zwischen ihresgleichen. Und je länger er das tut, desto mehr ahnt er wieder etwas von der übergreifenden Lebensgemeinschaft, von der auch er einmal ein Bestandteil gewesen ist.

Ohne Zweifel hat der Wald auf den Menschen eine besondere Ausstrahlung. Nicht weil er finster oder unheimlich oder sonst etwas ist, was man in der Zivilisation nur künstlich gegen Bezahlung erhält. Der Wald zeigt noch Zusammenhänge, die andernorts, jedenfalls in dieser Komplexität, verlorengegangen sind. Die Bäume früherer Zeit haben es stärker empfunden und auf unterschiedliche Weise zum Ausdruck gebracht. Im höchsten Fall ging dies bis zur Baumverehrung. Sie steht auch für das Bewußtsein, daß Bäume dem Menschen in mancher Beziehung überlegen sind. Eine solch ungleichgewichtige Bewertung der Bäume war diesen immerhin zuträglicher als die Anmaßung unserer Zeit, in der wir uns nicht nur über die Bäume, sondern auch alles andere erhoben haben. Inzwischen sind wir bekanntermaßen damit soweit gekommen, daß wir sogar ernsthaft um das große Gleichgewicht ringen müssen, ohne eigentlich die Gesamtzusammenhänge zu begreifen. Schuld daran sind natürlich die Bäume. Es ist ihnen nicht gelungen, uns klarzumachen, welchen Stellenwert sie auf der Erde haben, als sie nur berstend und krachend, ohne sich weiter zu erklären oder zu wehren, den Hochhäusern und Straßen gewichen sind. Vielleicht gelingt es ihnen wenigstens jetzt auf erholsamen Waldwegen, uns gerade noch rechtzeitig auf die Erde vorzubereiten.

Der Wald wirkt erholsam, weil er ablenkt. Während er die Sinne auf sich zieht, lenkt er den Menschen von dem ab, was ihn zu den Bäumen getrieben hat. Der Wald läßt die viel zu hoch bewerteten Probleme des Tages vergessen. Der Wald regt den Menschen an, aber er regt ihn nicht auf. Er provoziert das Staunen, aber nicht den lauten Beifall. Die natürlichen Abläufe werden für den zivilisierten Menschen im Wald zu einem erstaunlichen Ereignis und Erlebnis, die natürliche Selbstverständlichkeit zum bestaunten Wunder.

Die Möglichkeit, dies alles zu erleben und seinen persönlichen Nutzen daraus zu ziehen, bietet sich allerdings nicht jedem. Die Wälder sind vor den Städten immer weiter zurückgewichen. Die Städte haben oft sogar Glück, wenn man dort richtige Baumpersönlichkeiten und nicht nur verkehrsgerecht geschnittene Straßenbäume wenigstens noch vereinzelt in einem Park besichtigen kann. Dort allerdings muß man diese mit Tausenden anderer Menschen teilen. Dann kann man sogar erleben, wie Menschen schützend alte Bäume besteigen, welche sichtbar lange genug an den Umständen der Großstadt gelitten haben und freiwillig sterben wollen. Und dies alles nur, weil die Menschen immer dazu neigen, die letzten Exemplare einer Art bis an deren Ende im Übermaß auszustellen, zu hegen und zu pflegen und nach dem Tode dramatisch zu beweinen.

Aber selbst den stadtnahen Wäldern ist mit der Wiederentdeckung der Bäume nicht ausnahmslos immer gedient. Auch dort sind die Bestände in der Regel nicht groß genug für die vielen Menschen, und selbst das Verständnis all dieser Menschen für diese Bäume zusammengenommen reicht meist nicht einmal aus, dem Wald zu helfen. Der Überschwang der Stadt fängt an, den Wald handgreiflich zu umarmen. Von den Städtern wird nach eigenen Maßstäben eine neuartige Wochenendlebensgemeinschaft mit den Bäumen künstlich begründet. Die Konsumgesellschaft wird dabei zupackend und drängt sich, statt sich einzugliedern, als Fremdkörper in eine bestehende Gesellschaft. Sie steht und geht, wo sie nicht hingehört, und nimmt sich, was ihr nicht zusteht. So wird der Wald vielleicht gesetzlich geschützt, verliert aber seine Natürlichkeit, die selbst einen Forst, je länger man ihn in Ruhe läßt, durchwächst.

Wieder einmal dient sich der Mensch nicht selbst, wenn er den Wald letztlich nur in seinen eigenen Lebenskreis einbezieht und die bestehende Waldgemeinschaft verändert. Am Ende verliert der Wald seinen natürlichen Atem. Was bleibt, ist vielleicht noch der eher künstliche Hauch unserer Gärten. Je länger wir uns massenweise in den stadtnahen Wald hineindrängen und damit zwangsläufig die künstliche Veränderung vorantreiben, desto weniger wird vom Fluidum des Waldes übrigbleiben und desto weniger werden wir uns darin wohlfühlen und entsprechend erholen. Diese Wirkung verstärkt sich noch, wenn wir die Waldflächen immer mehr von den Städten entfernen, um vielleicht anderswo an entfernten, unrentablen Stellen Äcker aufzuforsten. Auf diese Weise werden die stadtnahen Flächen bis zur Ausdruckslosigkeit einer bloßen Ansammlung von Bäumen beansprucht. Denn es ist außerdem damit zu rechnen, daß mit dem neuen Naturtrieb die Zahl derer, die den Anschluß an die Natur nicht verpassen wollen, weiter anwächst. Leider gibt es nun noch keinen, dem Führerschein entsprechenden Gehpaß für alle Waldwege, der das Problem mildern könnte.

So erfreulich es ist, daß sich die Augen der Natur wieder weiter öffnen, der neue Blick bleibt also leider nicht ohne Folgen für die Pflanzen.

# Der Baum des Dendrologen

Die Dendrologie ist »die Wissenschaft von den Bäumen und Sträuchern«. Wenn ein Sachgebiet besonders umfangreich ist, versucht man sich mit möglichst einfachen Grundgedanken zu behelfen. Einem führenden deutschen Lexikon ist dies mit einer Kurzformulierung gelungen.

Leider ist dieser Satz nicht richtig. Zumindest nicht für Deutschland. Die Dendrologie ist keine Wissenschaft in dem Sinne, daß ihr auch nur ein Lehrstuhl an deutschen Universitäten zustände. Entsprechend gibt es keine abgeschlossene dendrologische Ausbildung. Dendrologe kann in Deutschland jedes aktive Mitglied der Deutschen Dendrologischen Gesellschaft von 1892 werden.

Die lexikalische Definition läßt auch nichts von dem breiten Betätigungsfeld der Dendrologen erkennen, das sich aus deren Persönlichkeit ergibt, geschweige denn etwas von der schillernden Aura, die manchen Dendrologen umgibt. Die individuelle Streubreite dendrologischer Beschäftigung ist erstaunlich. Die Sichtwinkel reichen von strenger Sachlichkeit bis zu gefühlsbetonter Betrachtung. An dem einen Ende der Skala steht der Mathematiker, der den Baum von der Wurzel bis zur Krone und in möglichst allen Beziehungen zu berechnen sucht, am anderen finden sich die Schwärmer, die sich fortreißen lassen, wenn ihnen etwas Seltenes oder Neues begegnet, die sich für die Bäume ganz einfach begeistern.

Lächeln wir weder über die Mathematiker noch über die schwärmerischen Naturgeister unter den Dendrologen! Entsprechen sie doch lediglich dem vielfach erwähnten, großen Spektrum der Eigenschaften der Bäume. Lachen wir vor allem nicht über die letzteren. Zu diesen zählen schließlich unter anderem auch die leidenschaftlichen Pflanzensammler, die sich, unabhängig von ihrer beruflichen Herkunft und manchmal unter heute kaum mehr vorstellbaren Entbehrungen, ganz den Bäumen verschrieben und sich auf diese Weise unschätzbare Verdienste erworben haben. Ohne ihre Leidenschaft für die Pflanzen, ohne ihre Besessenheit, wären sie überhaupt nicht in der Lage gewesen, die mit ihrer Suche verbundenen Strapazen zu überstehen.

Wo ständen wir heute ohne Archibald Menzies (1754-1842), der in den neunziger Jahren des 18. Jahrhunderts an der Forschungsreise der »Discovery« in den Nordwesten Amerikas teilnahm und bei der Gelegenheit als erster Botaniker die gigantischen Koniferen an der Pazifikküste sah. Ihn ehrt die Douglasie *(Pseudotsuga menziesii)*. Robert Fortune (1812-1880) machte seine Pflanzenentdekkungen in China. Die Chinesische Kopfeibe trägt seinen Namen *(Cephalotaxus fortunei)*. Der größte Einzelsammler chinesischer Bäume war Ernest Henry Wilson (1876-1930). Die aparte *Magnolia wilsonii* ehrt sein Andenken. Ein Jesuitenpater, Pierre d'Incarville (1706-1757), kann für sich in Anspruch nehmen, unter anderen den Schnurbaum *(Sophora)* und den Götterbaum *(Ailanthus altissima)* in die Botanik eingeführt zu haben. Belohnt wurde er nur mit einer Staude. *Incarvillea* heißt sie und wird nicht höher als 40 cm, der Götterbaum erreicht annähernd 30 m. Augustine Henry (1857-1930), der sich zunächst eher ziellos mit den Pflanzen befaßte und sich ihnen später mit großer Hingabe widmete, wurde angemessener berücksichtigt. Dafür, daß er viele neue Ahornarten *(Acer)*, Kirschen *(Prunus)*, Ulmen *(Ulmus)* und Linden *(Tilia)* entdeckte, fand er schließlich in *Tilia henryi* angemessene Anerkennung. Wie übrigens auch John Gould Veitch, ein herausragendes Mitglied der, heute würde man sagen, berühmten Baumschuldynastie in Chelsea. 1860 entdeckte er in Japan unter anderen 17 neue Koniferen. In einer Tanne *(Abies veitchii)* fand er gebührende Anerkennung. Frank Meyer entdeckte auf seiner vom amerikanischen Landwirtschaftsministerium finanzierten und im Jahre 1905 gestarteten Chinaexpedition unter anderem eine Roßkastanie *(Aesculus)* sowie einen Ahorn *(A. ginnala)*. Nach ihm wurde ein Wacholder (*Juniperus squamata* ,Meyeri') benannt. Frank Meyer ertrank 1908 im Jangtsekiang.

Die Geschichte der Pflanzenpioniere ist weit mehr als ein paar Zeilen wert. Hier muß es jedoch bei einer kurzen Erwähnung bleiben. Sie soll verhindern, daß diejenigen unter den Dendrologen verkannt werden, die sich den Bäumen gefühlsmäßig nähern. Gewiß, bei den ersten Pflanzensammlern war nicht ausschließlich Leidenschaft, sondern mitunter wohl auch persönlicher Ehrgeiz oder sogar beides zusammen der entscheidende Antrieb. Die Ergebnisse ihrer oft nur aus diesen Gründen unternommenen Reisen und Suchen sprechen jedenfalls bis heute wissenschaftlich für sich, lateinisch mit den botanischen Namen ihrer Väter. Übrigens blieben bei den Baumpionieren die Männer unter sich. Lady Amherst, die einzige Frau, die sich diesbezüglich hervortat und mit dem Generalgouverneur von Indien verheiratet war, hatte zwar die nötige Leidenschaft oder den Ehrgeiz, brachte es allerdings »lediglich« zur Entdeckung von Stauden.

Auf den Spuren der Pflanzenentdecker von einst wandeln übrigens auch heute wieder sehr viele Menschen, und zwar vor allem die zahllosen freiwilligen Helfer, die Informationen für die Rote Liste der aussterbenden oder bereits ausgestorbenen Pflanzen sammeln. Es gibt sie überall in der Welt. Auch in den Urwaldgebieten sind sie bereits auf der Suche nach den Bäumen. Und immer noch entdecken sie dabei neue Arten. Im Gegensatz zu den früheren Pionieren gehen sie den Weg jedoch in umgekehrter Richtung: Sie suchen die letzten Exemplare längst entdeckter Pflanzen. In einem anderen Punkt wiederum ähneln sie ihren Vorgängern. Sie sind nicht unbedingt Fachleute, sondern werden ausschließlich getrieben von der Liebe zur Natur.

Das Bild deckt sich mit dem der Mitglieder in der Zeitschrift »Deutsche Dendrologische Gesellschaft«. Nicht nur Wissenschaftler wirken darin, um das Wissen um die Bäume zu erweitern. Genauso aktiv und erfolgreich sind Laien. An den Ergebnissen gemessen, brauchen sie sich häufig nicht hinter den Wissenschaftlern zu verstecken.

Sachlich kann die Tätigkeit der Dendrologen grundsätzlich physiologischer, morphologischer und - dies ist bei Wissenschaften, die in der »Lehre vom Haus« gepflegt werden, eine zwangsläufige Folge - in gewisser Weise auch ökologischer Natur sein. Heute erstreckt sich die Bandbreite der fachlichen Positionen zwischen zwei extremen Meinungen: Die eine begrenzt das Feld dendrologischer Betätigungen auf die Beschreibung und systematische Einteilung von Gehölzen. Die andere beansprucht für diese Wissenschaft den gesamten Bereich von der verholzenden Zelle bis zur wirtschaftlichen Verwendung des Holzes. Nachdem der Baum immer mehr in den Mittelpunkt vielfältiger Betrachtungen geraten ist und zunehmend andere Fachrichtungen ihn für ihre Betrachtungen mitbeanspruchen, kann es nicht verwundern, daß Dendrologen zäh um jeden Fußbreit ihres wissenschaftlichen Terrains kämpfen. Das geht zum Beispiel bis zu Grenzgefechten mit der Botanik, in denen darum gerungen wird, ob das zarte, kleine Immergrün (Judenmyrte, Franzosenkraut, *Vinca minor*) nun ein Gehölz oder eine Staude ist.

Wenn sich der Kampf gegen die Bäume allenthalben in einen solchen um die Bäume wandeln sollte, wird es diesen nur dienlich sein.

# Der Baum des Försters

Der Name Förster leitet sich von dem Wort Forst ab, und dieser ist der Gegenpol zu einem Naturwald. Ein Forst entsteht entweder durch intensive menschliche Eingriffe in einen Naturwald oder ursprünglich, indem der Mensch jeden einzelnen Baum selbst anpflanzt.

Der Förster ist auch ein Mann der Wirtschaft, nämlich der Forstwirtschaft. Das darf er bei allem, was er tut, nicht vergessen. Die Forstwirtschaft versucht im allgemeinen, den bestmöglichen Gewinn zu erzielen.

Gegenüber dem Landwirt, gleichfalls einem Mann der Wirtschaft, der Landwirtschaft, scheint der Förster auf den ersten Blick in einer besseren Lage. Er pflegt eine Vegetationsform, die von Natur aus fast überall dort wächst, wo fruchtbarer Boden vorhanden ist, und die sich, wenn sie beseitigt wird, nach einiger Zeit wieder von alleine ansiedelt. Was, wenn er nun einfach alles so wachsen ließe, wie es sich einstellt und zusammenfindet?

Das wirtschaftliche Prinzip wäre absolut dagegen. Der vom Menschen geprägte Forst oder Wirtschaftswald ist nämlich viel ergiebiger als der natürliche Wald oder Urwald. In ihm läßt sich, wenn auch immer nur bedingt, am ehesten das erreichen, wovon der Waldbesitzer bei seinen Waldgängen träumt: möglichst viel und möglichst wertvolles Nutzholz und, soweit möglich, sogar beides gleichzeitig zu ernten. Das ist grundsätzlich das oberste Ziel zumindest des privaten Waldbaus, dem der Förster zu dienen hat.

Dies ist der Grundsatz, dem der Förster unterliegt, die Bäume leben nach anderen Gesetzen. Sie kennen unabhängig von der Waldform, in der sie wachsen, nur das Gesetz, das ihnen ihre Natur vorgegeben hat. Und so kommt es zwischen dem, was der Förster zu erreichen hat, und der Eigenart der Bäume zwangsläufig zu Konflikten. Der Förster ist schon aus diesem Grunde gezwungen, bei seiner Arbeit Kompromisse zu machen. Pflanzt er schnellwüchsige Bäume, dann stehen ihm in relativ kurzer Zeit große Mengen Holz zur Verfügung. Beispielsweise erntet im gemäßigten Klima schnell, wer die Pappel *(Populus)* pflanzt. Kultiviert der Förster dagegen langsam wachsende Bäume, dann muß er länger warten. In diesen Fällen wartet er in seinem Leben sogar vergeblich auf die Ernte diese Bäume. Nicht einmal die nächste oder übernächste Generation kommt unter Umständen in den Genuß der Früchte seiner Arbeit. Als Beispiel mag dies hier die Eiche *(Quercus robur)* verdeutlichen.

Seine nächste Entscheidung, nachdem die Bäume gepflanzt und eine ausreichend lange Zeit gewachsen sind, gilt dann der Frage, ob sie bei der ersten Gelegenheit gefällt werden sollen, oder ob er solange warten soll, bis die Stämme weiter ausgereift und dicker geworden sind. Es ist selbstverständlich, daß dünnere Stämme weniger Ertrag bringen, weil sie für den kommerziellen Einschnitt weniger Anwendungsmöglichkeiten bieten. Ein dickerer Baum bringt dem Förster, abgesehen von seinem längeren Wachstum, zusätzliche Probleme. Er entwickelt auch eine mächtigere Krone, und diese wiederum bewirkt, daß der Baum mehr Seitenäste treibt, die entsprechend weiter auf den Boden herabreichen. Die Astigkeit ist nämlich ein weiteres Kriterium, nach dem sich der Wert eines Stammes bemißt. In gewissem Grade kann der Förster diese Merkmale steuern, indem er die Bäume so dicht setzt, daß sie auf dem Weg zum Licht ihr Seitenwachstum »vergessen«. Er darf sie jedoch nicht so eng pflanzen oder stehen lassen, daß sie ein Streichholzdasein führen und sich am Ende nur für eine begrenzte Verwertung anbieten. Manches kann er steuern, zum Beispiel aber nicht, ob der Baum drehwüchsig oder ungerade wächst. Wunden, zum Beispiel infolge abgebrochener Äste, kann er unter Umständen behandeln.

So gibt es viele Kriterien, die seine Sicht der Bäume bestimmen. Nicht zu allen gibt es immer eine sichere Entscheidung. Wer sagt ihm zum Beispiel, ob nicht die Eiche, die er nach 150jährigem Wachstum verschont, nicht bereits am nächsten Tag, in der Mitte von einem Blitz getroffen, durchbricht und entwertet wird! Dennoch gibt es aus der Erfahrung für die unterschiedlichen Arten verschiedene »Umtriebszeiten«, innerhalb deren sich das Wachstum von der Pflanzung bis zur Schlagreife des Baumes entwickelt. Für einige Bäume des gemäßigten Klimas lassen sich diese abhängig vom gegebenen Standort und der geplanten Verwertung etwa wie folgt umgrenzen: Eiche *(Quercus)*, ca. 200 Jahre, Buche *(Fagus)*, 120-140 Jahre, Fichte *(Picea abies)*, heute 80-100 Jahre (früher wurde sie bereits mit 70 Jahren genutzt), Tanne *(Abies)*, 70 - maximal 90 Jahre, Kiefer *(Pinus)*, 60-80 Jahre.

Wenn der Förster versucht, seine wirtschaftliche Zielsetzung zu erreichen, begegnet ihm jedoch eindeutig die größte Versuchung in der Monokultur. Das bedeutet, statt der natürlichen Vielfalt wächst in großen Beständen nur eine Art, zum Beispiel nur die Fichte oder die Kiefer. Wenn man einmal die Umtriebszeiten der oben angeführten Arten miteinander vergleicht, also zum Beispiel die der Fichte und der Buche, und außerdem noch dabei berücksichtigt, daß ein Festmeter Buche, also die Maßeinheit für Rundholz, deutlich weniger einbringt als die gleiche Menge Fichte, dann spricht die wirtschaftliche Vernunft eindeutig für die Monokultur. Dazu kommt noch, daß sich die Fichte während ihrer kürzeren Umtriebszeit zudem zu größeren Holzmengen auswächst. Entsprechend fällt dann auch der nüchterne Vergleich zwischen den Erträgen von Mischwäldern und denen von Monokulturen aus. In der rein wirtschaftlichen Bewertung schlagen Monokulturen nun einmal gewichtig zu Buche.

Dabei ist auch noch zu berücksichtigen, daß die Fichte und die Kiefer eine frühe und gleichmäßige Vornutzung einräumen. Man denke nur an die Weihnachtsbäume bzw. das Gruben- oder Papierholz. Derartige Möglichkeiten, das Holz in einer frühen Wachstumsphase zu nutzen, entfallen weitgehend beim Laubholz. Die Pflegehiebe sind deshalb dort noch wesentlich kostspieliger als beim Nadelholz. Vorzeitige Einnahmen können nicht erwirtschaftet werden.

Die gleiche Problematik stellt sich auch in den Tropen und Subtropen, wo der Anteil des Urwalds ständig zurückweicht. Dort sind es die Ölpalme *(Elaeis guineensis)* und der Kautschukbaum *(Hevea brasiliensis)*, die mit ihren Erträgen die Baumkultur in den Schatten stellen. Außerdem ist der Kautschukbaum, früher als Holz vollkommen vernachlässigt und nach seiner fruchtbaren Zeit verbrannt, inzwischen sogar zum begehrten Holz für die Möbelindustrie aufgestiegen, das zum Beispiel in Malaysia neuerdings sogar durch eine Exporttaxe und Maßnahmen der Kontingentierung geschützt ist. Darüber hinaus breiten sich dort Monokulturen aus Eukalyptus *(Eucalyptus)* und Kiefern *(Pinus)* aus, die fast jede andere Form von Waldbau wirtschaftlich verdrängen.

Die Nachteile der Monokultur entstehen nicht so sehr, wie dies allgemein angenommen wird, im Boden. Bei Reinbeständen aus Nadelholz ergeben sich lediglich auf armen Sand- oder Lehmböden größere Probleme. Dort kommt es dann allerdings zu schwerwiegenden Störungen durch die Auswaschung von Nährstoffen. Entsprechendes gilt für felsigen Untergrund. Hierzu ein Beispiel: Früher glaubte man, für die Krankheit in den Monokulturen aus Fichten in der Eifel allein die allgemeinen Umweltprobleme verantwortlich machen zu können. Jetzt weiß man es genauer: Napoleon ließ die ursprünglich dort wachsende Loheiche zugunsten der Fichte ersetzen. Eichenlaub bildet aber wesentlich mehr Humus als Fichtennadeln. Die Folge war eine immer weiter fortschreitende Verarmung des Bodens.

Die Gefahren für Monokulturen sind vor allem Pilze und bei Nadelholzarten in Trockenzeiten Brände. Hinzu kommt die höhere Anfälligkeit gegenüber Schnee und Stürmen, und es gibt verhängnisvolle Probleme mit den Tieren, vor allem den Insekten, denn ändert sich der Wald, löst sich auch die Lebensgemeinschaft mit den Tieren auf. Es entfällt das Gleichgewicht zwischen den sich gegenseitig tragenden oder bekämpfenden Elementen. In Monokulturen überwiegen leicht die den Bäumen schädlichen Insekten. Manchmal, ohne natürliche

Feinde zurückgelassen, lernen sie sogar noch, allmählich den künstlichen Giften zu widerstehen.

Die Monokultur ist allerdings nicht die einzige Versuchung, gegen die der Förster auf seinem wirtschaftlichen Weg zu bekämpfen hat. Seine gegenüber ihren natürlichen Feinden und sonstigen nachteiligen Umständen anfälligen Bäume lassen sich mit Mitteln, die sich zunächst einmal als außerordentlich wirksam erweisen, unterstützen. Das heißt, ihrem Wachstum läßt sich mit mineralischem Dünger aufhelfen, ihren Feinden und Krankheiten kann man nur zum Teil mit hochdosierten Giften begegnen.

Weiterhin liegt die Versuchung nahe, die typischen einheimischen Baumarten durch andere zu ersetzen, die sich am gegebenen Standort wohl fühlen und sich artgetreu besser entwickeln als ihre Vorgänger. Beispielsweise muß die der Buche überlegene Fichte ihrerseits in mancher Hinsicht wirtschaftlich vor der Douglasie *(Pseudotsuga menziesii)* kapitulieren. Die Douglasie besiedelt große Flächen an der Pazifikküste von Nordamerika. Ihre Ansprüche an den Boden sind bescheiden, sie überdauert auch längere Trockenperioden. Daher wird sie beispielsweise in Deutschland oft in die Südhänge gepflanzt, wo sie die tieferen Bodenschichten durchwurzelt. Sie ist sehr frosthart, und während ihrer Jugend verträgt sie gut Schatten. In ihrer Heimat wächst sie zu riesigen Bäumen heran, die bis zu 100 m Höhe erreichen können. Im gemäßigten Klima erreicht sie nicht annähernd diese Höhe. Dennoch ist sie der Fichte in mehrfacher Hinsicht überlegen. Sie wächst noch schneller, ohne daß sich der Erlös für ihr Holz, das als »Oregon-Pine« im Handel ist, schmälert. Als Nebeneffekt kommt hinzu, daß ihr Reisig für Dekorationszwecke außerordentlich begehrt ist. Auch wird die Douglasie weniger häufig von Schädlingen befallen. Als Bauholz hat sie eine besonders große Biegefestigkeit und braucht zum Beispiel, wenn sie in Dachstühlen verwendet wird, nicht imprägniert zu werden, weil sie sehr harzig ist. Obwohl dies bei anderer Verwertung ein Nachteil ist und der Sägewerker sie deshalb nicht besonders schätzt, weil das Sägeblatt leicht verölt, ist die Douglasie insgesamt der Fichte wirtschaftlich überlegen. Für den Laien unterscheiden sich übrigens die Fichte und die Douglasie kaum voneinander. Die letztere wird daher in europäischen Wäldern leicht übersehen.

Die Douglasie ist eine Baumart, die lange Zeit im Brennpunkt der Diskussion um die sogenannten »Exoten« gestanden hat. Für die meisten ihrer Gegner steht sie es übrigens heute noch. Sie halten sie für eine »fremde« Baumart, die lediglich eine Versuchung darstellt und keinen Versuch wert sein sollte. Was sie nicht wissen oder nicht wissen wollen, inzwischen aber über sie herausgefunden wurde: Dieser Baum ist ein Spätheimkehrer auf früher einmal vor der Eiszeit angestammten Plätzen, Pollenanalysen haben es längst bewiesen. Wer also diesem Baum die Rückkehr nach Europa verschließen will, kann es jedenfalls nicht mehr mit dem Argument der Exoten.

Schließlich erhöht auf Dauer auch die systematische Auslese der innerhalb einer Art am schnellsten wachsenden Exemplare den wirtschaftlichen Ertrag. Das bedeutet, daß erstens der Förster den Samen für neue Kulturen von ausgesuchten, sogenannten Plus- oder Mutterbäumen erntet. Den stärksten, wirtschaftlich ertragreichsten Bäumen ist es also vorbehalten, sich in immer ergiebigeren Generationen fortzupflanzen. Zweitens werden unter diesen noch einmal die besten durch besondere Maßnahmen (Durchforstung) bevorzugt. Einmal zu einem »Z-Baum« (»Z« wie Zukunft) ernannt, spielt er fortan im Wald eine dominierende Rolle, die künstlich vom Förster gefördert wird. Um ihn herum werden nicht nur, wie allgemein üblich, die schwachen, kranken oder beschädigten, sondern sogar die gesunden Bäume entfernt, sofern sie sein Wachstum behindern.

Hierbei ist allerdings auch einem Umstand Rechnung zu tragen, der noch nicht allzu lange bekannt ist. Man hat herausgefunden, daß in bestimmten Regionen mit besonders schlechten Wuchsbedingungen nur die dort heimischen Exemplare einer Art mit Erfolg wieder angebaut werden können und die Samen der Z-Bäume aus anderen Bereichen mit anderen Standortbedingungen dort nicht in dem gewünschten Maße zum Tragen kommen. Es hat sich so mancherorts, zum Beispiel in Gebirgsgegenden, im Laufe der Zeit quasi eine neue Art herausgebildet.

Das alles ist nichts im Vergleich dazu, was im Wirtschaftswald noch kommen wird. Die Gentechnik wird den Waldbau eines Tages möglicherweise revolutionieren. Dann wird es Bäume geben, von deren Erträgen die Forscher bisher nur träumen. Aus wirtschaftlichen Gründen wird sich kaum ein Waldbesitzer der neuen Entwicklung verschließen können. Jedenfalls kaum ein privater. Entsprechend also auch kein Förster.

An einer Tatsache kommt keiner vorbei, weder ein Waldbesitzer noch dessen Förster, kein Politiker und kein Naturschützer: Die Weltbevölkerung wird weiter steigen, und die Waldfläche wird insgesamt zurückgehen. Der Bedarf an Holz wird mit der Bevölkerung steigen, also muß auf einer verkleinerten Fläche noch mehr Holz produziert werden. Das heißt, ohne einen gezielten Waldbau ist dieses Ziel nicht zu erreichen.

Der Förster hat es also ganz allgemein gesehen nicht leicht. Wenn er seine Bäume betrachtet, muß er dies aus verschiedenen Blickwinkeln tun. Der Forst ist ein Unternehmen, nüchtern betrachtet eine Fabrik, die Holz produziert. Eine Fabrik kann auf Dauer nur funktionieren, wenn sie als Unternehmen finanziell gesund ist und bleibt. Das kann sie aber nur sein, wenn sie Erträge erwirtschaftet oder zum Ausgleich subventioniert wird. Wird der Boden verseucht, geht absehbar auch die Produktion zur Neige. Auch darf diesem Unternehmen nicht zuviel entnommen werden, damit die Substanz erhalten bleibt. Das heißt, der Hiebsatz, das, was dem Wald an Stämmen entnommen wird, muß sich mit den natürlichen Zuwächsen die Waage halten. Das Prinzip der »Nachhaltigkeit« ist in der Forstwirtschaft ein oberster Grundsatz. Das heißt, es muß eine gleichmäßige, hohe und hochwertige Holznutzung sichergestellt sein. Nach Les Reed, einem Forstprofessor an der Universität von British Columbia (Kanada), allerdings ein im Zeichen des weltweit steigenden Holzverbrauchs überholter Grundsatz. Nach ihm ist es an der Zeit, systematisch mittels Durchforstung der Jungbestände, Düngung der Wälder sowie Ästung der Bestände die Produktion weiter zu steigern.

Dazu kommen Gesichtspunkte, die über die Wirtschaftlichkeit hinausgehen und die Allgemeinheit betreffen. Dem Förster stellen sich bei der Betrachtung der Bäume Aufgaben, die das allgemeine Wohlergehen betreffen. Bäume schützen den Boden, sie verhindern die Erosion, seine Zerstörung durch Wasser, Eis und Wind. Sie haben Einfluß auf das Klima, filtern die Luft und erhalten die Qualität des Wassers. Darüber hinaus sieht der Förster den Baum auch noch in der Lebensgemeinschaft, die ein Baum oder Wald mit anderen Pflanzen und Tieren bildet.

Kann es unter diesen Umständen verwundern, wenn der Plenterwald, das heißt die Kombination aus verschiedenen Baumarten, ein oft unerfüllter Wunschtraum des Försters bleibt! Im Plenterwald werden nicht nur verschiedene Baumarten nebeneinander gepflegt, es wird das Holz auch auf andere Weise geerntet. Während beim Kahlschlag der gesamte Schlag, also die ganze Fläche, abgeholzt wird, eignen sich in der Plenterwirtschaft in den kurz aufeinanderfolgenden Abständen der Ernte immer nur bestimmte einzelne Stämme zum Fällen. Das bedeutet, der Wald an sich, sein ökologischer Bestand, bleibt immer erhalten. Auch in den Tropen oder Subtropen hat man sich dieses System zu eigen gemacht. Zum Beispiel darf in Malaysia in einigen Forstkonzessionen der Urwald nur in festgelegten zeitlichen Umtrieben, meist sind es dreißig Jahre, abgeerntet werden. Dabei ist das Fällen nur ab einer bestimmten Mindeststärke der Stämme erlaubt. Die Probleme der Waldwirtschaft in den Tropen sind in vieler Beziehung anders zu betrachten als zum Beispiel im gemäßigten europäischen Klima. So ist auch diese Form der Nutzung in manchem nicht ohne Schwierigkeiten und Nachteile. Hierüber ist später im Zusammenhang mit der Lage der Tropenwälder noch zu sprechen.

Der Förster hat es nicht nur nicht leicht im Widerstreit so vieler Interessen. Er hat es ausgesprochen schwer, seine Bäume über allem richtig zu sehen. Wie seine Sicht im einzelnen auch immer sein mag, es muß auch eine Voraussicht dabei sein. Ebenso wie er bei der kapitalintensiven Waldwirtschaft die langfristige Verzinsung im Auge haben muß, hat er auch immer die natürlichen Folgen seines Handelns zu bedenken. Düngt er, setzt er Pestizide ein, legt er Monokulturen an, was erntet er davon insgesamt in der Zukunft, abgesehen vom Holz? Was gefährdet die Erträge oder, vielleicht noch weit mehr, das Wohlergehen nachfolgender Generationen?

Dabei darf man auch nicht vergessen, daß die Nutzungszwecke des Waldes nicht immer gleich waren. Entsprechend änderten sich für die Förster im Laufe der Zeiten ein paarmal die Prioritäten. Es gab Zeiten, da hatte der Wald in erster Linie der Jagd zu dienen. Oder der verarmten Landwirtschaft war daran gelegen, die Schweine in den Wald zu treiben, damit sie mit Eicheln gemästet werden konnten. Da waren nicht »Möbeleichen«, sondern kurzstämmige Bäume mit weit ausladender Krone und vielen Früchten gefragt.

Eines darf der Förster sicher nicht: Er darf bei seiner Arbeit nicht träumen. Er sollte sich bei seiner Tätigkeit keinen Naturillusionen hingeben. Immer muß er den wirtschaftlichen Nutzen im Griff haben.

Genauso wenig darf er aber auch die Natur aus dem Auge verlieren. Es ist in vorderster Linie auch mit an ihm, allen zu beweisen, daß sich jede Nutzungsart auf Dauer mit der Natur vertragen muß. Erst wenn er es geschafft hat, die Vereinbarkeit von Wirtschaft und Natur zum unabdingbaren gedanklichen Allgemeingut zu machen, ist er dort angelangt, wo er eigentlich hinwollte, bei der Synthese von Wirtschaftswald, wo die Holznutzung im Vordergrund steht, und Naturwald, der reinen Naturzwecken, also der Erhaltung der Arten in einer gesunden Lebensgemeinschaft dient. Diese Synthese ist der naturgemäße Wirtschaftswald. Darin bestimmt sich der Ablauf weniger nach der Pflanzung als nach der Naturverjüngung. Die Pflanzung orientiert sich hier außerdem an den Leitpflanzen des Standorts. In einem solchen Wald mit plenterartigen Eingriffen sind die Entwicklungsabläufe natürlich langsamer, die Pionierbäume sind wieder vertreten, und urwaldgemäß wächst der Wald auch in mehreren Schichten.

So muß der Förster, wenn er auf die Bäume blickt und aus dem, was er sieht, seine Schlüsse zieht, auch besondere Eigenschaften haben, die ihn für seinen Beruf auszeichnen. Dazu gehört vor allem ein hohes Verantwortungsbewußtsein. Nicht zuletzt aber auch etwas, was jeder naturverbundene Beruf eigentlich wie selbstverständlich voraussetzen sollte: ein Gefühl für die Natur. Ein Gefühl dafür, wie es in ihr wächst und wirkt, und ein Gespür dafür, wie es in ihr aussieht.

Man kann also folgendes sagen:
Der Baum der Waldwirtschaft ist ein Kind des Försters. Der Baum ist gleichzeitig aber auch ein Kind der Landschaft. Der Förster ist, wenn er Bäume pflanzt, auch Gestalter der Landschaft. Er formt die Landschaft mit. Die Landschaft wiederum formt aber auch den Förster. Das bedeutet: Der Förster muß ein Auge dafür haben, was die Natur will. Wenn also die Fichte an bestimmten Stellen nachwachsen will, muß er sie gewähren lassen. Dann steht sie an dem ihr zusagenden Ort und gehört damit auch in die Landschaft. Diese läßt sich also nicht vom Bodensee bis zur Nordsee oder EG-weit durch Richtlinien festlegen. Der Natur darf man nur nachhelfen, ihr aber nicht etwas aufzwingen. Wer so denkt und handelt, folgt letztlich auch der wirtschaftlichen Vernunft.

Der Förster hat es schwer. Wie leicht hat es da doch ein schlichter Spaziergänger im Walde, wenn er zu den Bäumen hochschaut!

Betrachten Sie einmal, wenn Sie in den Wald gehen, die Bäume mit den Augen des Försters, und sehen Sie, zu welcher Sicht der Dinge dieser seine verschiedenen Blickwinkel zusammengefaßt hat! Berücksichtigen Sie aber auch, daß nicht jeder Förster so handeln darf, wie er vielleicht gerne möchte. Die wirtschaftlichen Zwänge sind für privatwirtschaftliche Waldbesitzer und deren Förster oft so stark, daß ökologisch wünschenswerte bzw. notwendige Maßnahmen fast nur mit staatlichen Subventionen verkraftbar sind. Die Forstwirtschaft gehört nicht gerade zu den ertragstarken Zweigen der Volkswirtschaft. Entsprechend schwer fällt es Waldbesitzern und Förstern, ganzheitlich und auf lange Sicht zu denken.

# Der Baum des Gärtners

Während wir in immer extensiverer Besiedlung des Bodens ständig enger zusammenrücken, Wälder und Äcker zurückdrängen und die Städte unaufhaltsam zu einer einzigen bewohnten Landfläche zusammenfügen, vergrößern wir gleichzeitig die Gesamtfläche der Gärten. Gewiß, die einzelnen Gärten werden kleiner, aber insgesamt wird die Gartenfläche immer größer. Und da Gärten im allgemeinen nicht ohne Bäume vorstellbar sind, erschließen sich diesen hiermit Möglichkeiten, wieder Fuß zu fassen oder zumindest das Baumbild in bestimmten Gegenden zu erhalten.

Ein Teil der Zukunft der Bäume liegt also zweifellos in den Gärten. Und wie sieht es um diese Zukunft aus? Ganz eindeutig miserabel! Gärten werden nämlich fast alle früher oder später zu Folterkammern der Bäume. Darin werden diese, unabhängig davon, ob sie Blätter oder Nadeln tragen, mit Säge, Schere und anderen Werkzeugen solange gequält, bis sie verstümmelt worden sind. Das führt auch optisch zu geradezu grotesken Folgen. Sehen

Sie sich nur einmal eine (Ihre?) gleichmäßig geköpfte Scheinzypressenhecke an! Und könnten sich die Bäume akustisch äußern, die Gärten wären erfüllt mit Wehklagen, die wenigsten Menschen könnten ihren Garten noch betreten. Dies hat mehrere Gründe.

Sie alle laufen in einem zusammen: in der Person des Gärtners, genauer in allen theoretischen Möglichkeiten seiner speziellen Ignoranz im Verhältnis zu den Bäumen, dem allgemeinen Gefühl angeborener Überlegenheit gegenüber allem, was nicht seinesgleichen ist, in der vor allem zeitbedingten Gefahr von Agressionen, oder auch in reiner Gedankenlosigkeit und bei einer besonderen Kategorie von Gärtnern in kommerzieller Eile.

Es ist viel gegen die Förster gesagt worden. Das Bild mancher Wälder und Förster gibt solchen Meinungen leider auch recht. Eines aber kann man den Förstern ausnahmslos sicher nicht nachsagen, daß je einer von ihnen unvorbereitet auf einen Wald losgelassen worden wäre. Sie haben sich lange mit dem Thema auseinandersetzen müssen. Und die »Gärtner«?

Um diese Frage zu beantworten, muß zunächst definiert werden, was hier unter dem Begriff verstanden werden soll. In erster Linie sind diejenigen Gärtner, die einen Garten haben und diesen auch selbst anlegen oder pflegen. Ohne Prüfung, ohne Diplom und im Zweifel, zumindest anfangs, ohne Kenntnis und Erfahrung. Demgemäß sind sehr viele von uns Gärtner. Wir müssen uns also fragen, ob Ignoranz, Überheblichkeit, Agression oder Gedankenlosigkeit auch unser Verhältnis zu den Bäumen bestimmen. Diese Eigenschaften teilen mit uns zwar unter Umständen leider auch die berufsmäßigen Gärtner. Bei ihnen überwiegt allerdings oft die Gedankenlosigkeit, und es kommt noch hinzu die kommerzielle Eile, wobei die erstere meist nur das Ergebnis der letzteren ist. Die berufsmäßigen Gärtner sind diejenigen, die uns in kleinen Gärtnereien oder großen Gartenzentren den Baum oder die Ware Baum verkaufen und häufig anschließend in unseren Garten pflanzen, den sie vielleicht auch noch anlegen und gestalten. Sie sind es oft auch noch, die diese Bäume später periodisch im Laufe der Jahre »pflegen«. Außerdem werden hier die Garten- oder Landschaftsarchitekten zu den Gärtnern im weiteren Sinn gezählt, weil sie gleiches bewirken. Sie alle wirken an dem Baumbild der Gärten mit. Kommt bei den berufsmäßigen Gärtnern das Merkmal der Ignoranz hinzu, haben sie sich also nicht genügend mit den Bäumen beschäftigt, so haben sie eindeutig ihren Beruf verfehlt, was leider allzu viele Schreckensbilder unserer Gartenbäume vor allem im Winter beweisen.

Das klingt sehr hart. Leider führt kein Weg daran vorbei, es so klar zu sagen. Es reicht auch nicht aus, es nur einmal zu sagen. Man muß es ständig wiederholen, um vielleicht den einen oder anderen von uns oder diesen berufsmäßigen Gärtnern endlich mit der Ehrfurcht und Scheu vor den Bäumen zu erfüllen, die ihn davon zurückhalten, sich bedenkenlos und bewaffnet, ohne lange zu überlegen, zu den bestimmten Zeiten im Herbst oder im Frühjahr an sie heranzumachen, vielleicht aus »Pflichterfüllung« oder um es sich oder anderen und eventuell auch den Bäumen zu zeigen.

Dies ist ein Aufruf, es nicht nur selbst zu bedenken, sondern es auch weiterzusagen und nicht müde zu werden, es immer wieder zu schreiben oder zu sagen. Es läßt sich keinem Baum allein mit dem Gefühl grenzenloser Überlegenheit oder, je nachdem, auch Unterlegenheit begegenen. Damit er sich uns möglichst so vollendet zeigt, wie es seine Natur für ihn vorgesehen hat, müssen wir ihn erst verdienen. Wie man dies erreicht, läßt sich leicht beschreiben. Jedenfalls ist es aber auf keinen Fall das große Geheimnis, auf welches die endlose Reihe der mißhandelten Gartenbäume hindeutet. Gesagt ist es in zwei grundsätzlichen Feststellungen: Man muß den Baum so auswählen und pflanzen, daß er sich - auch auf Dauer - seiner Natur entsprechend entfalten kann. Wenn wir ihn dann wegen der Begrenzung unserer Gärten dennoch hier und da in seinem Wachstum zurücknehmen müssen, müssen wir seinem ursprünglichen Wuchscharakter dabei Rechnung tragen und diesen bei allen Maßnahmen erhalten. Denn ihr Charakter unter den besonderen Voraussetzungen des Grundstücks, des Gebäudes und der näheren Umgebung sind für den »Nutzwert« der Bäume im Garten wesentlich entscheidend.

Im Garten ist manches anders als im Wald, in öffentlichen Anlagen oder in Parks. Dies hängt in erster Linie mit dem kleinflächigen Zuschnitt der Grundstücke zusammen. Anders ist deshalb vor allem die Art der in den Gärten gepflanzten Bäume. Bei der Auswahl der Gartenbäume werden vorzugsweise jene berücksichtigt, die nicht das Ausmaß eines typischen Waldbaumes erreichen. Neben vielen Ahornarten *(Acer)*, Birken *(Betula)*, Ebereschen *(Sorbus)*, *Prunus* (Pflaume, Kirsche, Pfirsich,

Mandel) gibt es im gemäßigten Klima noch eine ganze Reihe anderer, die sich nicht in Größenordnungen auswachsen, die man in einem begrenzten Raum nicht mehr bändigen kann. In den Subtropen oder Tropen, wo man leider dazu übergegangen ist, die Industriestaaten jetzt auch noch in den Gärten zu imitieren und möglichst in grellbunten fremden Farben zu schwelgen, bieten sich so »gewöhnliche« Arten wie verschiedene Palmen oder Baumfarne an. Was gäben manche Gärtner in den gemäßigten Klimaten dafür, ihren Baumfarn aus dem Kübel für immer zu einem kaum zu übertreffenden Mittelpunkt in ihren Garten pflanzen zu können! In den Tropen werden Baumfarne dagegen meist behandelt wie Unkraut. In die neueren Gärten rücken dort hingegen lächerlich gezüchtete Sorten, die jeder Art von tropischem Formenreichtum, Überschwang und standortlicher Prägung gänzlich widersprechen.

Bei der Auswahl der Baumarten für den kleineren Garten ist genauso zu berücksichtigen, daß ihre Ausbreitung, der Raum, in den sie einmal hineinwachsen, freigehalten wird. In den kleineren Gärten mit den entsprechend kleineren Bäumen vollzieht sich dabei im Kleinen, was überall zu beachten ist, wo Bäume wachsen. Jede Pflanze, vor allem natürlich die mächtigsten, die Bäume, brauchen einen Bereich, die Bäume meist sogar einen relativ großen Herrschaftsbereich, in dem sie möglichst unbeengt leben. Diese Herrschaft erstreckt sich allerdings nicht nur auf den Raum, den sie physisch beherrschen oder einmal beherrschen werden. Die Gestalt der Bäume und der daraus abzuleitende Anspruch verlangen eine bestimmte Distanz zu allem anderen Gewachsenen, zumindest aber ab einer gewissen Höhe. Das Elend der Bäume in den Gärten beginnt meist damit, daß bei der Pflanzung diese Herrschaftsansprüche nicht vorausgesehen und berücksichtigt werden, und das sogar in zweifacher Form: Entweder stehen sie zu eng mit anderen oder in der Verbindung mit anderem, oder sie stehen zwar unbehelligt und breiten sich wohlgestaltet ungehindert aus, wachsen dabei aber den individuellen Ansprüchen des Gärtners in den Weg, zum Beispiel in die Sonne. Bäume haben viele Folgen und Funktionen. Zum Beispiel werfen sie Schatten. Das kann gut sein oder schlecht. In den südlichen Ländern wird es meist als gut angesehen, in den nördlichen, wo sich die Sonne seltener zeigt und entsprechend begehrt ist, meist als schlecht. Das haben viele Gärtner nicht bedacht. Dann wird der Baum in einer nördlichen Gegend plötzlich leicht als Konkurrent gesehen und auch entsprechend behandelt. Selbstverständlich muß man sich der Bäume in bestimmter Weise gelegentlich erwehren.

Dabei wird dem Baum oftmals so zugesetzt, daß man ihn sogar aus der Art schneidet. Die einmaligen Strukturen, die jeder Baum in vielen wesentlichen Teilen und in Nuancen immer wieder neu und einzigartig interpretiert und variiert, werden zerstört. Mag hier Unwissen, die kommerzielle Eile der Berufsgärtner, beides zusammen oder sonst etwas im Spiel sein, was nicht böse gemeint ist, die Erkenntnis erleichtert weder das Schicksal der Bäume in den Gärten, noch erspart sie dem Naturliebhaber und dem Ästheten die Pein ihres Anblicks. Man kann wohl sagen, die Bäume des Gärtners erleiden neben den allgemeinen von schädlichen Umwelteinflüssen verursachten Qualen zusätzlich die besonderen, die wir Gärtner ihnen zufügen. Ein Waldbaum, der gefällt wird, hat ein augenblickliches, klares Schicksal. Für einen Gartenbaum, der verstümmelt wird, verändert sich »nur« das Leben. Er verliert sein Gesicht und dazu einen Teil seiner Kraft, um sich gegen seine natürlichen Feinde zu schützen. Er kommt nicht mehr dazu, normal zu wachsen. Je nachdem kämpft er letztlich vergeblich nur noch darum, seine Wunden zu schließen und neues Ansehen zu gewinnen. Dabei nimmt er Formen an, die den Gärtner nur noch weiter dazu treiben, sich mit ihm zu beschäftigen. Dies geht solange, bis der Gärtner es oder ihn leid ist oder bis der Baum seinen Kampf gegen alle und endlich gegen sich selbst aufgeben muß. Es wird, anders ausgedrückt, ein ständiger peinvoller und peinlicher Kampf ums Überleben. Dieser kann sehr lange dauern, unter Umständen sogar Jahrzehnte. Denn Bäume haben nun einmal in der Regel ein sehr langes Leben. Wenn es sich verkürzt, ist es häufig immer noch länger als ein Menschenleben. Deshalb meinen viele auch, es machte den Bäumen nichts aus, wenn beliebig in ihr Astgefüge eingegriffen wird. Schließlich leben die Bäume danach scheinbar unbeeindruckt weiter.

Vergessen wir nicht, welche Schäden uns daraus erwachsen, daß wir die Bäume für unseren Garten falsch auswählen oder pflegen. Zur Pflege zählt natürlich nicht nur das Beschneiden. Man kann Bäume etwa auch damit mißhandeln, daß man ihnen immer wieder umgrabend Wurzeln wegnimmt oder im Herbst ihr Laub stiehlt. Bäume, an der richtigen Stelle in der geeigneten Art gepflanzt, sind architektonische Wunder, und sie heben oder verdekken die Architektur des Hauses. Allein ihre perfekte Struktur ist ein Selbstwert, den keine andere Pflanze hat, schon gar nicht über alle Jahreszeiten und soviele Jahrzehnte oder sogar Jahrhunderte.

Wenn wir mit Bäumen im Garten vielleicht auch nichts ausdrücklich für den Artenschutz tun wollen, so locken wir doch automatisch sehr viele Arten von Tieren an, und diese haben in unseren Erholungsphasen einen sehr hohen Unterhaltungswert. Bäume sind Sichtschutz, und sie dämpfen den Lärm. Sie begründen Kleinklimate für eine spezielle Flora und Fauna. Bäume geben dem Garten und dem Betrachter einen Halt, den Halt im Garten. Bäume leihen dem Garten auch die Struktur, sie schaffen Räume, Gartenräume. Es gibt lichte wie dunkle Bäume, und Bäume können sowohl Licht als auch Schatten werfen. Am schönsten sind die Licht-/Schattenbäume, denn sie begründen die Lichtlandschaft im Garten, sie schaffen das, was die Sonne ohne ihre Hilfe niemals alleine zustande brächte. Bäume sind Meditations- und Phantasiegerüste, sie verleihen den Gärten auch einen höheren Status. Bäume sind alles in allem Wunder, die jeder für sich wahrmachen und sogar erhalten kann, ohne Menschenunmögliches zu leisten. Man braucht lediglich ihre wesentlichen Ansprüche zu achten.

Auch mengenmäßig ist der Schaden, den wir in unseren Gärten an den Bäumen anrichten, beträchtlich. Denken wir an die Zahl der Bäume in einem Garten und multiplizieren wir sie mit der Zahl der Gärten. Dann kann man ohne weiteres sagen, wir mißhandeln alle zusammen riesige Wälder!

Dabei sollten wir uns gerade mit Bäumen in unseren Gärten besondere Mühe machen, nicht nur im eigenen, sondern auch im allgemeinen Interesse. Die Städte haben nicht genügend Parks und Anlagen, um ausreichend in den Genuß der Wohlfahrtswirkung der Bäume zu kommen. Da müssen die Bäume der Gärten in hohem Maße helfen.

Zusammenfassend kann man sagen, nur wenige Gärtner haben ein Bild von ihren Bäumen. Oder sagen wir es milder: Das aktuelle Bild des Gärtners von seinen Bäumen läßt zu wünschen übrig. Wenn er die Bäume für seinen Garten falsch auswählt und anschließend schlecht behandelt, schwer verletzt oder entstellt, sind das allerdings nur Symptome. Solange er die Mühe scheut, sich ein richtiges Bild vom Baum zu machen und sich dabei dessen wesentliche Merkmale zu verinnerlichen, wird es den Bäumen in den Gärten auch weiterhin schlecht gehen. Wer naturhaft empfindet, wird mit ihnen leiden und vielleicht zusätzlich noch an seinem Sinn für die natürliche Schönheit kränkeln.

Wünschen wir uns als Gärtner also ein wohl ausgewogenes Bild vom Baum, das dessen Natur wiedergibt. Dann werden wir auch zögern, bei allem unbedenklich so zu tun, als ob wir über den Bäumen stünden. Und wünschen wir den berufsmäßigen Gärtnern, daß sie höhere Rechnungen durchsetzen können, damit sie zukünftig mehr Zeit haben, die Bäume standortgerecht einzuplanen, persönlich auszusuchen, »strukturgerecht« zu schneiden und die Wunden anschließend auch noch fachgerecht zu behandeln! Der Baum des Gärtners wird es uns allen danken, indem er ein anderes Gesicht annimmt. Dann wird es bald nicht mehr den typischen »Gartenbaum« geben, der uns im Winter in seinem blanken Astgerüst über viele Monate den Spiegel unserer eigenen Unzulänglichkeit vorhält.

# Der Baum des Ornithologen

Wer an Vögel denkt, denkt zunächst an fliegen. Vögel haben Federn, dies ist ihr wichtigstes Unterscheidungsmerkmal gegenüber allen anderen Wirbeltieren. Und diese Federn benutzen sie vorwiegend zum Fliegen. Gewiß, es gibt auch Vögel, die zwar fliegen, aber lieber schwimmen, oder solche, die überhaupt nicht fliegen können und dafür am liebsten tauchen wie zum Beispiel der Kaiserpinguin *(Aptenodytes forsteri)*, stellvertretend für die Familie. Schließlich gibt es auch Vögel, die weder schwimmen noch fliegen und sich daher auf dem Lande fortbewegen müssen, wie etwa der Streifenkiwi *(Apteryx australis)* oder der Fleckenkiwi *(A. owenii)* auf Neuseeland. Solchen Vögeln fehlt mitunter völlig die sprichwörtliche Eleganz, wie sie sich in zahlreichen Flugtechniken ausdrückt. Am ungeschicktesten wirken die sogenannten »Watschler« und »Rutscher«.

Selbst der vortrefflichste Flieger unter den Vögeln, der sich so sehr dem Leben in der Luft verschrieben hat, daß er darüber das Gehen auf der Erde fast verlernt hat, wie zum Beispiel der Mauersegler *(Apus apus)*, muß einmal irgendwo landen. Und was tut ein Vogel, der für sich die Erdbindung außer Kraft gesetzt hat, in dem Augenblick, da sich seine Flugkräfte erschöpfen? Er landet, aber auf einem erhöhten Stand. In den meisten Fällen ist dieser ein Baum. Das Bild vom Baum ohne Vögel ist genauso unvollständig wie dasjenige vom Vogel ohne Baum.

Der Baum ist also für Vögel, die sich ausruhen, im allgemeinen der bestmögliche Kompromiß zwischen Himmel und Erde. In Wahrheit ist er jedoch noch weit mehr. Die meisten Vögel, ob nun erschöpft oder quicklebendig, halten sich Zeit ihres Lebens vorwiegend in Bäumen auf. Neben einem Ruheplatz bei Tag und Nacht bieten Bäume vielen Vögeln oft alles, was sie für ihr Leben sonst noch brauchen. Vor allem Nahrung, Nistgelegenheiten und Schutz vor vielen Feinden. Der Baum oder der von ihm geschaffene Lebensraum steht für die meisten Vögel im Mittelpunkt ihres Lebens. Oder, anders ausgedrückt, würden ihnen die Bäume weggenommen, wäre ihnen die Lebensgrundlage völlig entzogen.

Die Ornithologen, die Vogelkundler also, kommen daher nicht an den Bäumen vorbei. Aber nicht nur dies allein. Für sie rücken allmählich die Bäume in den Mittelpunkt ihres Lebens wie bei den meisten Vögeln. Wer es sich zur Aufgabe gemacht hat, das Leben der Vögel zu erforschen, muß ihre Bedürfnisse und Gewohnheiten erkunden, er muß lernen, wie ein Vogel denkt und handelt. Mehr noch, er muß herausfinden, wie sich eine bestimmte Vogelart verhält. Erst wenn er gelernt hat, die Dinge wie ein Vogel zu erfassen und zu bewerten, ist er ihm auf der Spur. Das bedeutet auch, er muß es dahin bringen, die Bäume so zu sehen wie ein Vogel. Es versteht sich daher von selbst, daß sich die Sicht der Bäume bei einem Vogelkundler oder etwa einem Holzfäller oder einem weder beruflich noch persönlich an Bäumen besonders interessierten Spaziergänger ganz unterschiedlich darstellt.

Der Ornithologe mit dem Blickwinkel des Spechts, einer Eule, eines Schwalmvogels oder eines Kakadus ist der wahre Vogelkundler. Ihm entgeht an den Bäumen so wenig wie den Vögeln, die er gerade beobachtet. Und wo er die Nahrungs-, Nist- oder Ruheplätze der einzelnen Arten vermutet, da findet er auch die Vögel. Der Baum des Vogelkundlers ist mit anderen Worten identisch mit dem Baum der Vögel.

Über fast ganz Europa verbreitet ist der Buntspecht *(Dendrocopos major)*. Mit seinem unruhig schwarz-weißen Gefieder, den leuchtendroten Unterschwanzfedern und dem zusätzlichen roten Nakkenfleck bei dem Männchen wirkt der etwa amselgroße Vogel auffällig und ist, wenn nicht gerade sein Federbild in der Licht-Schatten-Landschaft des Waldes aufgeht, auch leicht bemerkbar. Sein »kikkendes« Rufen und Trommeln an den Stämmen und Ästen der Bäume sorgen zusätzlich für Aufsehen. So hat es der Vogelkundler leicht, ihn zu entdecken. Wäre der Buntspecht nicht so auffällig, hätte es der Vogelkundler mit ihm ungleich schwerer als mit manch anderem Vogel. Der Buntspecht bevorzugt nämlich keine einzelne Baumart, er fühlt sich auf jeder Art von Gehölz zu Hause. Entsprechend ist auch sein gesamter Speisezettel sehr unterschiedlich.

Er hat mindestens drei Vorlieben. Erstens: Am meisten für seinen Magen verspricht sich der Buntspecht über alle Baumarten hinweg von morschen Stämmen und Ästen. Zweitens: Wenn sich dieser Specht seine Höhle zimmert, wird er plötzlich doch wählerisch und bevorzugt dabei das Holz zweier bestimmter Baumarten, das der Stieleiche *(Quercus robur)* und das der Rotbuche *(Fagus sylvatica)*. Drittens: Im Frühjahr, wenn die Bäume im Saft stehen, tut es ihm gut, davon zu trinken. Zu diesem Zweck »ringelt« er den Stamm und die Äste bestimmter Bäume, die besonders viel von diesem Saft versprechen. Man denke nur an seine Birken *(Betula)* oder Ahorne *(Acer)* während des Austriebs im Frühjahr. »Ringeln« heißt, den Stamm oder Ast ringsum zu löchern, um den Baum auf diese Weise ergiebig quellen zu lassen. Diese Vorlieben des Buntspechts bestimmen auch vorzugsweise den Blickwinkel, mit dem der Ornithologe die Bäume betrachtet. Vorlieben sind nun einmal unwiderstehlich, und wer diesen gerade frönt, läßt sich wunderbar beobachten.

Einer der Eulenvögel sieht den Baum aus der gleichen Perspektive wie der Buntspecht. Es ist der Sperlingskauz *(Glaucidium passerinum)*, die kleinste der europäischen Eulen und kaum größer als ein Haussperling *(Passer domesticus)*. Auch der Sper-

Windbuchen *(Fagus sylvatica)* auf dem Schauinsland bei Freiburg lingskauz ist nicht wählerisch in der Wahl seiner Bäume, man sieht ihn gleichermaßen in Nadel- wie in Mischwäldern. Und dennoch hat auch er seine Vorlieben. Und zwar für die Höhlen der Buntspechte. Damit entscheidet sich der Sperlingskauz zumindest auf den zweiten Blick für die gleichen Nistbäume wie der Buntspecht. Damit legt er den interessierten Vogelkundler auf die gleichen Baumarten und deren Besonderheiten fest, auf die sich dieser bei der Beobachtung des Buntspechts konzentriert.

Ein vollkommen anderes Baumbild hat ein Ornithologe, der den Schwalmvögeln nachgeht. Die Schwalmvögel oder Nachtschwalben sind dämmerungs- und nachtaktive Vögel. Ihr meist weiches, dem der Eulen ähnliches Gefieder paßt sie nicht nur mit seinen gedeckten Farben dem Licht der Dämmerung oder Nacht an, sondern macht sie auf geeignetem Untergrund auch noch während ihrer Ruhezeit bei Tage unscheinbar und übersehbar. Nehmen wir den Poor-Will, der im Südosten der USA und in Mexiko vorkommt. Seinen ungewöhnlichen Namen verdankt dieser etwa 20 cm große Vogel seinem Ruf, der wie »pur-will« klingt. Er ist ein Überlebenskünstler besonderer Art, der sogar im Zustand völliger Erstarrung eine Art Winterschlaf halten kann. Außerdem steht ihm in seinem Überlebenskampf sein unauffälliges Gefieder zur Seite. Dessen Färbung wechselt zwischen weißen, grauen, braunen, grünen und gelben Flecken, außerdem auch noch allen möglichen Abstufungen dieser Farben und zahlreichen Übergangstönen. Er braucht sich nur noch den passenden Untergrund zu suchen. Was liegt da näher, als die Bäume mit den farbentsprechenden Rinden zu suchen! Je älter der Baum und je verwitterter, flechten- oder moosbewachsen der Ast, desto ähnlicher wird er Poor-Will und desto mehr verschmelzen beide miteinander, bis sie eine Einheit bilden, die nur noch von dem Auge eines erfahrenen Beobachters wieder getrennt werden kann.

Was Poor-Will aufgrund seiner geringen Größe ohne weiteres erreicht, indem er sich duckt oder zum Beispiel auf einen abgebrochenen oder abgeschnittenen Ast setzt und diesen mit sich selbst verlängert, das fällt dem Eulenschwalm *(Podargus strigoides)* wegen seiner Größe schwerer. Dieser Vogel lebt in Tasmanien und Australien, er mißt ca. 50 cm und hat gleichfalls eine Tarnfarbe, die mit gewissen, ausgeprägten Rindenmustern fast identisch ist. Wenn er tagsüber mit fast geschlossenen Augen quer auf einem dieser rindengeprägten Äste hockt, ist er trotz seiner Größe kaum zu erkennen. In dieser Haltung wirkt er fast eher wie ein Aststumpf. Fühlt er sich bedroht, wächst er sich noch ausgeprägter zum Aststumpf aus, indem er Hals und Kopf vorsichtig in die Höhe streckt, um dann in dieser Stellung erneut zu erstarren. Der Vogelforscher, der sich mit diesen Tieren befaßt, hat es also nicht leicht. Er muß zuerst die einschlägigen Bäume studieren, um die Vögel zu finden und von den Bäumen zu unterscheiden. Auf diese Weise erfährt er fast genauso viel vom Wesen dieser Bäume wie von dem der Vögel. Ebenso wie die Vögel stehen die Baumarten, mit denen sie verschmelzen, schließlich fest in seinem Bewußtsein. Das Baumbild des Vogelkundlers, der sich mit diesen Schwalmen beschäftigt, ist also das des Tarnbaums.

Schließen wir mit den Kakadus. Kakadus sind eine in sich abgeschlossene Gruppe der Papageien. Sie sind vor allem an ihrer Federhaube erkennbar, die sie auf ihrem Kopf aufrichten können, um damit zu drohen oder zu imponieren. Wer sich beispielsweise dem Helmkakadu *(Callocephalon fimbriatum)* verschrieben hat, einem Vogel, dessen schwarz-graue Männchen den einfarbig grauen Weibchen mit leuchtendroten Kopffedern auffallen wollen, bevorzugt unter den Bäumen den Eukalyptus *(Eucalyptus)*. Sein Kakadu grenzt dieses Baumbild noch weiter ein. Er hat sich nämlich auf die hartschaligen Samen bestimmter Eukalyptusarten in den australischen Bergwäldern spezialisiert. Dieses Baumbild teilt der Forscher mit anderen Vogelkundlern. Wie sein Vogel, konzentrieren sich nämlich auch noch Rabenkakadus auf Eukalyptus. Der Bankskakadu *(Calyptorhynchus magnificus)*, der Weißohr-Rabenkakadu *(C. baudinii)* und der Gelbohr-Rabenkakadu *(C. funereus)* konzentrieren sich gleichfalls auf bestimmte Eukalyptusbäume. Sie ernähren sich aber nicht nur von deren Samen, sondern auch von den Blüten. Außerhalb der Zeit, da die Bäume Früchte tragen oder blühen, verschmähen sie nicht einmal deren Rinde. An morschen Stämmen schließlich ersetzen sie auch noch die in Australien fehlenden Spechte, indem sie Löcher bohren und darin nach schmackhaften Insektenlarven suchen.

Ein Vogelforscher, der sich, was die Regel ist, mit unterschiedlichen Vögeln befaßt, wird, soweit dies nicht bereits innerhalb einer Vogelart gegeben ist, viele Baumbilder, Bilder verschiedener Baumarten, Baumbilder zu verschiedenen Jahreszeiten oder Bilder bestimmter Bäume ab einem bestimmten Alter vor Augen haben. Immer jedoch gibt ihm die Vogelart, die er gerade beobachtet, ihr Baumbild vor und macht es zu dem seinen. Würde sich ein Urtraum des Menschen erfüllen und könnte er fliegen, bestimmt würden sich die Ornithologen auf die Bäume erheben und dort mit ihren Vögeln sitzen.

# Der Baum des Entomologen

Es gibt keinen feineren Gradmesser für das Leben in der Natur als die Insekten. An ihnen läßt sich auch am besten der Lebensreichtum der Bäume messen.

Matthias Forst hat sich auf die Bitte des Autors die Mühe gemacht, aus dem ungeheuren Artenreichtum der Insekten einen schmalen Bereich, und zwar die Großschmetterlinge, in bezug auf ihre Abhängigkeit von einer einzigen Baumart, nämlich der Eiche *(Quercus)*, zu untersuchen. Er kam zu Feststellungen mit erstaunlichem Aussagewert für das, was der Entomologe, also der Insektenforscher, oft unzählbar vorfindet, der Laie aber täglich übersieht und nicht einmal ahnt.

Danach sind folgende Arten von Großschmetterlingen von der Eiche abhängig. Das heißt, sie würden aussterben, wenn es die Eiche nicht mehr gäbe:

**Tagfalter:**
*Thecla quercus*, Blauer Eichenzipfelfalter
*Strymon ilicis*, Brauner Eichenzipfelfalter

**Nachtfalter:**
(u.a. Spinner und Schwärmer)
*Marumba quercus*, Eichenschwärmer
*Roeselia togatulalis*, Gebändertes Eichenbärchen
*Ocneria detrita*, Rußspinner
*Ocneria rubea*, Rotgrauer Eichenspinner
*Thaumetopoea processionea*, Eichenprozessionsspinner
*Hybocampa milhauseri*, Pergamentspinner
*Drymonia querna*
*Drymonia chaonia*
*Peridea anceps*, Eichenzahnspinner
*Polyploca ridens*, Eichenwollrückenspinner
*Eriogaster rimicola*, Eichenwollafter
*Synanthedon conopiformis*, Dickkopffliegen-Glasflügler

**Eulenfalter:**
*Griposia aeruginea*
*Griposia convergens*
*Dryobotedes protea*
*Xanthia croceago*, Eichen-Safraneule
*Spudea ruticilla*
*Dicycla oo*, Eichen-Nulleneule
*Nycteola revayana*
*Pseudoips bicolorana*, Eichenkahneule
*Asliodes sponsa*, Eichenkarmin
*Catocala promissa*, Kleines Eichenkarmin
*Minucia lunaris*, Braunes Ordensband
*Catephia alchymista*, Weißes Ordensband
*Trisateles emortualis*

**Spanner:**
*Comibaena pustulata*, Eichen-Sackträgerspanner
*Cyclophora quercimontaria*, Gelbroter Eichen-Gürtelpuppenspanner
*Cyclophora ruficiliaria*, Braunroter Eichen-Gürtelpuppenspanner
*Cyclophora punctaria*, Punktierter Gürtelpuppenspanner
*Cyclophora porata*
*Eupithecia dodoneata*, Eichen-Blütenspanner
*Eupithecia abbreviata*
*Campaea honoraria*, Rötlichbrauner Eichenspanner

Dazu kommen weitere hundert Schmetterlingsarten, für die die Eiche eine wichtige Futterpflanze ist. Würde der Baum aussterben, wäre der Bestand der Arten mehr oder weniger gefährdet.

Damit nicht genug. Abgesehen von diesen konkret untersuchten Arten gibt es eine fast unübersehbar große Zahl von Schmetterlingen, für die die Eiche eine Futterpflanze neben anderen ist.

Zu den Großschmetterlingen kommen die Kleinschmetterlinge einschließlich der Motten. Sie ließen sich noch einmal in gleicher Weise nach dem Grad ihrer Abhängigkeit von der Eiche unterteilen. Erwähnt sei hier nur der berüchtigte Eichenwickler *(Tortrix viridiana),* der ganze Bäume völlig kahlfressen kann. Übrigens gibt es allein in Deutschland 1000 Großschmetterlings- und 2000 Kleinschmetterlingsarten.

Weiterhin sind auch die übrigen Insekten zu berücksichtigen, die die Eiche entweder aus totaler Abhängigkeit oder nur zur gelegentlichen Nahrungsaufnahme suchen, die Käfer, Gallwespen, Blattwespen, pflanzensaugenden Zikaden und Wanzen oder die Blattläuse. Und wer will die Insekten zählen, die sich auf der Eiche nicht als Futterpflanze, sondern als gelegentlichem Aufenthalts- oder auch Schutzort wie auf anderen Laubbäumen niederlassen?

Neben den Insekten gibt es aber noch eine große Zahl anderer Kleintiere, die die Eiche aufsuchen, weil sie entweder von ihr oder in ihrem Umfeld leben. Man denke an die vielen Spinnen, Würmer, Schnecken.

Schließlich darf nicht vergessen werden, daß eine Vielzahl von Individuen nur einer Art an einem Baum vorkommen kann. Bei Raupen beispielsweise können dies Hunderte oder Tausende auf einmal sein.

Bei der Schätzung der im näheren Umfeld einer Eiche lebenden Kleinlebewesen ist man auf ca. 380 verschiedene Wurm-, 560 Spinnen- und 5200 Insektenarten gekommen; letztlich aber kann sie niemand genau zählen. Das sind erstaunliche Zahlen, die Anlaß dazu sein sollten, darüber nachzudenken, wie groß der Wirkungskreis eines Baumes wirklich ist.

Gewiß, die Eiche ist ein Baum, der von besonders vielen Kleinlebewesen aufgesucht wird, von den Kleinstlebewesen im Boden ganz zu schweigen. Im Prinzip gilt obiges jedoch für alle Bäume. Und je mehr Baumarten zusammenstehen, desto höher ist die Zahl der am Ort anzutreffenden Kleinlebewesen. Man kann wohl sagen, der Mischwald potenziert die Arten. Man kann aber nicht sagen, daß nicht auch die Monokultur vielfältig sein kann. Auch reine Fichtenwälder, die lichter gepflanzt sind und einen Unterbewuchs erlauben, beherbergen eine erstaunliche Vielfalt von Lebewesen. Es muß aber noch etwas hinzukommen, was auch für alle anderen Kulturen und Baumarten gilt: das Alter. Der junge Baum nämlich ist für Kleinlebewesen kaum von Bedeutung.

Der alte Baum ist Quell und Hort des Lebens. Wer bedrohte Tierarten erhalten will, geht den falschen Weg, wenn er nur sie schützt. Sie alle sind abhängig von Lebensräumen. Diese müssen zuerst geschützt werden. Es bedürfte keiner Roten Liste für Tiere, wenn es eine solche für Biotope gäbe. Nur in unantastbaren Gebieten mit bestimmten Lebensbedingungen und sehr häufig alten Bäumen können Tierarten geschützt werden. Was hat es bewirkt, als im Jahre 1935 in Deutschland der Hirschkäfer *(Lucanus cervus)* unter Schutz gestellt wurde? Er wurde dennoch immer seltener. Hätte man aber per Gesetz verfügt, daß alte Eichen in einem bestimmten Verhältnis in den Wäldern erhalten bleiben, es gäbe heute so viele von diesen Käfern, daß niemand auf den Gedanken käme, sie per Gesetz zu schützen.

# Der Baum des Jägers

Es gibt eine ganze Reihe von Wildarten, die auf den Wald angewiesen sind. Entsprechend eng ist auch die Bindung des Jägers an den Wald. Wenn man die einzelnen Tierarten genauer betrachtet, kann man sogar sagen, daß Jagdvergnügen eigentlich auf den Wald angewiesen ist. Dies hat dem Wald zu allen Zeiten geschadet, aber auch genutzt. Und so ist es bis heute geblieben. Die Jagd war also immer umstritten, oder sagen wir lieber, die Art, wie sie bisweilen betrieben wird.

Betrachten wir eine Reihe der jagdbaren Tiere des Waldes im gemäßigten Klima. Hierzu zählt vor allem das Schalenwild, also zum Beispiel das Rotwild *(Cervus elaphus),* das Damwild *(Dama dama),* das Rehwild *(Capreolus capreolus),* das Gamswild *(Rupicapra rupicapra)* und das Schwarzwild *(Sus scrofa).* Diese Tiere sind so groß, daß sie nicht nur die Jagd an sich, sondern auch das jagdliche Vergnügen, also die erfolgreiche Jagd, fast garantieren. Abgesehen davon, daß sie von geübten Schützen selten verfehlt werden, geben sie auch eine entsprechend ansehnliche Beute und oft zusätzlich eine stolze Trophäe ab. Welche Beute bietet dagegen der Hase *(Lepus europaeus)*, von seinem Wert als Trophäe ganz zu schweigen! Der Wald ernährt zweifellos die bei weitem größten und interessantesten Tiere für den Jäger. So gesehen gibt es für ihn einen ganz sachlichen Grund, sich den Wald zu erhalten.

Die Jäger der gemäßigten Regionen in Westeuropa haben noch einen großen Vorteil. Die begehrten Trophäen lassen sich im allgemeinen gefahrlos jagen, die in diesen Wäldern lebenden Tiere sind für erfahrene Jäger grundsätzlich nicht gefährlich. Die größten Tiere richten aber nun einmal meist auch die größten Schäden an. Zumindest trifft das auf die genannten Tiere des Waldes zu. Zwar bringen sie in keinem Fall ausgewachsene Bäume direkt zu Fall, wie beispielsweise die Elefanten *(Loxodonta africana)* in Afrika, aber mittelbar schaden sie den Bäumen so sehr, daß sie doch deren Tod verursachen können.

Die Wildschäden an den Forstpflanzen sind beträchtlich. In erster Linie werden sie durch Schalenwild verursacht, und zwar hauptsächlich durch den »Verbiß«, das »Fegen« der Geweihträger, beim Hirsch nennt man es das »Schlagen«, und durch das »Schälen«. Beim Verbiß werden die Blätter, Nadeln und jungen Triebe gefressen. Das Fegen bzw. Schlagen dient dem Wild einerseits dazu, die Einstände zu markieren, andererseits wird auf diese Weise der Bast, das ist in der Jägersprache die behaarte Haut am wachsenden Gehörn und Geweih, abgestreift. Beim Schälen wird die Rinde abgezogen. Als Folge davon kommt es vor allem an Nadelgehölzen zu Fäulnis, was zum einen ihre forstwirtschaftliche Verwertbarkeit, zum anderen die Stabilität des Baumes, vor allem bei Sturm, in Frage stellt.

Im Extremfall vernichtet das Schalenwild ganze Pflanzengesellschaften. In den Hochgebirgen wird teilweise die »Baumgrenze heruntergefressen« mit allen für die Vegetation, den Boden sowie Mensch und Tier absehbaren Folgen. Soll Nadel- auf Laubwald umgestellt werden, können die Tiere vom frischen, jungen Holz so angezogen werden, daß die Bemühungen des Försters buchstäblich zusammengefressen werden. So gibt es viele Beispiele für absolut unverträgliche Schäden.

Es gibt zwei Möglichkeiten, den durch Wild verursachten Schäden zu begegnen: Entweder legt man Höchstwerte für die Wilddichte fest und hält die Bestände durch Abschüsse in einem vertretbaren Rahmen oder man lenkt durch eine gezielte Biotoppflege zusätzlich das Wild in seinem Freßverhalten. Um es von den Kulturpflanzen abzuhalten, werden eigens Gehölzbestände angelegt, die das Wild anziehen sollen. Das können sowohl Feldgehölze sein als auch besondere Verbißpflanzungen mitten im Wald. In nicht unwesentlichem Maße dienen derartige Anpflanzungen nicht nur den jagdbaren Tieren, sondern der gesamten Tierwelt. Feldgehölze sind in unserer heckenbereinigten Landschaft ja bekanntlich besonders selten.

Aus all dem wird deutlich, daß der Förster und der Jäger das Wild und den Wald auf unterschiedliche Weise betrachten. Dennoch liegen beide Sichtwinkel nicht so weit auseinander, daß die Positionen unvereinbar wären. Der seiner Gesamtverantwortung verpflichtete Förster und der kluge Jäger treffen sich nämlich irgendwo im mittleren Bereich. Dem Förster geht es nicht nur um die rein wirtschaftliche, sondern um die gesamte ökologische Sicht des Waldes. Zu seinen Aufgaben gehört auch der Artenschutz. Dieser umfaßt jedoch alle Tiere, sie haben alle eine Funktion. Der kluge Jäger wird sich in seinem Jagdvergnügen aus zwei Gründen bescheiden. Er wird nicht zulassen, daß sich die jagdbaren Tiere in seinem Revier stärker vermehren, als es der Wald verträgt. Er wird es aber auch vermeiden, eine für die Wälder empfindlich gewordene Umwelt zu provozieren. Dient er damit doch nur einem Extrem auf der anderen Seite, den Gruppen unter den Naturschützern, die das Schalenwild am liebsten ganz aus den Wäldern vertreiben wollen.

Leider sind es die extremen Positionen, die das Bild der Öffentlichkeit in dieser Auseinandersetzung nur allzu oft prägen. Die unbelehrbaren Jäger, die kraft ihrer Büchse in den geschlossenen Wäldern geradezu landesherrlich über Leben und Tod herrschen, die sich nicht scheuen, das Wild für den Tod durch die Büchse stattlich zu füttern. Und diejenigen unter den Naturschützern, die übersehen, daß auch die großen Tiere zur Lebensgemeinschaft des Waldes gehören und jedes Geschöpf mehrere »Nutz-« und »Schadfunktionen« hat. Schließlich hat doch wohl auch niemand ernsthaft daran gedacht, die als »Schadinsekten« bekannten nicht jagdwürdigen Winzlinge, aus dieser Gemeinschaft auszuschließen. Mit welchem Recht dann also die großen Tiere?

In Deutschland treffen sich traditionell die mittleren Positionen formal in einer Person, dem Förster. Forst und Jagd liegen dort seit langem in einer Hand. Das heißt nicht, daß nicht auch Förster über ihrer persönlichen Jagdleidenschaft den Blick für die Bäume verlieren können. Schließlich zeigt sich die Jagd nicht nur im Wald als einer der Urtriebe des Menschen, sondern auch sonst in unserer Gesellschaft, wie beispielsweise in der modernen Form des Managements, wo sie sich nur vielfältig verzweigt und verfeinert. Es hat sich aber gezeigt, daß diese Klammer, an der jemand beruflich gemessen wird, immer eine bessere Gewähr für verantwortungsbewußtes Verhalten ist als der freiwillige Antrieb. So zeigen sich denn auch die Probleme mit den Jägern vor allem dort, wo diese Verbindung zwischen der Jägerei und der Verantwortung für den Wald nicht besteht, wo der Jäger in einen fremden Wald kommt, in dem er nur Gast ist und den er allenfalls gepachtet hat. Wenn sich auch die traditionelle Verbindung zwischen Jagd und forstlichem Interesse in der Person des Försters gehalten hat, so hat sie sich doch gewandelt. War der Verantwortliche früher ein »holzgerechter Jäger«, so soll er heute ein »waidgerechter Förster« sein. Der Zustand der Wälder hat diese Funktionsbeschreibung diktiert.

Genützt haben die Jäger in der Vergangenheit den Wäldern, weil sie, die ursprünglich aus einer privilegierten Gesellschaftsschicht stammten, Rodungen vor allem aus jagdlichen Interessen verhindert haben. Was die früheren Landesherren auf diese Weise bewirkt haben, hat sich teilweise zu allgemeinem Nutzen bis in unsere Zeit erhalten.

Der Jäger hat eine ganz besondere Betrachtungsweise einzelner Baumarten, genauer der Eiche *(Quercus)*, der Erle *(Alnus)*, der Tanne *(Abies)*, der Fichte *(Picea)* und der Kiefer *(Pinus)*. Das hängt mit dem »gerechten Bruch« zusammen. Der Bruch ist ein Zweig. Er existiert als »Erlegerbruch« und wird als solcher, benetzt mit dem »Schweiß« (Blut) des erlegten Tieres, an den Hut gesteckt. Als »letzten Bissen« steckt man ihn dem männlichen Schalenwild in den »Äser«, also ins Maul. Dieser letzte Bissen soll symbolisieren, daß das Tier seine Lebenskraft aus der Pflanzenwelt bezieht. Der »Anschußbruch« wird an der Stelle in die Erde gesteckt, wo ein Wild nicht erlegt, sondern nur angeschossen worden ist. Dann gibt es noch einen »Fährtenbruch«, der, auf den Erdboden gelegt, die Fluchtrichtung anzeigt. Schließlich ist da noch der »Inbesitznahmebruch«. Er wird auf das Tier gelegt und soll anzeigen, daß es vom Jäger in Besitz genommen worden ist.

Ursprünglich bezog sich diese Jagdtradition nur auf den Hirsch, der während der Brunft ein geradezu verschwenderisch potentes Tier ist. Um nicht nur an der Trophäe und dem Fleisch teilzuhaben, sondern möglichst auch an dieser schier unerschöpflichen Kraft, versuchten die ersten Jäger durch Zweige mit phallusähnlichen Früchten, sinnbildlich eine Verbindung zu dem Tier herzustellen. Die Tradition deckte dann allmählich die ursprüngliche Absicht zu. Viele Jäger wissen heute nicht mehr, was sie (sich) da eigentlich (an-)tun.

# Der Baum des Hydrologen

Es wird nicht mehr lange dauern, dann werden auch die Hydrologen im Mittelpunkt der Diskussion um die Bäume stehen. Zwar wird ihre Analyse im Gegensatz zu derjenigen anderer Wissenschaftler eindeutig und klar sein, deren Aufgabe es war und ist, die auf das Leben der Bäume einwirkenden Schadstoffe zu bestimmen. Helfen werden sie den Bäumen damit allerdings nicht. Sie werden nämlich feststellen, daß sich ein wichtiges Lebenselement der Bäume verknappt, welches weder ersetzbar noch beliebig reproduzierbar ist. Diesmal werden die Menschen auch unmittelbar betroffen sein und nicht mehr nur über die Bäume. Dennoch, der Zeit, da sich das allgemeine Bewußtsein für dieses Problem nachhaltig schärft, läßt sich wohl nicht vorgreifen. Vielleicht haben wir bereits in der Gegenwart zu viele Probleme, als daß wir auch noch in die Zukunft denken könnten. So wird wiederum erst dann die Zeit dafür reif sein, uns ernsthaft damit zu beschäftigen, wenn die Bäume und wir selbst nachhaltig und sichtbar unter dem Mangel leiden. Bis dahin aber werden wir noch einige Zeit weiter verschwenderisch damit umgehen und es unbesorgt für unsere industriellen und privaten Zwecke verbrauchen. Gemeint ist das Wasser.

Wissenschaftlich beschäftigt sich mit dem Wasser die Hydrologie. Darunter versteht man die Lehre von den Erscheinungsformen des Wassers über, auf und unter der Erdoberfläche. Sie umfaßt unter anderem auch die Hydrobiologie, ein Teilgebiet der Biologie. Limnologie ist die Wissenschaft von den Binnengewässern als Ökosysteme. Sie beschäftigt sich mit dem Stoff- und Energiehaushalt, dem Leben in den Flüssen und Seen und natürlich auch mit ihren Lebewesen. Die angewandte Limnologie kümmert sich um den Schutz und die Sanierung der Binnengewässer. Außerdem wird die Hydrographie, die Gewässerkunde mit den Teilgebieten Grundwasser, Fluß-, Seen- und Gletscherkunde, der Hydrologie zugerechnet.

Einerseits sind die Bäume wie jedes Lebewesen auf das Wasser angewiesen. Entweder entnehmen sie dieses den Niederschlägen, stehenden oder fließenden Oberflächengewässern oder dem Grundwasser. Die Höhe ihres Bedarfs richtet sich nach der jeweiligen Art. Manche Baumarten leben in mehr oder weniger ständigem Kontakt mit dem Wasser, wie zum Beispiel die im Zusammenhang mit dem Gewässerschutz besonders wertvolle Rot- oder Schwarzerle *(Alnus glutinosa)*. Anderen hingegen würde die längerfristige Berührung ihrer Wurzeln mit dem Wasser zum Verhängnis. Ob nun mehr oder weniger, Wasser brauchen jedenfalls alle Bäume. Mangelt es über einen längeren Zeitraum an ausreichenden Niederschlägen, so hängt das Wohlbefinden oder sogar das Leben der Bäume ausschließlich davon ab, wie lange der Boden noch Feuchtigkeit enthält bzw. wie hoch der Grundwasserspiegel reicht. Infolge verschiedener Umstände, zum Beispiel durch Maßnahmen der Flußregulierung oder durch den Abbau von Braunkohle, ist es allerdings vielerorts zu einer beträchtlichen Verschlechterung der Grundwasserversorgung gekommen. Große Waldbestände sind aus diesem Grunde gefährdet oder an einigen Stellen bereits vernichtet.

Bäume sind andererseits dabei behilflich, die schädigenden Folgen des Wassers zu begrenzen und seine wohltätigenden Wirkungen zu mehren. Wie im Kapitel »Der Baum des Geologen« dargelegt, erreicht in einem Wald nur ein Teil der Niederschläge den Boden. Ein Teil wird verdunstet, die Bäume bewirken also, daß der Regen in Form von Wasserdampf direkt in die Atmosphäre zurückbefördert wird. Das Wasser, das den Boden erreicht, wird jedoch durch die Blätter, Zweige, Äste und den Stamm der Bäume derart gebremst, daß es erosionsmindernd verlangsamt wird und damit keine Zerstörungen an der Bodenoberfläche anrichtet. Die Eigenschaft der Bäume, Wasser zu verdampfen und außerdem auch noch über das Wurzelsystem für sich selbst zu verbrauchen, wird allerdings je nach dem Klima verschieden bewertet. In Gebieten, die durch geringe Niederschläge gekennzeichnet sind, ist diese Fähigkeit der Bäume unumstritten. Manche meinen, sie sei dort alles andere als willkommen. Das scheint aber wissenschaftlich widerlegt zu sein. Nach Untersuchungen in einem Wüstengebiet in Südafrika ist die ausgleichende Wirkung der Bäume auf den Wasserhaushalt dort größer als die zusätzliche Verdunstung. Man hat festgestellt, daß um einen einzelnen Baum herum wesentlich mehr Pflanzen wachsen können als außerhalb seines Einflußbereiches, und das hängt mit dem verlangsamten Ablaufen des Wassers zusammen. Bäume sind höchst erfinderisch beim Auffangen und Binden von Wasser. In Nebelgebieten kämmen sie beispielsweise den Nebel aus und erhöhen so deutlich den Niederschlag. Im humiden Klima, wie beispielsweise in den borealen Waldzonen, wo Wasser im Überfluß vorhanden ist, können sie ihre Möglichkeiten am besten nutzen.

Sowohl vorbeugend als auch nachfolgend wohltätig wirken die Bäume auch – und insoweit sogar ausnahmslos – noch in anderer Weise. Indem die Bäume mit ihrem Wachstum einen bestimmten Bereich über und in der Erde besonderen Bedingungen unterwerfen, schaffen sie ein Lebenssystem, in dem sich Lebendiges und Verrottendes zu einem dauernd aktiven Kreislauf verbinden. Zu ihm gehört die Humusbildung, absterbende Wurzeln bilden ein System von Grobporen im Boden; dadurch kann Niederschlagswasser leichter versikkern. Wenn man sich vor Augen führt, daß es eine ca. 60 Jahre alte Buche *(Fagus)* auf eine Wurzellänge von bis zu 20 km bringt, kann man sich vorstellen, welche Wirkung ein ausgewachsener Wald in dieser Beziehung hat. Bei schnell versickerndem Wasser vermindert sich die Gefahr von Überschwemmungen. Außerdem speichert der Wald einen Teil des Wassers und sichert damit die nachfolgende kontinuierliche Versorgung von Bächen und Flüssen mit Wasser.

Auch im Winter beeinflußt ein Wald den Wasserhaushalt der Landschaft. In seinem Bereich gefriert der Boden nicht so tief wie in der offenen Landschaft. Das heißt, Schmelzwasser wird leichter vom Boden aufgenommen, es fließt nicht so schnell ab. Andererseits wird im Schatten der Bäume die Schneeschmelze verlängert. Auch hierdurch verlangsamt sich ebenfalls der Wasserabfluß, und die Gefahr von Hochwasser wird in dem gleichen Maße verringert. Aufnahmefähigkeit und Speicherkapazität des Waldbodens sorgen dafür, daß die Fließgewässer in niederschlagsarmen Perioden mit Wasser versorgt werden können und der Grundwasserstand reguliert wird. Eine Entwaldung mehrt also kurzfristig immer das Wasser in den Flüssen und Bächen, Bewaldung entzieht es ihnen, um sie anschließend jedoch in Maßen ständig damit zu versorgen und ihnen ein gewisses Niveau zu erhalten. Es ist also für den Wasserhaushalt einer Region von großer Bedeutung, wenn sich der Waldanteil eines Gebietes verändert.

Eine besondere Bedeutung haben Bäume in unmittelbarer Nähe der Fließgewässer.[4)] Jahrtausendelang bestimmten Bäche und Flüsse in Mitteleuropa ihren Lauf selbst; Flußbett und Überschwemmungsbereich, die Flußaue, änderten sich ständig. Als die Menschen anfingen, die Flußläufe zu regulieren, um sich vor dem Wasser zu schützen bzw. um ihren Lebens- und Nutzungsbereich so weit wie möglich zu erweitern, entstand ein neues, festgefügtes Bild der Bäche und Flüsse. Es war ein Bild von betongefügter, gerader Korrektheit, Kargheit und Kahlheit. Oft war es geprägt von hohen, schnell abfließenden Wassermengen, die keinen Raum und keine Zeit mehr hatten, sich in die Umgebung zu verbreiten. Oder der Fluß, gestaut und wirtschaftlich genutzt, endete als spärliches Rinnsal. Von seinem früheren Glanz war nichts mehr geblieben, die Vielfalt an Pflanzen und Tieren, die sich an seinen Ufern angesiedelt hatte, verschwand. Vor allem den typischen Baumarten, früher einmal Indikatoren und Richtweiser der Bäche und Flüsse, war die Lebensgrundlage entzogen. Dazu kam die Verunreinigung der Gewässer durch industrielle und private Einleitungen sowie die Eutrophierung. Letzteres bedeutet die Zunahme von unerwünschtem pflanzlichen Bewuchs und die Veränderung des Artengefüges durch die Einleitung nährstoffreicher Abwässer aus Industrie, Gewerbe und Haushaltungen sowie die überhöhte landwirtschaftliche Düngung. Die Gewässer verschlammten und verkrauteten. Mit der Zeit kamen dem Wasser aber nicht nur die Flora und Fauna, sondern auch die Selbstreinigungskräfte abhanden. Seine künstliche Einengung führte weiterhin dazu, daß dort, wo früher der Auenbereich Leben und Landschaft prägte und das Grundwasser versorgte, große Flächen weitgehend austrockneten.

Inzwischen hat man erkannt, daß der betonierte, gerade Weg der Gewässer ein Irrweg war, der natürliche, pflanzenbestandene Umweg dagegen der richtige ist. Diese Erkenntnisse leiteten im Wege der Renaturierung der Fließgewässer das Wiederentstehen der typischen Bach- und Flußgehölze ein.

Nachdem es gelungen war, die Wasserbeschaffenheit zu verbessern, setzte sich immer mehr die Erkenntnis durch, daß ein Gewässer mehr ist als Wasser, daß genauso das Gewässerbett und die Landschaft in der Umgebung dazugehören. Und für diese charakteristisch sind nun einmal in erster Linie die Bäume. Auf die Baumlandschaft des Auenbereichs, also des stets feuchten Teils der Bach- und Flußniederungen, ist eine ganze Reihe von Tierarten angewiesen. Zum Beispiel die Wasseramsel *(Cinclus Cinclus)*, die nicht nur reines Wasser, sondern auch den Schutz der Bäume braucht. An der Mittelwasserlinie, darunter versteht man die durchschnittliche Wasserhöhe am Uferrand, dienen die Bäume der Selbststabilisierung der Fließgewässer. Mit ihrem Wurzelnetz sichern sie das Ufer. Mit ihren Blättern beschatten sie das Wasser und verhindern so, daß es übermäßig verkrautet. Gleichzeitig verhindern die Blätter, daß sich das Wasser unverträglich erwärmt, was sich negativ auf den Sauerstoffgehalt auswirken würde. Weiterhin begünstigt die kühlende Wirkung der Uferbäume, die gegen höhere Temperaturen empfindlichen Fische, wie die Salmoniden, die Bachforelle *(Salmo trutta fario)*, die Regenbogenforelle *(S. Gairdneri)* und nicht zuletzt auch die Europäische Äsche *(Thymallus thymallus)*.

Den Uferbäumen werden von der Landwirtschaft auch Nachteile nachgesagt. Es wird die Schattenwirkung auf die angrenzenden landwirtschaftlichen Nutzflächen beklagt. Dabei wird vergessen, daß dieselben Bäume auch vor dem Wind schützen und günstige Kleinklimate schaffen, die die nachteiligen Folgen des Schattens meist mehr als ausgleichen dürften. Im übrigen können die Bäume auf den unmittelbaren Ufersaum begrenzt werden, und der an die Felder angrenzende Bereich kann genauso gut mit Sträuchern bepflanzt werden. Man

Baum der Reisenden in Madagaskar *(Ravenala madagascariensis)*

Regenwald

»Moosrinde«

URWALD AUS ZWEITER HAND

Erinnerung an die Urwelt,
Baumfarn (Portugal)

Wald und Baum, Jugend und Alter

Äpfel am Baum

Apfelbaum im Rauhreif *(Balus spec. domestica)*

»Kiefer-wächst-auf-Trauminsels-Spitze« in den »Gelben Bergen« von Huangshan, südlich des Yang-tse-Flusses in der Provinz Anhui im Zentrum Chinas.

Baum und Grenze, Zypressen *(Cupressus sempervirens)* in der Toskana

Baum als Rest einer Landschaft (Toskana)

Rosskastanie
*(Aesculus hippocastanum)*

Bäume und Bildstock

Drachenbaum, Köcherbaum *(Aloe dichotoma)*

hat auch schon den Vorwurf gehört, die abfallenden Blätter der Bäume würden das Wasser zu sehr mit Nährstoffen anreichern. Wie, kann man da wohl nur zurückfragen, sind nur die natürlichen Wasserläufe in Millionen Jahren mit diesem Problem fertiggeworden, ohne zu leiden! Leicht zu entkräften ist das gelegentlich eingebrachte Argument aus der Sicht des Naturschutzes, geschlossene Baumreihen an beiden Ufern von Fließgewässern würden die Wasseroberfläche so sehr beschatten, daß wertvolle und zu den gefährdeten Arten zählende Wasserpflanzen keine Existenzgrundlage hätten: Die für den Uferrand geeigneten Baumarten lassen sich grundsätzlich, ohne dabei Schaden zu nehmen, »auf den Stock setzen«. Das heißt, sie können etwa 20 cm über dem Boden abgesägt werden und treiben anschließend wieder neu aus. So entstehen lichte Bereiche, in denen sich eine abwechslungsreiche Flora entwickeln kann. Wenn dabei einzelne Stämme als »Überhälter« ausgespart werden, erhält sich außerdem das charakteristische Bild des Gewässerlaufs.

Dies ist die herrschende Meinung. Daß der Autor in der Frage der Beschneidung der Bäume eine grundlegend andere Meinung vertritt, wird an verschiedenen Stellen dieses Buches deutlich (vergleiche die Kapitel »Der Baum des Gärtners« und »Der Schutz der Bäume«). Sicher, es gibt Bäume, die selbst nach dem radikalen Rückschnitt neues Leben zeigen, wie z.B. die hier genannten. Auch sie leiden jedoch bei solchen Operationen beträchtlich. Der Drang des Menschen, die Bäume zu »pflegen« scheint unausrottbar. Wenn schmale Fließgewässer an einigen Stellen zu stark beschattet werden, ist dies in der Regel darauf zurückzuführen, daß die Gehölzarten falsch ausgewählt worden sind. Im übrigen geht die Gefährdung bestimmter Wasserpflanzen in den Fließgewässern weniger auf Beschattung durch Bäume zurück als auf Verunreinigung und dadurch bedingt auf einen übermäßigen Wuchs nährstoffbegieriger Pflanzen, die die weniger kampfkräftigen unterdrücken.

Welche Baumarten sind nun besonders für eine Pflanzung in der Nähe von Gewässern geeignet? Um diese Frage zu beantworten, muß man zunächst zwischen zwei Bereichen unterscheiden, dem Uferbereich entlang der Mittelwasserlinie und dem Bereich oberhalb der Mittelwasserlinie und im angrenzenden Auenbereich.

Die häufigste und bereits eingangs erwähnte Baumart im Uferbereich entlang der Mittelwasserlinie ist die Rot- oder Schwarzerle. Wer sie pflanzt, kann nichts falsch machen, wohl aber mit der namensverwandten Grauerle *(A. incana)*, die nur bedingt in bestimmten Gegenden, wie beispielsweise am Alpenrand oder im Bayerischen Wald gedeiht. Die Roterle wächst in der Jugend schnell heran und wird bis zu 25 m hoch. Ihre Krone ist länglich oder eiförmig und locker gebaut, das Wichtigste an ihr ist das Wurzelwerk. Es ist so kräftig, tiefgehend und verzweigt, daß es bis zu 1,50 m Tiefe unter der Bachsohle das Erdreich befestigt und dazu wie eine Leguminose *(Actinomyces alni)* Knöllchenbakterien zur Anreicherung mit Stickstoff entwickelt. Die Roterle verträgt von allen einheimischen Gehölzen der gemäßigten Zone die meiste Fließ-, Sicker- und Staunässe, bei häufigen Überschwemmungen bildet sie Stelzwurzeln aus. Sie hat keine besonderen Ansprüche an den Boden, nimmt zumindest andere als die von ihr bevorzugten mäßig sauren, humosen Böden nicht übel. Zwar ist sie ein Lichtbaum, verträgt aber auch Schatten, und schließlich zeigt sie sich unempfindlich gegenüber Spätfrösten. Die Roterle ist mit anderen Worten der ideale Baum für eine Uferbepflanzung an Bächen und Flüssen entlang der Mittelwasserlinie.

Gleichfalls für den Bereich entlang der Mittelwasserlinie geeignet ist die Esche *(Fraxinus excelsior)*. Sie wächst stark und wird bis zu 30 m hoch. Mit ihren tiefgründigen Pfahl- oder Herzwurzeln und weitreichenden Seitenwurzeln ist auch sie sehr gut geeignet, das Erdreich in Bach- oder Flußnähe zu stabilisieren. Sie ist zwar empfindlich gegenüber regelmäßigen, länger anhaltenden Überschwemmungen und kommt mit stauender Nässe nicht gut zurecht, dennoch paßt sie prinzipiell gut zur Roterle. Auch die Silberweide *(Salix alba)* ist in diesem Bereich zu finden. Sie wird über 20 m hoch und bildet bemerkenswerte Kronen, mit denen sie sich eigentlich immer eine Einzelstellung verdient. Auf periodisch überschwemmten oder reinen Schlickböden fühlt sie sich ausgesprochen wohl. Ähnliches gilt auch für die Bruch- oder Knackweide *(S. fragilis)* sowie für die Fahlweide *(S. x rubens)*. An Fluß-, nicht aber Bachufern oder Gräben sind auch Pappeln zu verwenden. Sowohl die Schwarz- *(Populus nigra)* als auch die Silberpappel *(P. alba)* kommen natürlich in Auenwäldern vor. Während die Schwarzpappel auf feuchten bis nassen, periodisch überschwemmten Böden siedelt, ist die Silberpappel empfindlicher gegenüber häufigeren Überschwemmungen. Beide Baumarten erreichen ca. 30 m Höhe und bilden ein weitreichendes Wurzelsystem aus. Ihrer Vermehrung sind fast keine Grenzen gesetzt, denn sie können leicht als Steckling gepflanzt werden.

Zu den Bäumen, die vorzugsweise oberhalb des Mittelwasserbereichs anzusiedeln sind, gehört vor allem die Stieleiche *(Quercus robur)*. Sie erreicht ihre größte Höhe mit etwa 30 m. Ihr Wurzelsystem, das sich zunächst pfahl-, dann herzförmig entwickelt, erreicht eine außerordentliche Stabilität. Die Stieleiche hat im genannten Bereich etwa die gleiche Bedeutung wie die Roterle in der Zone entlang der Mittelwasserlinie. In anderer Beziehung von ähnlicher Bedeutung ist die Hainbuche *(Carpinus betulus)*. Sie ist geradezu prädestiniert für den Unterbau von Baumpflanzungen an Gewässern. Sie bildet ein dichtes, tiefgehendes Wurzelwerk, läßt sich, »scheinbar ohne es zu verübeln«, auf den Stock setzen, schlägt willig immer wieder neu aus und verträgt Schatten. Aus diesen Gründen eignet sie sich auch vorzüglich als Schutzhecke. Auch die Vogelkirsche *(Prunus avium)* treibt gut aus dem Stock aus und bildet weitreichende, kräftige Wurzeln.

Im Verband mit den genannten Arten taucht auch die Esche wieder auf, desgleichen der Berg- *(Acer pseudoplatanus)* und der Feldahorn *(A. campestre)*. Beide treiben (dank ihrer großen Widerstandskraft notgedrungen) wieder aus, wenn sie zurückgesägt werden. Während jedoch der Bergahorn als Einzelbaum oder in der Gruppe mit anderen Bäumen genauso vorkommt wie als Reihenbaum, erreicht der Feldahorn, der meist strauchartig wächst, nicht die Gestalt, die ihn als Einzelbaum ausweist. Zum Kreis der in dieser Zone lebenden Bäume zählen noch der Spitzahorn *(A. platanoides)*, die Winterlinde *(Tilia cordata)*, die Traubenkirsche *(P. padus)*, die Eberesche *(Sorbus aucuparia)* sowie die Moor- *(Betula pubescens)* und die Sandbirke *(B. pendula)*.

Es bedarf weder großer Phantasie noch unterstützender Bilder, um sich vorzustellen, was den Unterschied zwischen einem künstlich begradigten, von allen Seiten einsichtigen Bach- oder Flußlauf mit Ecken und Kanten und einem überraschend willkürlich in weichen Windungen, nur hier und da einsichtig verlaufenden und mit den obigen Gehölzen umsäumten natürlichen Gewässer ausmacht. Was für die Optik gilt, trifft auch in anderer Beziehung zu. Fließgewässer können so lange geregelt werden, bis von ihnen nichts weiter bleibt als eine sterile Rinne. In diesem Zustand degenerieren sie zu bloßen Wasserstraßen. Gewässer können aber auch, wenn sie sich noch weitgehend frei bewegen, ein vitaler Teil der Landschaft sein. Dann geben sie an diese zögernd, aber regelmäßig und verläßlich, von ihrer Kraft ab, regeln den Wasserhaushalt, bilden Biotope (Lebensräume) und Biozönosen (Lebensgemeinschaften).

Künstlich geführte Gewässer sind allenfalls fließend. Um nur das zu erreichen und zu erhalten, bedarf es übrigens noch regelmäßig mehr oder weniger arbeitsaufwendiger Maßnahmen. Die Gewässer dagegen, die sich noch in einem natürlichen Gleichgewicht befinden, helfen sich selbst und sind, abgesehen davon, daß sie fließen, auch lebendig. Die Erfinder der Betonbetten werden es schwer haben, sich zu rechtfertigen.

# Der Baum des Meteorologen und des Klimatologen

Die Meteorologie befaßt sich mit dem Wetter und mit den Vorgängen in der Atmosphäre, Meteorologen interessieren sich in diesem Zusammenhang auch für die Bäume in Form des Waldes. Allerdings geht ihr Forschungsdrang nur bis zu deren Oberfläche. Im Rahmen der angewandten Meteorologie ist die forstliche Meteorologie heutzutage von zunehmender Bedeutung.

Zwischen Meteorologie und Geographie ist die Klimatologie angesiedelt. Zusammen mit dieser sich sehr vielseitig entwickelnden angewandten Wissenschaft gewinnt auch die Bioklimatologie eine immer größere Bedeutung. Ihr Ziel ist die systematische wissenschaftliche Erfassung der biologisch wirksamen Umweltfaktoren, die in der Atmosphäre und im Boden ihren Ursprung haben, und erfaßt dabei auch die für die Pflanzen wirksamen Faktoren. In dieser Beziehung rücken wieder die Bäume ins Blickfeld. Allerdings endet auch hier die Betrachtung an deren Oberfläche.

Forstmeteorologe und Bioklimatologe befassen sich also ebenfalls mit den Bäumen. Schauen wir uns an, welche Erkenntnisse sie bisher gewonnen haben, wo die Betrachtungen erweitert werden müssen und zu welch erstaunlichen Feststellungen sie in einem besonders krassen Fall gekommen sind:

Weitgehend unstrittig sind die unmittelbaren Einflüsse des Waldes auf seine nähere Umgebung. Das Klima eines Waldes hat eine ganze Reihe von Besonderheiten gegenüber dem auf einer freien Fläche. Zu den wichtigen Merkmalen zählen etwa das Strahlungsgefälle von der Krone zum Stammbereich, das geringere Licht, die unterschiedliche Temperatur, die höhere relative Luftfeuchtigkeit, die schwächere Luftbewegung und im geschlossenen, nicht aufgeasteten Bestand auch der relativ niedrigere Schallpegel. Die Luft ist in einem Wald staubarm, in Bodennähe zeichnet sie sich durch einen hohen Kohlendioxidgehalt aus. Sie enthält ätherische Öle und je nach der Jahreszeit Pilzsporen und hohe Pollenkonzentrationen. Dieses typische Klima im Innenraum eines Waldes beginnt nicht unmittelbar am Waldrand, sondern in einem Abstand von zwei bis drei Baumreihen im Inneren des Bestandes. Untersuchungen haben ergeben, daß es sich deutlich verändert, wenn der geschlossene Bestand durch eine Lichtung oder eine Straße unterbrochen wird. Deren Wirkungen können bis zum Fünffachen dieser freien Fläche reichen.

Die besonderen kleinklimatischen Wirkungen des Waldes haben schon vor langer Zeit die Frage aufgeworfen, ob und in welchem Ausmaß der Wald, zumindest in der Summe der mikroklimatischen Einflüsse, Auswirkungen auf das globale Klima hat. Es scheint dabei von jeher festgestanden zu haben, daß derartige Fernwirkungen des Waldes unbestreitbar sind. Man versuchte immer wieder zu beweisen, daß Kahlschläge einen negativen Effekt auf das allgemeine Klima haben bzw. daß Aufforstungen das globale Klima begünstigen. Unbestritten ist heute die Meinung, daß Wälder einen großen Einfluß auf die Natur eines Landes haben und in der Summierung der kleinklimatischen Wirkungen von erheblicher Bedeutung sind. Ein Einfluß auf das Großklima eines Landes konnte allerdings bislang nicht nachgewiesen werden. Vielmehr ist davon auszugehen, daß die Wälder nur zu einem sehr kleinen Teil am Klima beteiligt sind.[5] Daher ist auch die oft gehörte Frage zu verneinen, ob der Wald die Niederschläge vermehrt. Diese werden nämlich in der hohen Atmosphäre gebildet. Die wasserverdampfende Wirkung des Waldes ist in diesem Zusammenhang nicht von Bedeutung. Das wird am Beispiel der afrikanischen Mittelmeerküste deutlich. Wenn im Sommer das warme Mittelmeer erhebliche Mengen Wasser in die Atmosphäre verdunstet, sind die Küsten steppenkarge Landschaften. Bedingt durch die allgemeine atmosphärische Zirkulation sind die Niederschläge in diesem Bereich äußerst gering.

Vor allem in den Tropen glauben die Bewohner bestimmter Gebiete beschwören zu können, daß vor der Abholzung der Urwälder zu bestimmten Jahreszeiten täglich die Uhr nach dem Einsetzen heftiger Niederschläge gestellt werden konnte. Diese kämen jetzt nur noch unregelmäßig oder blieben sogar aus. Dennoch läßt sich dies nicht wissenschaftlich belegen. Es ist auch kein Beweis, wenn es aus 'berufenem' Munde immer wieder heißt, die Wälder, die Tropenwälder bestimmten das Klima auf der Erde. Die Bewaldung hat sicherlich eine alle klimatischen Extreme eines Landes mildernde Wirkung, sie bestimmt das Mikroklima mit. Dafür ist die Frage, ob der Boden pflanzenbedeckt oder ohne jeden Bewuchs ist, wie z.B. in einer Wüste, schon von erheblicher Bedeutung.

Zweifellos sind auf diesem Feld noch viele weitergehende Forschungen erforderlich. Die Wechselwirkung der Bäume, die Wirkung des Zusammenspiels ihrer zahlreichen Eigenschaften und ihre Resonanz auf die Umwelt ist auch in dieser Beziehung eine Barriere für unser Verständnis der natürlichen Abläufe. Es ist ähnlich wie bei der Bewertung der Schadensfolgen auf das Wohlbefinden der Bäume. Auch dort geht es darum, wie ein komplexes Lebenssystem im einzelnen auf ein Bündel von Einflüssen reagiert und welche Symptome welchem Effekt zuzuordnen sind. Dennoch sieht alles danach aus, als ob die landläufige und immer wieder bestärkte Meinung vom Einfluß der Wälder auf das Klima vor allem in der Verbindung mit der Niederschlagsmenge mit nichts zu belegen ist. Dies gilt auch für die tropischen Feuchtwälder. Sie dürften nur einen Anteil am Weltklima von unter 0,5% haben! Ein »Mangel«, der sie angesichts ihrer vielen einmaligen Eigenschaften nicht weniger schützenswert erscheinen läßt.

In einer Beziehung allerdings ist die Wirkung der Wälder auf das Klima nachweisbar, ohne daß sich damit die obige Aussage veränderte. Am sogenannten Treibhauseffekt ist in hohem Maße das Kohlendioxid ($CO_2$) beteiligt.

Bäume binden $CO_2$ und sind damit ein wichtiger Filter für dieses klimaverändernde Spurengas. Insoweit haben alle Bäume doch zumindest mittelbar Einfluß auf das Klima. Allerdings wird dieser positive Effekt in den Tropen reduziert. Falls die tropischen Bäume gefällt werden, steht den dann höheren Emissionen zunächst die Albedo entgegen. Sie ist das Maß für das Rückstrahlungsvermögen von nicht selbstleuchtenden, nicht spiegelnden Oberflächen, d.h. das Verhältnis der reflektierten Lichtmenge zur einfallenden Menge. Diese Albedo liegt bei den Tropenwäldern bei 13% und macht diese daher zu der dunkelsten Naturlandfläche der Erde. Bei der Vernichtung der Wälder erhöht sich also die Albedo entsprechend in Abhängigkeit von der nachfolgenden Vegetation, soweit eine solche überhaupt heranwächst. Allerdings ist der $CO_2$-Effekt nahezu dreimal größer als diese Wirkung.

Unbestritten ist dagegen der Einfluß des Klimas auf die Bäume und die Wälder. Die bestehenden Waldformationen auf der Erde sind eine Folge der gegebenen Klimate. Auch das Baumwachstum ist von einem Fortbestand der gegebenen klimatischen Bedingungen abhängig. Betroffen sind dabei die Wuchsform, die jährlichen Zuwächse, die Soziologie der zur Waldgemeinschaft gehörenden Bäume und anderen Pflanzen, die Fortpflanzung und die Krankheiten. Veränderungen der herrschenden Verhältnisse werden entweder überhaupt nicht oder nur durch langzeitliche Anpassungsprozesse von den Bäumen bewältigt. Dies gilt auch für Temperaturschwankungen. Bereits kleinste Veränderungen in der mittleren Temperatur haben unter Umständen bereits höchste bemerkbare Folgen, weil sich nicht nur die Bäume in ihrem Wachstum verändern, sondern mit ihnen zugleich die Umwelt und vor allem Art und Zahl ihrer Feinde.

# Der Baum des Geologen

Was hat ein Geologe mit den Bäumen zu tun? Sein wissenschaftliches Interesse gilt dem Boden, unter anderem auch dem Bereich, in dem die Bäume wurzeln. Diese ihre Lebensgrundlage entscheidet nicht nur über die Möglichkeiten, unter denen Bäume überhaupt gedeihen können. Sie bestimmt in ihrer Zusammensetzung und Ergiebigkeit genauso, wie weit die Kräfte der Bäume reichen, in welchem Maße sie sich ihrer Natur entsprechend entfalten können. Das heißt, je nach seiner Zusammensetzung dosiert der Boden die Existenzmöglichkeiten der Bäume von ungebändigter Entfaltung bis in die Grenzbereiche von Leben und Sterben, wo sich das Leben in den jährlich frischen Blättern oder Nadeln und das Sterben in den lebendigen oder toten, qualvoll gekrümmten Ästen und Stämmen widerspiegelt. Der Boden diktiert nicht nur, wie ein Baum wächst, sondern auch welche Baumart in ihm wurzelt. Die Ansprüche der verschiedenen Baumarten lassen sich nicht sämtlich auf eine bestimmte Unterlage vereinbaren. So prägt der Boden die Baumlandschaft entscheidend.

Viele Kriterien sind in diesem Zusammenhang von Bedeutung. Fragen der Höhe des Grundwasserspiegels, ob der Boden nährstoffreich oder -arm ist, spielen genauso eine Rolle wie die Festigkeit der Unterlage, in der Bäume entweder wachsen oder an ihre Lebensgrenzen stoßen. So gibt es Lockergesteine wie Sand, Kies oder Ton, und Festgesteine wie die Sedimentgesteine (Kalk-, Sand- oder Tonstein), die Vulkanite (Ergußgesteine, wie Basalt), die Plutonite (Tiefengesteine, wie Granit) und die metamorphen Gesteine (Gneis oder Glimmerschiefer), aus deren Verwitterungsprodukten, vermengt mit organischer Substanz, Böden sehr unterschiedlicher Zusammensetzung mit verschiedenen Eigenschaften entstehen. Nach der Zusammensetzung und dem Grad der Verwitterung bestimmt sich vor allem der natürliche Nährstoffgehalt der Böden. Beispielsweise entstehen aus Sand und Kies, die weitgehend aus Quarz bestehen, ausgesprochen nährstoffarme Böden. Wenn jedoch Löß, d.h. kalkhaltiger Staublehm, zu Lößlehm verwittert, entstehen nährstoffreiche Böden für anspruchsvolle Wälder, wie z.B. den Buchenwald *(Fagus)*. Die Ansprüche der Bäume an den Boden können dabei sehr verschiedenartig sein, selbst innerhalb der Art. So flieht beispielsweise bei den Ahornen *(Acer)* der Japanische Fächerahorn *(A. palmatum)* kalkhaltige Böden, der Feldahorn oder Maßholder *(A. campestre)* dagegen braucht sie.

Je nach Klimagürtel und geographischer Lage sind Bäume ein Garant für den Bestand des Bodens. Das heißt, werden die Bäume entfernt oder sterben sie aus natürlichen Gründen ab, verändert sich unter Umständen auch der Boden bis zu dem Extremfall, daß er für Pflanzen nicht mehr geeignet ist. Genauso aber kann der Wind, unterstützt von der austrocknenden Sonne, den Humus forttragen oder Regen den fruchtbaren Boden auswaschen und abtransportieren. Die Wirkung des Wassers ist vor allem auf hügeligem bis gebirgigem Gelände zu beobachten. Im Gebirge erhöhen sich die nachteiligen Folgen noch durch Erdrutsche und Lawinen. Diese werden durch das Zurückweichen der Bäume begünstigt, sie erhöhen die Erosion (»Abtragung«) des Bodens beträchtlich.

Für die erodierende Wirkung von Wind und Wasser gibt es zahlreiche Beispiele. Stellvertretend für die Abtragung des Bodens durch den Wind seien hier die riesigen Weizenanbaugebiete in den USA und Kanada genannt, wo mancherorts die nährstoffreiche Bodenschicht durch den Einfluß des Windes bereits gefährlich weit reduziert worden ist. Für die Schutzfunktion des Waldes spricht die in großen Teilen vollkommen unfruchtbare Mittelmeerlandschaft, bei der der Boden nach der Abholzung der Bäume durch Witterungseinflüsse bis auf das nackte Gestein abgetragen worden ist. In den Alpen und in anderen Hochgebirgen zeigt sich in aller Deutlichkeit, daß die umweltgeschädigten, kränkelnden Bäume nicht mehr in der Lage sind, den Zusammenhalt des Bodens zu gewährleisten. In den Ebenen der gemäßigten Zone, wo sich anstelle der Bäume eine ganzjährig verwurzelte, dichte Krautschicht eingerichtet hat, spielt das Problem der Bodenerosion dagegen eine ungleich geringere Rolle.

Gegen eine Erosion durch Wasser schützt der Wald einerseits, weil er nur einen Teil der Niederschläge bis zum Boden durchläßt, während der andere Teil von der Vegetationsoberfläche aufgefangen und verdunstet wird. Zum anderen vermindern die Bäume die Fallgeschwindigkeit der Tropfen und damit die Intensität des Aufpralls auf dem Boden. Schließlich wird der Boden durch das dichte Wurzelwerk der Bäume stabilisiert. Diese Wirkung ist bei Naturwäldern gegenüber Forsten noch einmal meßbar höher. Denn je vielseitiger eine Vegetationsdecke ist, desto weniger kann sich die erosionsfördernde Energie der Regentropfen auswirken. Auch die physikalischen Eigenschaften des Bodens können sich verändern, so beispielsweise bei der Holzernte, wenn die Stämme im Kahlschlagverfahren geerntet und die Böden besonders häufig mit schweren Maschinen befahren werden. Dabei wird der Oberboden verdichtet und läßt das Niederschlagswasser nur sehr verzögert oder gar nicht dem Grundwasser zufließen. Staunässeerscheinungen und eine ungenügende Durchlüftung des Bodens sind die Folgen.

In den tropischen und subtropischen Gebieten sind die Böden wegen der häufigen und intensiven Niederschläge in jeder Lage stark erosionsgefährdet. Wird dort mit dem Wald die Vegetationsdecke entfernt, vervielfacht sich die Wirkung der Niederschläge. Hinzu kommt, daß in tropischen Böden die dünne Humusschicht besonders gefährdet ist, wenn sich die Streuzufuhr und das Bodenklima verändern.

In stabilen Klimasystemen bedeuten die regelmäßigen Abtragungen des Bodens sowie die Auswaschung der Nährstoffe keine Gefahr für den Untergrund. Sie werden durch die fortschreitende Verwitterung des Muttergesteins, die jährliche Streuzufuhr, die mikrobielle Fixierung sowie durch die Närhstoffaufnahme über den Wind und die Niederschläge ausgeglichen.

Die Bodenerosion ist weltweit gewaltig. Schätzungen reichen bis zu einem Gesamttransport in Höhe von 75 Milliarden Tonnen jährlich. Am wenigsten betroffen ist der europäische Kontinent, am stärksten Asien mit bis zu 25 Milliarden Tonnen im Jahr!

Zum Bild des Geologen von den Bäumen gehört auch die fossile Form der Wälder, die Kohle. Sie entstand im Lauf langer Zeiträume zu 80% aus den Überresten großer Sumpfwälder des Oberkarbons. Das pflanzliche Material sank ab, wurde zunächst zu Torf zusammengepreßt und im Laufe der Zeit von Gesteinsschutt überlagert. Steigender Druck ließ zunächst Braunkohle und schließlich Steinkohle entstehen.

# Der Baum des Ökologen

Die Ökologie ist ein Teilgebiet der Biologie. Im Gegensatz zu anderen biologischen Wissenschaften steht im Mittelpunkt ihrer Forschung nicht der Organismus als ein nach außen abgegrenztes Ganzes. Sie untersucht vielmehr die Wechselbeziehungen zwischen Organismus und Umwelt, und zwar der unbelebten (abiotischen Faktoren, wie das Klima) wie der belebten (biotischen Faktoren) Umwelt.

Derartige Forschungen lassen vieles in einem neuen Licht erscheinen. Außerdem schaffen sie Konflikte, denn vieles, was bei isolierter Betrachtung unproblematisch erschien, hat jetzt unter Umständen folgenschwere Auswirkungen. Die Ökologie kollidiert mit sehr vielen Interessen. Das größte Gegensatzpaar sind Ökologie und Ökonomie, also die Wirtschaft und hier insbesondere die Wirtschaftlichkeit. War zu Beginn der Diskussionen die Ökologie der Ökonomie hoffnungslos unterlegen, hat heute die Ökonomie bereits vielfach Schwierigkeiten, sich selbst dann gegen die Ökologie zu behaupten, wenn sie glaubt, sich auf absolut zwingende Gründe berufen zu können. Das liegt daran, daß der Begriff »Ökologie« für manchen fast schon zum Synonym für menschliches Überleben geworden ist.

Wie stehen nun die anderen Wissenschaften, insbesondere die hier im Zusammenhang mit den Bäumen erwähnten, zur Ökologie? Eine andere Definition des Wortes macht es deutlich. Ökologie setzt sich aus den griechischen Wörtern *oîkos* (für »Haus«) und *logos* (für »Lehre«) zusammen. »Ökologie« ließe sich also auch als die Lehre vom Haus definieren, dem Haus, in dem wir wohnen, nämlich der Erde. Dieses Haus war, als wir es übernahmen, fertig. Es ging also nur noch darum, es für uns zu erhalten. Im Mittelpunkt dieses Hauses standen in vieler Beziehung die Bäume. Sie bildeten gleichsam einen wichtigen Teil der Statik. Von der ursprünglich vorhandenen Zahl der Bäume kam uns inzwischen der größte Teil abhanden. Also stimmt heute auch die Statik nicht mehr, und wir müssen uns daranmachen, das Haus mit Hilfe von verschiedenen Maßnahmen zu stützen, obwohl wir die gesamte Statik immer noch nicht ganz durchschaut haben. Viele Wissenschaftszweige bemühen sich, mit ihren Forschungen und praktischen Arbeiten Kenntnisse und Informationen zu liefern, die dem Baum der Landschaft helfen, unser Haus weiter für uns mitzutragen. Direkt baumbezogen gehen die Dendrologen vor, mittelbar im Sinne der Bäume wirken die Ornithologen oder die Entomologen. Es gibt aber auch Berufszweige, die überwiegend praktisch an unserem Haus mitarbeiten sollen, mancherorts bereits mit nachhaltigem Erfolg, beispielsweise die Förster. Was müssen sie nicht alles wissen und tun, um ihre Aufgaben im Zentrum des Baumdienstes zu erfüllen!

Der Rolle des Baumes werden verschiedene Fachrichtungen der Ökologie gerecht, in besonderem Maße die Waldökologie. Schon rein quantitativ setzt dieser Bereich das Maß für die Betrachtung. Bei der Vielfalt der in einem Wald herrschenden Lebensbeziehungen sind in der Waldökologie eine Reihe von Betrachtungsweisen entstanden, die den Baum in unterschiedliche Gesamtzusammenhänge stellt: den Baum und die übrigen Pflanzen, den Baum und die Tiere, den Baum und die Luft, das Klima oder den Boden. Dabei werden die Wirkungen sowohl über als auch in der Erde untersucht.

Im Wald wird nicht nur die Gesamtwirkung der Bäume, sondern auch der einzelne Baum in seinem Reflex auf die Umwelt betrachtet. Der Baum als Nadel- oder Laubbaum, der Baum als besondere Spezies, der Baum in verschiedenen Altersstufen oder zum Beispiel auch als gesunder bzw. kränkelnder oder kranker Baum.

An der Allgemeingültigkeit einer Aussage über alle Baumarten hinweg gibt es keinen Zweifel: Alte Bäume sind ökologisch weit wichtiger als junge. Ebenso steht fest, daß Nadel- und Laubbäume eine unterschiedliche Ausstrahlung auf ihre Umgebung haben. Ihre höchste Wirkung erzielen sie gemeinsam in einem Mischwald. Nicht an allen Standorten erreichen jedoch die Bäume ihre höchste Wirkkraft. Die Waldökologie hat daher unter anderem die »Wertigkeit« der einzelnen Arten für die bestimmte Umgebung herauszufinden. Sie hat also zu untersuchen, unter welchen Bedingungen des Bodens, des Klimas und aller sonstigen Voraussetzungen des Standorts eine Baumart am besten ihre natürlichen Möglichkeiten entfaltet und wie diese im Gesamtzusammenhang des fraglichen ökologischen Gefüges zu sehen und zu bewerten sind. Die aufschlußreichsten Hinweise auf die beste Zusammensetzung eines Waldes lassen sich aus dem ursprünglichen Bewuchs einer Landschaft herleiten.

Hierzu ein Beispiel. In dem deutschen Bundesland Nordrhein-Westfalen war die Buche *(Fagus)* ursprünglich mit 70-80% am Gesamtvorkommen aller dort wachsenden Holzarten beteiligt. Heute ist ihr Anteil auf ca. 40% abgesunken. Nicht ohne Grund war die Buche in diesem Bereich in derartig dominanter Form heimisch geworden. Hier fand der Baum für seine Ansprüche die besten Voraussetzungen, um sich in allen seinen Wirkungen auf die Umwelt zu entfalten. Ohne große Lichtansprüche kann sich ein Buchenwald stufenweise aufbauen, seine Amplitude, das heißt in diesem Fall die Streuweite seiner Wirkungen auf das Umfeld, ist beträchtlich. Die Wiedereinbürgerung der Buche in diesem Land ist daher nur folgerichtig.

Dagegen stehen zwei grundsätzliche Hindernisse: die Ökonomie und das Recht am privaten Eigentum. Ein Großteil der Wälder, und dies gilt prinzipiell überall, ist in Privathand. Der Eigentümer kann also, wenn er die allgemeinen Grenzen der sozialen Bindung des Eigentums berücksichtigt, weitgehend so mit ihnen verfahren, wie es ihm gefällt oder wie es ihm seine wirtschaftliche Situation vorschreibt. Bereits in anderem Zusammenhang wurde herausgestellt, daß die Anpflanzung bestimmter Monokulturen ertragversprechender ist als eine Forstwirtschaft mit Buchen. Während der Staat innerhalb seines Budgets in seinen eigenen Wäldern vorbildlich mit beliebigen Holzarten wirtschaften kann, vermag er im Prinzip die Privaten nur mit Anreizen zu locken, es ihm gleichzutun. Diese aber kosten Geld und bedürfen einer im übrigen gut funktionierenden Wirtschaft, die derartige Subventionsmodelle mitträgt.

Die Ökonomie steht einer Waldwirtschaft nach ökologischen Prinzipien auch noch in einer anderen, mittelbaren Beziehung entgegen. Die vor allem bei der industriellen Fertigung entstehenden Verunreinigungen der Umwelt schaden nicht nur dem Wald, sondern darüber hinaus auch noch den einzelnen Baumarten in mehr oder weniger großem Maße, so daß schon von dieser Seite nicht immer alles ökologisch Wünschenswerte getan werden kann, um die bestmöglichen Waldgemeinschaften zu begründen. Hier sind den ökologischen Bemühungen so lange Grenzen gesetzt, wie die Ursachen der Verunreinigungen nicht abgestellt oder wenigstens gemindert werden können. Das wiederum stößt bei der Wirtschaft auf Grenzen der Finanzierbarkeit bzw. staatlicher Unterstützung sowie unmittelbarer technischer Realisierbarkeit und auf die Frage, ob vergleichbare Produktionen in gleicher Weise betroffen sind. Es hat sich in den letzten Jahren gezeigt, daß die ökologischen Argumente und der dadurch ausgelöste Druck die ökonomische Position flexibler gemacht haben. Die weitere Entwicklung wird zeigen, ob wir dem Ernst der Lage entsprechend reagiert haben.

Schließlich gibt es aber nicht nur Konflikte zwischen den Interessenskreisen Wald und Außenwelt. Auch innerhalb des Waldes findet sich genügend Zündstoff für heftige Diskussionen. Wald und Jäger ist ein Thema, das immer zu bewegten Auseinandersetzungen führt. Der Kern des Problems liegt hier darin, daß sich das Wild zu einer echten Bedrohung des Waldes auswächst, insbesondere das Schalwild, und Gegenmaßnahmen auf exponierte Jäger stoßen, die nur die jagdlichen, nicht aber gleichzeitig die forstlichen Interessen vertreten.

Wie soll nun die ökologisch günstigste Form der Forstwirtschaft aussehen? Um das herauszufinden, sind beispielsweise in Deutschland sogenannte Naturwaldzellen eingerichtet worden. Das heißt, aus bestehenden Wäldern sind Bezirke ausgegrenzt, abgezäunt und sich selbst überlassen worden. Sie sind Studienobjekte, an denen Erfahrungen dazu gesammelt werden, wie eine ökologisch ausgerichtete Forstwirtschaft funktionieren kann. Die Lösung wird nicht im Urwaldprinzip liegen. Dieses ist wirtschaftlich nicht tragbar und für Erholungszwecke nicht geeignet. Der Urwald ist im Prinzip »menschenfeindlich«, soweit man darunter versteht, daß er schwer zu durchdringen ist, und er ist menschenempfindlich. Wird er zu häufig betreten, nimmt er Schaden. Hierin ähnelt er der Wildwiese, von der immer noch mancher Gärtner träumt und die ihn so lange nicht enttäuscht, als er sie nicht tatsächlich in seinem Garten anlegt.

Zielsetzung der Ökologen ist es nun aber nicht, die gesamte Landschaft in Waldland zu verwandeln. Früher gab es viele reine Waldlandschaften. Ließe man die Natur gewähren, würden sie sich, soweit die Bodenbedingungen für Baumbewuchs überhaupt noch vorhanden sind, wieder zu solchen entwickeln. Allerdings war früher, in Deutschland bis in die Mitte des 20. Jahrhunderts, die Artenvielfalt größer als in den ursprünglichen reinen Waldbeständen. Dann allerdings reduzierten zu starke Eingriffe des Menschen Abwechslung und Vielfalt.

Ein besonders wichtiges Kapitel in der Ökologie ist die Untersuchung des Beziehungsgeflechts, in das der Baum in den Städten eingebunden ist. Baum und Stadt, an diesem Verhältnis entscheidet sich heute in hohem Maße die Haltung des Menschen zur Natur. In der Stadt hat der Baum seine stärkste Beziehung zum Menschen und erfährt seine größte Bedeutung als Individuum. Dort ist er ohne jede wirtschaftliche Bedeutung. Während er als Waldbaum nur in der Gesamtheit wirkt, »entfaltet« er sich in der Stadt, leider sehr oft grotesk verschnitten, dank der Hilfe von Bürgern und Journalisten mitunter sogar zu unerwarteter Größe. In den Städten zeigt die Baumdiskussion in aller Deutlichkeit, wie weit wir uns von der Natur entfernt haben. Der Kampf um den Baum in der Stadt hat manches verdiente Baumleben gerettet. Er hat aber auch schon oft durch scheinbar unwiderstehlich wehleidige wie naturferne Argumente zu höchst zweifelhaften Ergebnissen geführt, die anschließend als gute Baumtaten gefeiert wurden. Solche »wohlmeinenden« Baumhilfeaktionen erstrecken sich auch auf Alleen, Anlagen und stadtnahe Wälder. Das forstwirtschaftliche Prinzip, daß ein Wald unterschiedliche Arten enthalten und nach dicken und dünnen Stämmen strukturiert sein muß, findet vor allem dort keinen Widerhall, wo Abstriche am eigenen Wohlbefinden und Veränderungen beim gewohnten Anblick vorgenommen werden sollen.

Das mangelnde Verständnis für die natürlichen Zusammenhänge zeigt sich auch, wenn die Gartenämter der Städte mit Anträgen überhäuft werden, die Sicherheit der Bürger durch den Rückschnitt von Bäumen möglichst perfekt zu gewährleisten. Verkehrssicherungspflicht und die von den Bäumen ausgehenden natürlichen Gefahren, vor allem bei Sturm, sind Gegensätze, die sich nicht vollständig in Einklang bringen lassen. Es bleibt immer ein Rest von Unsicherheit, die von den Bäumen ausgeht. Diese ist jedoch in keiner Weise vergleichbar mit den Gefahren, denen wir uns im Straßenverkehr aussetzen, und ist nur ein verhältnismäßig kleiner Preis für all das, was Bäume bieten und bewirken.

Die meisten Stadtbäume stehen in den Gärten. Ihr Schicksal liegt also ganz wesentlich in unserer Hand. Leider sehen wir die Bäume in unseren Gärten nur allzuoft mit anderen Augen. Wenn sie anfangen, uns im Wege zu stehen oder Schatten zu werfen, gar Geld zu kosten, wenn wir sie in trockenen Sommern wässern sollen, dann verlieren sie in unseren Augen nur allzu leicht ihre Schutzwürdigkeit.

In der Stadt und in den Gärten pflanzt man oft Baumarten, die in Wäldern nicht zu finden sind. Man stellt an sie im allgemeinen auch ganz andere Anforderungen. Sie dürfen eine bestimmte Größe nicht überschreiten oder müssen besonderen Belastungen gewachsen sein, zum Beispiel mit dem Streusalz und allen anderen Verunreinigungen der Straßen besser zurechtkommen oder sich eingemauert in Teer oder Beton behaupten können. Trotzdem bzw. entsprechend haben sie eine viel kürzere Lebenserwartung als der Baum in der freien Landschaft. Auch schlanker Wuchs ist gewünscht, ob nun an den Straßenrändern oder in den Gärten. Der Wuchs der Bäume ist in gewisser Weise bezeichnend, ähnelt er doch unserem neuen Schönheitsideal einer diätischen Erscheinung.

# Der Baum des Gentechnikers

Die Gentechnik ist ein Unterbegriff der Biotechnik. Diese umfaßt die technischen Verfahren, bei denen Lebewesen, einzelne Zellen oder Teile davon genutzt werden. Die Biotechnik ist nichts Neues. Schon unsere Vorfahren bedienten sich ihrer instinktiv, wenn sie z.B. Traubensaft zu Wein vergären ließen.

Die Gentechnik ist dagegen eine junge Wissenschaft. Ihre eigentliche Entwicklung begann erst Anfang der siebziger Jahre. Zu ihrem heutigen Stand entwickelte sie sich aus der klassischen Biologie unter Einbeziehung von Physik und Chemie.

Die Gentechnik ist ein wichtiges Werkzeug der Biotechnik und Biotechnologie. Einerseits erlaubt sie einen tieferen Einblick in biologische Systeme und fördert damit das Verständnis dafür, wie diese funktionieren. Andererseits geht sie noch viel weiter. Sie vermag u.a. Pflanzen wirkungsvoller mit

In der Sprache der Förster nennt man die Buche *(Fagus sylvatica)* auch die Mutter des Waldes erwünschten Eigenschaften auszustatten als die traditionellen Züchtungsmethoden. Anstelle der herkömmlichen Auslese durch Züchtung werden bestimmte Teile des Erbguts gezielt ausgesucht und übertragen. War die Züchtung bislang in hohem Maße auf den Zufall angewiesen, so kann sich die »grüne«, d.h. die mit Pflanzen befaßte Gentechnik ein Merkmal aussuchen und dieses isoliert übertragen, ohne, wie bisher die Züchtung, auch unerwünschte Eigenschaften beider Elternteile in Kauf nehmen zu müssen.

Mendel war Mitte des vorigen Jahrhunderts der Entdecker der Genetik und Begründer der modernen Vererbungslehre. Bei Kreuzungsversuchen an Erbsen, Bohnen und Habichtskräutern folgerte er, daß es bestimmte Faktoren geben müsse, die das äußere Aussehen bestimmen. Es verging allerdings noch fast ein Jahrhundert, bis diese Erbfaktoren als konkrete stoffliche Einheiten in Form der Nukleinsäuren bestimmbar wurden. Diese Säuren sind Träger der genetischen Information. Von ihnen gibt es zwei Varianten: DNS als Abkürzung für Desoxyribonukleinsäure und RNS, die Abkürzung für Ribonukleinsäure. Eine Nukleinsäure ist ein fadenförmiges Molekül, das aus vier verschiedenen Bausteinen besteht. Die Reihenfolge dieser Bausteine bestimmt die genetische Information, ähnlich wie in der Sprache die Reihenfolge der Buchstaben den Inhalt der Wörter bestimmt. Die vier Buchstaben, die auch als Basen bezeichnet werden, sind A (Adenin), C (für Cytosin), G (für Guanin) und T (für Thymin). Diese Basen sind jeweils mit einem Zuckermolekül (Desoxyribose bzw. Ribose) verbunden und die einzelnen Basen-Zuckermoleküle, Nukleoside genannt, werden über Phosphorsäuren zu langen Ketten miteinander verknüpft. Auf der Basis der Erkenntnis, daß die Nukleinsäuren in der Abfolge der verschiedenen Bausteine die Baupläne des Lebens enthalten, ließen sich Versuche anstellen, das Erbmaterial im Labor gezielt zu verändern. Im Bereich der grünen Gentechnik gab es bisher vor allem auch Versuche, durch Verpflanzung sogenannter Resistenzgene, die Pflanzen widerstandsfähiger zu machen.

Wird es nun eines Tages den »Z-Baum«, den Zukunftsbaum der herkömmlichen Forstwirtschaft, nicht mehr mit dem Stempel des Försters, sondern vom Gentechniker geprägt direkt aus dessen Labor geben und wie wird er aussehen? Wird er am Ende alle »besten« Eigenschaften in sich vereinbaren, und wer wird darüber entscheiden, was gut und was schlecht ist für die Bäume und für die Menschen? Das Interesse der Bäume läßt sich nicht ergründen. Es wird also wieder einmal das des Menschen zählen. Wird es dann, wie fast immer in unserer Zeit, mehr oder weniger ausschließlich am wirtschaftlichen Nutzen ausgerichtet sein? Das hieße, es würde vielleicht der mächtigste Baum entstehen, den die Erde je gesehen hat. Er würde hoch und erhaben dastehen, wie eine Kathedrale der Holznutzung. Sein Inhalt würde sich nicht mehr nach Lastwagen- oder Waggonladungen bestimmen, sondern nach dem Fassungsvermögen riesiger Waldlagerstätten. Und die Waldarbeiter würden um die Stämme herumlaufen, wie heute noch die Waldameisen um unsere viel kleineren Bäume, dabei aber zusätzlich die mit den Stämmen wachsenden Maschinen dirigieren. Übertrieben? Sicherlich, aber jedenfalls würden die Stämme der Bäume höher und dicker, selbst im gemäßigten Klima. Daran ist auch noch nichts verwerflich, schließlich gibt es in den USA und in Australien Bäume, die von Natur aus höher wachsen als die europäischen. Und der Himmel, so sollte man meinen, bietet ausreichend Platz für noch weit höhere Bäume.

Wenn es nur dabei bliebe! Dazu wird die Holzwirtschaft aber noch Wünsche haben, und zwar den Baum, der möglichst wenig Seitenäste entwikkelt, damit das daraus erzeugte Schnittholz astrein bleibt und wertvoller wird. Dazu müßte dieser Baum gegen möglichst alles resistent sein, was z.Zt. noch ein Baumleben gefährdet. Das sind die Insekten und Tiere, die sich zu seinem Schaden bzw. zum Schaden der Volkswirtschaft von ihm ernähren. Oder die Naturereignisse wie Stürme, Dürreperioden oder langanhaltender Regen, Eis, Schnee und Hagel. Und selbstverständlich müßte dieser Baum mit jedem beliebigen Boden zurechtkommen und sich darin ohne fremde Unterstützung selbstgenügsam ernähren. Damit aber nicht genug, er müßte dabei auch noch viel schneller wachsen, als man dies von den bekannten Baumarten gewohnt ist. Darüber hinaus sollte er nicht nur unempfindlich sein gegenüber den Umweltgiften, er müßte sie sogar in noch höherem Maße binden als bisher schon das Kohlendioxid. Dabei darf auch etwas nicht vergessen werden, was jetzt bedrohlich auf alle Bäume zukommt. Der neue Baum sollte ebenso die angesichts des Treibhauseffekts zu erwartenden Klimaveränderungen ohne weiteres verkraften. Damit wäre der Forderungskatalog sicherlich noch nicht erschöpft, aber weit genug aufgeblättert, um die Gentechniker für lange Zeit zu beschäftigen.

Der Baum des Gentechnikers trägt viele Fragen, Erwartungen und Ängste.

Wieder übertrieben? Sicherlich weit übertrieben, aber wo liegen die Grenzen des Machbaren und des ethisch oder ökologisch Vertretbaren bzw. Verbietbaren? Wäre es ethisch überhaupt verantwortbar, auf die Anpflanzung riesiger Brennholzproduktionen aus gentechnisch manipulierten, schnellwüchsigen Holzarten zu verzichten, im Interesse der natürlichen Vielfalt der Bäume und zum Schaden einer schnell wachsenden Weltbevölkerung? Und wie könnte man die Laboralternative eines Baumes überhaupt auf ihre ökologische Vertretbarkeit hin prüfen? Ist es nicht bis heute so, daß man wohl erkannt hat, daß die Bäume erheblich unter der Umwelt leiden, das Zusammenwirken der verantwortlichen Faktoren aber immer noch nicht analysieren kann! Schon daraus läßt sich doch wohl der Schluß ziehen, daß die Einführung gentechnisch manipulierter Bäume in ihren Wirkungen auf das ökologische Umfeld niemals abschließend bewertet werden kann.

Etwas macht den »Genbaum« besonders gefährlich. Er unterliegt, wie alles in unserer Zeit, dem wirtschaftlichen Zugzwang. Wird er an einem Ort gepflanzt und wächst er dort mit überragenden Eigenschaften, dann wird ihm auch sofort an allen anderen möglichen Stellen schnell der Boden bereitet. Einmal kultiviert, könnte er leicht zur quantitativen und qualitativen Steigerung von Monokulturen werden. Das heißt, er würde schnell ganze Landstriche bedecken, weil sich kaum jemand dem »wirtschaftlichen Fortschritt« verschließen kann, im Wald so wenig wie in der industriellen Produktion oder im Büro. Das heißt auch noch, es bestände Gefahr, daß sich nicht nur die Wälder ähnelten, sondern die Bäume anfingen, sich am Ende gar selbst ähnlich zu werden und auf diese Weise vielleicht die unendliche Vielfalt ihres eigenen Erscheinungsbildes von Blatt zu Blatt, von der Wurzel bis in die Wipfel verlören. Das Endbild vom Baum fände sich dann in unseren Wäldern, die Urbilder gäbe es nur noch in den botanischen Gärten oder verschlüsselt in Genbänken, wo sie, Fossilien ähnlich, als Naturgut verwaltet würden.

Dies soll kein pessimistischer Ausblick sein. Es soll nur versucht werden, die Zukunft für den Baum des Gentechnikers zu definieren. Bisher trägt dieser Baum als Früchte fast nur Fragen. Es hängen dort viel mehr Fragen, als an jedem anderen Baum. Wahrscheinlich wird ohnehin nicht alles Wünschbare und wenn, dann wohl nicht an einem einzigen Baum, zu verwirklichen sein. Aber die dann letzte Hoffnung, am Ende der Entwicklung könnten verschiedenartige, gentechnisch gesteuerte Bäume stehen, wäre wenig trostreich. Um die mit der Gentechnik aufkommenden Probleme zu beleuchten, ist es wirklich nicht nötig, im Zusammenhang mit dem schadstoffresistenten Baum die sarkastische Forderung nach der Entwicklung eines entsprechend umweltresistenten Menschen zu stellen.

Jedenfalls tragt der Baum des Gentechnikers neben den zahlreichen Fragen schon heute erkennbar sehr unterschiedliche Früchte. Die genießbaren, mit der Hoffnung verbundenen, daß sich bestimmte Baumbilder genauso verbessern lassen, wie die Natur die Arten immer wieder verändert und weiterentwickelt hat. Und die ungenießbaren, mit denen sich die Angst verbindet, sie könnten von jenen zur Reife gebracht werden, die im Gefühl gottähnlicher Macht unsterblich werden wollen, unsterblich wie die ersten Pflanzenpioniere.

# Der Baum der grünen Parteien

Woher nehmen die grünen Parteien die Farbe? Natürlich vom Grün der Bäume. Und was haben die Grünen sonst noch mit den Bäumen im Sinn?

Das hängt ganz von den einzelnen Parteimitgliedern ab. Die einen haben eine grüne Baumseele, die nicht ohne die Bäume leben kann. Der Gedanke, ihnen hätten die Bäume abhanden kommen können, hatte sie einmal sich wie einen Wald zusammenfinden lassen. Gemeinschaftlich fühlten sie sich stark und gemeinschaftlich wollten sie sich auch zu immer größeren Menschenwälder vermehren, um dem Baum zu helfen. Dabei bildeten sie auf ihren Parteitagen Lebensgemeinschaften wie in richtigen Wäldern. Das war so echt und natürlich, daß sie auch wirklich immer mehr Baumseelen für sich und damit auch für die richtigen Wälder gewinnen konnten, deren Grün sich unter dieser Entwicklung wenigstens nicht weiter verfärbte.

Man erkannte diese Art von Grünen daran, daß sie nicht nur politisch grün waren und sich teilweise auch so kleideten, sondern sich auch sonst ganz natürlich gaben oder zumindest so taten, als ob es natürlich wäre. Die Lebensgemeinschaft, die sich sofort um sie sammelte, war teils ungebärdig wie die wilden Büsche oder Ranken um die Bäume im Walde, teils war sie bunt wie die wilden Blüten. Dies alles erschien so ungewohnt, daß die, die sich an die herkömmliche politische Landschaft gewöhnt hatten, sich entweder erschreckt abwandten oder ganz so, wie lange vor ihnen schon die ersten Siedler im Anblick der riesigen Wälder, herausfanden, daß sich diese scheinbar chaotische Wildheit im Sinne einer ihnen selbst nützlichen Ordnung durchaus kultivieren ließ.

Aus den letzteren entstanden die anderen Grünen, die unechten Grünen. Sie unterschieden sich von den echten dadurch, daß sie die Baumseele vorgeben mußten und sich zur Bestätigung ihrer grünen Seele mit einer grünen Farbe anmalten. Wurde diese rissig, zeigten sie sich mit einem Förster oder Naturschützer in einem richtigen Wald, den sie nur gezielt zu diesem Zweck betraten, machten dort grüne Feststellungen und wandten sich dabei vor allem an das Fernsehen, den Hörfunk und die Presse. Erfolgreich vermischten sie sich in der neuen Lebensgemeinschaft mit den echten grünen Baumseelen, bis diese so wehrlos wurden wie die wirklichen Bäume im Walde, wenn sich ihrer ein ordnungsbewußter menschlicher Profiteur zu seinen Gunsten annimmt.

Die Profiteure unter den Grünen setzten die Bäume allerdings auf eine völlig neuartige Weise ein. Sie taten ihnen nichts, schadeten ihnen zunächst nicht einmal, weil sie zusammen mit den echten Grünen sogar für die natürlichen Belange kämpften. Es kam ihnen auch, weder ursprünglich noch im Laufe ihrer gemeinschaftlichen Übung, nicht in den Sinn, die Bäume etwa wie die Gärtner auf ihren eigenen oder fremden Grundstücken durch Schnittmaßnahmen zu mißhandeln oder gar wie die Forstleute zu fällen. Sie waren vielmehr diejenigen, die eine bis dahin völlig unbekannte Nutzung der Bäume entdeckten, die den Baum vollkommen verschonte: Sie hatten das Geäst der Bäume als Klettergerüst für ihre politische Karriere ausgemacht. Die Erhaltung des Baumes wurde zum Mittel der politischen Profilierung.

Nachdem sich diese vorgeblichen Grünen fest in der neuen politischen Lebensgemeinschaft eingerichtet hatten, vergaßen sie mehr und mehr ihre grünen Sprüche und verhielten sich so, wie man es von den Politikern in den herkömmlichen Parteien gewohnt war. Die eher politischen als tatsächlich grünen Menschen redeten sich dabei innerhalb der Gemeinschaft der Partei immer mehr auseinander. Am Ende waren sie an völlig gegensätzlichen Polen so weit voneinander entfernt, daß sie sich nicht einmal mehr verstanden. Das Lebensgefühl der Grünen fing an, darunter zu leiden, die Orientierung ging verloren, und die Gemeinschaft paßte nicht mehr zusammen, fing an, sich zu spalten. Auf dem Weg zu einer ordentlichen Partei standen jetzt die echten Grünen in der Mitte hoffnungslos verloren. Darum fingen sie an, sich allmählich wieder in die Landschaft zu zerstreuen, um sich hierin entweder zu verlaufen oder eine andere Gemeinschaft zu finden, in der sich nur noch verwandte Seelen ganz dem Miteinander mit den Bäumen und anderen Pflanzen verschrieben.

All dies geschah aber nicht spurlos. Die anderen Parteien lernten daraus, daß sich Bäume auch politisch nutzen ließen. Sie übernahmen daraufhin die freiwerdenden Positionen auf den lebenden Karriereleitern der Bäume und setzten sich dort an die Stelle der Grünen. Diese Art von politischer Nutzung schadete den Bäumen genausowenig. Und abgesehen von der persönlich verzeihlichen Bagatelle, daß sich viele junge Bäume gefallen lassen mußten, von Politikern gepflanzt zu werden, blieben die Bäume im Gespräch. Bäume sind in aller Munde, und wer das Thema Baum bzw. Wald in den Mund nimmt, macht sich in der breiteren Öffentlichkeit bemerkbar. So entsteht allmählich geradezu eine Symbiose zwischen manchen karrierebewußten Politikern und den Bäumen.

Zweifellos, die grünen Parteien haben große Verdienste. Es hat bisher noch keine Baumnutzung gegeben, die den Bäumen so gut getan hat. Und es hat noch niemals eine künstliche Baumstütze gegeben, die länger gehalten hat. Der Baum der grünen Parteien hat sich längst zu einem Lebensbaum ausgewachsen, auch wenn sich die echten Grünen im Zuge der weiteren Entwicklung in manchen Ländern längst wieder zurückgezogen und mit den Bäumen vermischt haben. Die ersten Grünen sind in allen Ländern immer die echten. Der Lebensbaum, den sie sich pflanzten, könnte sogar einmal der Überlebensbaum für uns alle werden.

Er hiess Elzéard Buòffier und war viel wichtiger als die meisten Könige und Kaiser.

# Der Baum als Symbol

Symbol oder Sinnbild ist etwas, das nicht nur als solches für sich allein steht, sondern stellvertretend etwas nicht Wahrnehmbares ausdrückt. Nach dieser Definition und allem, was bisher schon andeutungsweise über den Baum gesagt wurde, ist eigentlich ganz selbstverständlich, daß der Baum zu allen Zeiten Sinnbild gewesen ist. Wie schon in anderer Beziehung, kann auch an dieser Stelle wiederum nur andeutungsweise auf das eingegangen werden, was sich die Menschen darunter vorgestellt haben oder was sie heute in ihm zu sehen glauben. Zu umfänglich ist die Ansammlung der Bedeutungen, die sich mit dem Baum zu einem Wald von Begriffen verbunden haben.

Am nachhaltigsten ist selbstverständlich der Bezug zu einem Sinnbild, in dem man sich selbst wiedererkennt, mit dem man sich identifiziert, wie zum Beispiel beim »Lebensbaum«. Er ist der Baum, den man selbst pflanzt und zusätzlich so sehr mit sich verbindet, als repräsentiere er das eigene Leben. Er ist dann auch der Baum, den man im Herbst, wenn er sich mit seinen Blättern für den Winter verabschiedet, oder im Frühjahr, wenn er durch die neuen Blätter wieder sein Leben zeigt, vor allen anderen aufmerksam, argwöhnisch und, je nachdem, entweder mit besonderer Genugtuung oder Sorge betrachtet. Mit dem Lebensbaum, der kränkelt, leidet dann der Gärtner wie bei eigenem Unwohlsein. Der Baum als »Lebensbaum« wirkt so, als verlängere oder verkürze er das Leben des Gärtners, der ihn gepflanzt hat.

Was ist das aber alles schon gegen einen Lebensbaum, der dazu auch noch den Namen dessen trägt, der ihn gepflanzt hat! Ein solcher Baum kann tatsächlich das Leben verlängern, das Leben des Namens oder wenigstens des Titels des Menschen, nach dem er benannt wurde. Vielleicht tausend Jahre und länger, die Königslinde *(Tilia)*, die Kaiserlinde, möglicherweise das Beste, was der Träger des Titels in seinem Herrscherleben getan hat. Und noch einmal eine Steigerung, diesmal unüberbietbar! Verkörpert wird sie von den Lebensbäumen, die zwar offiziell niemals einen Namen getragen haben, geschweige denn von einem berühmten oder auch nur einmal bekannten Menschen gepflanzt worden sind. Sie trugen den Namen dessen, dem sie ihr Leben verdanken, zunächst heimlich, aber unauslöschlich in sich.

Mit der Zeit wuchsen sie sich aber für diesen Namen immer mehr zu Lebensbäumen aus, bis sie so vielzählig und bemerkbar wurden, diesen Namen sogar berühmt und unvergeßlich zu machen. Da erst merkten die Leute, wie bedeutend der Träger des Namens gewesen war.

Er hieß Elzéard Bouffier und war viel wichtiger als die meisten Könige und Kaiser, obwohl er in der Provence in seinem Beruf nur Schafe hütete und vielleicht ein paar Bienenvölker versorgte. Ganz nebenbei, ohne Aufhebens und ohne dabei aufzufallen, gar ohne Zeit für seine Arbeit zu vergeuden, die ihn ernährte, pflanzte er in einsamen, bergigen und fast menschenleeren Gegenden Bäume, indem er die von ihm gesammelten Eicheln in den Boden drückte, während er mit seiner Herde umherzog. Dazu auch Buchen, und daneben verstreute er Birkensamen. Alles ohne Entgelt und ohne Auftrag. Der Schriftsteller Jean Giono begegnete ihm 1913. Da war er gerade 55 und hatte innerhalb der vorhergehenden drei Jahre hunderttausend Eicheln und andere Früchte verteilt. Und so machte er weiter, bis er 89 Jahre alt wurde. Was für ein Leben für die Bäume und für die Menschen und für das Leben und für die Landschaft, die sich daraufhin vollkommen veränderte! Was für ein Kaiser der Bäume, der Lebensbäume, die seinen Namen noch heute in sich bewahren! Warum nur wurde Elzéard Bouffier für den Nobelpreis vergessen? Sicher hätte er von dem Geld Saatgut gekauft und Gleichgesinnte gefunden oder Andersgesinnte dafür bezahlt (und bekehrt), um mit ihm zu säen und zu pflanzen. So wären heute noch mehr karge Landstriche bewaldet! Wieviele Bouffiers mag es, wenn auch vielleicht nur in einem kleineren Rahmen, wohl noch gegeben haben und geben, Menschen, die still und unerkannt gewirkt haben, während sich andere Zeit ihres Lebens bemühten, sich bemerkbar zu machen? Jetzt sind wir darauf angewiesen, diejenigen zu zitieren, die weniger für die Bäume als für sich selbst getan haben.

Kaiser- und Königsbäume, Bouffierbäume und andere Lebensbäume. Auch in der christlichen

Symbolik gibt es einen Lebensbaum: den Baum des Lebens und den Baum der Erkenntnis des Guten und des Bösen. Da heißt es in Genesis 2, *9:* »Und Gott der Herr ließ aufwachsen aus der Erde allerlei Bäume, verlockend anzusehen und gut zu essen, und den Baum des Lebens mitten im Garten und den Baum der Erkenntnis des Guten und des Bösen.« Und in Genesis 2, *16, 17:* »Und Gott der Herr gebot den Menschen und sprach: Du darfst essen von allen Bäumen im Garten, aber von dem Baum der Erkenntnis des Guten und des Bösen sollst du nicht essen; denn an dem Tage, da du von ihm issest, mußt du des Todes sterben.«

Handelt es sich um ein und denselben Baum oder um zwei verschiedene? Sicher ist nur, daß der Baum der Erkenntnis Früchte trug, nicht dagegen, sollten es zwei verschiedene Bäume gewesen sein, ob es auch der Baum des Lebens tat. Denn selbst der Hinweis, von allen Bäumen des Gartens dürfte der Mensch essen, sagte nicht notwendigerweise, daß damit auch sämtliche Bäume Früchte trugen. Darüber hinaus ist keine Festlegung erfolgt, um welche Art von Baum oder Bäumen es sich handelte.

Aus diesen Gründen war der Weg frei, zu spekulieren und zu phantasieren. Einmal verschmolzen in der Darstellung die Begriffe zu einem Baum, ein anderes Mal handelte es sich um zwei verschiedene. Entsprechend unterschieden sich die Bilder in der Baumart. Waren es unterschiedliche Bäume, so wurden sie einander manchmal antipodisch gegenübergestellt, der Baum der Erkenntnis als Todesbaum, abgestorben und kahl oder kränkelnd, der Baum des Lebens dagegen vital, oft immergrün und sich ständig erneuernd. Auf dem berühmten Isenheimer Altar von Matthias Grünewald (ca. 1480-1528) spielt sich die Begegnung des heiligen Antonius und des heiligen Paulus vor dem Hintergrund zweier Bäume ab, von denen der eine, der Baum der Erkenntnis, ein kahles, totes Exemplar einer nicht identifizierbaren Art, der andere dagegen, der Baum des Lebens, in diesem Fall eine Palmenart ist. Die Zuordnung des Baumes oder der beiden Bäume zu einer bestimmten Art wechselte im übrigen mit den jeweiligen Besonderheiten der Zeit und der Persönlichkeit des Künstlers.

In frühchristlicher Zeit erschien der Baum der Erkenntnis meist als Feigenbaum *(Ficus)*. Später als Apfelbaum (*Malus*, schließlich heißt das lateinische »*malus*« soviel wie schlecht im Sinne von moralisch böse, unsittlich, auch häßlich, genausogut wie zum Beispiel auch elend und unglücklich. Schon der botanische Begriff für den Apfelbaum trägt also eine ganze Reihe von Früchten, die symbolisch dem Baum der Erkenntnis zukommen könnten), aber etwa auch als Kirsch- *(Prunus)* oder Zitronenbaum *(Citrus)*. Zuweilen wurden auch Charaktereigenschaften verschiedener Arten zu einem Baum vermischt, wie es Dürer mit dem Feigen- und dem Apfelbaum tat. Für den Baum des Lebens liegt natürlich eine immergrüne Art nahe, so daß sehr viele Künstler sich dafür entschieden. Bevorzugt wurden Arten wie der Oliven- oder Ölbaum *(Olea europaea)*, verschiedene Palmen sowie Zeder *(Cedrus)*, aber, obwohl nicht in allen Arten immergrün, auch die Eiche *(Quercus)*, und sogar der Apfel. Ein Sinnbild für Lebenskraft ist auch der genauso genannte Lebensbaum *(Thuja)* und natürlich die Zypresse *(Cupressus)*.

Die Thuja als Lebensbaum und zugleich Baum der Friedhöfe ist kein Widerspruch zum Baum des Lebens. Eher eine Überhöhung zum Baum des ewigen Lebens. Das Kreuz schließlich wird in der christlichen Vorstellung gleichermaßen mit dem Baum des Lebens wie mit dem der Erkenntnis in Zusammenhang gebracht. Überhaupt ist das Baumkreuz eine der meistverwendeten Darstellungen für den Baum des Lebens. Dies begann bereits in der frühchristlichen Kultur und fand zu Beginn des 15. Jahrhunderts ganz besonderen Ausdruck.

Wie viele Lebensbäume ließen sich noch aufzählen! Lebensbäume und solche, die sich eng mit dem Leben verknüpfen, wie beispielsweise Hausbäume, Hofbäume, Kirchenbäume, Dorfbäume, Stammbäume, Mastbäume. In den letzteren herrscht der Klabautermann, der einst als Seele in einem Baum lebte. In allen Fällen handelt es sich um Bäume, die das Ansehen und den Halt ihrer Umgebung verstärken. Symbole für Kraft, Wohlstand, Schutz, Würde, Ruhe und Mittelpunkte des Lebens. Als Hausbaum wiederum die Linde mit ihrem steten, gleichmäßigen, wohlabgewogen ansehnlichen und machtvollen Wachstum. Oder heute lieber ein schlanker Kleinbaum für das Reihenhaus, damit es bewohnbar bleibt? Die einflußreiche Linde wird so stark, daß sie in dieser Eigenschaft sogar mancher Umgebung bis heute ihren Namen gab. Wie vielen Orten gab sie ihren Namen! Und wie viele Familiennamen unterwarfen sich der Linde, ganz zu schweigen von deren vornamensschönen Töchtern!

Und dann ist da noch der Baum als das Symbol für Macht, Recht und Gerechtigkeit über den Tag hinaus für alle Zeiten des Baumes: der Gerichtsbaum. Das Ding, das nordgermanische »thing«, die germanische und frühe deutsche Volks- und Gerichtsversammlung, wurde stets im Freien abgehalten. Demgegenüber waren die meisten Gerichtshöfe in Athen bedeckt mit der Ausnahme, daß in Mordfällen der Richter nicht mit dem Täter »unter einem Dach sitzen« mochte. Ein Grundsatz, der sich in anderen Lebensbereichen bis in unsere Tage erhalten hat. Das alte Gericht tagte (im wahrsten Sinne des Wortes) entweder unter offenem Himmel, im Wald, unter breiten bzw. hohen Bäumen, auf einer Anhöhe oder an einer Quelle.[6] Heidnische Vorstellungen verlangten für die Gerichtshandlung heilige Orte, an denen Opfer gebracht und Gottesurteile vollstreckt wurden. Mit dem Christentum verschwand zwar der Opferglaube, die Gerichtsstätten blieben jedoch bestehen.

Den Bäumen kam also in diesem Zusammenhang eine besondere Bedeutung zu. Waldgerichte prägten so sehr die Anschauung vom Wald, daß man im Mittelalter mit dem Ausdruck »Forst« die Gegend in der Mark bezeichnete, wo sich das Gericht versammelte. Bestimmte Bäume kennzeichneten konkret die Stätte, wo das Gericht tagte. Manchmal war es ein einzelner, oft waren es auch mehrere Bäume, die den Ort markierten, in der Regel handelte es sich dann um drei oder sieben. Die Urkunden lassen oft nicht erkennen, um welche Art von Baum es sich handelte. Dann heißt es doch beispielsweise nur »bei dem hohen Baume« (»...apud altam arborem...«).

Die Baumart, die man am häufigsten den Gerichtsort beschatten ließ, war zweifellos die Linde. Auch Eichen *(Quercus)* werden vielfach zitiert. Schließlich war die Eiche von alters her vielen Menschen heilig, so beispielsweise auch den keltischen Druiden. Zahlreiche Orte trugen und tragen noch heute als frühere Gerichtsplätze den Namen der Eiche. Zum Beispiel »Dreieich«, »Dreieichen«, »Sibenaich« oder »Siebeneich« oder auch »Siebeneichen«.

Neben diesen beiden am häufigsten ausgewählten Baumarten gab es allerdings noch weitere, wenngleich diese nur vereinzelt auftauchen. So gab es ein Gericht »Bei der tanne« *(Abies)*, »bi birkin« *(Betula)*, »unter dem Nußbaum« (wohl *Juglans*) und sogar »beim flieder« *(Syringa)* oder »unter dem hagendorn« (Weißdorn, *Crataegus*) bzw. »under dem berbome«. In Nepal war es der Pipal-Baum *(Ficus religiosa)*, unter dem Streitfälle geschlichtet wurden, weil man unter diesem Baum nicht lügen darf.

Als Symbol für Leben erscheint noch einmal die Linde, die Tanzlinde. Manche dieser Linden wurden in verschiedene Aststockwerke aufgebaut. So saßen manchmal im ersten Stock die Musiker, im zweiten Stock, besser Astwerk, wurde getanzt, im dritten saßen die fröhlichen Zecher. Nur das vierte blieb in früheren, ganz frühen Zeiten leer, es war für die Überirdischen reserviert, brachte der Linde später aber selbst in Kirchenkreisen keinen schlechten Ruf ein. Die Baumart blieb der beliebteste Gebäude- und Symbolschmuck für christliche Kirchen und Kapellen.

Wovon leitet sich diese Bedeutung der Linde ab? Der Baum gehörte ursprünglich der germanischen Göttin Freya, die unter anderem für die Fruchtbarkeit und die körperliche Liebe stand. Der Tanz als ein Ausdruck dieser Liebe wurde deshalb mit diesem Baum so eng wie möglich, bis ins Geäst verbunden.

Der Mensch leiht sich also auch die Eigenschaften von Bäumen. Nicht nur die der Linden oder Eichen. Schließlich sind ihm und dem, was er geschaffen hat, zahlreiche Bäume in vielen Beziehungen überlegen! Außerdem sind sie vielfältig, beredt und vielsagend, manchmal wiederum auch widersprüchlich oder unaussprechlich und geheimnisvoll. All dies und vieles mehr prädestiniert die Bäume geradezu für die Symbolik. Im Glauben, in der Mythologie, in Sagen, Legenden, Fabeln, Märchen, in der Literatur im übrigen und im Volksbrauchtum hat man sich ihrer zu diesem Zwecke reichlich bedient. Nicht immer war der Gedanke nachvollziehbar, manchmal schien er geradezu willkürlich oder widersprüchlich, aber die Bäume haben allen Versuchungen widerstanden, sich von dem unerklärlichen Ballast zu befreien und, ohne selbst dabei Schaden zu nehmen, sämtliche Anspielungen geduldig über sich ergehen lassen. Sehr oft jedoch ist das Symbol scheinbar naheliegend und erscheint zumindest dem äußeren Anschein nach verständlich.

Dies gilt zum Beispiel für die Linde, die unter anderem auch ein Symbol der Heiligkeit geworden ist, nachdem sie vor langer Zeit einmal der Heiligen Jungfrau geweiht worden war. Die Linde ist ein typisch weiblicher Baum, im Gegensatz zur Eiche, die allgemein als ein typisch männlicher Baum empfunden wird. Die Linde hat meist rundlich herzförmige Blätter, helle, duftende Blüten, und ihre Früchte sind kugelige oder birnenförmige Nüßchen. Ihr Wuchs ist ausgewogen, oft breit ausladend rund ohne Ecken und Kanten. Im Gegensatz zur Eiche wirkt sie in keiner Weise zurückweisend, distanzierend oder wehrhaft, eher einladend, kompromißvoll und ausgewogen. Die alten Eichen dagegen, stehen sie nicht da wie kampferfahrene alte Ritter in rissiger Rindenrüstung und mit weit ausholenden, schlachterprobten, mächtigen Astarmen, von denen manch einer nur noch drohend tot in den Himmel steht, weil er dem harten Lebenskampf nicht mehr gewachsen war? Eichen haben keinen Charme und harte Blätter. Sie sind unzugänglich, weil sie für sich alleine stark und immer kampfbereit sein müssen, zweifellos keine Bäume mit typisch weiblichen Attributen. Dafür steht die Eiche aber da wie ein Sinnbild des Ruhmes. Und dazu ist sie dann unter anderem auch auserkoren worden. Aber gleichzeitig zum Ruhme der Feldherren wie der Dichter? Bei allem Respekt vor der allgemeinen Fähigkeit der Bäume, und hier der Eiche im besonderen, vieles umfassend in sich zu vereinen, wie sollte sie ausgerechnet den Dichter und den Feldherrn unter ihrem Sinnbild zusammenführen? Sicherlich wird der Dichter vom Feldherrn zumindest so lange geduldet, wie dieser seinen Ruhm verbreitet. Und auch mancher Dichter soll schon manchem Feldherrn einiges an Rühmlichem in wohltönenden Worten abgerungen haben. Aber liegen nicht im Grunde zwischen diesen beiden Welten, die sich nicht einmal in den aufsehenerregendsten Bäumen treffen! So lassen sich oft die Sinnbilder nicht mit allem vereinbaren, was sich dahinter verbirgt. Genauso erscheint vielfach die Zuordnung eines Sinnbilds zu einem bestimmten Baum äußerlich wenig angemessen oder plausibel. Vieles mutet daher, zumindest auf den ersten Blick, willkürlich an, erfährt dann aber doch oft noch einen Sinn durch ein geschichtliches Ereignis, wie zum Beispiel im Falle der Platane *(Platanus)*. Diese war bei den alten Griechen Sinnbild des Genius. Der Grund: Die Philosophen unterrichteten ihre Schüler, wenn sie im Freien lehrten, oft im Schatten von Platanen.

Die Linde galt also als ein Sinnbild der Heiligkeit bzw. der Heiligen Jungfrau, und auch zahlreiche weitere Bäume hatten in ihrer Symbolik einen religiösen Bezug. Bereits in der Antike waren Pflanzen und insbesondere Bäume als Sinnbild verwandt worden. Allerdings gab es genauso die naturgetreue Wiedergabe der Bäume, ohne daß damit stellvertretend etwas nicht Wahrnehmbares ausgedrückt werden sollte. Im Christentum überwog dagegen anschließend in der Darstellung von Natur ein tieferer religiöser Sinngehalt, denn die reine Wiedergabe der Natur verbot sich als heidnisch. Die christliche Kunst bediente sich dabei auch antiker Symbole und formte sie auf ihre Bedürfnisse um. Ein an sich auch insoweit naheliegendes Verhalten, als es immer die ausdrucksstärksten Arten unter den Pflanzen sind, die die Phantasie anregen und sich als besonders geeignet erweisen, Sinngehalte wiederzugeben. Gleichzeitig war dies aber auch eine Quelle der Widersprüche, in die sich die Symbolsprache im Laufe der Zeit bei einzelnen Baumarten verwickelt hat.

Letzteres soll anhand von Beispielen im Zusammenhang mit der Jungfrau Maria aufgegriffen und belegt werden: Unter anderem gehörte auch die Weide *(Salix)* zu den Sinnbildern der Heiligen Jungfrau. Da erscheint es noch vereinbar und verständlich, wenn der Baum auch noch Kuanyin, der buddhistischen Gottheit der Barmherzigkeit, zugeordnet worden ist. Dieser schützt die Gläubigen, unschuldig Verfolgte und Schiffbrüchige und verhilft außerdem zu Kinderreichtum. Was aber versinnbildlicht die Weide nicht sonst noch alles! Zum Beispiel wurde sie im Volksglauben mit Judas, dem Verräter, in Verbindung gebracht. Angeblich hätte er sich an einem solchen Baume erhängt (nach einer anderen Überlieferung allerdings an einem nach ihm benannten »Judasbaum« *(Cercis siliquastrum)*. Aus diesem Grunde, so wurde angenommen, seien die älteren Stämme der Weiden ausgezehrt und hohl. Andererseits werden an verschiedenen Orten am Palmsonntag als Palmbusch Weidenzweige verwendet. Dabei handelt es sich um kirchlich geweihte Zweige, die als segenbringend aufbewahrt werden. Bei den alten Germanen wiederum wurde das Weidentragen, ähnlich dem Hundetragen, als eine der entehrendsten Strafen verhängt. Bis heute haben Weiden ohnehin den Ruf, Hexen und Gespenstern eine Zuflucht und alles mögliche zu bieten, woran sich deren und der Menschen Phantasie entzündet. Und das wird mit Sicherheit auch so lange so bleiben, wie die Weiden die Landschaft, je nach der Witterung, einmal romantisch schön, ein anderes Mal schaurig unheilverkündend gestalten. So ist es kein Wunder, wenn sich Heiligenbilder mit den profansten, abergläubischsten und niedrige Gesinnung verkörpernden Bildern in einem einzigen Baum vereint sahen. Da half es auch wenig, wenn die Jungfrau Maria mit anderen Bäumen in Verbindung gebracht wurde, beispielsweise etwa mit der

Zypresse, der Zeder *(Cedrus)*, dem Ölbaum, der Platane oder dem Lorbeer *(Laurus)*. Sie versinnbildlichten bereits unter anderem nicht nur den Baum des Lebens, sondern waren bekanntermaßen von alters her mythologisch besetzt, wie der Lorbeer traditionsgemäß von Apollo, der sich auch nicht einfach durch einen Sinneswandel vertreiben ließ. Gleiches gilt für die Zypresse. Bei den Römern war sie der heilige Baum des Totengottes Pluto. Oder die Bäume boten den Menschen allgemein einfach zuviel Verschiedenes, als daß diese sich auf eine einzige Gedankenverbindung hätten einigen können. So sah Horaz in der Zypresse ein Symbol der Trauer, Plato erblickte darin hingegen das Bild der Unsterblichkeit der Seele.

Gleichermaßen litten auch die Sinnbilder, die Christus oder den Heiligen zugedacht wurden, unter dem alten Ballast. Wenn beispielsweise Gentile Bellini, ein im Jahre 1507 verstorbener venezianischer Maler, der sich in seinen Bildern vor allem auch der christlichen Legende angenommen hat, die Madonna mit Kind von zwei Pappeln *(Populus)* eingerahmt darstellt, so dürfte dieses Bild vermutlich der griechischen Mythologie entlehnt sein. Phaethon, Sohn des Helios, des griechischen Sonnengottes, hatte das Gefährt seines Vaters, den mit vier Pferden bespannten Sonnenwagen, mit dem dieser täglich über den Himmel fuhr, bestiegen, konnte die Tiere aber nicht zügeln und wurde von einem Blitz des Zeus erschlagen, worauf er in den Ceridanos abstürzte. Seine ihn beweinenden Schwestern, die Heliaden, wurden daraufhin in Pappeln verwandelt. Aus diesem Zusammenhang heraus galt die Pappel fortan vielen als Sinnbild der Trauer. Angesichts des in der Kunst häufig nachvollziehbaren Rückblicks in die farbige Welt der Mythen waren die Pappeln also wohl von Bellini gewählt worden, um damit den späteren Leidensweg des Jesuskinds zu symbolisieren. Ein eindeutiges Christussymbol in der bildenden Kunst ist der Jessebaum oder die Wurzel Jesse, eine Darstellung des Stammbaums von Jesus Christus.

Besonders deutlich ist der Bezug zu den Bäumen bei den Heiligen, die an einen Baum gefesselt gestorben sind. Bekannt sind vor allem die Darstellungen des heiligen Sebastian von Matthias Grünewald auf dem Isenheimer Altar sowie in den Gemälden von Antonello da Messina und Peter Paul Rubens. Sebastian soll als Hauptmann der Prätorianergarde unter Diokletian von mauretanischen Bogenschützen mit Pfeilen durchbohrt worden sein.

Besonders einleuchtend sind Sinnbilder, wenn man sie geradezu handgreiflich nachvollziehen kann. So zum Beispiel bei der Eibe *(Taxus)*. Dieser Baum gilt vielerorts als Sinnbild des Todes. Seine Nadeln enthalten das giftige Alkaloid Taxin. Auch der Same enthält Gift, nur der rote Samenmantel ist ungefährlich. Die Symptome bei denjenigen, die Bestandteile der Eibe zu sich nehmen, reichen von Übelkeit bis zu Leber- und Nierenschäden oder sogar Tod durch Atemlähmung. Das Taxin genügt bei Pferden bereits in geringen Mengen als tödliche Dosis.

Viele verbinden mit bestimmten Bäumen auch Sinnbilder, die sie allein oder nur einen ganz begrenzten Kreis von Personen betreffen, Sinnbilder der persönlichen Erfahrung. Wer unter einer Buche *(Fagus)* seine erste Liebe wachgeküßt hat, wird den Baum später auch dann mit diesem Symbol verbinden, wenn er es seinerzeit versäumt hat, sich sinnbildlich mit Zeichen in seiner Rinde zu verewigen und sich damit ein lebendiges Poesiealbum anzulegen. Die Buche als Symbol seiner Liebe mag sich aber auch eines Tages gegen ihn kehren. Wenn die Liebe erloschen und insbesondere nicht durch eine neue ersetzt worden ist, kann sich die Buche in ein Sinnbild wehmütiger Erinnerung oder Trauer verwandeln. Viele Bäume haben nicht nur im persönlichen Geltungsbereich einzelner Menschen, sondern auch allgemein im Laufe der Zeit ihre weitergehende Bedeutung verloren bzw. unabhängig von den ersten Inhalten neue hinzugewonnen. Dies führt manchmal zu einer verwirrenden Vielzahl einander widersprechender, ja diametral entgegenstehender Begriffe.

Beschäftigen wir uns in diesem Zusammenhang noch einmal mit der Eibe. Diese ist nicht allein der Baum des Todes, sondern auch ein Baum, der Unheil fernhält. Sie bleibt allerdings mit dieser Symbolik im Einflußbereich des Todes. Nach einem im Norden und Westen Europas verbreiteten Volksglauben sollen Friedhofseiben die Hexen davon abhalten, die Ruhe der Toten zu stören, indem sie Grabsteine umwerfen oder Grabmale zerstören. Die Eibe also als Symbol für die Totenruhe und mancherorts in diesem Zusammenhang auch als Schutz gegen die bösen Geister. Wer einem Toten symbolisch einen Eibenzweig in die Hand legt, macht ihn wehrhaft gegenüber unterirdischen Mächten. Die gefährlichen Eigenschaften der Eibe wirken hier also zugunsten des Menschen. Eine völlig andere Bedeutung hat die Eibe dagegen in einer anderen

Gegend Deutschlands. Im Niederbergischen, am Rande des nördlichen Rheinlands, schenkt man einem Brautpaar Eiben zur Hochzeit. Sie sollen ein langes Leben und lebenslanges Glück verheißen. Offenbar orientieren sich diese Sinnbilder an einer anderen Eigenschaft der Eiben, nämlich ihrer Fähigkeit, sehr alt zu werden. Obwohl die oben aufgezeigten Symbole teilweise in krassem Gegensatz zueinander stehen, sind sie in diesem Fall immerhin sämtlich aus den verschiedenen Eigenschaften der Pflanze ableitbar und nicht erst aufgrund geschichtlicher Ereignisse zu erklären.

In den Bauernkriegen der frühen Neuzeit (1524-1525), in denen es darum ging, den Zugriff der Obrigkeit auf die Allmende, die verbliebenen Teile des Gemeinbesitzes an der Natur, zu stoppen, diente der Baum in anderer Weise als Symbol. Zu dieser Zeit vereinigten sich die Bauern unter anderem unter dem Zeichen des Baumes. Ihre Fahne, in deren Mittelpunkt sich ein Kreuz befand, enthielt außerdem einen Fisch, einen Vogel und einen Baum.[7)] Letzterer galt als Symbol für die freie Nutzung des Waldes, denn sowohl das Jagdrecht als auch die Holzwirtschaft waren Privilegien des Grundbesitzes.

Weit verbreitet als Sinnbild ist noch heute in Deutschland und anderen europäischen Staaten der Maibaum. Seine Vorläufer entstanden in Mitteleuropa wahrscheinlich um 1200. Sie bestanden aus belaubten Zweigen oder waren kleine Bäume und hießen Maien. Unter anderem waren sie Sinnbilder der Liebe oder bei Übergabe Ausdruck hoher Wertschätzung. Der heutige Maibaum ist dagegen ein meist hoher, im allgemeinen bis auf ein kleines Wipfelstück entasteter Baumstamm mit stangenähnlichem Charakter, der, in die Erde gerammt und befestigt, unterschiedlichen Zwecken dient und auf verschiedene Weise geschmückt wird. So gibt es Figurenmaibäume, die das Leben am Orte spiegeln. Andere dienen als Wegweiser für die Einkehr in einen Gasthof. Im Falle des Kirchweihbaums, der meist ebenfalls die Gestalt eines Maibaums hat, ist der entastete Stamm in seinem Wipfel meist mit Bändern, Blumen oder auch Eiern geschmückt. Auch kann am Ende der Stange ein Kreuz angebracht sein, an dem Preise hängen, die sich jeder erklettern kann. Die Kirchweih, ursprünglich zum Gedenken an die Einweihung der Kirche gefeiert, hat heutzutage ein überwiegend weltliches Gepräge. Der Kirchweihbaum ist Mittelpunkt einer Kirmes und weist zugleich den Tanzplatz aus.

Welches Sinnbild sich mit dem Maibaum verbindet, hängt von seiner jeweiligen Funktion ab. Ursprünglich dürfte der Maibaum aus einem Fruchtbarkeitsbrauch hervorgegangen sein und ist also zunächst ein Symbol für das mit der Natur wiedererwachte Leben. Darüber hinaus dürften ihm auch noch magische Kräfte gegen das Unglück zugemessen worden sein. Man kann sich also leicht vorstellen, was es bedeutete, wenn der Maibaum von den Burschen des Nachbardorfes gestohlen worden war, wie dies häufig geschah und heute noch immer Brauch ist. Inzwischen reduziert sich diese Aktion allerdings auf eine reine Mutprobe und auf sportliche Leistung.

Bekannt ist noch die Verwendung des Baumes als Richtbaum. Nachdem ein Haus im Rohbau fertiggestellt ist, feiert der Hausherr vielerorts gewöhnlich mit Zimmerleuten, Maurern, Familie und Freunden das Richtfest. Dabei wird ein Baum auf dem Dachstuhl des Hauses befestigt. Allen sichtbar, soll er den Bewohnern Glück bringen. Schließlich steht ein Baum für hohes Alter und damit für eine der glücklichen Fügungen des menschlichen Lebens. Würde dieser Baum richtungsweisend bereits auf den Zeichentischen der Architekten stehen als Symbol für Ausgewogenheit, vollendete Formen, Ruhe und Geborgenheit, den Bewohnern wäre mit Sicherheit sehr geholfen. Ihre Häuser wären nicht länger plump ausgehöhlte, seelenausgeräumte Gebilde, tot gebaut und durch nichts und niemanden zum Leben zu erwecken.

Und da gibt es natürlich noch den weltweit bekannten Weihnachtsbaum. Längst ist der Christbaum der Deutschen von anderen Völkern übernommen worden. Es ist nicht einmal dabei geblieben, daß sich dieser Baum in weiteren christlichen Kulturkreisen ausgesät hat. Seit langem hat er die religiösen Grenzen überschritten und sich bis in die buddhistischen Einflußsphären in den Subtropen und Tropen fortgepflanzt. Auf seinem Siegeszug um die Welt hat er allerdings fast alles von seinem ursprünglichen Glanz eingebüßt. Er ist sogar auf dem besten Wege, seine eigentliche, besser die von den Christen damit verbundene Bedeutung zu verlieren. In der letzten Zeit hat er sich nämlich immer mehr zu einem Symbol des Weihnachtskommerzes entwickelt. Bereits im Oktober sollen seine Lichter in den Geschäften von Singapur bis Hamburg die weihnachtliche Stimmung erzeugen, die sich als so außerordentlich fruchtbar für gute Umsätze erwiesen hat. Er ist sogar auf dem besten Wege, weltweit zu einem Siegeszeichen guter Geschäfte zu werden. Dabei hatte er sich erst im 16. Jahrhundert als Symbol einer christlichen Weihnacht zu erkennen gegeben und zuvor erst seinen Ursprung aus dem Brauchtum der Mittwinterzeit ablegen müssen. Oder läßt sich seine Herkunft vom Baum des Lebens aus dem Paradies ableiten, wie manche Forscher meinen? Die Entwicklung der Bedeutung des Weihnachtsbaums als Sinnbild zeigt wieder einmal, wie sich die Symbolik der Bäume mit dem Zeitgeist ändert. Andererseits gibt die wechselnde Symbolik auch einen interessanten Einblick in die Bewußtseinslage einer Epoche und dem Wert, der dem Baum und der Natur im allgemeinen im Laufe der Jahrhunderte entgegengebracht wurde.

Weltweit mächtig und unverfälschbar sowie eindeutig als Emblem im Sinne eines Sinnbilds mit der Vorstellung eines Landes verknüpft, stellt sich der Ahorn *(Acer)* dar. Er repräsentiert mit der Form seiner Blätter das zweitgrößte Land der Erde. Kanada ist nicht nur ein Ahornland, es ruft sich mit dieser Blattform auch weltweit jedem in Erinnerung. Ähnliches gilt für die Zedern *(C. libani)* als Emblem des Libanon. Natürlich wachsende Bäume sind dort allerdings inzwischen fast seltener geworden als die Zedern in Wappen und Stempeln.

Vergangene Sinnbilder, die längst ihre Bedeutung verloren haben, der Baum im Widerstreit scheinbar unvereinbarer oder sich widersprechender Bilder, Symbole, die sich bis in unsere Zeit erhalten haben, Baumsymbole auch, bei deren (firmen-) mißbräuchlicher Verwendung sich die Bäume nicht widersetzen können. Hier vor allem der Baum als Sinnbild für Leben, von denen verwandt, die sich damit in einer Zeit schmücken wollen, in der die Bäume mit letzter Kraft wieder in das Bewußtsein der Menschen wachsen oder als Symbol des Neuanfangs, wie auf deutschen Fünfzigpfennig-Münzen. Neben anderem auch noch der Baum als unentdecktes Sinnbild. Gibt es ein Zeichen, das eindrucksvoller Ruhe geböte als ein alter, in sich selbst wurzelnder Baum! Wäre daher nicht der Baum das weltweit geeignete Zeichen für verkehrsberuhigte Zonen! Und schließlich der Baum dort als Sinnbild, wo es ihn kaum gibt, wo man ihn deshalb auch in dieser Beziehung nicht erwartet. Oder gerade darum mit ihm rechnen muß? Beduinen im Sinai hängen Gegenstände an den Baum, um damit ihren Eigentumsanspruch auszudrücken. Alles, was am Boden liegt, kann von jedermann mitgenommen werden. Was jedoch an den Bäumen hangt, ist unantastbares Eigentum der Wüstenmenschen.

# Der Baum in Religion und Mythologie

Die Bibel ist eindeutig geschichtsorientiert. Lediglich im Römer-Brief des Apostels Paulus 8, *18-25,* wird die Natur näher betrachtet. Von den Bäumen ist allerdings an dieser Stelle nicht ausdrücklich die Rede, sie sind Bestandteil der dort nur allgemein erwähnten Schöpfung.

Dennoch spielen Bäume in der Bibel an einigen Stellen eine Rolle. Man kann sich aber getrost die Mühe ersparen, die Bibelstellen aufzuzählen, an denen Bäume erwähnt werden. Bäume gehören nun einmal zum Bild der Landschaft, auch in einer rein geschichtlichen Betrachtung. Ihre Erwähnung in der Bibel zeigt lediglich, daß sie da sind oder daß sie wegmüssen, aber das sind beispielsweise genau die Stellen, an denen die Bäume eine wichtige Rolle spielen und damit in diesem Zusammenhang interessant werden.

Um diese Fundstellen zu verstehen, muß man weit zurückgehen bis in die Zeit, als die israelitischen Stämme in dem Lande seßhaft wurden, das bereits von den Kanaanäern, auch Amoriter genannt, besiedelt war. Diese Ureinwohner Palästinas hatten zahlreiche befestigte Städte gegründet. Die bekannteste ist Jericho, das die Israeliten nach einem siebentägigem Umzug einnahmen, wie es im Buch Josua beschrieben ist. Sie unterschieden sich nicht nur in der Art ihrer städtischen Siedlungsweise von den israelitischen Stämmen, sondern vor allem in ihrem Leben und Glauben.

Die Kanaanäer huldigten den alten Fruchtbarkeitskulten. In deren Mittelpunkt stand Aschera, auch Aschtoret oder Astarte genannt, seit Amenophis II. (1438-1412) in Ägypten auch als Kriegsgöttin erwähnt, später allgemein die Mondgöttin, Göttin des Himmels. Sie war bei den Kanaanäern die große, Fruchtbarkeit spendende Muttergöttin. Daneben gab es einen jugendlichen Gott, der den Rhythmus der sich jährlich neu entfaltenden und wieder vergehenden Vegetation verkörperte. Im Rahmen der mit diesen Kulten verbundenen Feiern fand auch eine sogenannte sakrale Prostitution statt. Daneben zählte Baal zu den verehrten Gottheiten. Bei den Kanaanäern als Wettergott, anderenorts in zahlreichen lokalen Bedeutungen und mit anderen Funktionen, vielfach als Spender von Fruchtbarkeit und Leben und damit gleichfalls als Herr sinnlichen Lebens und orgiastischer Feiern.

Die israelitische Religion hingegen war keine Fruchtbarkeitsreligion wie die der Kanaanäer. Sie war vielmehr eine auf strengen Gehorsam ausgerichtete, also ethisch geprägte Religion. Die bei den Kanaanäern mit der Religionsausübung verbundene Erwartung »do ut des« (Ich gebe, damit du gibst.) war ihnen fremd. Der israelitische ist ein fordernder, aber kein bestechlicher Gott.

Die mit der Kultausübung der Kanaanäer verbundenen Verlockungen und Erwartungen wirkten natürlich ansteckend auf die eingewanderten Israeliten. Soweit sich nicht einige den kultischen Gepflogenheiten der Kanaanäer ganz anschlossen, wurden größere Teile der israelitischen Stämme davon zumindest dahingehend beeinflußt, sich bestimmter kultischer Formen zu bedienen. Zwar blieben sie sich ihrer Besonderheit gegenüber den Kanaanäern durchaus bewußt, gewisse Grenzen jedoch begannen zu zerfließen.

Was hat dies mit den Bäumen zu tun? So viel, daß sogar deren Leben davon abhing. Baumheiligtümer waren nämlich ein wesentlicher Bestandteil der kultischen Verehrung. Bäume waren daher für die israelitischen Religionsführer ein gefährliches Sinnbild für die verwerflichen Kulte der Kanaanäer, sie repräsentierten Aschera, Astarte, Baal und die anderen. Wenn die alten Propheten dazu aufriefen, das Bild der Aschera umzuhauen, hieß dies nichts anderes, als die Bäume zu fällen. Betrachten wir beispielsweise Richter 6, *25-27:*

*»Und in derselben Nacht sprach der HERR zu ihm: Nimm einen jungen Stier von den Stieren deines Vaters und einen zweiten Stier, der siebenjährig ist, und reiße nieder den Altar Baals, der deinem Vater gehört, und haue um das Bild der Aschera, das dabei steht, und baue dem HERRN, deinem Gott, oben auf der Höhe dieses Felsens einen Altar und rüste ihn zu und nimm den zweiten Stier und bringe ein Brandopfer dar mit dem Holz des Ascherabildes, das du umgehauen hast. Da nahm Gideon zehn Mann von seinen Leuten und tat, wie ihm der Herr gesagt hatte.«*

Ähnlich heißt es auch in 1. Könige 14, *15* und *23;* 1. Könige 15, *13;* 1. Könige 16, *33;* Jesaja 17, *8; Jeremia 17, 2;* Micha 5, *13.*

Die Bäume bezahlten am Ende für ihre Doppelnatur mit dem Leben. Zum Feindbild erklärt, des religiösen Schutzes enthoben und damit der wirtschaftlichen Ausbeutung ausgesetzt, hatten sie auf Dauer keine Chance, sich zu behaupten. In Palästina hinterließen sie eine karge Landschaft, und dies ist bis heute so geblieben.

Auch an anderer Stelle ist die Bibel den Bäumen nicht gerade wohlgesonnen:

*»Wenn du vor einer Stadt lange Zeit liegen mußt, gegen die du kämpfst, um sie zu erobern, so sollst du ihre Bäume nicht verderben und mit Äxten umhauen, denn du kannst davon essen; darum sollst du sie nicht fällen. Die Bäume auf dem Felde sind doch nicht Menschen, daß du sie belagern müßtest! Die Bäume aber, von denen du weißt, daß man nicht davon ißt, die darfst du verderben und fällen und ein Bollwerk daraus bauen gegen die Stadt, die mit dir Krieg führt, bis du sie besiegt hast.«*

(5. Buch Mose 20, *19* und *20)*

Der einzige Grund, warum einige Bäume verschont werden sollen, liegt darin, daß man ihre Früchte essen kann. Für die übrigen wird ein Freibrief ausgestellt, sie zu fällen.

Das Christentum hat den Bäumen einige wuchsfreundliche Plätze eingeräumt. Die griechischen Kirchenväter interpretieren das Kreuzgeschehen nach dem zwölften Gesang von Homers Odyssee. Darin verklebt Odysseus, von der hohen Kirke vor dem unwiderstehlichen Gesang der todbringenden Sirenen gewarnt, seinen Gefährten die Ohren mit geschmolzenem Wachs und läßt sich von diesen mit Händen und Füßen an den Mastbaum des Schiffs binden. Auf diese Weise widersteht er anschließend allen Lockungen und Gefahren. Für die griechischen Kirchenväter ist nun Jesus dieser Baum, an den sich bindet, wer vor allen Gefahren sicher sein will. In Psalm I, *1-3* wird der gottgefällige Mensch beschrieben und mit einem Baum verglichen, der an einer besonders förderlichen Stelle, nämlich den Wasserbächen, gepflanzt ist,

»Balzerherrgott« in einer alten Buche *(Fagus sylvatica)*
(Baden-Württemberg)

Früchte trägt und immergrün ist. In Johannes 15 sieht sich Jesus als der wahre Weinstock, und Matthäus 7, *16-20* vergleicht die richtigen Propheten mit den guten Bäumen, die gute Früchte tragen. In beiden Fällen steht wieder der Gedanke dahinter, wer sich an den Baum bzw. Weinstock hält, handelt immer richtig.

Gewiß, damit ist der Baum in seiner positiven Bewertung nicht mehr zu übertreffen, aber eine direkte Folge daraus, nämlich die Bäume auch entsprechend zu behandeln und wenn nötig zu schützen, wird an keiner Stelle gezogen. Deshalb besteht für den gläubigen Christen aus biblischer Sicht leider auch kein Grund, die Bäume in irgendeiner Form zu schonen.

Manche gehen noch wesentlich weiter. Bei Carl Amery[8)] trägt das Christentum die Verantwortung dafür, daß die Natur durch den Menschen so weitgehend vernichtet wurde. Nach seiner Auffassung haben die Christen den gegenwärtigen Krisenzustand der Welt jedenfalls verursacht, zumindest weit über die kirchlichen Grenzen hinaus mitverursacht. Die Bäume Palästinas, die Bäume der ganzen Welt ein Opfer judäisch-christlicher Tradition?

Auf den Buddhismus fällt ein solcher Verdacht nicht. Buddha selbst wird in ausnahmlos positiver Beziehung mit Bäumen in Verbindung gebracht. Unter einem Baum wurde er geboren, und unter einem Feigenbaum *(Ficus religiosa)* wurde ihm die Erleuchtung zuteil. Diese Baumart nannte man anschließend »Bodhi-Baum«. Bis man sich ein Bildnis von Buddha machte, verehrte man ihn unter dem Zeichen dieses Baumes. Alle Bäume, die mit Buddhas Leben in Verbindung standen, waren streng geschützt. Das konnte den Bodhi-Baum allerdings nicht davor schützen, daß ihm bis heute in Indien eine ganze Reihe von Geistern und Dämonen angehängt werden.

Auch dem Hinduismus ist keine Baumfeindlichkeit vorzuwerfen. Zahlreiche Vorstellungen verbinden sich mit den Bildern verschiedener Bäume. Der Vata-Baum *(F. indica)* beispielsweise ist dem Gott Vishnu geweiht. Am Ende eines jeden Yuga, das ist der Lebenszyklus der Welt, legt sich Vishnu auf ein Vata-Blatt nieder, um sich auf der Flut treiben zu lassen. Einer alten Überlieferung zufolge saß unter einem Vata-Baum einst die tugendhafte Savitri, auf ihrem Schoß den Kopf ihres sterbenden Mannes, um auf Yama, den Gott des Todes, zu warten. Es gelang ihr, Yama zu überreden, ihren Mann ins Leben zurückkehren zu lassen. Dieses Ereignis wird jährlich in Indien im Monat Jyeshtha (Juni) gefeiert. Dann beten Frauen zum Vata-Baum, daß ihre Kinder und Männer lange leben mögen.

Bäume spielen im Hinduismus eine sehr große Rolle. Sie waren der natürliche Schutz des Asketen und Weisen und die Verbindung zwischen der Erde und den Himmeln. Gaben für die Götter wurden an die Bäume gehängt. Wer viele Bäume bestimmter Arten öffentlich pflanzen ließ, galt als Wohltäter und konnte aufgrund dieser Tat damit rechnen, ins Paradies aufgenommen zu werden. Entsprechend war die Baumverehrung immer ein fester Bestandteil dieser Religion. Man schmückte die Bäume mit Girlanden, beleuchtete sie festlich und verheiratete sie sogar mit anderen Bäumen. Bevor ein Baum gefällt wurde, empfahl es sich, den darin hausenden Baumgeist günstig zu stimmen und zu bitten, seinen Wohnsitz auf einem anderen Baum zu nehmen, um somit böse Folgen abzuwenden.

Legenden sind unverbürgte Erzählungen, die einen starken Bezug zum Mythischen haben. Unter ihnen spielen die Heiligenlegenden eine besondere Rolle. Eine solche verbindet sich auch mit der Flucht nach Ägypten, von der die Bibel berichtet. Im Mittelpunkt dieser Geschichte steht eine uralte und ungeheuer hohe Palme inmitten der Wüste. Ihre Existenz verdankte sie der Königin von Saba. Vor langer Zeit war die Königin auf dem Heimweg in ihr Land an der Stelle vorbeigekommen, und mit ihr der weise König Salomo, der sie ein Stück Weges begleitete. Zur Erinnerung an die Stunde der Trennung pflanzte die Königin beim Abschied einen Dattelkern in die Erde, damit daraus eine Palme würde. Sie sollte so lange wachsen, bis dem Lande Juda ein König geboren würde, größer und mächtiger als Salomo.

Als sich später Joseph und Maria mit dem Jesuskind erschöpft und dem Verdursten nahe der Stelle näherten, wo die Palme stand, spürte diese in ihren Blättern ein merkwürdiges Rauschen, das wehmütig wie ein Totengesang klang. Erst glaubte der Baum, damit könnten nur die erschöpften Wanderer gemeint sein. Gerne hätte die Palme geholfen, aber ihre Früchte hingen unerreichbar hoch. Auch Maria und Joseph hatten keine Hoffnung, an die Datteln zu kommen. Da streichelte das Kind den Baum und befahl ihm, sich zu beugen. Die Blätter rauschten wie in einem Orkan, der Baum fühlte, er mußte dem Kind gehorchen. Er beugte sich, und die Wanderer waren gerettet. Das Kind aber befahl dem Baum, sich wieder zu erheben. Da wußte dieser, für wen jetzt seine Blätter gleich Harfen die Todesmelodie spielten.[9)]

Nach einer anderen christlichen Legende durchquerten Joseph und Maria mit ihrem Kind auf der Flucht vor Herodes einen Wald. Während alle Bäume in Ehrfurcht vor der heiligen Familie zurückwichen, machte ein Baum eine Ausnahme. Ein einziger Blick des Jesuskindes jedoch ließ ihn für alle Zeiten erbeben und erzittern. Es war die Espe *(Populus tremula)*. Abweichend von dieser Version gibt es auch noch die Legende, nach der das Kreuz Christi aus Espenholz war. Die Leiden Christi erschütterten den Baum so, daß er verdammt war, für immer zu zittern.

Eine andere, rein weltliche Legende ist aus dem alten Britannien überliefert. Dort verehrten keltische Stämme einen Herrn der Wälder, der Kernunnus hieß. Dieser besaß unter anderem die Fähigkeit, sich zu verwandeln. Einmal erschien er als der stärkste Hirsch, ein anderes Mal als Mann mit Geweih oder in noch weit ausgefallenerer Gestalt. Ein walisischer Krieger namens Cynon, Sohn des Clydno, soll der letzte gewesen sein, der ihn gesehen hat. Er begegnete ihm plötzlich auf einer Lichtung, wo er sich als Riese zeigte, der so finster war wie eine mondlose Nacht. Er schien so alt wie die Bäume. Die Beine des Mannes waren zu einem einzigen verschmolzen und endeten in einem Fuß, auch hatte er nur ein einziges Auge, das tief in seiner Stirn lag. Auf eine eiserne Keule gestützt, befahl er Cynon schließlich, sich zu entfernen. Als dieser der Aufforderung nicht folgte, schlug er einen auf der Lichtung stehenden mächtigen Hirsch so heftig mit seiner Keule, daß sich dessen Gebrüll wie ein Sturm erhob und von den Ästen der Bäume widerhallte, bis es den ganzen Wald erfüllte. Da stoben alle Tiere von nah und fern heran und überfluteten die Lichtung wie eine Woge. Auf die Aufforderung des Herrn der Wälder hin verneigten sich ehrfürchtig alle Tiere. Zitternd unterwarf sich auch Cynon dem Riesen, er verbeugte sich wie die Tiere. Man deutete das Wiedererscheinen des Herrn der Wälder, der sich zuvor lange Zeit nicht mehr gezeigt hatte, als Erinnerung daran, daß die Mächte aus früheren Zeiten immer noch auf der Erde weilten.[10)]

Der Mensch hat in Worten, Gedanken und Taten vieles versucht, um sein Gefühl der Unterlegenheit gegenüber den mächtigen Bäumen erträglich zu machen und möglichst nicht sichtbar werden zu lassen. Dabei wurde ursprünglich der Baum nicht als solcher, also nicht um seiner selbst willen, verehrt. Vielmehr repräsentierte er kraft seiner besonderen, vom Menschen nicht erreichbaren Eigenschaften etwas Höherwertiges, außerhalb der menschlichen Natur Liegendes. Die ältesten heiligen Orte bildeten Mikrokosmen aus Stein, Wasser und Baum. Dabei stellte der Baum wegen seiner Regenerationsfähigkeit die heilige Kraft des ewig Lebendigen dar.

Werden Bäume ohne Not beschnitten und gefällt oder daran gehindert, über den Schalenrand hinauszuwachsen und ein Baum zu werden, so steht dahinter zumindest auch ein Bedürfnis, sich etwas zu beweisen. Dies läßt sich allerdings auch eleganter, ohne Gewaltanwendung lösen. So gab es in China einmal eine Zeit, da war es üblich, den Bäumen Titel zu verleihen. Welch genial einfache Idee, die eigenen Probleme zu beheben! Steht nicht derjenige, der einen Titel zu vergeben hat, ungleich höher als der auf diese Weise Bedachte! Die Größe, die Kraft, das Alter und die vielen anderen bedenkenswerten besonderen Eigenschaften der Bäume haben aber, selbst wenn sie im Menschen ein Gefühl der Unterlegenheit hervorriefen, sowohl in China als auch in anderen Ländern nicht zwangsläufig zu immer gleichermaßen ablehnenden oder kämpferischen Reaktionen geführt. Nicht nur aus vorurteilsloser, anerkennender Bewunderung, auch oder sogar gerade aus der Einschätzung der eigenen Unterlegenheit und Ohnmacht entstanden Baumverehrungen, die so weit gingen, daß sich die Menschen mit dem Baum selbst in bestimmten Formen identifizierten. Mehr noch, die Bäume wurden in die Nähe der Götter gestellt oder gleich selbst zu Göttern erhoben. Nicht nur die Bäume selbst, auch alles, was mit ihnen in Zusammenhang stand, von ihnen ausging, in ihnen wohnte und wirkte, wurde seltsam überhöht und mit überlegenen Kräften ausgestattet. Wunderbare oder absonderliche Gestalten wurden erdacht, eine Reaktion auf die Überlegenheit der Bäume. Das gesamte Spektrum der in diese Richtung gelenkten Denk- und Verhaltensweisen des Menschen läßt sich aus der Mythologie ablesen. Sie ist ein umfassender Spiegel der Beziehungen zwischen den Menschen und den Bäumen.

Seine imponierendste Ausgestaltung erfährt darin der Baum als übermächtiger, die Erde überragender Weltenbaum, der mancherorts auch als Himmelsbaum oder unter einem anderen Namen verehrt wurde und noch heute in den Vorstellungen verschiedener Völker fortlebt. Der altgermanische Weltenbaum war die Esche (Ask, *Fraxinus*) Yggdrasil. In der Edda, der Sammlung nordischer Götter- und Heldenlieder, wird sie als ein riesiger, immergrüner Baum beschrieben, der im Mittelpunkt der Welt stand und sie zusammenhielt. Ihre Zweige waren umfassend, die Krone reichte hinauf bis in den Wallhall, den Wohnsitz der Götter. Ihre Wurzeln streckten sich entsprechend tief in die Erde bis in die Unterwelt. Diese Esche wurde von drei Hauptwurzeln getragen, unter denen jeweils eine Quelle entsprang. Eine Wurzel zog sich bis Midgard. Das war der von den Menschen bewohnte Teil der Welt, in dem sich der Brunnen Urd befand. Eine andere Wurzel reichte nach Utgard, wo die Feinde der Götter, die Dämonen und Riesen, hausten. Die dritte Hauptwurzel fußte in Niflheim. An dieser Wurzel nagte in Nebel, Todesdunkel und Kälte der Drache Nidhöggr, das Sinnbild des Bösen. Solange jedoch die drei Schicksalsgöttinnen, die Nornen, die Wurzeln immer wieder mit Wasser aus dem Brunnen Urd benetzten, war die Existenz des Baumes nicht gefährdet. In den Zweigen der Weltenesche lebten vier Hirsche. Im Wipfel saß ein Adler, als Sonnenvogel ein Sinnbild des Guten. Zwischen dem Adler als Symbol des Guten und dem Drachen als Symbol des Bösen pendelte, Worte übermittelnd und Feindschaft schürend, das Eichhörnchen Ratatoskr. Die Esche Yggdrasil ist somit das Sinnbild eines polar gegliederten, von der Spannung zwischen Gut und Böse gekennzeichneten organischen Ganzen. »Yggdrasil« bedeutet übrigens »Reittier des Schrecklichen«. Gemeint war hier Odin (Wotan), die in vielfacher Gestalt auftretende, bedeutendste Göttergestalt der germanischen Mythologie. »Wotan« bedeutet »Wut« im Sinne eines überzogenen Verhaltens, der Ekstase. Dieser Gott verlangte Menschenopfer und bevorzugte dabei den Tod durch Erhängen. In der Edda ist überliefert, daß Odin in einem Akt kultischer Selbstopferung neun Tage in dieser Esche gehangen haben soll. Danach begann er zu wachsen, bis er der Größte war. Yggdrasil als Odins Galgen läßt Parallelen zum Kreuz der christlichen Religion erkennen.

Was in der Edda die Weltenesche Yggdrasil, ist im Hinduismus der indische Ashvattha-Baum *(F. religiosa)*. Er ist ein umgekehrter Baum mit Wurzeln in Gott am Himmel und Zweigen in dieser Welt. In den heiligen Schriften der Inder, dem Bhagavadgita und Kathopanishad, wird häufig auf ihn Bezug genommen. Die vielen persönlichen Bindungen auf dieser Welt sind ein Hindernis auf dem Wege zur Befreiung der Seele und zur Verwirklichung der letzten Realität. Der Mensch wird angehalten, sich seinen Weg durch die Zweige dieses Baumes zu suchen. Dabei helfen ihm Wissen und Ungebundenheit, Gott zu finden, das Ziel, das keine Rückkehr mehr zuläßt.

Daneben gibt es den iranischen Himmelsbaum Haru, den indo-iranischen Soma-Baum und eine Reihe anderer Bäume mit religiösem Bezug. Man kann sagen, die meisten davon sind mehr oder weniger vollkommene Kopien des Archetypus Weltenbaum. Sie befinden sich in der Mitte der Welt. Immer wieder haben die Menschen auch versucht, das Abbild solcher Bäume auf der Erde wiederzuentdekken, um sich besser daran festhalten zu können. Man denke etwa an die mächtige, angeblich immergrüne Platane an der heiligen Quelle von Gortyn, von der Theophrastos berichtet. Auch der afrikanische Baobab *(Adansonia digitata)* entzündet die Phantasie. Das beweist eine kenianische Legende, nach der dieser Baum sein eigenartiges Aussehen einem ostafrikanischen Teufel verdankt. Dieser habe in einem Anfall von Wut den Baum aus dem Boden gerissen und ihn verkehrt herum, also mit den Wurzeln in der Luft, in einen Krater gesteckt. In der Tat haben die Zweige des Baumes während der Zeit, da er blattlos dasteht, große Ähnlichkeit mit Wurzeln. Daß die afrikanischen Baobabs heute noch an zahlreichen Stellen zu finden sind, verdanken sie allerdings nicht diesem angeblichen Ursprung, sondern allein ihrem Holz. Es ist zu weich für wirtschaftliche Zwecke. Ein anderer Charakterbaum Nordafrikas, die Akazie *(Acacia)*, erscheint als Weltenbaum geradezu prädestiniert. Aber wer wußte damals schon von ihrer besonderen Fähigkeit, ihre Wurzeln bis zu 80 m tief durch den Sand zu treiben, bis sie dort auf fossiles Regenwasser stößt! Sehr gut könnte man sich auch vorstellen, daß der himmelumspannende Rain-tree *(Samanea saman)* einmal Gegenstand weltumfassender Betrachtungen gewesen ist. Und so ließen sich noch weitere Baumarten finden, die mit dem Himmel- oder Weltenbaum verwandt erscheinen.

Bei so viel Achtung vor den Bäumen ist es nicht verwunderlich, wenn Bäume auch als Ursprung allen Seins angesehen wurden. In der Mythologie kommt es vor, daß Götter oder Menschen von Bäumen abstammen. Nach der Vorstellung der alten Germanen wurde sogar das erste Menschenpaar aus zwei Bäumen erschaffen. Drei Gottheiten aus dem Geschlecht der Asen, Odin, Hoenir und Lodurr, ließen aus einer Esche und einer Ulme *(Ul-*

mus) zwei Menschen werden.[11] In Afrika erscheint die Urmutter vielerorts als Baum. In alten griechischen Vorstellungen stammt der Mensch von einem Baum ab, der Eiche *(Quercus)*, dem heiligen Baum des Zeus.

Entsprechend wurde den Bäumen vielfach eine Anima, eine Seele, zugeschrieben. Bei den alten Germanen wohnt jedem Baum eine Seele inne. Die Wälder waren also Wohnsitze dieser Seelen, guter und böser Seelen. Daraus entstanden mit der Zeit gute und böse Bäume. Vor allem auch gefährliche Bäume, zum Beispiel solche, die unvereinbar waren mit den Vorstellungen des Christentums, das alle Mühe hatte, die heiligen Bäume der Germanen »abzuschaffen«. Dieses äußerst mühevolle Unterfangen gelang keineswegs auf Anhieb. Es bedurfte unter anderem auch vieler Axthiebe. Diese wiederum forderten Opfer, sowohl unter unzähligen wunderbaren alten Bäumen als auch unter den Initiatoren. Die Friesen, die von Bonifatius bekehrt werden sollten, zeigten überhaupt kein Verständnis dafür, daß ihre heiligen Bäume gefällt werden sollten. Sie erschlugen ihn im Jahre 754.

Die Frage, ob Bäumen eine Seele innewohnt, bewegte nicht nur die Germanen oder die Christen. Auch im frühen Buddhismus wurde sie heftig diskutiert. Man einigte sich darauf, daß Pflanzen zwar keinen Verstand, mithin also auch keine individuelle Seele hätten, allerdings von einem Geist bewohnt sein könnten.

Götter waren in der Zuordnung bestimmter Bäume zu ihrer Person durchaus wählerisch und artentreu. Zeus sah sich, wie erwähnt, in der Eiche verkörpert. Mit Apoll verband sich der Lorbeer *(Laurus)*, Athene hatte einen Bezug zum Ölbaum *(Olea europaea)*. Die Zeder *(Cedrus)* wurde mit dem babylonischen Gott Ea in Verbindung gebracht, und Osiris, dem ägyptischen Gott der Auferstehung, war die Akazie geweiht.

Ein weiteres Kapitel der Mythologie beinhaltet Baumverwandlungen. Götter verwandeln Menschen oder Halbgötter in einen Baum. Myrrha, die inzestuös gefrevelt und anschließend die Götter gebeten hatte, sie sowohl vom Leben wie auch vom Tode auszuschließen und zu verwandeln, wurde zum Myrrhenbaum. Aus ihrer Rinde gebar sie später Adonis. Ein ähnliches Schicksal wie Myrrha widerfuhr auch Daphne, der schönen Nymphe, Tochter des Flußgottes Peneios. Allerdings war sie schuldlos in eine Lage gekommen, sich die Verwandlung zu wünschen. Eros, der Apoll seine Macht zeigen wollte, schoß zwei Pfeile ab, einen stumpfen auf die Nymphe, die daraufhin der Liebe nicht mehr zugänglich war, einen spitzen, die Liebe entflammenden auf Apoll. Als ihr Apoll nachstellte, wußte sich Daphne nicht mehr anders zu helfen, als ihren göttlichen Vater um Verwandlung in einen Baum zu bitten. Die weinenden Heliaden, Schwestern des Phaethon, wurden in Schwarzpappeln *(Populus nigra)* verwandelt. Schließlich darf in diesem Zusammenhang die schöne Geschichte der beiden Alten Philemon und Baucis nicht vergessen werden. Sie waren unter allen Menschen die einzigen gewesen, die die durchs Land ziehenden Götter bei sich aufgenommen hatten. Ihr Wunsch, zur gleichen Zeit zu sterben, wurde ihnen erfüllt. Sie wurden in zwei Bäume verwandelt, Philemon in eine Eiche, Baucis in eine Linde.

# Der Baum in Märchen, Sagen, Fabeln und in der Literatur

In den Märchen der Länder mit großen Waldgebieten spielen Bäume eine wichtige Rolle. Sie haben viele unterschiedliche Bedeutungen. Dafür läßt sich eine ganze Reihe von Gründen aufzählen:

- Im Deutschen gibt es das Sprichwort: »Wie man in den Wald hineinruft, so schallt es auch wieder heraus!« Das ist nicht wörtlich gemeint, sondern so zu verstehen, daß man von den Menschen so behandelt wird, wie man sich ihnen gegenüber verhält. Oder, um es mit einem anderen deutschen Sprichwort zu umschreiben: »Wie Du mir, so ich Dir.« In bezug auf die Märchen jedoch erlaubt es eine wörtliche Deutung, die der Schlüssel zu vielen

»MÄRCHENWALD«

Darstellungen ist. Der Wald in den Märchen ist der Reflex des eigenen Befindens des Autors, seines Befindens oder seiner Absichten. Kaum etwas eignet sich besser als Resonanzboden für die unterschiedlichsten Töne als der Wald. In Einklang mit einem der unzählig vielen Erscheinungsbilder der Bäume gibt das Echo immer die passende Antwort. Der Wald ist also eine Fundgrube für denjenigen, der darin etwas sucht. Es gibt keine Einstellung oder Absicht, die sich dort nicht belegen ließe.

- Zu der Zeit, als die Märchen entstanden, war der Wald noch so allgegenwärtig und natürlich dicht mit Bäumen bestanden, daß niemand an ihm vorbeikam, weder in der Wirklichkeit noch in seinen Erzählungen. Man konnte ihn auch kaum durchdringen. Das machte ihn unübersehbar, finster, unheimlich, gefährlich, feindlich. Anders ausgedrückt, in der Welt der Märchen, in der sich die Sehnsucht nach Glück erfüllen soll, steht der Wald mit seinen Bäumen meist im Wege. Zwar hatte der Wald schon zu jener Zeit Lichtungen und bot hie und da auch damals andere, freundliche Bilder, in erster Linie war er aber dunkel. Entsprechend waren diejenigen, die in ihm lebten, ausgestoßen, andersartig, verdächtig oder verloren.

- Wären die Wälder früher wie heute gewesen, weniger vital, lichter, durchschaubarer, ohne von der Phantasie erdachte verborgene Geheimnisse, Schätze, Hinterhalte oder Fallen, und wäre man sich ihres Wertes für Klima, Luft, Boden, Landschaft und Mensch bewußt gewesen, sicherlich hätten die Märchenerzähler ganz anders über ihn berichtet. Kraft, Schutzfunktion, Vielfalt und Schönheit der Bäume, das Geflecht lebensvoller Beziehungen in einem Naturwald hätten die Märchen durchdrungen. Wahrscheinlich hätten dann unsere abgestorbenen oder geschädigten Bäume das Unheimliche, letztlich Unbegreifliche verkörpert.

- Daraus, wie die Wälder in den Märchen beschrieben werden, läßt sich ablesen, daß das Wesen und die Bedeutung der Bäume und des Waldes von den Menschen immer schon verkannt worden sein müssen. Selbst als die Menschen noch naturnäher lebten, war ihnen der Wald im Grunde ein Rätsel. Unheimlich, das kann nur heißen, nicht vertraut, fremd. Menschen, die naturverbunden den Wäldern nahestanden und in ihnen lebten, wurden von ihrer Unheimlichkeit gewissermaßen eingefärbt. Ob nun böse oder ausnahmsweise gut, mit den unfaßbaren unheimlichen Kräften der Wälder im Hintergrund erschienen sie mächtig. Sie vollbrachten Dinge, die sich offenbar nur im Bündnis mit dem Wald bewirken ließen. Sie besaßen Schätze, bewahrten unglaubliche Geheimnisse, konnten zaubern, und immer hat man das Gefühl, außerhalb des Waldes hätten sie ihre Kraft nicht lange bewahren können. In gewisser Weise sind die Märchengestalten des Waldes den heutigen Naturschützern vergleichbar. Als diese in unserer Zeit auftraten und sich in Worten und Taten mit den Wäldern verbanden, wurden sie zunächst ebenso als andersartig eingestuft. Ohne die Kraft eines gesunden, kaum zu durchdringenden, unheimlichen Waldes im Rücken wurden sie, die für schwache, sterbende Bäume fochten, anfangs jedoch lediglich verspottet. Erst als es ihnen gelang, vielen klarzumachen, wie sehr wir die Wälder brauchen, wuchs ihnen daraus die Kraft zu, die sie vielleicht auch einmal zu Märchengestalten werden lassen. Jedenfalls laufen heute so viele Menschen in den Wäldern herum, daß die Zeit für neue Waldmärchen eigentlich längst gekommen ist.

- Noch etwas bestimmte das Bild vom Wald in den Märchen. Mythen, Sagen und Legenden leben in den Märchen wieder auf. Oft sind es die gleichen Bäume, für denjenigen, der sich in den Wäldern all dieser Darstellungsformen auskennt, leicht wiederzuerkennen. Sogar Bäume des Alten und Neuen Testaments erleben eine Wiedergeburt in den Beschreibungen der Märchen.

In dem Märchen »Rumpelstilzchen« der Brüder Grimm[12] beherbergt der Wald das Männchen, das der Müllerstochter das Leben rettet, indem es ihr hilft, Stroh zu Gold zu spinnen. Als es jedoch beim letzten Treffen die Bedingungen für seine Hilfe bis zu der Forderung steigert, die Müllerstochter solle ihm das erste Kind versprechen, das sie später dem König gebären würde, da offenbart es seinen dunklen Charakter. Er ist so dunkel wie der Wald, in dem ihn schließlich die Späher des Königs entdecken, um ihm seinen wahren Namen abzulauschen. Der Wald ist die Heimat des bösen Zwerges Rumpelstilzchen und seinesgleichen sowie vieler böser Hexen. In den Grimmschen Märchen »Hänsel und Gretel«[13], »Jorinde und Joringel«[14], »Brüderchen und Schwesterchen«[15], »Die Alte im Wald«[16] und in vielen anderen Märchen hausen sie im Wald und warten darauf, dort ihre bösen Zauberkräfte zu entfalten. In dem Märchen »Der Waldgeist«[17] aus Paraguay ist es ein Geist mit langem Bart und feuerroten Haaren, der im Gran Chaco lebt und dort die Männer auffrißt und die Weiber mit in seine Hütte nimmt. Ob nun böser Zwerg oder Riese, Geist, Zauberer, Hexe oder Räuber, für sie alle bildet der Wald die Kulisse des Bösen. In seinem Schutz entwickeln sie unheilvoll ihre oft außergewöhnlichen Kräfte. Der Wald spielt in dieser Deutung seine glaubhafteste Rolle. Ginge heute ein naturunerfahrener Städter in einen wegelosen, sich selbst überlassenen Urwald, sein Bild vom Wald würde dem in den Märchen mit jedem Schritt ähnlicher, denn was unheimlich ist, ist im Zweifelsfall auch böse.

Schließlich sollte aber jedes Märchen gut enden. Deshalb darf nicht alles im Wald böse sein, sonst wären die Märchen zu oft hoffnungslos traurig. Entsprechend sind die in diese dunkle Welt Verstrickten nicht immer auf Rettung von außen angewiesen. Der Wald birgt auch Hilfe in sich, sei es, daß die bösen Kräfte ein natürliches Gegengewicht in wohlgesinnten, gleichfalls machtvollen Gestalten[18] haben oder daß Tiere[19] zu Hilfe kommen oder die Bäume den Bedrängten allein aufgrund ihrer natürlichen Eigenschaften Möglichkeiten bieten, sich selbst zu helfen. An Bäumen läßt sich hochklettern, um Ausschau zu halten und sich zu orientieren. Alte Bäume bieten in ihren hohlen Stämmen Zuflucht, und auf den Ästen ist man sicher vor wilden Tieren. Manche Bäume tragen auch Früchte, mit deren Hilfe sich überleben läßt. Schließlich beginnen Bäume in Märchen wie selbstverständlich, sogar zu sprechen, zu helfen und sich in Menschen zu verwandeln.

Beispielsweise wird der böse Einfluß der Alten im Wald durch die Bäume nicht nur aufgehoben oder gemindert, sie verschaffen sogar dem armen, von Räubern überfallenen Dienstmädchen unerwartet ein schönes Dasein. Während des Überfalls auf die Kutsche bietet ihm ein Baum Schutz vor den Räubern. Als einzige Person von den Insassen wird sie übersehen und nicht ermordet. Anschließend weist ihr ein Täubchen den Weg zu einem großen Baum, den sie mit einem goldenen Schlüsselchen aufschließen soll. Darin findet das Mädchen Speise. Als es sich satt gegessen hat, zeigt ihm das Täubchen den Weg zu einem Baum, den es aufschließen kann, um darin zu ruhen. Am darauffolgenden Morgen weist ihm der Vogel erneut den Weg, diesmal zu einem Baum, der Kleider bereithält. So lebt das Mädchen einige Zeit lang, bis der Vogel von ihm einen Gefallen erbittet. Es soll von der Alten, ohne mit dieser ein Wort zu sprechen, einen bestimmten Ring holen. Als es sich, nachdem ihm dies gelungen ist, erschöpft an einen Baum lehnt, wird dieser weich und biegsam, schlingt seine Äste wie Arme um das Mädchen und verwandelt sich dabei in einen schönen Königssohn. Mit Hilfe des Rings hat es ihn vom Zauber der Alten erlöst. Auch die umliegenden Bäume verwandeln sich. Sie werden wieder zu den Bediensteten und Pferden des Königssohns.

So birgt der Wald manch unvorhergesehenen Schatz: Materielle Kostbarkeiten, die sich oft in der Obhut der finsteren Gestalten des Dunkelwalds befinden, aber auch Überraschungen in Form von Menschen. Schöne Königssöhne finden schöne, einfache oder adlige Mädchen. Umgekehrt werden schöne Mädchen, schuldig in den Wald verbannt und dort, von Bäumen geschützt, verborgen, wie zum Beispiel im »Marienkind«[20], oder unschuldig in den Wald verschlagen, wie das arme Dienstmädchen in »Die Alte im Wald«, von Königssöhnen oder für Königssöhne entdeckt und später zu Königinnen erhoben. So geschieht es auch in »Brüderchen und Schwesterchen«, »Die sechs Schwäne«[21], »Schneewittchen« oder »Der weiße Wolf«[22].

Das Leben im Wald unterscheidet sich von dem in der Stadt. Das heißt aber nicht, daß diejenigen, die als andersartig aus der Stadt verstoßen worden sind oder die Konsequenz aus ihrer Andersartigkeit selbst gezogen haben, anschließend im Wald ohne weiteres zurechtkämen. Das Leben in der Stadt ist übersehbarer, flüchtig und kürzer bemessen. Im Wald bilden sich in der Verborgenheit geheimnisvolle Kräfte, das Überleben fordert Bedacht, Umsicht und Überlegung, alles ist längerfristig angelegt, auch das Leben dauert länger. Mit dem Ortswechsel verbindet sich für den Städter in den Märchen zumindest anfangs fast immer die Sorge zu überleben.

Umgekehrt geht es Bewohnern des Waldes in der Stadt nicht besser. Das Märchen vom »Tannenbaum«[23] zeigt es, und es steht heute gleichsam für das kurze Leben der Bäume in der Stadt gegenüber dem auf Dauer und Fortbestand ausgerichteten Rhythmus in einem Walde. Der kleine Tannenbaum kann es nicht erwarten, groß und erwachsen zu werden. Auch zieht es ihn hinaus aus dem Wald, das Gefühl wird zur großen Sehnsucht. Er träumt vom Mastbaum und schließlich nur noch von der größten Pracht und Herrlichkeit, die einem Baum in der Stadt zuteil werden kann. Seine Sehnsucht erfüllt sich, er wird zum Weihnachtsbaum. Er erstrahlt im höchsten Lichterglanz, ist damit aber auch schon verbraucht. Anschließend bleibt ihm, in eine dunkle Ecke gestellt und vergessen, noch Zeit, sich rückblickend des Waldes zu entsinnen. Dann wird er noch ein letztes Mal zum leuchtenden Mittelpunkt. Während er verbrennt, lockt er die Kinder an, die ihn von der Heimat seufzen hören, ohne ihn zu verstehen.

In der Mythologie, genauer im Weltenbaum, wurzelt das Märchen »Der Dreschflegel vom Himmel«[24]. Ein Bauer verliert auf dem Weg nach Hause aus seinem Sack mit Rübsamen ein Körnchen. Als er wieder an der Stelle vorbeikommt, ist aus dem Korn ein Baum gewachsen, der bis in den Himmel reicht. Der Bauer nimmt die Gelegenheit, den Baum hinaufzusteigen und zu schauen, »was die Engel da droben machen«. Dabei findet er heraus, daß diese dasselbe tun wie er selbst, sie dreschen Hafer.

In der Mythologie erscheinen am Weltenbaum zuweilen Sonne und Mond als kosmische Vögel. Das Motiv der Vögel als Gestirne in einem Baum wiederholt sich auch im Märchen. In »Aschenputtel«[25] bittet das unter dem Unrecht seiner Stiefmutter leidende Töchterchen den Vater, ihm das erste Reis mitzubringen, das ihm auf seinem Weg in die Messe an den Hut stößt. Es ist ein Haselreis, also der Zweig eines in vielen Beziehungen mythologisch bedeutsamen, magischen Baumes. Auf das Grab der Mutter gepflanzt, entwickelt das Reis als Haselbaum später denn auch wundersame Kräfte. Der Baum rüttelt und schüttelt sich, versorgt das Mädchen dreimal mit prächtigen Kleidern und Pantoffeln. Sie sind in Gold und Silber gewirkt, also den Farben von Sonne und Mond. Sie helfen dem Mädchen, seiner trostlosen Umgebung wenigstens für ein paar Stunden zu entkommen und sogar dem König aufzufallen. Noch einmal werden Sonne und Mond symbolisch bedeutsam. Diesmal in Form zweier Tauben, die rechts und links auf dem Hasel sitzen und dem Mädchen helfen, indem sie dem König die richtige Braut zeigen.

Eng mit mythologischen und religiösen Vorstellungen verknüpft ist Hermann Hesses Märchen »Piktors Verwandlungen«[26]. Piktor, auf der Suche nach dem »Baum des Lebens«, begegnet im Paradies einem Baum, der zugleich Mann und Frau ist. Dann kommt er an einen Baum, der zugleich Sonne und Mond ist. Schließlich wünscht er sich, selbst zum Baum zu werden. Sein Wunsch geht in Erfüllung, enttäuscht muß er allerdings später erleben, wie ihm im Gegensatz zu seiner Umgebung die Fähigkeit abgeht, sich beliebig zu verwandeln. Während ringsum ein Gesetz herrscht, nach dem sich jeder zu immer wieder neuem Glück verjüngen kann, wird er gramvoll älter. In der Vereinigung mit einem jungen Mädchen, es treibt als junger, frischer Ast aus seinem Stamme, findet er am Ende doch noch das Paradies für sich.

Die Verwandlung eines Menschen in einen Baum vollzieht sich auch in indischen Märchen. Nach einem Märchen, das man sich im Dekhan erzählt, wird ein junges, hübsches Mädchen von einer neidischen Königin ertränkt. Aus dem Wasser wächst anschließend eine Sonnenblume hervor, und als diese verbrannt wird, entsteht aus der Asche ein Mangobaum *(Mangifera indica)*. In der alchemistischen Literatur spielt die Verwandlung in einen Baum gleichfalls eine Rolle. Dort ist die Gestalt eines Baums allerdings nur eine Übergangsstufe, sozusagen der Totenschrein des alten und der Beginn des neuen Lebens.

Auf die Mythen greifen auch märchenhafte Vorstellungen zurück von einer Art Urbaum als Mittelpunkt allen Seins. Es ist der Baum, von dem die Götter und die Menschen abstammen. Entweder gebiert der Baum den Gott oder Menschen, wie in einem indonesischen Märchen, in dem ein hübsches Mädchen das Kind einer Rotangpalme ist, oder der Mensch entsteht aus einem Stück Holz. Beispielsweise schnitzt in einem maltesischen Märchen ein Prinz aus einem Baum eine Vogelscheuche, die später zu einem lebendigen Mädchen wird. Viel weiter noch als ein Märchen geht eine Überlieferung auf Madagaskar. Die Angehörigen des Volksstamms der Antaifasy glauben noch heute, von einer Bananenstaude abzustammen, die sie allerdings wie einen Baum betrachten. Da ist es nur konsequent, wenn in anderen Erzählungen Menschen mit Bäumen verheiratet werden. Derartige Motive finden sich in Märchen der Inder, der Eskimos, der nordamerikanischen Indianer und der Dänen, aber sogar in der Wirklichkeit. In Nepal werden Mädchen aus dem Volksstamm der Newar mit den Früchten des Bel-Baumes *(Begle marmelos)* verheiratet, um zu verhindern, daß sie jemals Witwen werden. Sogar Mädchenbäume und Kinderbäume kommen vor. Da wachsen auf Bäumen Früchte, in denen Mädchen eingeschlossen sind. Auf anderen wachsen Kinder oder werden von Hebammen aus den Höhlen der Bäume gezogen.[27]

Anklänge an den Garten Eden finden sich im Märchen »Dat Erdmänneken« der Brüder Grimm.[28] Darin kommt ein König vor, der ein Liebhaber von Bäumen ist. Einen davon hat er ganz besonders gern. Darum verwünscht er jeden, der von den Äpfeln des Baumes pflückt, 100 Klafter tief unter die Erde. Im Herbst kann die jüngste seiner Töchter der Versuchung nicht widerstehen. Sie pflückt einen von den Äpfeln, beißt hinein und gibt auch ihren beiden Schwestern davon ab, »un da versünken se alle drei deip unner de Eere, dat kien Haan mer danach krähete.« Der Sündenfall wiederholt sich im Märchen.

Der Baum bietet zu allen Zeiten jedem, was er sucht, und in den unaufzählbaren Eigenschaften der unübersehbar vielen Baumarten wirkt der Baum immer glaubhaft. Der singende Baum genauso wie der Baum, aus dem das Blut quillt[29], wenn er mit der Axt geschlagen wird, und vor dem sich der Holzfäller vorher, um Verzeihung bittend, bekreuzigt. Aber auch der makabre Baum, der Baum der Frauen. Er ist so anziehend düster, daß er nach seiner Entdeckung in immer wieder neuen Varianten auftaucht. In seiner ältesten Fassung läßt er sich bis auf Cicero (106-43 v. Chr.) zurückverfolgen. Dieser beschrieb ihn so: Ein Sizilianer hätte vor seinem Freund gejammert, seine Frau hätte sich an einem Feigenbaum aufgehängt. Daraufhin hätte ihn dieser um Reiser des Baumes gebeten.[30]

Im Wald begründen die Bäume nicht nur Lebensgemeinschaften, in denen sich Pflanzen mit anderen Lebewesen zu gegenseitigem Wohl oder Kampfe zusammenfinden, Menschen verknüpfen sich mit ihnen auch unentrinnbar zu Gedanken- und Phantasiegemeinschaften, weil sie sich dem Eindruck der Bäume nicht entziehen können. Daraus entspringen neben den unglaublichsten Geschichten auch eigene, waldspezifische Gestalten als Götter, Geister oder Dämonen. Den griechischen Panen, Satyrn und Dryaden entsprechen bei den alten Römern die Faune und Silvane. In Frankreich treten Waldgestalten als Dames vertes auf, in Rußland heißen sie Ljeschie. Ljeschies sind Geister der Bäume. Sie müssen diese alljährlich verlassen, sobald das Laub abfällt. Ihr Tod ist aber nur vorübergehend. Wenn das Laub wiederkehrt, werden auch sie wieder geboren. Die Menschen in Deutschland, für Waldphantasien von jeher besonders empfänglich, begegnen ihren Phantasiegestalten als Waldweiblein, Holz-, Moos- und Seligen Fräulein oder Wilden Männern.

Auch in den Sagen werden die Bäume und der Wald immer wieder erwähnt. Eine irische Sage berichtet von Finn Mac Cumal, dem Anführer eines Fianna genannten Zusammenschlusses von Kriegern, die die Küsten von Irland gegen Eindringlinge verteidigten. Während einer Jagd durch die Wälder stellte sich Finn und seinen Gefährten furchtlos ein Reh in den Weg. Als es davonsprang, erwies es sich als so behende, daß ihm nur Finn Mac Cumal zu folgen vermochte. Die Verfolgung endete damit, daß sich das Tier plötzlich wiederum furchtlos stellte und dabei sogar von den Hunden verschont wurde. Finn Mac Cumal nahm das Tier mit auf sein Schloß, wo es frei und von niemandem behelligt beim abendlichen Festmahl herumlief. Am Ende des Abends verwandelte es sich in eine schöne Frau aus einem Volk der Elfen. Ein Zauberer ihres Stammes hatte sie in ein Tier verwandelt, weil sie seine Liebe nicht erwidert hatte. Auf den Rat eines Sklaven des bösen Zauberers hin hatte sie sich Finn Mac Cumal zu erkennen gegeben, weil dessen Burg gegen die bösen Kräfte des Zauberers gefeit war. Finn heiratete die Elfe, verzichtete fortan auf Jagd und Kämpfe und lebte glücklich bis zu dem Tage, als seine Ehre von ihm verlangte, Eindringlinge von der irischen Küste zu vertreiben. In seiner Abwesenheit lockte der Zauberer in der Gestalt des Finn Mac Cumal die Frau aus der Burg und verwandelte sie wieder in ein junges Reh. Finn sah sie nicht mehr wieder.

In einem mittelhochdeutschen Epos, dem Nibelungenlied, reicht der kleine Teil eines Baumes, ein Blatt, aus, um nicht nur ein individuelles Schicksal zu bestimmen, sondern zugleich ganzen Volksstämmen Unheil zu bringen. Die Motive des Nibelungenliedes sind zu verschiedenen Zeiten in den Heldensagen germanischer Stämme entstanden. In seinem Mittelpunkt steht Siegfried, der strahlende Held, der einen Drachen besiegt und anschließend in dessen Blut badet. Dieses Drachenblut macht den Helden unverwundbar bis auf eine kleine Stelle an seiner Schulter. Auf diese war während des Bades das Blatt einer Linde niedergefallen.

Siegfried wirbt um Kriemhild, die Schwester der Burgundenkönige Gunther, Gernot und Giselher. Nachdem er Brünhild, die für Gunther körperlich zu starke Königin von Island, mit Hilfe einer Tarnkappe in Kampfspielen für Gunther besiegt hat, erhält er Kriemhild zur Frau. Er verrät dieser nicht nur das Geheimnis seines Wettstreits mit Brünhild, sondern auch seine verwundbare Stelle. Kriemhild gibt bei einem Streit mit Brünhild preis, daß diese von Siegfried anstelle von Gunther besiegt worden ist. Daraufhin beschließt Hagen, der treueste Weggefährte Gunthers, Siegfried zu töten. In der Annahme, Siegfried zu schützen, verrät Kriemhild auch noch Siegfrieds verwundbare Stelle. Für Hagen markiert sie diese Stelle an Siegfrieds Körper. Hagen tötet daraufhin Siegfried bei der Jagd. Als Kriemhild davon erfährt, sinnt sie auf Rache. Ihre Pläne fangen an, sich zu erfüllen, als der Hunnenkönig Etzel um ihre Hand anhält. Als dessen Frau lädt sie die Burgunden zu einem Fest nach Ungarn. Dabei kommt es zu einem furchtbaren Kampf, der für alle Helden bis auf Gunther und Hagen tödlich endet. Kriemhild läßt nun noch Gunther töten und enthauptet Hagen eigenhändig mit Siegfrieds Schwert. Am Ende trifft dann auch sie selbst ihr Schicksal.

Die interessanteste Rolle wird dem Baum in den Fabeln zugedacht. Hier werden an seinem Beispiel in pädagogischer oder sozialkritischer Absicht allgemeine Wahrheiten der Moral und Lebensweisheit kundgetan. Stellvertretend für alle Fabeln mit diesem Hintergrund wird auf die äsopische Fabel vom Baum und vom Rohr Bezug genommen.

Der legendäre griechische Dichter Äsop lebte angeblich um die Mitte des 6. Jahrhunderts v. Chr. auf Samos. Seine Fabel vom Baum und vom Rohr hat im Laufe der Zeit verschiedene Ausdeutungen und Variationen erfahren. Ihr Thema ist folgendes: Ein großer, kräftiger Baum, zum Beispiel die Eiche *(Quercus)* oder die Zypresse *(Cupressus)*, und eine andere, vergleichsweise kleine Pflanze (zum Beispiel das Rohr) streiten über ihre Stärke. Während eines Sturms will der Baum Widerstand leisten und wird dabei gebrochen. Die kleine Pflanze aber beugt sich und übersteht das Ereignis unbeschadet.

Die Moral dieser Geschichte ging in den griechischen und lateinischen Fassungen dahin, daß es dumm sei, sich einem Stärkeren zu widersetzen. Im christlichen Mittelalter bekam die Interpretation einen ethischen Bezug. Das Rohr beuge sich nicht aus Schwäche, sondern aus Demut. Dem Baum dagegen sei sein Hochmut zum Verhängnis geworden. Also: Hochmut kommt vor dem Fall! Eine andere Deutung bezieht sich auf die Schönheit, den Reichtum und die Nützlichkeit, die allesamt vom Baum, in dem konkreten Fall einer Fichte *(Picea)*, verkörpert werden, und auf das unscheinbar Übersehbare, das in diesem Beispiel durch einen Dornbusch repräsentiert wird. Die Moral dieser Version: Das erstere sei immer gefährdet, das letztere brauche dagegen nichts zu fürchten. Oder: Man soll das Geringe achten.

Diese Fabel hat in viele Kulturkreise und Sprachen Eingang gefunden. So gibt es von ihr indische und arabische Versionen, auch in den babylonischen Talmud wurde sie übernommen.[31)] Am geläufigsten dürfte heute die Version von La Fontaine sein (»Le Chêne et le Roseau«).

»Die Bäume in der Literatur« stehen nicht unter »Sonstiges« etwas abseits in einer Ecke. Sie sind über die ganze Welt verbreitet und können nicht umfassend beschrieben werden. In der Literatur ist es genauso wie in der Musik und in der Kunst: In diesen hochsensiblen Bereichen gedeihen sie ganz außerordentlich gut. Von Worten, Klängen und Farben umschmeichelt, entwickelten sich dort die einzig würdigen Ebenbilder der Bäume. Ob nun naturgetreu gespiegelt oder zu Baumparfum interpretiert und variiert, in der Literatur, in der Kunst und in der Musik entstehen Bilder, die die Sicht der Bäume vertiefen oder erweitern. Legenden, Mythen, Märchen, Sagen, Fabeln, Anekdoten, Überlieferungen aller Art und persönliche Erlebnisse geben Anstöße für immer wieder neue Bäume.

Kunst, Musik und Literatur haben ihre besonderen Mittel, Bäume vor uns entstehen zu lassen. Ihre Möglichkeiten sind so nachhaltig, daß sich diese Bäume sogar in uns verwurzeln können und dabei am Ende in vorgeprägten Mustern die Wirklichkeit überlagern. Zu besonders eindrucksvollen Bildern kommt es, wenn sich verschiedene Bereiche unterstützend miteinander verbinden. Beispielsweise im klanglichen Bereich das Wort mit der Musik oder vielleicht doch besser umgekehrt, weil sich die letztere grundsätzlich Verbündete suchen muß, wenn sie die Bäume darstellen will. Es muß aber nicht unbedingt zu einer unmittelbaren Verbindung zwischen den dreien kommen, um steigernde Wirkungen zu erreichen. Sie können sich auch gegenseitig in oder zu einem allgemeinen Thema anstoßen und befruchten. Wenn die Bäume ein solches Thema einer Zeit geworden sind, dann sind sie allgegenwärtig, wachsen künstlich ohne natürliche Lebensbedingungen zu den schönsten und gewaltigsten Gewächsen und existieren außerhalb der Naturgesetze allerorten prächtig, wie zum Beispiel während der Romantik. Dennoch sind sie abhängig. Die einzige, zugleich aber auch unersetzliche Lebensbedingung für sie ist, daß sie im Blickpunkt oder Gespräch der Zeit bleiben. In dieser Form sind sie meist nur eine vorübergehende Erscheinung. Nur die beeindruckendsten unter ihnen überdauern die Zeit und werden vielleicht sogar unvergänglich.

Bei der bildlichen Darstellung des Baumes ist der Betrachter auf eine bestimmte optische Gestalt festgelegt. Die Möglichkeiten des Schriftstellers sind ungleich breiter. Er kann darauf hinarbeiten, die Gestalt des Baumes in Worten so weit zu fügen, daß der Betrachter wie bei einem Bild festgelegt ist. In dieser Beziehung vermag er noch viel weiter zu gehen als jeder andere Künstler. Er hat die Möglichkeit, den Baum zugleich im kleinsten Detail wie im Ganzen, in seinen sichtbaren wie unsichtbaren Teilen, von oben wie von unten und von allen Seiten zu schildern, ohne sich von ihm zu entfernen. Weiter kann er ihm beliebige Eigenschaften anschreiben oder -dichten, er kann auch dessen Vor- und Nachgeschichte damit verbinden. Bei allem braucht der Schriftsteller die Einheit des Baumes nicht zu gefährden, er bleibt in einem Bild, während der Künstler schon eine Bildergeschichte brauchte, um dieses alles zu erfassen. Auf der anderen Seite kann er aber auch offener bleiben als der Künstler. Anders gesprochen, er hat, ohne das Thema zu verfehlen, alle Möglichkeiten, so offen zu bleiben, daß jeder genau weiß, worum es geht, es aber dem Leser oder Zuhörer überlassen bleibt, sich seine eigene Vorstellung selbst zu formen. Er braucht nur das Wort »Baum« zu verwenden. Dann hat er zugleich alle Bäume der Welt angesprochen, und alle Assoziationen sind eingeladen, sich in Stämmen, Ästen, Zweigen, Rinden, Blättern und Wurzeln zu einer persönlichen Vorstellung von Baum zu sammeln.

Mit jedem weiteren Wort hat er die Möglichkeit, die Phantasie des Zuhörers oder Lesers durch allgemein feststehende Begriffe oder durch seine eigenen Vorstellungen zu ersetzen. Setzt er »Linde« hinzu, entfallen alle anderen Baumarten. Sagt er außerdem noch »Sommer-« oder »Winterlinde«, engt er damit zumindest diejenigen weiter ein, die sich besser auf die Bäume verstehen. Beschreibt er den Baum außerdem noch als Linde im Sommer oder Linde im Winter, wird der Rahmen wiederum allgemeinverbindlich eingeengt. Auf diese Weise kann der Schriftsteller seinen Lesern allmählich einen tatsächlichen oder imaginären Baum vorschreiben, der nur noch so, wie er beschrieben ist, übernommen werden kann. Er bietet nicht einmal mehr freie Stellen für fremde Blätter.

Mag die Faszination dieser Darstellungsform für die einen darin begründet liegen, daß sich ihnen ein Baum in all seinen Verzweigungen, Höhen, Tiefen, tatsächlichen oder gedachten Sinngehalten bis ins Kleinste erschließt, so empfinden es die anderen als reizvoller, sich mit der bloßen Andeutung eines Ziels oder einer Richtung auf den Weg zu machen und sich den Baum selbst zu suchen. Wer in der Literatur Anregungen letzterer Art sucht, findet seinen Baum beispielsweise in der fernöstlichen Zen-Dichtung. Viele Zen-Gedichte sind von Naturempfindungen durchdrungen, von Naturempfindungen und von Weisheit. Wer käme in der Natur besser dafür in Frage, beides miteinander in Einklang zu bringen, ohne den Rahmen des Gedichts zu sprengen, als der Baum? Da liegt es also nah, den Suchenden auf die Bäume zu verweisen, damit er dort Weisheit findet. »Eine alte Kiefer predigt Weisheit - ein wilder Vogel schreit die Wahrheit« heißt es am Schluß in einem der bekanntesten Zen-Gedichte, das viele Deutungen erfahren hat, weil kaum jemand es wörtlich genommen und seinen Weg zu der alten Kiefer gesucht hat.

In diesem Zusammenhang muß natürlich genauso an das japanische Haikai gedacht werden. Dieses alte, auch Haiku und Hohku genannte, aus drei Zeilen mit insgesamt 17 Silben bestehende Kurzgedicht ist die kleinste jemals in der Weltliteratur zu Ansehen gelangte Gedichtform. Hier ein Haikai aus dem 17. Jahrhundert: »Ein Blütenblatt - das zurückkehrt an seinen Zweig? - ein Schmetterling!« Der Vergleich eines Blütenblatts mit einem Schmetterling, wirkt er nicht wie ein Funke, der mit unzähligen, anmutigsten Flügen die eigene Phantasie zu einem Blütenbaum hinaufträgt?

Einen ähnlichen Weg geht auch eine neue Richtung der Lyrik, die sogenannte konkrete Poesie.[32] Sie umfaßt einen Kreis von Dichtern nicht nur aus Japan, sondern auch aus anderen Ländern, die »die Wörter beim Wort nehmen« und sich dann zum Beispiel in einem Gedicht mit nicht mehr als ingesamt 4 Wörtern so ausdrücken können: »Baum Kind Hund Haus«. Die reduzierte Sprache dieser Poesie kann auch als »Gegensatz zur scheinwissenschaftlichen Geschwätzigkeit des Fachlichen, das unseren Alltag zunehmend bestimmt«[33], verstanden werden.

Wie anders nimmt sich dagegen ein Baum in der Sprache der Romantik aus. Beispielsweise »Der Pappelbaum« von Adalbert von Chamisso:[34]

*Hegst die Zeichen, trauter Baum,*
*In der hartgewordnen Rinde,*
*Und dein Laub, bewegt vom Winde,*
*Flüstert Lieder, wie im Traum;*
*Lieder wunderbaren Klanges!*
*Vor'ger Zeit verlorne Kunde,*

Fichtenmonokultur in bester Stimmung

Annika Kertschlag, 5c

Sabine Falk, 5b

Malte Knöfel, 5c

Daniel Salzburger, 5a

Jennifer Schaat, 5a

OLIVER SCHMIDT, 5B

SVENJA KAUFMANN, 6B

TIM BÖCKLY, 5C

VANESSA STERNER, 5B

Bäume als Windschutzhecken in der Eifel *(Fagus sylvatica)*

Aleppokiefern *(Pinus halepensis)* in Südspanien in der Nähe von Alicante

Fichte *(Picea abies)* als Leitbaum einer Landschaft (Alpen)

ROTBUCHE *(Fagus sylvatica)*, EIN BEISPIEL
FÜR AUSGEWOGENE BAUMSTATIK

Streuobstwiese am Niederrhein

Holzpappel (-Hybride) *(Populus)*

Welwitschie *(Welwitschia mirabilis)* in Namibia

Geheimnisvolle Buchenbühne in der Eifel

Kiefer und Brennholz

Bambus, Gräser werden zu Bäumen
(»Feathery Bamboo« oder »Golden Bamboo« im Bogor Botanical Garden (Indonesien))

BAUM ALS PRODUKT:
FICHTE *(Picea abies)*

Ginkgo *(Ginkgo biloba)*
im Park von Szczytnicki
in Breslau (Polen)

*Und die Geister des Gesanges*
*Wehn mich an im alten Bunde.*
*Laß Erinnerung mich berauschen,*
*Laß mich fühlen Schmerz und Lust,*
*Laß den Freund an meiner Brust*
*Herz um Herz mit mir noch tauschen!*
*O, die Stadt, die böse Stadt,*
*Die mit Mauern und Palästen,*
*Leerem Treiben, eitlen Festen*
*Uns so lang getrennet hat!*

Ähnlich klingt es bei Joseph von Eichendorff, dem »Dichter des deutschen Waldes«:

*Seh' ich dich wieder, du geliebter Baum,*
*In dessen junge Triebe*
*Ich einst in jenes Frühlings schönstem Traum*
*Den Namen schnitt von meiner ersten Liebe?*[35)]

Die Definition des Begriffs »Romantik« ist unsicher. Die sich vom Ende des 18. Jahrhunderts bis 1830 entwickelnde Bewegung, die neben der Literatur auch die bildende Kunst, die Naturwissenschaften, die Rechts- und Staatswissenschaft, Philosophie, Ethik und Religion erfaßte, leitet ihren Namen von dem Wort »romanisch«, »im Roman vorkommend« ab. Später wurde daraus »romantisch« in den Bedeutungen »wunderbar«, »phantastisch«, »abenteuerlich«, »erfunden«, »unwirklich«, »lebensfern« oder »unwahr«. Außerdem stand das Wort sowohl als Ausdruck für eine wildschöne Landschaft als auch für die Aufgeschlossenheit des Menschen für eine solche.[36)] »Waldes Lust«, »Waldes Stille«, »Waldeinsamkeit«, der Wald als Hort, als Zuflucht und Heimat, der Wald der Romantik war erfüllt von Sehnsüchten, Gefühlen und vielen Worten. Dabei war es gar nicht der wilde, sich selbst überlassene oder auch nur der forstwirtschaftlich kultivierte Wald, der die Dichter der Romantik inspirierte. Die sogenannte natürliche Landschaft in der Literatur war im Prinzip nichts anderes als die malerische und in der Gartengestaltung nach dem englischen Landschaftsstil vorgegebene und geordnete Natur mit Durchblicken, weiten Ausblicken, altehrwürdigen Bäumen, Anhöhen, Abgründen, Grotten, formenreichen Felsen, Grabmalen, gotischen Ruinen oder Äolsharfen, die die Idylle auch noch erklingen ließen.[37)]

Gewiß, die neue, worteinsame, konkrete Poesie ohne den Ausdruck eigener Gefühle und der Wort- und Gefühlsüberschwang der Romantik sind äußerste Gegensätze. Sie steckten einen breiten Raum ab, innerhalb dessen sich viele allgemeine oder individuelle literarische Varianten entwickeln ließen. Aber die gab es schon in früheren Zeiten, als der Wald noch mächtig und undurchdringbar erschien, als sich, wie sich das etwa auch im Märchen ausdrückte, die Bäume gegen den Menschen zu richten schienen. So beklagten beispielsweise die Schriftsteller diesen Eindruck. In Dantes »Die Göttliche Komödie«[38)] heißt es:

*...Grad in der Mitte unsrer Lebensreise*
*Befand ich mich in einem dunklen Walde,*
*Weil ich den Weg verloren hatte.*
*Wie er gewesen, wäre schwer zu sagen,*
*Der wilde Wald, der harte und gedrängte,*
*Der in Gedanken noch die Angst erneuert...*

Und dann fährt er noch fort, des Waldes Bitternis gliche dem Tode. Aber nicht nur die sich im Angesicht natürlicher, wilder Wälder einstellende Schrecknis brachte diese in Verruf. Hätte Dante (1265-1321) aus hier und dort sichtbar genutzten Wäldern bereits erste Lichtblicke empfangen können, so verbot sich der Wald dem heiligen Augustinus (354-430) völlig wegen seiner großen Anschaulichkeit, wie ja Augustinus allgemein die Bewunderung für das Irdische unter Verdacht stellte. Diese als wißbegierige Schaulust (»curiositas«) gegeißelte Bewunderung wurde sogar in den christlichen Lasterkatalog aufgenommen. Indem sich der Mensch seiner Augenlust hingäbe, verdunkele sich ihm seine methaphysische Herkunft und jenseitige Bedingtheit.[39)] Erst der heilige Franz von Assisi (1182-1226) »entsündigte« die Natur, machte damit die Bäume grundsätzlich frei für eine vorbehaltlose Betrachtung. Dante war also diesbezüglich schon nicht mehr »belastet«.

Durch diese und andere Siebe wurden also auch die Bäume gepreßt, damit der jeweilige Zeitgeist in der Lage war, sie zu verdauen. Dem konnten sich im allgemeinen weder die Schriftsteller noch andere sensible Berufe widersetzen. Dort, wo in der Literatur die Bäume von einer Strömung der Bewunderung empor- oder fortgetragen wurden oder von einem Strudel der Ablehnung unseren Augen entzogen werden sollten, läßt sich über ihr wahres Wesen meist nicht allzu viel erfassen. Am ehesten wird man ihnen gerecht, wenn man sie dort sucht, wo sie in Dichtung oder Prosa jenseits von innerer Verklemmung oder Beklemmung und unbedrängt von äußeren Zwängen zu beeindruckenden, unvergänglichen Sprachgebilden herangewachsen sind. Dort ist der eigentliche Stand der Bäume in der Literatur. Da wachsen sie uns naturvergleichlich schön in unsere Seele, um den Platz einzunehmen, den sie verdienen. Allerdings ist diese Art von Bäumen glücklicherweise so zahlreich, daß man sie unmöglich alle erwähnen könnte in einem hier zu pflanzenden Wäldchen kurzer Andeutungen zum Thema literarischer Baum. Beschränken wir uns deshalb, um zu zeigen, was Schriftsteller im besten Fall mit den Bäumen gemacht haben, auf ein paar Beispiele.

Dies heißt aber nicht, daß sich aus der zeitlichen Distanz einer späteren Epoche nicht auch Bäume mit an sich fragwürdigen Bezügen zu ansehnlichen Exemplaren machen ließen. Eine solche Baumart ist »Die Judenbuche« von Annette von Droste-Hülshoff.[40] Der Baum tritt hier als Richter und Zeuge auf, als »Dingsymbol« und mythologisch-magischer Ort. In dieser Novelle wird veranschaulicht, daß die Einheit von Natur und Mensch verlorengeht, wenn dieser sein Rechtsgefühl verliert. Ähnlich dieser Judenbuche gibt es in der Literatur eine Vielzahl von imponierenden Bäumen, welche sich selbst hinter derartigen Lichtschleiern prächtig entwickeln, wie zum Beispiel auch die Uferweide von Jovan Ducic[41] mit ihren bis in die mythologische Vergangenheit reichenden Wurzeln:

*»Dort am Küstenhang entfaltet eine Weide*
*ihrer Zweige grüne Fülle wie das Haar*
*einer Nymphe, die in namenlosem Leide,*
*jäh zum Baum erstarrt, beklagt, was einstmals war…«*

Bäume sind den Menschen in vielen Beziehungen beneidenswert überlegen. Aber letztlich sind sie ihnen dennoch nicht gewachsen. Der Mensch hat es bisher verstanden, sich die Überlegenheit zu bewahren, Herr über Leben und Tod der anderen Lebewesen und damit auch der Bäume zu sein. Seine Methoden haben sich sogar soweit verfeinert, daß sie, gezielt angewendet, unmittelbare, langzeitige, breit ausgelegte oder sogar irreparable Wirkungen haben können. Insoweit ist der Mensch das Maß der Dinge geblieben. Das hat zwar auch die Schriftsteller zugunsten der Bäume auf den Plan gerufen, aber so sehr sie dies auch beklagen mochten, am Ende mußten sie sich resignierend in diese Feststellung fügen, wie beispielsweise auch Rudolf Hagelstange und HAP Grieshaber in ihrem »Gespräch über Bäume«.[42] Das Gespräch hat den Entlaubungskrieg zum Inhalt, den die USA mit Hilfe des berüchtigten »Agent Orange« sieben Jahre lang auf Kosten der Wälder gegen die Vietnamesen geführt haben. Dies alles reichte zwar nicht zum Sieg über die Menschen, aber als Nebeneffekt wurden wenigstens die Bäume über ein Gebiet, das etwa so groß ist wie das deutsche Bundesland Hessen, derart nachhaltig vernichtet, daß sie sich möglicherweise hundert Jahre an dieser Stelle nicht mehr zeigen werden. Gegen Baummörder zog auch schon Pierre de Ronsard in seiner »Elégie XXIV«[43] zu Felde:

*Wer einst als erster sich des Frevels unterfängt,*
*daß er dich, hoher Wald, mit hartem Beil bedrängt,*
*den soll sein eigner Stab mit scharfem Stahl aufspießen,*
*und Erysichthon gleich soll er den Hunger büßen,*
*der am geweihten Baum der Ceres sich vergangen,*
*der danach, ungestillt in rasendem Verlangen,*
*die Herden allesamt, so Rind wie Lamm, verheerte*
*und sich, vor Hunger toll, am Ende selbst verzehrte.*
*Er soll zuerst die Pacht, soll dann sein Land verprassen,*
*und in der Schlacht soll er zuletzt sein Leben lassen.*
*Er soll, auf daß der Wald gerächt sei für sein Blut,*
*auf immer neuen Zins stets neu geborgtes Gut*
*dem Juden schuldig sein und schließlich alle Habe*
*aufbrauchen, daß er nur die Schuld beglichen habe.*
*Er soll, stets ruhelos, sich einzig damit quälen,*
*in seinem Hirn umsonst wohl Plan um Plan zu wählen,*
*von Ungeduld gedrängt, von wechselhafter Sucht,*
*von trügerischem Rat, der sein Verderben sucht.*
*So höre, harter Mann, dein Arm, er halte ein!*
*Was du zu Boden wirfst, es ist nicht Holz allein:*
*Kannst du das Blut nicht sehn, das unaufhaltsam quillt*
*aus rauher Rinde, die der Nymphe Leib verhüllt?*
*Ruchloser Mörder…*

Von einem Menschen, der seinen eigenen Lebensbezug auslöschte, den Inhalt seines Lebens, einen Baum, selbst ermordete, berichtet die beeindruckende Geschichte »Der Baum« von Walter de la Mare:[44]

*…Der Obsthändler wagte sich ein, zwei Schritte vor. Das war nicht das Werk einer außermenschlichen Macht. Sauber und exakt mußte die dicke Rinde des*

*Baumes vor einiger Zeit über eine breite, ebenmäßige Fläche ringsum weggehauen und abgeschält worden sein; zu weit weg vom Boden für Schweine oder Ziegen und zu glatt und scharfrandig, als daß Kühe sie hätten abnagen können. Es war sonnenklar: die Haut, die den Lebenssaft dieses Wesens schützend umgab, war vorsätzlich zerstückelt und abgehackt worden. Man hatte den Baum ermordet...*

Nicht nur Baummord lieferte den Stoff für Gespräche über Bäume. So arrangierte auch Paul Valéry ein literarisches Gespräch über die Bäume.[45] Darin treffen sich Lukrez und Tityrus über den leuchtenden und dunklen Seiten einer alten Buche in dem Thema »Liebe«:

Tityrus: *...Ich liebe dich, Baum, gewaltiger, ich bin vernarrt in deine Glieder. Da ist keine Blume, da ist keine Frau, großes vielarmiges Wesen, die mich inniger rührte als du und meinem Herzen eine zärtlichere Raserei entlockte... Du weißt es wohl, mein Baum, mit dem ersten Licht schon komme ich, dich zu umarmen; ich küsse mit meinen Lippen die bittere und glatte Rinde, und ich fühle mich ein Kind unserer selben Erde...*
*...Ein andermal wieder mache ich dich zu einem Gott. Und ich bete, o Buche, zu dem Götterbild, das du bist...*

Lukrez: *Einen durch und durch lebendigen Strom, dessen Quellen die Wege ihres geheimnisvollen Durstes in die dunkle Masse der Erde senken. Das ist eine Hydra, o Tityrus, im Kampf mit dem Fels, und sie wächst und teilt sich, um ihn zu umklammern; immer feiner und feiner, vom Feuchten angezogen, zersträhnt sie sich, um die geringste Spur des Wassers aufzusaugen, das die massive Nacht durchtränkt, wo alles, was gelebt hat, sich auflöst. Kein Meeresscheusal ist gieriger und vielfältiger als dieses Bündel von Wurzeln in der blinden Gewißheit ihres Vordringens zu der Tiefe und den Feuchtigkeiten der Erde. Aber dieser Hinabstieg vollzieht sich mit einer Langsamkeit, die ihn unerbittlich macht wie die Zeit. Die Geschäftigkeit des Baumes durchdringt das Reich der Toten, der Maulwürfe und der Würmer mit den Mächten eines seltsamen unterirdischen Wollens.*

Tityrus: *...Dein durchtriebener Baum, der seine lebhafte Substanz in unzähligen Fasern durchs Dunkel schlingt, und der den Saft der schlummernden Erde schlürft, erinnert mich an...*

Lukrez: *Nun, woran?*

Tityrus: *Erinnert mich an die Liebe.*

Auch Bäume unterhalten sich, so bei Michail Prischwin:[46]

*...Der Abend ist warm und so still, daß sich eine gespannte Erwartung einstellt: in dieser Stille muß etwas Besonderes geschehen. Und da beginnen auch schon die Bäume miteinander zu flüstern: eine weiße Birke ruft der andern aus der Ferne etwas zu, eine junge Espe, die wie eine grüne Kerze in der Lichtung steht, sucht sich eine andere »Kerze« aus, ein Faulbeerbaum reicht dem andern einen knospenstrotzenden Zweig. Während wir Menschen uns durch Laute verständigen, tun die Bäume es durch ihren Geruch: jede Gattung verströmt ihren eigenen Duft...*

Anscheinend tun dies alle Bäume, wenn sie unter sich sind. Jedenfalls ist auch Else Lasker-Schüler[47] dieser Meinung. Dem steht der einsame Baum des Hans Carossa gegenüber:[48]

*...Solch ein einsamer Baum inmitten der Stadt, haben Sie nie gefühlt, wie er mit uns atmet und wächst? Freilich ist er verunstaltet; Ruß und scharfe Luftsäuren beizen seine Lungen, und sein Gezweige hat nicht Moos und Blumen unter sich, nur Stein und Staub, da ist kein Gott, der ihm Kraft gibt, - woher sollte er eine schöne Krone haben...*

Noch mehr leidet der anonyme Baum des Bertolt Brecht, den die Geier überfallen wie die Ausdünstungen unserer Schornsteine und Kamine. Schwer lassen sie sich auf ihm nieder, dringen in ihn ein und setzen all ihre Kraft ein, um ihn zu besiegen. Vergeblich, der Baum widersteht, beachtet nicht einmal seine Feinde. Unbeirrt hält er sich an die Erde, aus der seine Kraft kommt, um sich mit den Vögeln zu messen. Dabei blüht er sogar, wie es seine Natur in der Jahreszeit von ihm verlangt. Am Ende stirbt der Baum, bleibt aber unbesiegt, denn bevor sein Tod offenbar wird, bringt er die Geier dazu zu resignieren. Im Tode steht er aufrecht, sein Kampf und die ergreifende Art, wie Bertolt Brecht ihn beschreibt, machen ihn unsterblich.[49]

Die Bäume leiden nicht nur unter physischer Gewalt, die ihnen von Menschen, riesigen Vögeln und ihresgleichen zugefügt wird. Sie leiden auch unter ihren Gefühlen der Liebe für andere Bäume.

Robert Burton[50)] schildert die Qualen der literarischen Bäume, wenn sie sich nach ihresgleichen sehnen. Ammianus Marcellinus, Jovianus Pontanus und andere sind seine Zeugen, wenn er von Bäumen berichtet, die vor Liebe krank werden, dahinsiechen und sogar sterben. Zum Ausgleich empfinden sie dafür allerdings die Liebe auch mit allen Freuden wie die Menschen. Ihre Zweige können sich verliebt zunicken, es gibt Pappeln *(Populus)*, die sich anseufzen, Platanen *(Platanus)*, die sich gegenseitig umwerben, Erlen *(Alnus)*, die sich zuraunen, daß sie einander lieben. Und es gibt Palmen, die sich praktisch unwiderruflich aneinander binden, indem sie aufeinander zu wachsen. Wen kann es da noch erstaunen, wenn sie am Ende sogar heiraten oder, wie von Antipatros von Thessalonike in »Platane und Weinstock«[51)], den Menschen zur Nachahmung empfohlen werden:

*Ich, die Platane, bin dürr. Doch umrankt und umwoben vom Weinstock,*
*trag' ich das fremde Laub wie einen eigenen Schmuck.*
*Aber ich stützte auch einst mit grünem Gezweige die Trauben,*
*als ich an Blättern so reich wie diese Rebe noch war...*
*Halte sich jeder darum hinfort eine solche Gefährtin,*
*die auch im Tode ihm noch Liebe mit Liebe vergilt.*

Nicht nur Bäume lieben Bäume. Auch Menschen lieben Bäume, und wer zählt die unendlich vielen Schriftsteller, die Bäume ausdrücklich oder fühlbar lieben und verehren! Zu ihnen zählt zweifellos auch der Literaturnobelpreisträger Hermann Hesse:[52)]

*Bäume sind für mich immer die eindringlichsten Prediger gewesen. Ich verehre sie, wenn sie in Völkern und Familien leben, in Wäldern und Hainen. Und noch mehr verehre ich sie, wenn sie einzeln stehen. Sie sind wie Einsame. Nicht wie Einsiedler, welche aus irgendeiner Schwäche sich davongestohlen haben, sondern wie große, vereinsamte Menschen, wie Beethoven und Nietzsche. In ihren Wipfeln rauscht die Welt, ihre Wurzeln ruhen im Unendlichen; allein sie verlieren sich nicht darin, sondern erstreben mit aller Kraft ihres Lebens nur das Eine: ihr eigenes, in ihnen wohnendes Gesetz zu erfüllen, ihre eigene Gestalt auszubauen, sich selbst darzustellen. Nichts ist heiliger, nichts ist vorbildlicher als ein schöner, starker Baum. ... Bäume sind Heiligtümer. Wer mit ihnen zu sprechen, wer ihnen zuzuhören weiß, der erfährt die Wahrheit. Sie predigen nicht Lehren und Rezepte, sie predigen, um das Einzelne unbekümmert, das Urgesetz des Lebens...*

Sind es bei Hermann Hesse die Bäume im allgemeinen, so ist es bei Erhart Kästner eine einzelne Baumart, der Ölbaum:[53)]

*Nur drei Dinge könnte ich nennen, die ich an diesem Lande in gleichem Maße liebe: den Ölbaum, die Granatapfelblüte und die Zikaden. Es hat sich in mir die Überzeugung gefestigt, daß man nur dort wirklich lebt, wo Zikadengeschrill die Mittage füllt und wo Ölbäume stehn. Der Ölbaum ist der Baum aller Bäume, ich liebe ihn...*

Bei Ingeborg Bachmann[54)] ist es ein Baum im Winter

*Im Winter ist meine Geliebte*
*ein Baum unter Bäumen und lädt*
*die glückverlassenen Krähen*
*ein in ihr schönes Geäst. Sie weiß,*
*daß der Wind, wenn es dämmert,*
*ihr starres, mit Reif besetztes*
*Abendkleid hebt und mich heimjagt.*

und bei Else Lasker-Schüler »Der leuchtende Baum«:[55)]

*Er war mir wie ein Mensch, so lieb - und noch heute. Er hat keine leuchtenden Wangen mehr, ist gelb geworden, gallengelb. Noch im vorigen Monat hingen Granaten an ihm, und seine zarten Blätter waren lauter blühende grüne Spitzenjabots. Wie schnell er dahinsiechte! Über das unausstehliche Krähen der Hähne ärgerte er sich mit mir in taktloser Frühe, denn er war ein kleiner, vornehmer, chevaleresker Baum, ich glaube, er war ein Marquis. Wie oft hörte ich ihn »Mais donc!« rufen, wenn der Hahn mit seinen watschelnden Frauen auch gerade unter seinen adeligen blutbehangenen Zweigen einherspazierte...*

Bei aller menschlichen Sehnsucht nach den Bäumen darf wiederum die Sehnsucht der Bäume nicht fehlen. Der Dichter Heinrich Heine[56)] bringt sie zum Ausdruck:

*Ein Fichtenbaum steht einsam*
*Im Norden auf kahler Höh.*
*Ihn schläfert; mit weißer Decke*
*Umhüllen ihn Eis und Schnee.*
*Er träumt von einer Palme,*
*Die, fern im Morgenland,*
*Einsam und schweigend trauert*
*Auf brennender Felsenwand.*

Aber nicht nur die von der Liebe der Schriftsteller hell erleuchteten Bäume stehen in den literarischen Wäldern. Darin finden sich beispielsweise genauso »Der Baum des Guten und des Bösen« von Marnix Gijsen[57)] wie die Bäume der Finsternis, die Iwan Turgenjew auf seiner »Fahrt ins Waldgebiet«[58)] dem Leser zeigt, um ihm seine Verlassenheit, seine Schwäche und seine Zufälligkeit vor Augen zu führen:

*...Der unveränderliche, finstere Wald hingegen steht uns mit mürrischem Schweigen und dumpfem Grollen gegenüber. Bei seinem Anblick wird das menschliche Herz noch tiefer und unwiderstehlicher von dem Bewußtsein unserer Nichtigkeit getroffen. Schwer erträgt der Mensch - Geschöpf eines Tages, gestern geboren und heute schon zum Tode verurteilt -, schwer erträgt er den kalten, teilnahmslos auf ihn gerichteten Blick der unsterblichen Isis. Nicht nur die verwegenen Hoffnungen und Träume der Jugend entschwinden und verlöschen, getroffen vom eisigen Hauch des Elements; nein - alles in ihm duckt sich und erstirbt; er fühlt, auch der letzte Mensch könnte vom Antlitz der Erde verschwinden, ohne daß eine Nadel an diesen Zweigen zittern würde; er spürt seine Verlassenheit, seine Schwäche, seine Zufälligkeit, und hastig, insgeheim erschrocken, wendet er sich den Alltagssorgen und Mühen des Lebens zu. In der von ihm geschaffenen Welt wird ihm leichter, da ist er zu Hause, dort wagt er an seine Bedeutung und an seine Kraft zu glauben...*

Und da wären natürlich noch die Bäume, die wegen ihrer Fähigkeit, sehr alt zu werden, die Menschen überdauern, die Bäume also als Zeugen aus einer früheren Zeit und die Bäume, die über der Zeit stehen. Wie zum Beispiel Anna Seghers »Der Baum des Ritters«[59)]:

*Holzfäller in den Argonnen fanden kürzlich, als sie die Axt an einen uralten Baumschlag legten, in einer hohlen Buche einen Ritter in voller Rüstung, kenntlich an seinem Wappen als ein Gefolgsmann Karls des Kühnen von Burgund. Dieser Ritter hatte sich auf der Flucht vor den Soldaten König Ludwigs des Elften in seiner Todesangst in den Baum gezwängt. Nach dem Abzug seiner Verfolger hatte er nicht mehr herausgefunden und war elend zugrunde gegangen in seiner Zuflucht. Aber der Baum, damals schon alt und mächtig, rauschte und grünte weiter, während der Ritter in ihm keuchte, weinte, betete, starb. Stark und makellos, bis auf die schmale, von dem Toten besetzte Höhlung, wuchs er weiter, setzte Ringe an, breitete sein Geäst, beherbergte Generationen von Vogelschwärmen, und er wäre noch weiter gewachsen, wenn die Holzfäller nicht gekommen wären.*

oder »Der Eichbaum in der Mark Brandenburg« von Friedrich de la Motte Fouqué:[60)]

*...Darüber ward ich ein schöner Mann,*
*Der viel der Aest' und Zweige gewann.*
*Ach, ich brauchte nachher der guten Kraft,*
*Die sich 'ne feste Stätte schafft,*
*Denn in den dreißigjähr'gen Kriegeszeiten,*
*Da ich schon alt war, viel gewohnt an's Streiten,*
*Da ging hier doch solch Tosen los,*
*Daß auch auf mich kam mancher Stoß.*
*Sie wollten mich oftmals gar umhauen,*
*Aber meinen Wurzeln, denen durft' ich trauen.*
*Sie hieben und hieben sich fast die Arm' entzwei,*
*Ich lachte recht innerlich dabei,*
*Bis sie an and'res Gesträuch sich machten,*
*Und mich lieber gar nicht mehr bedachten...*

Im Winde der Pappeln verweht selbst der Ruf Napoleons:[61)]

*Pappeln, belaubte Phallen*
*am Weg Napoleons.*
*Gloire im Blätterschatten,*
*im Winde das Umsonst.*

Die Faszination, die von den Bäumen ausgeht, durchwächst die Literatur. Papier ist ein fruchtbarer Boden für Bäume, und Schriftsteller sind gute Gärtner oder Förster. Ihre Sicht der Bäume orientiert sich an deren Vielschichtigkeit, die durch unübersehbar viele Baumarten getragen wird und jede Betrachtung widerspiegelt und bestätigt. So bekommt fast jeder von den Bäumen recht, auch wenn sich den verschiedenartigen Ansichten nicht immer alle Leser anschließen mögen. Folgt man beispielsweise Hugo von Hofmannsthal oder, in einem Tanka Sakanoue Korenori, so geht man in zwei völlig unterschiedliche Richtungen. Der eine Weg führt zu blühenden Bäumen, der andere zum Tiefgrün der Kiefern. So verschiedenartig aber beide auch sein mögen, sie zeigen doch überaus vertraute Bilder:

»Blühende Bäume«[62]

*Was singt in mir zu dieser Stund*
*Und öffnet singend mir den Mund,*
*Wo alle Äste schweigen*
*Und sich zur Erde neigen?*

*Was drängt aus Herzensgrunde*
*Wie Hörnerschall zutag*
*Zu dieser stillen Stunde,*
*Wo alles träumen mag*
*Und träumend schweigen mag?*

*An Ästen, die sich neigen*
*Und braun und dunkel schweigen,*
*Springt auf die weiße Blütenpracht*
*Und lacht und leuchtet durch die Nacht*
*Und bricht der Bäume Schweigen,*
*Daß sie sich rauschend neigen*
*Und rauschend ihre Blütenpracht*
*Dem dunklen Grase zeigen!*

*So dringt zu dieser stillen Stund*
*Aus dunklem, tiefem Erdengrund*
*Ein Leuchten und ein Leben*
*Und öffnet singend mir den Mund*
*Und macht die Bäum' erbeben,*
*Daß sie in lichter Blütenpracht*
*Sich rauschend wiegen in der Nacht!*

Tanka von Sakanoue Korenori[63]

*Wer unterm Tiefgrün*
*im Schatten der nie welkenden*
*Kiefer sich aufhält,*
*dem sind die vergänglichen*
*Kirschenblüten fern und fremd.*

Vielleicht versucht man, sich am Ende eines Kapitels auf einem gemeinsamen Nenner zu treffen. Da bietet sich Theodor Fontane, einer der größten realistischen deutschen Erzähler des 19. Jahrhunderts, mit Herrn von Ribbecks Birnbaum an.[64] Dessen Früchte dürften zumindest in Deutschland die beliebteste literarische Obstsorte und daher zum abschließenden gemeinsamen Genuß der Bäume bestens geeignet sein:

»Herr von Ribbeck auf Ribbeck im Havelland«

*Herr von Ribbeck auf Ribbeck im Havelland,*
*Ein Birnbaum in seinem Garten stand,*
*Und kam die goldene Herbsteszeit*
*Und die Birnen leuchteten weit und breit,*
*Da stopfte, wenn's Mittag vom Turme scholl,*
*Der von Ribbeck sich beide Taschen voll,*
*Und kam in Pantinen ein Junge daher,*
*So rief er: »Junge, wiste 'ne Beer?«*
*Und kam ein Mädel, so rief er: »Lütt Dirn,*
*Kumm man röwer, ick hebb 'ne Birn.«*
*So ging es viel Jahre, bis lobesam*
*Der von Ribbeck auf Ribbeck zu sterben kam.*
*Er fühlte sein Ende. 's war Herbsteszeit,*
*Wieder lachten die Birnen weit und breit;*
*Da sagte von Ribbeck: »Ich scheide nun ab.*
*Legt mir eine Birne mit ins Grab.«*
*Und drei Tage drauf, aus dem Doppeldachhaus,*
*Trugen von Ribbeck sie hinaus,*
*Alle Bauern und Büdner mit Feiergesicht*
*Sangen »Jesus meine Zuversicht«,*
*Und die Kinder klagten, das Herze schwer:*
*»He is dod nu. Wer giwt uns nu 'ne Beer?«*
*So klagten die Kinder. Das war nicht recht,*
*Ach, sie kannten den alten Ribbeck schlecht;*
*Der neue freilich, der knausert und spart,*
*Hält Park und Birnbaum strenge verwahrt.*
*Aber der alte, vorahnend schon*
*Und voll Mißtraun gegen den eigenen Sohn,*
*Der wußte genau, was damals er tat,*
*Als um eine Birn ins Grab er bat,*
*Und im dritten Jahr aus dem stillen Haus*
*Ein Birnbaumsprößling sproßt heraus.*
*Und die Jahre gehen wohl auf und ab,*
*Längst wölbt sich ein Birnbaum über dem Grab,*
*Und in der goldenen Herbsteszeit*
*Leuchtet's wieder weit und breit.*
*Und kommt ein Jung übern Kirchhof her,*
*So flüstert's im Baume: »Wiste 'ne Beer?«*
*Und kommt ein Mädel, so flüstert's: »Lütt Dirn,*
*Kumm man röwer, ick gew di 'ne Birn.«*
*So spendet Segen noch immer die Hand*
*Des von Ribbeck auf Ribbeck im Havelland.*

# Ein Baum und das Leben eines Menschen

Es war einmal eine alte Frau. Die zählte weit über achtzig Jahre. Darauf war sie sehr stolz, denn außerdem war sie auch noch genauso gesund, wie sie freundlich und gutmütig aussah.

Viel länger aber gab es da noch diesen Baum vor ihrem Fenster. Der zählte soviel wie drei stattliche alte Frauen zusammen. Auch er war sehr stolz darauf, denn wie anders wäre es zu erklären, daß er sich jedes Jahr ein paarmal geradezu festlich schmückte.

Im Frühjahr hielt er den anderen Lebewesen viele dichte, braune Wollsträuße entgegen. Aus diesen sprossen dann später saftweich und grünfriedlich die verletzlichen kleinen Blättchen. Wenn kein neidischer Frost kam und sich auch die gefräßige Raupe beherrschte, dann entrollten sich am Ende der Stengel Blattsträuße von großer Schönheit. Sie sahen aus wie kostbare Fächer oder breitstrahlig aufgehende grüne Sonnen. Dazu stellte der alte Baum im Frühling natürlich noch diese weithin lokkenden Kerzenständer auf seinen Zweigen auf und entzündete deren Blüten. Wenn diese weithin weiß mit gelbrotem Scheine leuchteten, konnte sich nur noch eines mit ihnen messen. Das war der erste Blumenstrauß, den ein Kind für seine Mutter pflückte. Die Zeit der Blüte war immer der stolzeste Augenblick im Leben dieses Baumes. Jeder empfand es wie eine maienhafte Weihnacht.

Aber das war längst noch nicht alles. Im Herbst warf er zur Freude aller mit dunkelbraunen Früchten, die er vorher jede einzeln so glänzend poliert hatte wie die blanksten Schuhe der Menschen, die ihm auf der Welt von allem am meisten imponierten. Bevor er sich schließlich von den vielen Feiern in den Winter zurückzog, gab er seinen Blättern noch Farbe mit auf den Weg, damit sie seine Füße mit einem bunten Teppich überzogen. Auf diese Weise ehrten sie ihn, und außerdem bekam er im Winter keine kalten Füße.

Stand er dann im Winter kahl, war sein Spiel mit der Schönheit allerdings keineswegs zu Ende. Sein Stamm, die Äste und Zweige bildeten eines der schönsten Klettergerüste für die Augen der feinfühligsten Künstler auf Erden.

Die alte Frau liebte diesen Baum zu jeder Zeit des Jahres. Und sie liebte ihn mit jedem Jahr mehr. Schließlich wurde er die größte Liebe ihres Lebens.

Als Säugling hatte sie unter seinem Dach gelernt, wie man seine Lippen bewegte, um etwas zu sagen. Sie hatte einfach den Blättern zugeschaut, wenn sich diese im Wind bewegten. Auch hatte sie gelernt, zu lächeln, zu lachen und mit den Augen zu blinzeln. Die Blätter hatten es ihr gleichfalls gezeigt, diesmal half ihnen dabei die Sonne. Als junges Mädchen lud sie ihre Verehrer unter diesen Baum ein. Dort mußten sie sich mit dessen Kraft und Schönheit messen. Als sie dann eigene Kinder hatte, half ihr der Baum dabei, daß sie wurden, wie sie selbst war, denn etwas Besseres konnte ihnen nicht passieren, schließlich war sie glücklich und mit der Welt zufrieden.

Je älter sie wurde, desto mehr verhielt sie sich wie der Baum. Trieb dieser seine zarten Blättchen aus, dann machte sie Stickereien aus feinster Seide. Stand er in seiner schönsten Blüte, dann lud sie ihre Freundinnen ein, und alle freuten sich und tranken auf ein noch längeres Leben. Regnete es, trank sie ihren Tee noch genüßlicher als zu anderen Zeiten. Stürmte es und krümmten sich ächzend seine Äste, stand sie während der ganzen Zeit beunruhigt hinter der Gardine. Dabei empfand sie an ihrem eigenen Körper Schmerzen, als wäre sie selbst es, welche das Unwetter bestürmte. Wenn der Baum an warmfeuchten Tagen seine Blättchen jubelnd entrollte, dann tanzte sie sich ausgelassen in den Frühling von Vivaldi. Im Herbst, wenn der Baum mit den glänzend braunen Früchten und den bunten Blättern für sein Leben dankte, wand sie ihm daraus einen Kranz und hängte diesen ihm zu Ehren in ihre Stube. Stand er schließlich starr im Winter, dann wurde auch ihr Leben ruhiger. Sie zog sich in sich selbst zurück, genoß den Blick auf das vergangene Jahr und freute sich still auf den nächsten Frühling.

Dies ging schließlich so weit, daß sie eins mit ihm wurde. Es war ihr, als hätte sie sich mit ihrem

Baum verschmolzen. Und es ging ihr gut dabei, denn das Leben war so selbstverständlich. Alles hatte seinen Sinn und seine festen Regeln, sie brauchte an nichts zu zweifeln, denn sie war in ihrem Leben fest verwurzelt.

Das Haus hatte auch noch andere Bewohner. Die erfreuten sich alle an dem Baum, bis auf einen. Er war bei weitem nicht so schön, groß, stark und so von sich überzeugt wie dieser Baum des Hauses und seiner Bewohner. Eifersüchtig wie er statt dessen war, behauptete er, der Baum nähme ihm das Licht. In diesem Hause müßte aber jeder Rücksicht nehmen auf den anderen. Da mache auch der Baum keine Ausnahme. Die anderen hörten ihm kaum zu, denn im Vergleich zu diesem Baum erschien er ihnen nicht viel bedeutender als eine jener blattgierigen Raupen, und diese ließen sie schließlich auch gewähren, weil sie viel zu unbedeutend waren, um dem mächtigen Baum wirklich zu schaden.

Leider unterschätzten in diesem Falle alle diesen einen, auch sonst nicht sehr beachtlichen Menschen. Er fand nämlich eine Lücke. Und da diese ausgerechnet im Gesetz war, erwies sie sich als äußerst gefährlich. Daraus ließ sich ableiten, man dürfte alte Bäume zwar nicht fällen, aber um einen gewichtigen Teil ihres Alters an ihren Ästen verjüngen. Als dieser Mensch die Lücke entdeckt hatte, jubelte er nicht laut, sondern frohlockte heimlich. Auf eben dieselbe Weise beschloß er anschließend auch zu handeln. Als einmal alle Bewohner aus dem Hause waren, bestellte er einen jener blinden Gärtner, die trotzdem die Bäume schnitten.

Er sägte die edle Kastanie an einem Wintertag so lange herunter, bis sie mit ihren himmelreichenden und erdgekrümmten Stümpfen zu einem elenden Baumknecht geworden war und sich zum ersten Mal in ihrem Leben ihrer Nacktheit schämte. Als die anderen Bewohner dieses Elend später sahen, waren sie außer sich vor Wut und Verzweiflung. Aber ihre Empörung reichte nur so weit, diesen armseligen Menschen endgültig aus dem Haus zu vertreiben. Das aber brachte niemandem zum Ausgleich eine rechte Freude und minderte auch nicht das Leid des alten Baumes.

Die alte Frau jedoch traf es am schlimmsten. Sie litt auf dieselbe Weise, wie sie sich mit dem Baum verbunden hatte. Als sie des Elends gewahr wurde, empfand sie, wie sie es gewohnt war, mit dem Baum und bezog alles auf sich. Dabei überfielen sie die schrecklichsten Schmerzen. Es tat ihr sogar dort weh, wo sie überhaupt keine Organe hatte. Die Schmerzen ihrer Seele waren die größten. Sie war der Baum, und trotzdem konnte sie es diesmal nicht ertragen, denn im Gegensatz zu diesem war sie nicht teilbar.

Als am nächsten Tage die anderen Bewohner kamen, um sie mit ihrem eigenen Leid zu trösten, da warteten sie vergeblich, daß sie ihnen die Türe öffnete und höflich einlud. Sie war in der Nacht gestorben.

Während man sie in einem Sarg aus dem Haus trug, sammelte der Gärtner mit seinen Gehilfen gerade die abgesägten Äste des alten Baumes ein. Krachend landeten sie in einer Maschine, die Äste fraß und anschließend den Boden damit düngte.

Der alte Baum lebte länger. Niemals wurde er jedoch wieder der alte. Er war erniedrigt und künstlich zum Krüppel zersägt worden, und dafür hatten die Menschen hinterher nur noch Mitleid. Das Staunen, der Respekt und die Ehrfurcht gehörten jetzt anderen.

Dennoch blieb er nicht ohne Hoffnung. Sein altes Bild war noch nicht endgültig erloschen. Solange Bäume nicht abgeschnitten wurden, bevor ihre Früchte gereift waren, gab es diese Hoffnung. Glücklicherweise erfüllte sie sich auch diesmal.

Die Kinder der alten Frau, sämtlich in der Obhut des alten Baumes aufgewachsen und gleichfalls mit diesem verbunden, bewirkten das Wunder. Sie versäumten nicht, den alljährlich aus Blättern und Früchten gewundenen Kranz ihrer Mutter ins Grab zu legen. Als ob alle Kastanien ihre ganze Kraft gesammelt hätten, um sich zu einer einzigen Pflanze zu vereinen, entstand daraus ein neuer Baum. Der überragte alles, was bisher Kastanien getragen hatte. Selbst als er dann auch noch die Wipfel der anderen Bäume übertroffen hatte, wuchs er immer noch unbeirrbar weiter. Schließlich zehrte er von dem unendlichen Respekt und der sich immerfort erneuernden Liebe, die der alten Frau geholfen hatten, diesen Kranz zu flechten.

Es war, als wollte er der Toten eine Leiter zum Himmel bauen, so mächtig, schön und lebendig, wie es noch keine gegeben hatte. Auf deren Stufen leuchteten einmal im Jahr Lichter, weiß mit gelbrotem Scheine, damit sie ihren Weg nach oben nicht verfehlte. Nutzen zogen daraus auch die anderen Toten auf dem Friedhof. Die majestätischen Schatten der sich selbst ausfahrenden Leiter hielten den Lärm und das Gezänk der Welt von dem Orte fern, und so hatten diese endlich den Frieden der leisen

In gewisser Weise bietet die Programmusik einen Nährboden für Bäume.

Töne. Und wer den Friedhof betrat, den erfaßte sofort eine Demut ohnegleichen. Ganz bescheiden wurde er, dachte nur noch an das Leben, den Tod und die Bäume.

Immer noch steht der Baum an derselben Stelle. Und weiter wächst er gen Himmel, während sich bereits die ersten Wolken an ihm stoßen. Dies wird so lange fortgehen, bis er eines Tages tatsächlich mitten im Himmel ankommt oder aber ein unseliger Pfarrer eine Lücke in der Friedhofsordnung entdeckt. Falls das letztere einträte, bliebe nur noch zu hoffen, es möge wenigstens vorher wieder jemand dasein, der die Früchte rettet, damit sich die alte Hoffnung erhalte.

# Der Baum in der Instrumentalmusik, im Lied und in der Oper

Die Musik ist eine im Grunde abstrakte Kunst. Die absolute, lediglich ihren eigenen Gesetzen folgende, keinen außerhalb ihrer selbst liegenden Vorstellungen unterworfene (Instrumental-)Musik kann grundsätzlich nicht darstellen.

Die Domäne der Musik ist die »Bewegung«, die Tonhöhe in der Vertikalen, das heißt die Melodie, und die Tonlänge in der Horizontalen, das ist der Rhythmus. Alle weiteren Parameter beziehen sich auf die Charakterisierung des musikalischen Ablaufs (Tempo, Harmonie, Klang). Will man also ein statisches Objekt wie einen Baum darstellen, bedarf es im Prinzip außermusikalischer Analogien.

Hierzu bietet sich die Programmusik an. Diese ist eine Instrumentalmusik, die literarische Anregungen umsetzt und nachempfindet. Naturvorgänge sind ein beliebtes Motiv für programmatische Vorstellungen und Bilder. Mit Tonmalerei, Tonsymbolen und Klangfarben werden die gewünschten Wirkungen erzielt. Beispielsweise gibt es Menschen, die bestimmte Klänge mit Farben verbinden. Dies also wäre ein Mittel zur Darstellung von Natur, von Baum- oder Waldgrün.

Obwohl es bereits viel früher Ansätze zur Programmusik gab, so beispielsweise auch die Programmsinfonien von Joseph Haydn (1732-1809), gilt Ludwig van Beethovens »Pastorale« op. 68 (1807/1808) als eigentlich erstes Musikstück dieser Art. Als Vater der Programmusik im romantischen Sinne ist aber nachfolgend eher Hector Berlioz (1803-1869) zu bezeichnen. Bedeutende Werke in diesem Zusammenhang komponierten auch Franz von Liszt (1811-1886) »Sinfonische Dichtungen«, Friedrich Smetana (1824-1884) »Die Moldau«, »Aus Böhmens Hain und Flur«, Richard Strauß (1864-1949) »Eine Alpensinfonie«, Claude Debussy (1862-1918) seine musikalischen Stimmungslieder, Anton Dvorak (1841-1904) »Sinfonie aus der neuen Welt«, Anton Bruckner (1824-1896) Sinfonie Nr. 4 »Romantische« und Gustav Mahler (1860-1911) Sinfonie Nr. 3.

Wie die Programmusik ist auch die von Texten begleitete Musik, das Lied oder die Oper, eher geeignet, gegenständliche Vorstellungen wie das Bild eines Baumes oder Waldes zu erzeugen. Das gleiche wie für die an das Wort gebundene Musik gilt auch für Musik, die in Verbindung mit mimischen Aktionen wie Ballett oder Pantomime auftritt.

Inwieweit lassen sich nun in der Musik rein instrumental Eindrücke bis zur konkreten Vorstellung von einem Wald oder einem einzelnen, vielleicht sogar bestimmten Baum auf den Zuhörer übertragen? Da hatte es Camille Saint-Saens (1835-1921) in seinem »Karneval der Tiere« leichter. Noch einfacher ist wohl die Wiedergabe von Vogellauten. Sie lassen sich mit Musikinstrumenten bis in die Nähe der Natur und für jeden Vogelkundler unverkennbar imitieren. Man denke nur an den Kuckuck, dem man relativ oft in der Musik begegnet. Selbst Beethoven konnte diesem Vogel in seiner »Pastorale« nicht widerstehen. Auch fern jeder programmatischen Absicht scheint es ihm zum Schicksal geworden zu sein, hier und da mitten aus einem Musikstück heraus wie aus einer Schwarzwalduhr die Stunde schlagen zu lassen. Vögel sind ein typisches Attribut des Baumes. Wenn ihre Laute in der Musik anklingen, lassen sich lediglich Gedankenverbindungen zu Bäumen knüpfen, selbst werden sie nicht dargestellt.

Ebenso deutlich lassen sich instrumental Eindrücke von der Jagd vermitteln (etwa Joseph Haydn, Sinfonie Nr. 73 D-dur »La Chasse«). Auch diese steht zwar wiederum in enger Verbindung mit dem Wald, hat jedoch eine ganz eigenständige Bedeutung, für die der Wald nur die Kulisse bildet. In der Romantik (1800-1830), einer von Deutschland ausgehenden Geistesbewegung, die unter anderem auch die Musik erfaßte, übernahm das Waldhorn als Jagdinstrument die führende Rolle bei der Erzeugung von Naturstimmungen. Auch die Oboe als Nachfolgerin der Schalmei, der Hirtenflöte, ist in diesem Zusammenhang von Bedeutung. Im langsamen Satz von Anton Dvoraks Sinfonie »Aus der neuen Welt« suggeriert die größere Schwester der Oboe, das noch enger mit der Schalmei verwandte Englischhorn, die Weite der amerikanischen Steppe im ausgehenden vorigen Jahrhundert. Zuweilen tritt auch die Klarinette an die Stelle der Oboe.

Allgemein gilt: Überall dort, wo sich in der Instrumentalmusik, ob nun programmatischer Natur oder nicht, die Klänge so wie in der Wirklichkeit wiederholen, wird der Zuhörer in der Interpretation des Stückes gebunden. Die Vögel oder andere Tiere, die Jagd, die Darstellung von Naturgrün mit Hilfe bestimmter Klänge, die einige Menschen mit Farben verbinden, und ähnliches sind nur Mittel, sich den Bäumen zu nähern. Was sind aber demgegenüber die naturtypischen, direkten Baumklänge, und wie ließen sie sich durch unsere herkömmlichen Instrumente in der Musik darstellen?

Ein Baum säuselt, flüstert, raschelt oder rauscht in seinen Blättern. In seinen Ästen quietscht, stöhnt, ächzt und knackt er. Sein Stamm steht unbeweglich still, oder im Wind knarrt oder birst und knallt er. Es gibt kein herkömmliches Instrument, mit dessen Hilfe sich diese klanglichen Äußerungen wiedergeben ließen. Möglichkeiten, Baumklänge deutlich zu machen, liegen also ausnahmslos außerhalb der traditionellen Musik. Solche Tonbilder, etwa mit Hilfe beblätterter Zweige oder trokken knackiger Äste in den Konzertsaal einzuführen, wäre übrigens nichts Neues. Scheute sich doch beispielsweise Richard Strauß nicht, die Kuhglocken konzertreif zu machen, nur um die Eindrücke seines Wanderers durch die Alpen zu verdeutlichen und den Zuhörer in diese Landschaft einzubinden. Dennoch sollte man wohl davon absehen, sich ernsthaft Gedanken zu machen, wie sich das Spektrum der Musikinstrumente erweitern ließe, nur um die Wälder darzustellen. In der instrumentalen Musik sind weder die Wälder noch (weit weniger) der einzelne Baum klanglich so darstellbar, daß sie sinnlich unentrinnbar erfaßt würden. Ein Musikstück dennoch beispielsweise »I pini di Roma« zu nennen, steht jedem frei, vor allem einem Ottorino Respighi (1879-1936), der so impressionistisch formvollendete Musikstücke geschaffen hat. Dann wird auch niemand enttäuscht, der in der Erwartung eines Klangbildes von Pinien nicht einmal Natur, sondern »nur« römische Lebensart einfängt.

Lassen sich in der Instrumentalmusik Naturstimmungen, Jahreszeiten (etwa in Antonio Vivaldis (1668-1743) »Die vier Jahreszeiten«), also allgemeine Gedankenverbindungen knüpfen, so wird es im Lied oder in der Oper viel konkreter, weil hier der Wald oder sogar einzelne Bäume und Baumarten direkt in Worten angesprochen werden.

Früh fingen die Menschen an, sich in ihren Liedern mit den Bäumen und Wäldern zu befassen. Bestimmten Bäumen galt dabei immer wieder das besondere Interesse, vor allem der Linde *(Tilia)*. Das ist nicht verwunderlich, wenn man sich vor Augen führt, daß sie im Mittelalter in vielfacher Beziehung im Mittelpunkt des Lebens stand. Schon um 1200 dichtete und sang Walther von der Vogelweide:

*Under der linden*
*an der heide,*
*da unser zweier bette was, ...*

Auch bei Neidhart von Reuenthal, einem jüngeren Zeitgenossen Walthers, taucht die Linde auf:

*Mädchen, holt eure Schlitten hervor fürs Eis!*
*Der böse kalte Winter ist da.*
*Der hat uns die vielen herrlichen Blumen genommen.*
*Mancher grünen Linde Wipfel ist mit Eis und Schnee bedeckt.*
*Kein Gesang erfüllt den Wald ...*

Text wie Melodie sind schlicht und zeigen keinen Ansatz einer Interpretation.

In der musikalischen Ausgestaltung eines Liedes, etwa in der Klavierbegleitung, tritt der Baum viel später in Erscheinung. Ernsthaft kann man sich erst in der Romantik auf die Suche nach dem Baum in der Musik machen.

Beginnen wir bei Franz Schubert (1797-1828). Zwar steht in seinem Liederzyklus »Die schöne Müllerin« nach Gedichten von Wilhelm Müller die Darstellung des Baches im Vordergrund, aber Blumen und Bäume sind ebenfalls reiche Staffage in dem lyrischen Drama von Liebe und Selbstmord. »Eine Mühle seh' ich blinken aus den Erlen heraus ...« heißt es bei sanft bewegter Klavierbegleitung (eine Synthese aus Mühlengeklapper, Wassergemurmel und rauschenden Bäumen?) und wenig später in dem Lied »Tränenregen«: »Wir saßen so traulich beisammen im kühlen Erlendach ...« Die Erle *(Alnus)* als Beginn und Zielpunkt des glücklichen Teils einer tragischen Liebe hat auch musikalisch ihre Entsprechung. Zum Schluß des Zyklus erscheint der Wald dann in dem Lied »Die böse Farbe« als bedrohliches Moment.

Im Zyklus »Die Winterreise« spielt der Lindenbaum (»Am Brunnen vor dem Tore«) eine besondere Rolle. In einem Klaviervorspiel soll das Rauschen der Blätter angedeutet werden. Sie sollen die unruhige Seele symbolisieren. Im nachfolgenden Text heißt es dann: »Und seine Zweige rauschten, als riefen sie mir zu: Komm her zu mir, Geselle, hier find'st du deine Ruh!« Die Worte sind ein Aufruf an den Angesprochenen, sich selbst zu erhängen. Eine unruhige, der volksliedhaften Melodik entgegengesetzte Klavierbegleitung in Triolen und punktierten Achteln mit angehängten Zweiunddreißigsteln soll eine störende Funktion haben. In den üblichen Männerchorinterpretationen ohne Mittelteil tritt das eigentlich Bedrohliche und Tragische dieses Liedes meist überhaupt nicht in Erscheinung. Da verkümmert der symbolträchtige Baum fast zur trauten Zimmerlinde.

»Am Brunnen vor dem Tore«

*Am Brunnen vor dem Tore,*
*da steht ein Lindenbaum.*
*Ich träumt' in seinem Schatten*
*so manchen süßen Traum.*
*Ich schnitt in seine Rind*
*so manches liebe Wort.*
*Es zog in Freud und Leide*
*zu ihm mich immer fort.*

*Ich mußt' auch heute wandern*
*vorbei in tiefer Nacht.*
*Da hab' ich noch im Dunkel*
*die Augen zugemacht.*
*Und seine Zweige rauschten,*
*als riefen sie mir zu:*
*Komm her zu mir Geselle,*
*hier find'st du deine Ruh.*

Ebenfalls aus der »Winterreise« ist das Lied »Letzte Hoffnung«. Sein Text lautet:

*Hie und da ist an den Bäumen*
*manches bunte Blatt zu sehn,*
*und ich bleibe vor den Bäumen*
*oftmals in Gedanken stehn.*
*Schaue nach dem einen Blatte,*
*hänge meine Hoffnung dran;*
*spielt der Wind mit meinem Blatte,*
*zittr' ich, was ich zittern kann...*

Der Baum gilt hier als trügerischer Hoffnungsträger. Musikalisch sollen getupfte, fallende Akkorde akustisch die fallenden Blätter darstellen, die die schwindende Hoffnung ausdrücken.

Dem genialen Robert Schumann (1810-1856) ist es in dem Lied »Der Nußbaum« gelungen, den nicht sehr anspruchsvollen Text des biedermeierlichen Dichters Mosen in einem seiner schönsten Lieder umzusetzen:

*Es grünet ein Nußbaum vor dem Haus,*
*duftig, luftig breitet er blättrig die Äste aus.*
*Viel liebliche Blüten stehen dran;*
*linde Winde kommen, sie herzlich zu umfahr'n ...*

Unter bewegten Harfenklängen werden vom Komponisten die schlichten Worte in wohlklingende Notenblätter eingehüllt und zu einem wunderbaren Baum verwoben.

Die Entsprechung von Wort und Ton im Lied ist ein besonderes Problem, nicht nur im Hinblick auf die Qualität, sondern auch auf das Thema. Nicht allein im »Nußbaum« von Schumann, auch in manch anderem Lied bleibt der Text hinter der Musik zurück, und in vielen Liedern vermißt man zwischen Musik und Text den Gleichklang, der die Assoziation zu Wald oder Baum letztendlich herstellt. Die mangelnde Qualität des Textes liegt oft auch daran, daß sich der Komponist bewußt einen weniger begabten Dichter aussuchte, um nicht durch die Kraft der Worte musikalisch gehemmt zu werden. So arbeitete beispielsweise Johannes Brahms (1833-1897) fast ausschließlich mit unbekannten, deshalb aber nicht automatisch schlechteren Dichtern zusammen. Wenn man sich vor Augen führt, daß der Text immer zuerst vorliegt und das Lied auf der Grundlage der Worte komponiert wird, wird das Problem auch für den Laien vorstellbar.

Schumanns Liederkreis nach Eichendorff op. 39 ist eine einzige Huldigung an den Wald. »Nur von den Bergen noch rauschet der Wald« wird von ihm meisterhaft in der Klavierbegleitung nachvollzogen und könnte das Motto des gesamten Liederzyklus sein. Auch in dem Klavierzyklus »Waldszenen« sind die Bäume sein Thema.

Johannes Brahms begnügt sich zwar mit einem Strauch, dem Fliederbusch *(Syringa)*, komponiert diesen aber bis auf Baumeshöhe anhand des Gedichtes »Meine Liebe ist grün« von Felix Schumann, dem jüngsten Sohn von Robert Schumann.

*Meine Liebe ist grün wie der Fliederbusch,*
*und meine Lieb ist schön wie die Sonne;*
*die glänzt wohl herab auf den Fliederbusch*
*und füllt ihn mit Duft und mit Wonne.*
*Meine Seele hat Schwingen der Nachtigall*
*und wiegt sich in blühendem Flieder,*
*und jauchzet und singet vom Duft berauscht*
*viel liebestrunkene Lieder.*

Eine grandiose, »rollende« Baßbewegung, nachschlagende Achtelakkorde und frei einsetzende Melodien in Singstimme und Klavier machen die große Farbigkeit dieser Komposition in der Darstellung von Flieder, Sonne, Nachtigall und Seele aus. Eine ausgewogen erfüllte Harmonie umfaßt die gesamte Stimmung, die vom Blattgrün des Strauchs und seinen duftenden Blüten ausgeht, und sublimiert sie zu einem musikalischen Hochgefühl des Lebens.

Hugo Wolf (1860-1903) hat nach Texten von Eduard Mörike (Mörike-Lieder) komponiert:

*Ein Tännlein grünet wo, wer weiß, im Walde,*
*ein Rosenstrauch, wer sagt, in welchem Garten?*
*Sie sind erlesen schon, denk es, o Seele,*
*auf deinem Grab zu wurzeln und zu wachsen.*

Ein schwingender Sechsachteltakt und Todessehnsucht - wie paßt das zusammen? Hier steckt die Morbidität in der Musik, die Mörike in den Gegensätzen seines Textes (Wald-Rosenstrauch-Tännlein-Garten-Grab) verarbeitet.

Viele weitere Beispiele ließen sich für die Bäume im Lied aufführen. So etwa auch der Klavierzyklus »Der Weihnachtsbaum« von Franz von Liszt, bei dem es nicht um den Baum im engeren Sinne, sondern eher um das geht, was an musikalischen Kindergeschenken an einem Weihnachtsbaum hängt. Um das Bild vom Baum im Lied abzurunden, sei hier nur noch der Baum im Volkslied erwähnt.

In zum Teil sehr einfachen und daher besonders eindrucksvollen Worten erscheint der Baum in Wiegen-, Kinder- und Volksliedern.

65)

Kann man einem Kind einen Baum in schönerer Weise nahesingen?

Von althergebrachter enger Verbundenheit mit dem Baum zeugt in einem Kinderlied die Zwiesprache mit dem Zwieselbaum (das ist ein Baum mit wilden Süßkirschen; der Name kommt aus dem althochdeutschen »wihsele«):

*Zwieselbaum, Zwieselbaum*
*wächst in unserm Garten,*
*wenn die schöne Anna kommt,*
*sag, sie solle warten.*
*Wenn sie nicht mehr warten will,*
*sag, ich bin gestorben,*
*wenn sie zuviel weinen wird,*
*sag, ich komme morgen.*[66)]

»Leb wohl, du schöner Wald!«[67)] dichtete Hoffmann von Fallersleben (1798-1874) allein des Waldes wegen, und ganz Deutschland folgte seinem Bekenntnis und besang den Wald nach einer einheitlichen Melodie in seinem Sinne.

Ein Traum ganz anderer Art verbindet sich mit dem Rosmarienbaum in dem Volkslied

*Ich hab' die Nacht geträumet wohl einen schweren Traum,*
*es wuchs in meinem Garten ein Rosmarienbaum.*
*Ein Kirchhof war der Garten, ein Blumenbeet das Grab,*
*und von dem grünen Baume fiel Kron und Blüte ab.*
*Die Blätter tät ich sammeln in einen goldenen Krug,*
*der fiel mir aus den Händen, daß er in Stücke schlug.*

Draus sah ich Perlen rinnen und Tröpflein rosenrot:
Was mag der Traum bedeuten? Ach Liebster, bist du tot?[68)]

»Es steht ein Baum im Odenwald« und verbindet sich mit unglücklicher Liebe:

*Es steht ein Baum im Odenwald, der hat viel grüne Äst;*
*da bin ich wohl vieltausendmal bei meinem Schatz gewest.*
*Da sitzt ein schöner Vogel drauf, der pfeift gar wunderschön;*
*ich und mein Schätzlein lauern drauf, wenn wir miteinander gehn.*
*Der Vogel sitzt in seiner Ruh wohl auf dem höchsten Zweig;*
*und schauen wir dem Vogel zu, so pfeift er alsogleich.*
*Der Vogel sitzt in seinem Nest wohl auf dem grünen Baum;*
*ach, Schätzel, bin ich bei dir g'west, oder ist es nur ein Traum?*
*Und als ich wiederkam zu ihr, verdorret war der Baum;*
*ein andrer Liebster stand bei ihr, jewohl, es war ein Traum.*
*Der Baum, der steht im Odenwald, und ich bin in der Schweiz;*
*da liegt der Schnee so kalt, so kalt, mein Herz es mir zerreißt.*[69)]

Sind die Möglichkeiten des Liedes, beim Zuhörer Vorstellungen vom Baum oder Wald zu wecken, ungleich größer als in der Instrumentalmusik, so erweitern sie sich noch einmal bei der Oper.

Bei der Oper besteht nicht nur die Möglichkeit, Text und Ton zu einer deutlichen Vorstellung zu synchronisieren, mit Hilfe des Bühnenbilds kann diese darüber hinaus bis zu dem bestimmten Thema, hier Baum oder Wald, soweit eingeengt werden, daß ihr niemand mehr entkommen kann. Manche Opern zwingen ein Bühnenbild mit Bäumen geradezu auf, wenn ihr Hauptthema der Wald ist. Stellvertretend sei hier »Der Freischütz« von Carl Maria von Weber (1786-1826) angeführt. Sie ist die Huldigung an den deutschen Wald schlechthin. Wo anders käme der Jägerchor besser zur Geltung als vor einer Kulisse von Bäumen! Die Oper hat sich in ihrer Thematik vielfach der Bäume bedient, darunter sogar einzelne in den Mittelpunkt der Handlung gestellt, wie Richard Wagner (1813-1883). In seiner Auseinandersetzung mit mittelalterlich-mythologischen Motiven erscheint zum Beispiel in seiner »Götterdämmerung« die Weltenesche Yggdrasil. Sie ist verdorrt, ihr totes Holz wird zum großen Weltenbrand aufgeschichtet. Hier entstehen aus dem Zusammenspiel von Text, Musik und kulissenhafter Untermalung unausweichlich tiefgründige Vorstellungen vom Baum.

Während es im Lied und in der Oper der Text ist, der die Musik zu deutlichen Vorstellungen vom Baum vertiefen kann, unterstützen im Ballett und in der Pantomime Bewegungsabläufe die Absicht des Komponisten. Im Ballett kann die Kulisse wie in der Oper ein zusätzliches Moment sein, die Sinne der Zuhörer und Zuschauer auf das Gewünschte zu konzentrieren. Zu den Komponisten, die sich in der Ballettmusik mit den Bäumen beschäftigt haben, gehört beispielsweise Béla Bartok (1881-1945). Im Jahre 1916 entstand »Der holzgeschnitzte Prinz«. »Giselle«, ein romantisches Ballett von Théophile Gautier und de Saint-Georges mit der Musik von Adolf Adam, wurde im Juni 1941 in der Choreographie von Jean Coralli uraufgeführt. Im Mittelpunkt des zweiten Aktes steht ein Wald mit dem Grab von Giselle.

Zusammenfassend kann gesagt werden, daß die Instrumentalmusik nicht oder jedenfalls nicht eindeutig in der Lage ist, die Bäume darzustellen. Musik und Text erweisen sich, wenn sie aufeinander abgestimmt sind, als die stärksten Mittel, Bäume sinnlich begreifbar zu machen. Ballett und Pantomime fordern dagegen eine weit höhere Vorstellungskraft des Publikums und eine große Meisterschaft der Darsteller, um gleich starke Bilder vom Baum entstehen zu lassen. Der Pantomime schafft dies sogar möglicherweise ohne Musik und sonstige Unterstützung ganz allein aus sich heraus, indem er selbst zum Baum wird.

Bäume in der Darstellung durch die Musik ist das eine. Musik, die Erzeugung des Klangs, mit den Mitteln der Bäume, mit ihrem Holz, ist das andere. Man könnte auch so sagen: Die meisten Musikinstrumente haben eigentlich allen Grund, das Hohelied der Bäume zu spielen, denn in wichtigen Teilen bestehen sie aus Holz.

Nehmen wir die Geige. Ihre Decke besteht aus Fichte *(Picea)*, der Rest ihres Resonanzkörpers ebenso wie der Hals aus Bergahorn *(Acer pseudoplatanus)*. Die Funktionsteile sind demgegenüber aus Ebenholz (mehrere harte Edelhölzer in unterschiedlich dunkler Färbung). Das gleiche gilt für die Bratsche und das Cello. Bei der Auswahl der Hölzer für diese Instrumente wird ganz nach traditionellen Gesichtspunkten vorgegangen. Nur in Ausnahmefällen behilft man sich bei Ahorn mit Ersatzhölzern. Dafür kommen die Weide *(Salix)*, die Pappel *(Populus)*, der Birnbaum *(Pirus)*, unter Umständen auch das Holz des Apfel- *(Malus)* oder Kirschbaumes *(Prunus)* in Frage.

Bei der Harfe besteht die Decke gleichfalls aus Fichte. Die anderen Teile aber sind aus Exotenhölzern (z.B. Palisander, *Dalbergia*). Auch für die Gitarre werden Exotenhölzer verwandt, für die Geige allerdings nie. Die Blockflöte, soweit sie überhaupt aus Holz ist, wird aus Ebenholz, Ahorn, Birnbaum oder auch Buchsbaum *(Buxus)* hergestellt. Je härter das Holz, desto obertonreicher wird die Flöte. Für die Klarinette und die Oboe setzt man Grenadill *(D. melanoxylon)* oder auch Ebenholz ein.

Beim Klavier besteht der Resonanzboden aus Fichte. Wegen der ausgeprägten Jahresringe ist das Holz in Querrichtung besonders schwingfähig.

Gleichfalls aus Fichte, aber genausogut auch aus Kiefer *(Pinus)* oder Eiche *(Quercus)*, unter Umständen sogar Mahagoni (die Bestände des klassischen Kuba-Mahagoni, *Swietenia mahagoni*, mit den besten technischen Eigenschaften sind allerdings bereits vernichtet) besteht das Gehäuse der Orgel. Praktisch sind hier aber noch weit mehr Holzarten einsetzbar. Die technischen Teile der Orgel bestehen aus Ahorn oder Weißbuche *(Carpinus betulus)*. Bei den Tastenbelägen ist zu unterscheiden: Die Untertasten sind aus Grenadill, die Obertasten aus Paduk *(Pterocarpus)* sowie Elfenbein bzw. einem Knochenbelag. Die Orgelpfeifen bestehen meist aus Metall, zu etwa 20% aus Holz. Die großen Holzpfeifen sind dabei aus Nadelholz gemacht, aus Fichte oder Kiefer, aber auch aus Redwood *(Sequoia sempervirens)*. Die kleineren und mittleren Pfeifen bestehen aus Eiche oder Mahagoni, die ganz kleinen aus Kirschholz oder aus Birnbaum. Die Möglichkeiten des Instrumentenbauers sind heutzutage durch das internationale Artenschutzabkommen eingeschränkt werden.

Zum Schluß noch ein zeitgenössisches Beispiel als kurzer Exkurs in die Herstellung und Verwendung von Musikinstrumenten. Michael Stamm aus Fliesteden bei Köln experimentiert mit Instrumenten. Zuerst fand er die Werkstoffe. Das Holz war grob, ungeschliffen und aus Eiche. Und er beließ es weitgehend so, wie er es an seinem Wohnort vorgefunden hatte. Dann machte er sich auf die Suche nach Metallen, die aus dem Feuer gekommen waren und einen schönen Klang hatten. Vielleicht verbarg sich bei ihm dahinter sogar die Suche nach dämonischen Klängen. Dabei fand er verschiedene Eisenteile, Teile von alten Pflugscharen, die besonders eindrucksvoll widerhallten, wenn man sie schlug. Damit hatte früher schon der Bauer sein Gesinde von entfernten Feldern befohlen. Die Gabeln haben, in Schwingung gesetzt, eine ähnliche Funktion wie alte Stimmgabeln. Bei Ausgrabungen fanden sich übrigens später an den Stellen, wo er seine Gegenstände gesucht hatte, alte Schamanenmasken. Ganz prosaisch dagegen nahmen sich Schweinsblasen und Tierhäute vom örtlichen Metzger aus.

Das Hauptinstrument nannte er »Mutter der Klänge«. Allmählich wuchsen sich die Klangkörper zu Hohlkörpern mit Saiten und Resonanz aus. Dann kam der Schritt in die moderne Technik, kleine Mikrophone wurden angebracht, um das innere Klanggefüge der Instrumente nach außen hörbar zu machen.

Im Zentrum der Suche nach den Klängen steht der Erdton. Er ist seit 3000 Jahren bekannt, den Indern dient er als Hauptton. Jeder indische Musiker hat ihn über Jahre zu üben, bis er ihn frequenzgleich und sicher bis zur Studioreife beherrscht. Dieser Ton ist cis und physikalisch zu errechnen als eine Frequenz aus der Umdrehung der Erde. Im Kosmos bewegt er sich im Bereich von 10 Oktaven, dies gilt auch für den menschlichen Hörbereich. Dieser Ton soll wohltuende bis heilende Wirkung auf Mensch, Tier und Pflanzen haben. Hierzu gibt es eine ganze Reihe von Experimenten. Im übrigen hatten früher viele Kirchenglocken den cis-Ton. Es gab also einmal eine Zeit, wo der Tag mit Wohlklang begann. Da war es dann auch wohl nicht problematisch, wenn der Ton während der Nacht nicht einschlief. Zu berücksichtigen ist allerdings, daß der cis-Ton heute einen halben Ton höher liegt als in der Barockzeit, also entspricht der alte cis-Ton auch nicht mehr dem heutigen.

Wo spielt dieses Orchester? Vorzugsweise auch dort, wo seine Bestandteile herkommen, in der freien Natur. Also genau da, wo sich die wohltuende Wirkung den Bäumen und anderen Pflanzen mitteilen kann, die es vom Erdton gewohnt sind. Ausüben kann sie übrigens nach Konzertende jeder Besucher, der sich berufen fühlt, zu improvisieren und das Experiment fortzusetzen.

In der Kunst wird man den Bäumen gerecht,
wenn man sie in drei wesentlichen Zusammenhängen sieht.

# Der Baum in der Kunst

In der Kunst wurde immer auch der Baum wiedergegeben. Alle Darstellungsformen von der Frühzeit bis heute zu erfassen, und sei es auch nur beispielhaft, würde allerdings den Rahmen des hier unternommenen Versuchs, eine ganzheitliche Betrachtungsweise des Baumes einzuleiten, bei weitem überschreiten. Also mußte versucht werden, das Thema auf Wesentliches zu beschränken. Am Ende kam der Baum in einem der Bezugsbereiche, in denen er sich im Laufe der Zeit quasi außerhalb des Erdbodens ausgebreitet hat, eigentlich zu kurz. Das entspricht zwar nicht seiner mengenmäßigen Verbreitung, trägt aber hoffentlich dazu bei, ihn besser zu übersehen.

Der Baum in der Kunst kann zunächst einmal nicht der Baum sein, der dem Künstler wie jedem anderen Betrachter allenthalben entgegentritt. Schließlich sind die Bäume notwendiger Bestandteil der meisten Landschaften und daher unseres Lebens. Der Künstler, in dessen Werk ein Baum erscheint, stellt diesen in den meisten Fällen nicht als Mittelpunkt des Geschehens oder um seiner selbst willen dar. Die meisten künstlerischen Werke, in denen Bäume vorkommen, sind nicht Darstellungen der Bäume, sondern Kompositionen mit Bäumen, die den Hintergrund oder Rahmen des Werkes bilden, die ausfüllen oder einem anderen Zweck dienen. Derartige Darstellungen stehen daher auch nicht im Mittelpunkt von Betrachtungen, die den Baum in der Kunst zum Gegenstand haben.

Bleiben also die Bäume, die um ihrer selbst oder eines durch sie ausgedrückten Gedankens willen in Einzeldarstellungen verschiedener Künstler oder in einer die gesamte Kunst während einer bestimmten Epoche umfassenden Bewegung erscheinen. Im letzteren Fall drängen sich zunächst jene Kunstrichtungen auf, die sich unter dem Begriff »Landschaftsmalerei« zusammenfassen lassen. Dieser wahrscheinlich von Albrecht Dürer (1471-1528) erstmals verwandte Begriff wird allerdings einer umfassenden Berücksichtigung der Bäume in der Kunst deshalb nicht gerecht, weil die reine Landschaft in der abendländischen Kunst erst mit der Renaissance (14.-16. Jahrhundert), in Ostasien allerdings in einem ersten Höhepunkt bereits im 8. Jahrhundert zum Bildgegenstand wurde. Naturdarstellungen mit Bäumen als Mittelpunkt der Betrachtung gab es dagegen schon viel früher.

Viel eher wird man den Bäumen in der Kunst gerecht, wenn man sie in den folgenden drei Zusammenhängen sieht:

- als Bestandteil der Natur in Innenräumen.[70]) Immer, wenn sich die Menschen die Natur ins Haus holten, um mit ihrer Hilfe bestimmte Vorstellungen zu verwirklichen, nahm sich die Kunst in besonderer Weise des Baumes an;
- als ein Teil des Gartens und der Gartengestaltung. Jedesmal, wenn die Gartengestaltung und der Garten in den Mittelpunkt des Interesses rückten, zogen die Bäume auch in der Kunst die Blicke auf sich. Das war bereits in den frühen Hochkulturen der Fall;
- als Imitat von Natur. In diesem Zusammenhang wurde der Baum vom Ornament bis zu der höchsten Naturtreue nachempfunden.

Die Natur ins Haus zu holen ist in zwei Formen vorstellbar. Einmal läßt sich lebendige Natur in die Wohnung holen. Das geschieht auf verschiedene Weise. Beispielsweise kann man sich genauso ein Gewächshaus bauen, wie man die Pflanzen in Töpfen in einer Wohnung unterbringen kann. Die andere Form, sich Natur ins Haus zu holen, erfolgt durch die Illusion mit malerischen Mitteln bis hin zur Reduzierung der Pflanzen auf einfachste Symbole. In Kreta und Ägypten versetzte man erstmals mit künstlerischen Mitteln Pflanzen in Wohnräume. Der Vorteil, den Künstler bei der Ansiedlung von Pflanzen in Innenräumen gegenüber den Gärtnern hatten, bestand darin, daß sie theoretisch die Natur bis zur Weiträumigkeit landschaftlicher Vorstellungen erweitern konnten. Sie brauchten die urwüchsigsten Bäume nicht auszusparen und konnten ihre künstlerischen Vorstellungen ohne Rücksicht auf Boden und Klima geradezu paradiesisch ausleben, genauso, wie sich edenhaftes Immergrün unvergänglich erhalten konnte.

Die Ägypter haben uns das Bild ihrer Wirklichkeit besonders eindrucksvoll im Totenkult deutlich gemacht. Für sie war das Jenseits nur als ein Abbild des Diesseits vorstellbar. Immer mehr entwickelte sich die bildhafte Darstellung in Ägypten zum Malerischen. Sie erreichte ihren Höhepunkt in der 18.

Dynastie in der Amarnakunst. In der 5. Dynastie war die absolute Macht des Sonnenkults gebrochen. Es erschienen jetzt schon statt der abstrakten Pfeilerform bildhafte Pflanzensäulen in ägyptischen Innenhöfen. Zum Zeitpunkt des Neuen Reiches in der 18. Dynastie ließ Hatschepsut (1490-1468) ihre Punt-Expedition als historisches Ereignis in den Pfeilerhallen von Der el Bahari verewigen. Dabei wurden vor allem auch seltene Bäume als ein Ziel der Expedition herausgestellt.

Die kretischen Kunstwerke beschäftigten sich zwar mit Pflanzen, allerdings, wie etwa das früheste Fresko der »Kokospflücker« aus dem Palast des Knossos (um 1600 v. Chr.), mit Stauden wie dem erwähnten Krokus *(Crocus)*, Lilien *(Lilium)* oder anderen. Allerdings ist die ältere Geschichte Kretas nicht erforscht. Man vermutet in dieser Zeit Kulte, in denen Bäume und Grotten als Wohnsitze von Gottheiten eine Rolle spielten. Inwieweit sich daran bildliche Darstellungen von Bäumen anschlossen, muß allerdings der Spekulation überlassen werden.

Die in Vorderasien anzutreffenden Gärten waren im Vergleich zu denen Ägyptens und Kretas deutlich ärmer. In den bildlichen Darstellungen dominieren jedoch die eher seltenen Bäume. Die Tammuzgestalt, Gemahl der Muttergöttin und Erneuerer des Lebens, erschien als Lebensbaum, als Heiliger Baum, meist als Palme. Baumverehrung gab es in dieser Zeit in ganz Vorderasien. Sie reichte von der Verehrung des durch die Palme repräsentierten Vegetationsgottes bis zu ihrem symbolhaften Ausdruck in der vergeistigten Jahwereligion als die Herrlichkeit Gottes verkörpernder Bestandteil der Natur. So wurde mit der Darstellung dieses Baumes in Innenräumen eine Paradiesvorstellung verwirklicht. Seit dem 12. Jahrhundert wetteiferten außerdem großartige Gartengestaltungen miteinander, wie zum Beispiel die »Hängenden Gärten der Semiramis«. Die paradiesische Verklärung des Baums durch künstlerische Darstellung im Innern der Häuser und der gärtnerische Wettbewerb mit Bäumen und anderen Pflanzen verhalfen dem Baum zu dieser Zeit zu besonderer Bedeutung.

Aus Griechenland sind Landschaftsdarstellungen in Innenräumen nicht überliefert, dagegen war die römische Landschaftsmalerei von zentraler Bedeutung. Kleinasiatisch-orientalische Kulte von Naturgottheiten bereiteten in Rom den Boden für eine eigenständige Gartenentwicklung. Zu den unverzichtbaren Gartenelementen gehörte neben der Wiese und der Quelle auch der Baum. Die künstlerische Beschäftigung mit der Gestaltung der Gärten brachte es mit sich, daß diese allmählich ihren Weg in die Wandmalereien der Innenräume fanden, bis sich beides zu gegenseitiger Beeinflussung und Wechselwirkung und zu einer Einheit verband. Es sei in diesem Zusammenhang nur an die Beschreibungen des jüngeren Plinius erinnert.

Die altchristliche Kunst hatte als eines ihrer Leitbilder den paradiesischen Garten, einen Wunschgarten friedlicher Beschaulichkeit, in dem die Palme die Bäume repräsentierte. Die Beschreibung dafür lieferte die Bibel. Sie kann dabei, was die Landschaft angeht, ihre Herkunft aus einer orientalischen Welt nicht verleugnen. Bezüge zum Elysium, dem Land der Seligen in der griechischen Sage, lassen sich ebenfalls herstellen.

Die Kunst des islamischen Orients vom 3.-7. Jahrhundert n. Chr. wurde im wesentlichen von der sassanidischen Paradiesvorstellung beherrscht, wie auch die orientalischen Einflüsse in der frühchristlichen und mittelalterlichen Kunst, vor allem im Rittertum, von dort ihren Ausgang nahmen. Die Sassaniden begründeten eine Dynastie, die von 224-651 in Persien regierte. Im Mittelpunkt dieser Kunst stand die Ornamentik. So haben etwa die Palmettenbäume in der im Jahre 806 geweihten Kirche des Bischofs Theodulf von Orléans, in Germigny-des-Prés im Loire-Tal, ein Hauptwerk karolingischer Baukunst, ihre Wurzeln in sassanidischen Lebensbäumen.

Einen besonderen Stellenwert erhielt der Baum in der Kunst als Säule, eine an sich naheliegende Beziehung. Von der ägyptischen Pflanzensäule angefangen über Baumabbilder in den vorderasiatischen Kulturkreisen, in denen zwar eine große Baumverehrung herrschte, die Architektur jedoch kaum Säulen hervorbrachte, über die Akanthusstaude *(Acanthus)* in Griechenland und Rom, und weiter über die von vorderasiatischen Vorbildern inspirierten, nachgebildeten künstlichen Bäume reichte diese Darstellungsform bis in das Astwerk und in die Baumsäulen des 16. und 18. Jahrhunderts. Eine besondere Rolle spielte im Rückgriff auf die Vorstellungen des Alten Orients und die gelegentliche Verwendung in der Antike auch hier wieder die Palme.

Der Betrachtung des Baumes in der Kunst des Innenraums bei den alten Hochkulturen kommt vor allem auch deshalb eine große Bedeutung zu, weil die Voraussetzungen der europäischen Kunst,

Schönheit und Nutzung: Mandelbäume *(Prunus amygdalus)*

Bilder einer Landschaft am Niederrhein: Weiden und Pappeln *(Salix, Populus)*

LINDEN *(Tilia)*

EXTREME STANDORTE:
KIEFERN *(Pinus)*

Akazien *(Acacia)* in afrikanischer Landschaft

Birken

VERSCHIEDENE BLÄTTER VERRATEN NICHT IMMER ALLES ÜBER DEN BAUM: AHORN *(Acer)*, ULME *(Ulmus)*, PLATANE *(Platanus)*, LINDE *(Tilia)*, ROSSKASTANIE *(Aesculus)*?

Föhre, Sandkiefer, Weisskiefer *(Pinus sylvestris)*

Redwood
*(Sequoiadendron giganteum)*

Immergrüner Baum,
Sinnbild im Totenkult

Scheinzypresse
*(Chamaecyparis)* auf dem
Melaten-Friedhof, Köln

»Bäume und Verkehr« in der Stadt Köln: Robinie *(Robinia pseudoacacia)*

Bäume und Umwelt (Kraftwerk in Niederaussem bei Köln)

Baum-Rhododendron
*(Rhododendron arboreum)*

Korbweiden *(Salix)*, Schneitelkultur am Niederrhein

wenn auch nur von der klassizistischen Richtung ausdrücklich zugestanden, bis ins 19. Jahrhundert in hohem Maße in der Antike lagen. Diese Verbindung offenbarte sich besonders in der Renaissance und im Manierismus. Über das Gartenthema wurden antike Vorbilder sichtbar. Und erneut nahm sich die Kunst des Themas Bäume und sonstige Pflanzen in Wandmalereien und Skulpturen an.

Auf den Einfluß der sassanidischen Paradiesvorstellungen auf die Kunst des Mittelalters wurde bereits hingewiesen. Im Mittelpunkt der Bäume standen darin der Baum des Lebens und der Baum der Erkenntnis.

Einen besonderen Höhepunkt bildeten die Paradiesportale der Gotik. Neben der vorwiegend auf die Akanthusstaude zurückgehenden Ornamentik erschienen auch Elemente des Baumes. Beispielsweise Darstellungen von Blättern der Eiche *(Quercus)* und des Ahorns *(Acer)* an der Liebfrauenkirche zu Trier sowie des Ahorns am Westportal des Basler Münsters. Schließlich finden sich ganze Bäume wie etwa der Feigenbaum *(Ficus)* an der Katharinenkirche in Straßburg. Im späten Mittelalter wurde das höfische Gesellschaftsleben in der Natur Thema der künstlerischen Innenraumgestaltung. Über die Darstellung von Jagdszenen rückten dabei die Bäume ins Blickfeld. Wandmalereien und in der ersten Hälfte des 15. Jahrhunderts ebenfalls Teppiche zeigten in ihren Landschaftsdarstellungen, die die Naturidylle ins Haus holen sollten, bevorzugt Bäume. Nicht zu vergessen sind auch die mittelalterlichen Buchmalereien, in deren Pflanzenranken sich manches Baumblatt versteckte.

Zwar blieb in der Renaissance das Naturgefühl vorhanden. Das höfische Leben in natürlicher Umgebung, ob nun in besinnlichen Stunden im Freien oder auf der Jagd, ging weiter. An die Stelle arkadischen Naturempfindens trat jedoch das Gefühl für Ausblicke und Panoramen. Es entstand die Perspektive und damit die wirklichkeitsnahe Raumdarstellung. Leonardo da Vinci (1452-1519) und Albrecht Dürer begannen mit ersten figurenlosen Landschaftsdarstellungen. Ihnen folgten Albrecht Altdorfer (geb. um 1480, gest. 1538), Pieter Brueghel (geb. um 1529/30 gest. 1569), und in dramatischen Naturereignissen kulminierte die Entwicklung schließlich in Peter Paul Rubens (1577-1640) und Rembrandt (1606-1669). In der Spätrenaissance, dem Manierismus (etwa 1520-gegen Ende des 16. Jahrhunderts), war die Landschaftsmalerei eng mit der Gartenkunst verbunden. Die letztere fand ihren höchsten Ausdruck in der Gestaltung der Gärten römischer Villen.

Im Barock (ca. 1600-1750) entdeckten die Künstler die großartige römische Landschaft und ließen sich davon zu Ideallandschaften inspirieren. Begleitet wurde diese Bewegung von einer aufkommenden Sehnsucht nach dem Lande. Vor allem die Bäume und der Wald wurden dazu ausersehen, diesen Ruf nach natürlicher Umgebung zu verkörpern und die damit verbundenen Hoffnungen einzufangen. Von den Wänden erstrahlten Baumbilder von nie empfundener Größe, die den Ausdruck arkadischer und heroischer Idealität unterstützten. In den darauffolgenden naturalistischen Tendenzen des 18. Jahrhunderts verschob sich die Darstellung von der Landschaft zu künstlich angelegten Parks und Gärten, die Bäume aber bestimmten weiterhin das Bild. Der Wandel zeigt sich beispielsweise bei Watteau (1684-1721), der dem Garten- bzw. Parkhaften oft den Vorzug gab.

John Constable (1776-1837), William Turner (1775-1851), dieser in starker Anlehnung an Poussin (1594-1665), entwickelten den typischen Landschaftsstil des 19. Jahrhunderts, der auch Maler wie Caspar David Friedrich (1774-1840) prägte. Die Übergänge in die Kunst des 19. Jahrhunderts waren fließend. Über klassizistische Panoramatapeten führte der Weg zu ornamentaler Dekoration in der Romantik und schließlich zu den romantischen Ideallandschaften. In Frankreich entstand mit dem Impressionismus dann eine Richtung, bei der die Gegenstände unter dem momenthaften Seheindruck von Farbe und Licht erfaßt wurden. Dabei lösten sich unter dem Einfluß von Licht und Farbe der perspektivische Raum und die landschaftlichen Formen auf. Was von den Bäumen blieb, war unauflöslich und gehörte zugleich zu den nachhaltigsten Eindrücken, die jemals von diesen und anderen Pflanzen entstanden waren.

Bliebe noch die neugotische, in Europa im 18./19. Jahrhundert entstandene Kunstrichtung zu erwähnen, deren geistesgeschichtliche Hintergründe in der Romantik zu suchen sind und die die gotische Formensprache wieder aufleben ließ. Natur erschien in ihr als ruinierte Natur. Der durch Farbe und Licht lebendige Baum des Impressionismus und der Baum in neugotischer Ruinennatur bilden äußerste Kontraste, welche sich weder in einem Innenraum noch in der freien Natur vereinbaren ließen. Schließlich ist in bezug auf den Baum noch der deutsche Jugendstil (1896-1910) erwähnenswert, bei dem Innenräume mit stilisierten Tier- und Pflanzenformen gestaltet wurden.

Es ist oft schwer zu unterscheiden, ob die Wissenschaft, die Literatur, die Kunst oder die Musik das Thema entdeckt haben, das schließlich am Ende alle Bereiche zusammen zum Zeitgeist einer Epoche formen. Indem sie sich gegenseitig inspirieren und befruchten, halten sie das Thema lebendig und lassen es so lange ausreifen, bis es sich ausgelebt hat und einem neuen Impuls weichen muß. So ist auch manchmal schwer zu unterscheiden, welcher Impulsrichtung die größere Bedeutung zukommt. Um beim Thema und der Prüffolge dieses Kapitels zu bleiben, könnte man sich nun fragen, wo die Gartengestaltung die künstlerische Ausgestaltung der Innenräume überboten hat. Zweifellos im Manierismus. Aber ist dies von entscheidender Bedeutung? Wohl kaum, denn hier geht es darum, den Baum in der Kunst zu finden, und zwar mit Hilfe der drei eingangs erwähnten Prüfkriterien. Da ist es überflüssig, sich zu fragen, welche Richtung für den künstlerischen Eindruck von Bäumen letztlich entscheidend war. Allein wichtig ist nur noch zu wissen, daß man, gleichgültig auf welcher dieser Spuren man den Bäumen in die Vergangenheit auch immer nachgeht, fast immer wieder auf die gleichen Epochen stößt, zum Beispiel auf die Romantik, in der sich viele Richtungen auf das engste verwoben haben.

Wer es genau wissen will und einen bestimmten Baum in der Kunst aus der zeitgenössischen Gartenliteratur abgeleitet sehen möchte, erfährt dabei sicher die genaue Bezeichnung. Für den Gartengestalter ist sie genauso wichtig wie für den Maler die Farbe. Der Gartengestalter muß schließlich alle Wirkungen, die der bestimmte Baum in einem bestimmten Garten entfaltet, auch für die Zukunft voraussehen. Der Maler hingegen erfaßt nur einen vorübergehenden Augenblick in dessen Existenz und trägt keine Verantwortung dafür, ob der Baum noch so aussieht, wenn er sein Bild fertiggestellt hat. Für den Maler ist nur sein subjektiver Eindruck entscheidend, der Gestalter hingegen bestimmt sein Handeln nach objektiven Kriterien, wie dem Wachstum. Schon deshalb arbeitet er nur mit bestimmten Bäumen. Wenn man also den Spuren der Gartengestaltung bis in die Kunst hinein folgt, findet man ganz bestimmte Bäume wieder. Die Bäume bleiben nicht mehr schemenhaft oder anonym beeindrukkend, schön oder gewaltig. Sie verdeutlichen sich beispielsweise zur Sykomore *(F. sycomorus)* im alten Ägypten, weil die Sykomore einen bestimmten Habitus hat. Sie wird nach einem festgelegten Gartentypus ausgesucht oder bestimmt diesen. Mit anderen Worten, der Maler, der die Gestaltungssituation als künstlerische Einheit erfassen will, als die sie vom Gestalter gedacht ist, darf nicht mehr nur den Baum, sondern muß die Sykomore darstellen. Dies gilt vor allem für den formalen Garten. Der Gestalter wählt hierbei die Pflanzen unter dem Aspekt ihrer ständigen Formgleichheit aus bzw. gestattet ihnen nicht, sich natürlich auszuwachsen. Er hält sie durch immer neues Zurückschneiden in einer von ihm gewünschten Form.[71)]

Bleibt zum Schluß noch, die Bäume dort zu suchen, wo sie in der Kunst als Imitat der Natur erscheinen. Ein solcher Bereich ist die Sakralkunst[72)], die sich im 15. Jahrhundert besonders mit dem Zentrum des Kircheninneren, dem großen Schnitzaltar, befaßte. Wie andere Gegenstände in kirchlichen Räumen zunehmend pflanzenhaft, gewann er an sakraler Kraft und Bedeutung. Das Innere der Kirchen entwickelte sich, geschnitzt oder gemeißelt, immer mehr zu einem blühenden Garten, in dem natürlich ein Baum besonders wirkte. So fand er als Gestaltungselement vielfache Verwendung, von der Monstranz bis zum Hochaltar. Beispielsweise läßt sich der Fuß der Sigmaringer Monstranz von 1505 unschwer als Stamm mit Astwerk erkennen, der zwei Lauben umschließt und wohl den mystischen Lebensraum symbolisiert, wie sich überhaupt der Lebensbaum hinter vielen Darstellungen verbarg. Ein besonders beeindruckendes Beispiel für eine Baumdarstellung ist der Hochaltar von Zwettl, der als Baum gestaltet ist und auf die Gründungslegende des Klosters mit einem im Winter grünenden Eichbaum zurückgeht.

In dem Frankfurter Paradeisgärtlein taucht ein Lebensbaum mit Früchten auf. Die Bäume waren jedoch eindeutig Bestand eines Gartens, eines Marienparadieses mit Lauben, Bäumen und Brunnen, einer überaus weiblichen Umgebung, denn wie der Wald dem Manne gehörte, so der Garten der Frau. Diese sentimentale Empfindung des Marianischen erreichte ihren Höhepunkt zu Beginn der 90er Jahre des 15. Jahrhunderts. Celtis (1459-1508) zerstörte die Gartenidylle. Dürer folgte ihm in der Kunst. Der Wald wurde entdeckt, die weibliche Idylle abgelöst. Die Malerei verdrängte die Schnitzkunst, weil sie mit ihren illusionären Mitteln weit größere Möglichkeiten eröffnete und geradezu symbolhaft vom begrenzten Garten in die Weite der

Wälder überleitete. Der 1500 begonnene, verlorengegangene Hochaltar von Straßburg machte es deutlich, aus dem Laubenspalier wurde eine wuchernde Waldhecke. Gleichzeitig besiegten Celtis und Dürer aber auch das Laubwerk. Sie ersetzten es schließlich durch die südliche Girlande.

Teilweise Kunst ersetzend, sich selbst zur Kunst erhebend, hat sich inzwischen die Fotografie in hohem Maße der Landschaft und der Bäume angenommen. Ausschnitthaft oder in großzügigen landschaftlichen Perspektiven, detailgenau realistisch oder im Banne der unzähligen naturhaften Stimmungen werden die Bäume an uns herangeführt oder entrückt und in allen Fällen nähergebracht. Mitunter so nahe gebracht, daß durch die Kamera oder die Fotos bereits der unmittelbare Blick auf die Landschaft ersetzt wird. Manche, die selbst eine Kamera haben, haben es sich angewöhnt, die Landschaft nur noch durch den Fotoapparat zu betrachten. Andere begnügen sich damit, die fertigen Fotos anzuschauen, für sie hat sich damit der Besuch der Landschaft erübrigt.

# Die Feinde der Bäume

Wer stark und mächtig oder begehrenswert ist, hat besonders viele Feinde. Die Bäume sind alles zusammen und haben entsprechend viele Feinde. Sie besitzen eine Menge, was sie stark und mächtig macht, und sie sind in der Vielzahl ihrer Eigenschaften so begehrenswert, daß sie damit Freunde, die sie bewundern, und Feinde, die sie ausbeuten, unwiderstehlich anziehen.

Die Bäume, die meist stärker und mächtiger sind als die anderen Pflanzen, leben rücksichtslos von diesem Vorteil gegenüber allen, die ihnen im Wege stehen oder sie behindern. Im Kampf um dasselbe Licht, dasselbe Wasser und dieselben Nährstoffe entstehen im übrigen ohnehin Feindschaften, selbstverständlich auch zwischen den Bäumen. Da sind die Lebensgemeinschaften mit anderen Pflanzen, in denen der wechselseitige Nutzen das friedliche Miteinander bestimmt, weit seltener. Man kann soweit gehen zu sagen, wer nicht auf die Bäume angewiesen ist oder sich in ihrem Schatten mit einem untergeordneten Dasein begnügt, muß sich ihrer erwehren. Bäume geben nicht eher Ruhe, bis sie das letzte Stück Erde besiedelt haben, das für ihre Lebensansprüche ausreicht. Also kann man sogar sagen, Bäume machen sich auch Feinde. Jedes Jahr kämpfen zum Beispiel Millionen Gärtner gegen noch mehr Sämlinge der Bäume aus ihrer Umgebung. Die Bäume fordern sie heraus, sie versuchen, verlorenen Boden zurückzuholen, und Gärtner haben keine andere Möglichkeiten, als sich entweder in einen allmählichen Wald zu fügen oder für den Bestand ihres Gartens zu kämpfen.

Bäume haben also einen unbedingten Herrschaftsanspruch und sind in dieser Beziehung nicht anders als Menschen. Werden sie nicht gewaltsam davon abgehalten, fangen sie irgendwann damit an, sich alles andere zu unterwerfen. Bäume haben sich letztlich immer als stark genug erwiesen, ihre Ziele zu erreichen und dabei ihren Feinden zu trotzen. Was machten da schon Niederlagen gegen Stürme, Krankheiten oder kletternde und würgende andere Pflanzen aus, wenn sich die Lücken in den Wäldern rasch wieder schlossen! Vielleicht blieben einzelne Arten auch schon einmal auf der Strecke, insgesamt aber versuchte nichts, die Existenz der Bäume zu gefährden. Nicht einmal ihr mächtigster Feind, der Mensch. Er beschränkte seine Überlegenheit darauf, die Bäume für seine Zwecke in Grenzen zu halten und zu nutzen, mit anderen Worten sie zu beherrschen.

Erst als der Mensch unbewußt das tat, was die Bäume nach ihrer Natur tun mußten, stellte er diese in Frage. Als der Mensch anfing, die ganze Welt zu erobern und sich gleichzeitig überall wie die Bäume zu verbreiten, verloren diese nicht nur zahlenmäßig ihre Stärke. Das bekam aber auch dem Menschen immer weniger. Er hatte übersehen, daß die Erde wohl unendlich viele Bäume, nicht aber unendlich viele Menschen tragen konnte.

Dazu kam, daß sich die Menschen nicht nur an die Stelle der Bäume setzten, sondern auch noch bedenkenlos an allen möglichen Orten über sie herfielen, weil sie herausgefunden hatten, daß sie ihnen bei ihren Zielen nicht nur im Wege standen, sondern auch noch höchst zweckdienlich waren. Das

Holz der Bäume lieferte vielfach die Mittel zu dem neuen Zweck und weckte daher unersättliche Begierden, die vielerorts nicht einmal nach dem Fällen der letzten Bäume ein Ende nahmen. Konnte man dies schon nicht mehr natürlich nennen, so schadete der Mensch den Bäumen schließlich auch noch künstlich. Unbeabsichtigt produzierte er Stoffe, die die Kraft der Bäume weiter schwächten und mancherorts sogar erschöpften. So entfernten sich die Menschen blind im Gefühl ihrer Überlegenheit auf verschiedenen Wegen von der Natur. Deshalb und weil der Mensch so übermächtig geworden ist, enthält dieses Kapitel einen Abschnitt über die natürlichen Feinde der Bäume und eine eigene Betrachtung über die Wirkungen, die von uns Menschen verursacht werden.

## Die natürlichen Feinde

Nicht nur die Menschen sind Feinde der Bäume. Wie bereits mehrfach erwähnt, standen die Bäume während der gesamten Erdgeschichte nicht ohne Feinde da. Wie anders wäre es zu erklären, daß soviele von ihnen die Entwicklungen im Laufe der Jahrmillionen entweder nicht überstanden haben oder sich unter dem übermächtigen Einfluß äußerer Ereignisse wie des Klimas bis zum Kraut erniedrigten, nur um zu überleben. Was ist zum Beispiel aus den baumartigen Schachtelhalmgewächsen des Mesozoikums geworden? Vergleichen wir doch einmal den Riesenschachtelhalm *(Calamites gigas)* mit unserem (un-)krautigen Ackerschachtelhalm *(Equisetum arvense)*!

Bleiben wir bei den wichtigsten äußeren Einflußfaktoren auf das Leben der Bäume, zu denen vor allem das Klima zählt. Jede Baumart lebt in einem bestimmten Klima, und jede hat eine Toleranzgrenze, innerhalb derer sie die Schwankungen des Klimas auffangen kann. Manchmal gelingt es ihr auch, ihre Lebensbasis auszudehnen und sich an neue Bedingungen zu gewöhnen. Derartige Anpassungen vollziehen sich im allgemeinen in Zeiträumen, die sich unserem eigenen kurzen Lebensrhythmus entziehen.

Ganz wesentlichen Einfluß auf das Leben der Bäume hat auch noch die Art des Bodens. Es gibt Idealböden, in denen sich gewisse Baumarten besonders wohl fühlen, andere Arten dagegen brauchen eine bestimmte Zusammensetzung der Erde, in der sie wurzeln. Sie kommen sogar nur mit dieser Mischung zurecht, in einer anderen sind sie nicht lebensfähig. Führen wir es uns anhand der formenreichen Gattung der Ahorne *(Acer)* vor Augen. Der nordamerikanische Rotahorn *(A. rubrum)* flieht Kalkböden. *A. campestre,* der Feldahorn, demgegenüber sucht sie. Eine Baumart braucht einen schweren bis tonigen Boden, die andere einen leicht sandigen, eine dritte gedeiht in beiden etwa gleich gut (zum Beispiel der Spitzahorn *(A. platonoides)*. Ein anderes wichtiges Merkmal der Böden ist der Grad ihrer Feuchtigkeit. Gewisse Bäume lieben es feucht bis naß, andere dagegen trocken. Um bei den Ahornen zu bleiben: *A. monspessulanum,* der Französische Ahorn, wächst auf trockenen, felsigen Abhängen, der bereits erwähnte Rotahorn am liebsten an Ufern und Sümpfen. Je näher Bäume an den Rändern ihres bevorzugten Lebensbereichs siedeln, desto weniger gedeihen sie. Kommt es, wie bei jedem Klima und Boden möglich, zu Extremsituationen, fangen die Bäume an zu kränkeln oder sterben sogar. Zu diesen schwierigen Umständen zählen Dürre, Bodenverwässerung, Blitzschlag, Waldbrände oder Stürme, im Winter leiden die Bäume unter Schnee- und Eisbrüchen sowie, manchmal sogar unabhängig von der Jahreszeit, unter Hagel. Die kurz aufeinanderfolgenden, orkanartigen Stürme zu Beginn des Jahres 1990 in Westeuropa haben gezeigt, wo die Grenzen des Erträglichen für Bäume liegen. Sowohl für solche, die unbeeindruckt von den Einflüssen der Umwelt, kerngesund und bis in die Blattspitzen vital im Einzelstand oder in der richtigen Baumgesellschaft mit anderen zusammenwachsen, als auch für solche, die mehr oder weniger schwer an ihrem Umfeld und an der Umwelt leiden und mit ihrem Tod in erschreckender Weise ihr Elend bis in verschlossene menschliche Bewußtseinslagen hinein signalisieren.

Die klimatischen Bedingungen, der Boden, die genannten Ereignisse höherer Gewalt, die besonderen Voraussetzungen vor Ort, das Umfeld, die Umwelt sind die Bedingungen, unter denen die Bäume wachsen. Aber diese Bedingungen fördern oder beenden nicht nur Baumleben, sie entscheiden auch indirekt in den meisten Fällen darüber, ob und wieweit die Bäume in der Lage sind, sich gegenüber Krankheiten und ihren zahlreichen Feinden zu behaupten. Sind die Bedingungen so, daß sich die Bäume darin nicht wohl fühlen und kränkeln, haben sie oft auch nicht die Kraft, ihren natürlichen Feinden zu widerstehen. Denn eine Pflanze ist nicht in dem Maße lebensfähig, wie sie frei von Krankheiten ist, sondern wie sie kraft ihres Wohlbefindens und ihrer inneren Stärke diesen widersteht.

Nur aufgrund seiner Stärke hat der Baum Chancen, ein hohes Lebensalter zu erreichen. Schließlich sind die Anfechtungen der Bäume durch schädigende Umstände immer gegenwärtig.

Erwähnt wurden bereits die allgemeinen Lebensumstände der Bäume, die sich bis zum Extremfall einer Naturkatastrophe verändern und gegen sie wenden können. Beschäftigen wir uns darüber hinaus etwas ausführlicher mit den Auswirkungen von Parasitenbefall. Wir befinden uns hier auf einem Gefechtsfeld, das sich kaum in einem Fachbuch erfassen, geschweige denn in sämtlichen Kampf- und Abwehrmethoden durchschauen ließe. Parasiten sind »Mitesser«, Schmarotzer. Während sie ihrer Tätigkeit nachgehen, entstehen Virus- und Bakterienkrankheiten, die entweder auf pflanzliche Erreger (vor allem Pilze) oder auf tierische Verursacher zurückzuführen sind. Viren haben keinen eigenen Stoffwechsel, sie können nur in einer lebendigen Zelle existieren und sich vermehren. Sie sind derart winzig, daß erst Elektronenmikroskope sie sichtbar machen konnten.

Die am häufigsten auftretenden Symptome für eine Viruserkrankung sind die mosaikartige Verfärbung und Kräuselung der Blätter. Bakterien sind eintausendstel Millimeter kleine, oft mit Geißeln ausgestattete Lebewesen ohne Chlorophyll und ohne Zellkern. Überwiegend vermehren sie sich durch Zellteilung, manche auch, indem sie Sporen ausbilden. Die geißellosen Bakterien gelangen über Wunden in die Pflanzen, die durch Geißeln beweglichen Bakterien dagegen auch durch die Spaltöffnungen der Blätter. Symptomatisch für Bakterienerkrankungen sind zum Beispiel Welkeerscheinungen an sämtlichen Pflanzenteilen oder krebsartige Wucherungen an Stengeln und Wurzeln. Unter den pflanzlichen Erregern spielen die Pilze eine besondere Rolle. Weniger solche wie der bereits erwähnte Sparrige Schüppling *(Pholiota squarrosa)*, der im Herbst weithin sichtbar das Unglück des Baumes anzeigt. Gemeint sind hier vor allem die mikroskopisch winzigen, sich durch Sporen verbreitenden Pilze auf den Blättern und Trieben. Solange sie Fäulnis beseitigen, sind derartige Pilze überaus willkommen. Leider jedoch beschränken sie sich nicht auf die toten Pflanzenteile.

In der künstlichen Forstwirtschaft haben sich die Probleme gegenüber dem urwaldmäßigen Wildwuchs verschoben, gelegentlich auch in beängstigender Weise einseitig aufgebaut. Im Prinzip ist es ja so, daß jeder Baum nun einmal ein Schlaraffenland für seine Feinde ist, die darin oder daran ihre Nahrung finden. Die Bäume haben ihrerseits einen natürlichen Abwehrorganismus, der ein Eindringen verhindern soll. Krankheitserregende Mikroorganismen arbeiten mit physikalischen und chemischen Mitteln, der Baum antwortet darauf gleichfalls mit chemischen Methoden. Und immer wieder gilt: Ein Gesunder kann sich nun einmal besser gegen seine Feinde wehren als ein Kranker. Und so steigen oder sinken wechselnd die Chancen der einen oder anderen Seite.

Manchen Feinden zeigt sich häufig nicht einmal der gesunde, starke Baum in guten Zeiten gewachsen. Gegen den Rothirsch *(Cervus elaphus)*, der seine Rinde abschält, hat der Baum keine Abwehrmechanismen. Entscheidend für ihn ist allein, wann das Tier von ihm abläßt. Das gleiche gilt für den Verbiß durch Rehe *(Capreolus capreolus)* oder Wildkaninchen *(Oryctolagus cuniculus)*. Auch ein Schwarzspecht *(Dryocopus martius)*, der auf der Suche nach Herkules-Roßameisen *(Camponotus herculeanus)* ist, kann zum Todfeind des Baumes werden, gegen den er machtlos ist. Die großen, vom Schwarzspecht so sehr begehrten Ameisen haben ihren Bau oft in lebenden Nadelbäumen. Mitunter erstrecken sich ihre Gänge meterweit in die Höhe. Um an diese Tiere heranzukommen, hackt der Specht zuweilen bis zu einem halben Meter lange Öffnungen. Die Wasserratte *(Arvicola terrestris)* ist bekannt dafür, daß sie an den Wurzeln der Bäume nagt, im Sommer macht sie sich auch an die Rinde. Die kleine Rötelmaus *(Clethrionomys glareolus)* entrindet sogar 20-30 cm dicke Bäume. Sie kann klettern und schlimmstenfalls dem ganzen Baum die Rinde nehmen. Erdmäuse *(Microtus agrestis)* stehen ihr nicht nach, oft ist von ganzen Stammenden die Rinde ringsum abgenagt. Auch Eichhörnchen *(Sciurus vulgaris)* schälen Bäume. Noch eindeutiger verfahren Biber *(Castor fiber)*, sie fällen sogar Bäume. Giraffen *(Giraffidae)* ernähren sich auch dann noch von den Zweigen, Knospen und Blättern der von ihnen bevorzugten Schirmakazien *(Acacia)*, wenn dabei das von den Bäumen vertragene Maß überschritten wird. Affen können mutwillig Bäume totplündern, und selbst die mächtigen Affenbrotbäume *(Adansonia digitata)* erliegen auf Dauer dem Druck der an ihren Wasservorräten interessierten Afrikanischen Elefanten *(Loxodonta africana)*.

Dies klingt beeindruckend und im Falle der baumrückenden Elefanten sogar gewaltig. Der

Baum ist in vielen dieser Fälle seinen Feinden machtlos ausgeliefert. Er kann nur abwarten, ob seine Feinde so rechtzeitig aufhören, daß ihm die Kraft bleibt, sich anschließend zu regenerieren. Dennoch sind seine ärgsten Feinde nicht von dieser Art und auch nicht von der beschriebenen Größe. Unter den tierischen Feinden der Bäume rangieren eindeutig die Insekten an erster Stelle. Ihre Artenvielfalt ist gleich beeindruckend wie beängstigend. Dies gilt ebenso für solche, die den Bäumen nützen, wie für jene, die den Bäumen schaden.

Innerhalb der baumschädigenden Insekten unterscheidet man beißende und saugende Tiere. Die beißenden Insekten fressen Pflanzenteile. Zu ihnen zählen die meisten Käfer und deren Larven. Zu denen, die sich zur Zeit besonders in den Gärten des gemäßigten Klimas verbreiten, gehört der Dickmaulrüßler *(Otiorrhynchus niger)*, ein schwarzer Käfer, der an Blättern, Knospen und Rinden verschiedener Bäume (zum Beispiel der Eibe, *Taxus*) frißt. Seine dicken, weißlichen Raupen halten sich demgegenüber an die Wurzeln. Er vermehrt sich unabhängig von Ereignissen wie den waldschädigenden Stürmen über Westeuropa Anfang 1990, die Borkenkäfer *(Ipidae)* profitieren sogar von solchen Gelegenheiten. Saugende Insekten entziehen dem Baum Säfte und Assimilate. Dieser Gruppe gehören Blattläuse (zum Beispiel die Grüne Fichtengallenlaus, *Sacchiphantes viridis* an; allein in Mitteleuropa gibt es 850 Blattlausarten), Schildläuse (beispielsweise die Kommaschildlaus, *Lepidosaphes ulmi,* so genannt nach ihrem gebogenen Körper). Weltweit sind etwa 4000 Arten von Schildläusen bekannt. Sie schädigen ihre Wirtspflanze nicht nur dadurch, daß sie ihr den Saft entziehen, sondern auch noch damit, daß sich auf ihren zuckerhaltigen Ausscheidungen Rußtaupilze (*Apiosporium*-Arten) bilden, Zikaden (zum Beispiel *Cicadetta montana o. C. tibialis*) und Thripse *(Thrips sp.)* ansiedeln. Beißende Insekten übertragen im Gegensatz zu einem Großteil der saugenden Insekten in der Regel keine Krankheiten auf ihre Wirtspflanzen.

Man ist vielleicht versucht, das Feindbild der Bäume größenmäßig an ihren wesentlichen Widersachern zu messen. Wir kennen aber nicht einmal alle Akteure und erfahren von ihren Möglichkeiten meist erst, wenn sie uns wieder einmal vor die vollendete Tatsache einer vielleicht sogar kontinentalen oder noch weitergehenden Baumkatastrophe gestellt haben. Für eine solche steht die Ulmenkrankheit *(Ceratocystis ulmi)*. Sie hat zu einem massenhaften Sterben der Ulmen geführt. Symptom für die Krankheit ist die braunschwarze Verfärbung der Leitbündelstränge im Splintholz. Äußerlich wird die Belaubung des Baumes spärlich, er verliert vorzeitig seine Blätter, im Frühjahr bilden sich Wasserreiser, die die Krankheit anzeigen. Verursacher der Krankheit ist ein Pilz, der sich hauptsächlich in den Leitbündeln des Splintholzes festsetzt, die zugleich auch die Sporen des Pilzes überall verbreiten. Stirbt der Baum, dringt der Pilz nach außen und bildet kleine Fruchtstände mit den Sporen. Überträger der Sporen ist der Ulmensplintkäfer (*Scolytus*-Arten).

Besorgniserregend hat sich auch der Feuerbrand *(Erwinia amylovora)* verbreitet. Seit über 200 Jahren den Obstbauern in Nordamerika bekannt, verbreitet sich diese Bakterienkrankheit seit etwa 20 Jahren auch in Europa mit beängstigenden Auswirkungen, nicht nur im Erntegarten auf Apfel- *(Malus),* Pfirsich- *(Prunus)* und Birnbaum *(Pyrus),* sondern auch in reinen Ziergärten auf Gehölzen wie der Eberesche *(Sorbus),* dem Feuerdorn *(Pyracantha),* dem Weißdorn *(Crataegus)* und im übrigen auf allen *Rosaceae.* Zunächst erfaßt die Krankheit die Blüten, die braun und schwarz werden. Danach sterben ganze Äste ab, ihre Blätter wirken verbrannt wie auch Teile der Rinde. Ein Problem besteht darin, daß die Gärtner oft nicht einmal die Krankheit, geschweige denn deren erste Anzeichen erkennen und nicht einmal alle Experten aus den Gartenämtern der Städte die Symptome richtig deuten. So kann sich die Krankheit zur Zeit immer weiter verbreiten, denn auch ein Gegenmittel ist noch nicht gefunden worden. Richtig wäre es, die in Mitleidenschaft gezogenen Teile des Gehölzes sofort unterhalb der Befallstelle im gesunden Holz abzuschneiden. Aber wo hört das kranke Holz auf und wo beginnt das gesunde? Am sichersten wäre es deshalb, das gesamte Gehölz einschließlich der Wurzeln zu verbrennen.

Manches, was einem flüchtigen Betrachter der Bäume allenfalls als eine nebensächliche, lokale Unpäßlichkeit auffällt, ist vielleicht eine schwere, nicht zu kurierende Krankheit. Demgegenüber hat der in seinen Augen scheinbar beklagenswert totgehüllte Stamm noch einige hundert Lebensjahre vor sich. Man sieht, der Baum ist auch insoweit nichts für flüchtige Betrachter, er gibt sich immer nur demjenigen zu erkennen, der sich eingehend mit ihm beschäftigt. Der Feuerbrand zeigt, daß Bäume heutzutage sehr schnell weltweit unter den artspezifischen Krankheiten leiden. Die grenzenlose Be-

Für das grenzenlose Waldsterben sind weniger einzelne Ursachen als vielmehr mehrere in ihrem Zusammenwirken gleichzeitig maßgebend.

weglichkeit macht vor den Bäumen nicht halt und transportiert deren Krankheiten überall hin. Immer wieder sind wir überrascht, daß diese wieder einmal eine Chance hatte, sich an einer neuen Stelle zu verbreiten.

Um dies zu vermeiden, gibt es für manche Bäume bzw. deren Hölzer sogar Einfuhrbestimmungen, zum Beispiel für die in Kanada und in den Vereinigten Staaten wachsende Red Oak (Roteiche, *Quercus rubra*). Sie ist an manchen Standorten von der Eichenwelke befallen, einer Krankheit, die sich ähnlich äußert wie die Ulmenkrankheit. Allerdings hat sie nicht die gleichen verheerenden Auswirkungen. Hervorgerufen wird sie durch den Pilz *Ceratocystis fagacearum*. Durch Verbote und Beschränkungen versucht Europa, ein Anpflanzen dieser Art zu verhindern und sich damit vor der Krankheit zu schützen. Die Roteiche wird knapp 40 m hoch und ist daher zumindest für Gärten im Zuschnitt unserer Zeit nicht geeignet. Aber auch das Holz ist für wirtschaftliche Zwecke in unseren Forsten nicht zu empfehlen. Es ist weit weniger wertvoll als das der Amerikanischen White Oak (Weißeiche, *Q. alba*) und bereitet bei der Trocknung große Probleme. Europa brächte der Anbau dieser Art mithin auch keine besonderen Vorteile.

Solche gefährlichen Baumkrankheiten sind nicht selten. Beim heutigen globalen Handel mit Hölzern wirken sie sich nicht selten bis auf die höchsten politischen Ebenen aus und führen dort zu weltweiten Verwicklungen. Zur Zeit sind es die Kiefernholz-Nematoden *(Bursaphelenchus xylophilus)*, gegen die sich die Europäische Gemeinschaft zur Wehr setzt. Der Befall trat ursprünglich in den USA und in Kanada auf. Während er dort in einem inzwischen eingependelten Gleichgewicht mehr oder weniger schadlos gehalten wird, fürchtet man in Europa ungleichgewichtige Störungen.

## Von den Menschen indirekt und direkt verursachte Wirkungen

Der Mensch ist mächtig genug, es direkt mit den Bäumen aufzunehmen. Das hat er über Jahrhunderte bewiesen, indem er sie immer schneller und rationeller beseitigt hat.

Als er damit anfing, sie auch noch mittelbar zu attackieren, war er sich dessen lange Zeit selbst nicht einmal bewußt. Das hat sich inzwischen geändert, nicht nur die Fachleute wissen um die damit verbundenen verheerenden Wirkungen, welche sich oft sogar unübersehbar im Erscheinungsbild der Wälder niedergeschlagen haben. Das Thema »Waldsterben« ist allgegenwärtig. Wir wissen heute um die großen Zusammenhänge zwischen unseren wirtschaftlichen Tätigkeiten und Lebensumständen auf der einen und den Anfälligkeiten der Bäume auf der anderen Seite. Damit sind die Wälder sogar zu einem der zentralen Themen der Gegenwart geworden und werden es in Zukunft mit Sicherheit bleiben. Dennoch fehlen wesentliche Voraussetzungen für eine natürliche, harmonische und gleichgewichtige Beziehung.

Zwar wissen wir nun, daß bestimmte Aktivitäten bestimmte Stoffe freisetzen, die den Bäumen schaden. Das Zusammenwirken der Einflußfaktoren auf das Wohlbefinden der Bäume ist dagegen nicht in allen Beziehungen erforscht und wird sich trotz intensiver Bemühungen auch zukünftig teilweise unserer Kenntnis entziehen. Zwar werden die Folgen der Freisetzung dieser Stoffe nicht mehr bestritten, politische und wirtschaftliche Interessen behindern, verzögern, verhindern aber die unbedingt erforderliche Wende immer noch in zu vielen Bereichen und an zu vielen Orten. Noch etwas erschwert unsere Aufgabe, die Probleme der Bäume in unserem eigenen Interesse zu lösen: Wir sind dabei allein auf die Wissenschaft angewiesen, denn das Gefühl für die Natur und die natürlichen Verknüpfungen kam uns irgendwann einmal abhanden. Das macht nicht gerade Mut. Waren es doch Wissenschaftler, die die schädlichen Stoffe »erfanden« und deren Freisetzung zuließen, Leute, die die Wirkungen voraussahen oder zumindest hätten bedenken müssen, Menschen, die zeitlebens einbahnig, allein wirtschaftlichen Geboten gehorchend, ein Fachgleis entlangfahren. Aber vielleicht erhöht gerade diese Erfahrung jetzt die Chancen derjenigen Wissenschaftler, die global denken dürfen und müssen.

Das Ökosystem des Waldes ist bis zu einem gewissen Grade in der Lage, extreme Situationen selbst zu regulieren und wieder zum alten Gleichgewicht hin einzupendeln, zum Beispiel die Folgen einer Dürre oder von Stürmen zu überwinden. Entsprechend den längerfristigen natürlichen Zyklen geschieht dies zwar nicht, wie bei menschlichen Eingriffen, von heute auf morgen, aber es vollzieht sich mit der Sicherheit und Selbstverständlichkeit einer von Menschen nicht zu überbietenden Zeitreferenz von vielen Millionen Jahren.

Diese Fähigkeit des Waldes, sich selbst zu helfen, ist allerdings begrenzt. Längerfristige Belastun-

Stammgerüst eines abgestorbenen Birnbaums *(Pyrus)*

gen können die Selbsterhaltungskräfte der Bäume erschöpfen. Infolge menschlicher Einwirkung geschah dies in vergangenen Zeiten beispielsweise durch die ständige Streuentnahme. So rechte man etwa im 17. und 18. Jahrhundert das Laub und die Nadeln zusammen, um sie als Einstreu für das Milchvieh zu verwenden. Heute passiert dies nur noch den unverbesserlichen Saubergärtnern. Seit etwa 1830 lassen sich Luftverunreinigungen als Ursache für Schäden an den Bäumen feststellen. Allerdings waren diese lokal begrenzt auf Gebiete, in denen Erze verhüttet wurden. In weit beachtlicherem Ausmaß, aber immer noch regional begrenzt, traten derartige Schäden anschließend mit der Errichtung großer Industriekomplexe in Europa und den USA auf. Die räumliche Begrenzung der Schäden war auf die geringe Höhe der Schornsteine zurückzuführen. Heute werden die Schadstoffe über bis zu 200 m hohe Schornsteine in weit entfernte Gebiete transportiert, das Problem der Schadstoffe ist darum inzwischen allgegenwärtig.

Für das sogenannte Waldsterben sind weniger einzelne Ursachen als vielmehr mehrere in ihrem Zusammenwirken maßgebend. Dies ist wissenschaftlich unumstritten, auch wenn es nicht möglich ist, die komplizierten Abläufe in der Natur durch Laborversuche zu beweisen. Grundsätzlich sind primäre und sekundäre Krankheitsursachen der Bäume zu unterscheiden. Ein durch Schadstoffe geschwächter Baum widersteht naturgemäß weniger seinen regelmäßigen natürlichen Feinden als ein gesunder. Entsprechendes gilt auch, wenn der Baum Naturereignissen wie Sturm, Frost oder Trokkenzeiten ausgesetzt ist.

Luftverunreinigungen, die sich auf die Gesundheit der Bäume auswirken, sind im wesentlichen auf folgende Schadstoffe zurückzuführen:

Schwefeldioxid ($SO_2$) ist der am weitesten verbreitete Luftschadstoff. Es entsteht im wesentlichen bei der Industriefeuerung und dem Betrieb von Fernheizanlagen und Kraftwerken. Als Gas ist es leicht transportabel und dringt durch die Spaltöffnungen unmittelbar in Nadeln und Blätter. Darin löst es sich in der Zellflüssigkeit und verwandelt sich zu Säure. Geringe Mengen hemmen das Assimilationsvermögen, größere zerstören die Zellsubstanz und führen zum Absterben der Nadeln und Blätter. Schwefeldioxid wird auch im Niederschlagswasser sowie an feuchten Blättern und Nadeln gelöst und dabei in schweflige Säure ($H_2SO_3$) oder Schwefelsäure ($H_2SO_4$) umgewandelt. Diese Säuren sind Bestandteil des sogenannten sauren Regens, der beispielsweise auch noch Salpetersäure ($HNO_3$) enthält. Die Wirkung kann schließlich genauso über den Erdboden eintreten. Der Regen führt zunächst zu einer Versauerung des Bodens, was verschiedene Folgen hat. Unter anderem werden Nährstoffe, darunter vor allem Calcium, Kalium und Magnesium ausgewaschen. Schwefeldioxid kann, vielleicht abgesehen von Spitzenbelastungen, nicht allein für die Waldschäden verantwortlich gemacht werden, seine maßgebliche Mitwirkung daran dürfte allerdings unzweifelhaft sein, vor allem wenn es auf allen drei genannten Wegen auf die Bäume einwirkt und sich darüber hinaus noch, wie oben erwähnt, mit anderen gefährlichen Stoffen verbindet.

Stickoxide ($NO_x$) entstehen bei Verbrennungsprozessen, die unter hohen Temperaturen ablaufen. Hauptverursacher sind Kraftfahrzeuge sowie Kraftwerke und Industrieanlagen. Unter den Bedingungen dieser Verbrennungsprozesse geht der Stickstoff mit dem Sauerstoff der Luft eine feste Verbindung ein. Dabei entsteht Stickstoffmonoxid ($NO$), das an der Luft zu Stickstoffdioxid ($NO_2$) oxidiert. Stickoxide sind ebenso wie das Schwefeldioxid an der Entstehung des sauren Regens beteiligt. Im Gegensatz zur Schwefeldioxidemission ist der Ausstoß von Stickoxiden in den vergangenen 20 Jahren erheblich gestiegen, beispielsweise in den Vereinigten Staaten um 20%, und auf dem Gebiet, das die damalige Bundesrepublik Deutschland umfaßte, sogar um 50%.

Unter der Einwirkung von ultraviolettem Licht können in der Atmosphäre aus Stickoxiden und Kohlenwasserstoffen Photooxidantien - Ozon ($O_3$), Peroxiacetylnitrate (PAN) - entstehen. Ihr Auftreten ist besonders ausgeprägt bei intensiver Sonneneinstrahlung und gleichzeitiger hoher Konzentration der genannten Stoffe. Photooxidantien können Pflanzen direkt schädigen. Erste, durch sie hervorgerufene Pflanzenschäden wurden in den fünfziger Jahren in Kalifornien bekannt. Der ozonhaltige Los Angeles-Smog ist inzwischen weltweit zu einem Begriff geworden. In den Wäldern ringsum hat er nachhaltige Schäden hervorgerufen. Bei etwa 200 Mikrogramm/$m^3$ werden Ozonkonzentrationen für den Menschen gefährlich. Versuche haben gezeigt, daß der für Bäume relevante Wert noch niedriger liegt. Das Problem zeigt sich auch anderenorts auf der Welt. Beispielsweise wurden in süddeutschen Wäldern bereits Ozonkonzentrationen von bis zu 200 Mikrogramm/m$^3$ im Monatsschnitt gemessen.

Vor allem im Einflußbereich der Aluminium- und Keramikindustrie treten Fluoremissionen auf. Der Transport dieser Stoffe reicht allerdings nicht soweit wie etwa bei Schwefeldioxid oder Stickstoffdioxid. Größere Mengen Fluor können dazu führen, daß das Blattgewebe der Pflanzen abstirbt. Im Gegensatz zu den Fluoremissionen werden Schwermetalle wie Cadmium, Blei, Quecksilber, Zink, Mangan sehr weit verfrachtet. Schwermetalle kommen in der Natur unschädlich, in Mineralien, Erzen und Kohle gebunden, vor. Bei industriellen Verbrennungsprozessen gelangen sie in die Luft und dringen als gelöste Salze sowohl durch die Blattoberfläche als auch über die Wurzeln in die Bäume ein. Ihre Abbaufähigkeit ist so begrenzt, daß sie sich über lange Zeiträume in der Natur erhalten. Die Rolle der Schwermetalle im Zusammenhang mit den neuartigen Waldschäden ist noch nicht ausreichend untersucht.

Schließlich sind auch die organischen Schadstoffe wie chlorierte Kohlenwasserstoffe, Aldehyde und Phenole in ihrer Wirkung unter anderem auch auf die Bäume nicht zu unterschätzen. Die Zahl der unterschiedlichen Substanzen und vor allem wiederum ihre kombinierte Wirkkraft sind groß, aber bisher nur unzulänglich untersucht.

Die Bäume sind nun der größte lebendige Filter für all diese Stoffe. Mit ihren Blättern oder Nadeln filtern sie die Luft, die immergrünen Laub- und Nadelbäume naturgemäß in noch höherem Maß als die laub- bzw. nadelwerfenden Bäume. Dafür schaden sie ihrer Gesundheit und ihrem Aussehen, das ihre Krankheit anzeigt. Zunächst traten die Schäden nur an Tanne *(Abies)* und Fichte *(Picea)* auf, erfaßten aber nachfolgend immer mehr Arten. Keine Baumart der Erde bleibt letztlich von den schädlichen Auswirkungen dieser oder anderer Stoffe verschont. Die Symptome gleichen sich entweder über mehrere Arten, wie zum Beispiel bei der Fichte und der Kiefer *(Pinus)* der Nadelverlust und die Gelbfärbung. Oder sie haben eine arttypische Ausformung wie die Bildung von Storchennestern bei der Tanne. Dazu kommt eine Reihe weiterer Folgen wie etwa die Verlichtung der Kronen oder die Ausbildung von Nottrieben. Sie alle sind zwar weltweit Symptome, an verschiedenen Orten (gegebenenfalls sogar an der gleichen Stelle) können sie aber durchaus in unterschiedlicher Gewichtung oder abweichender Form bis zu gegenteiliger Ausprägung (statt zu kleine, übergroße Blätter) auftreten. Stellvertretend für vergleichende Untersuchungen auf diesem Gebiet sei hier die Dokumentation »Waldschäden« genannt, eine »Ursachenforschung in der Bundesrepublik Deutschland und den Vereinigten Staaten von Amerika«.[73)] Neben den sichtbaren Schäden gibt es auch meßbare: Die jährlichen Zuwachsraten des Holzes werden geringer, und daneben gibt es verborgene Schäden, die nicht einmal genau meßbar sind, nämlich am Feinwurzelsystem der Bäume.

Anfangs waren nur bestimmte Arten, deren ältere Exemplare und nur bestimmte Orte betroffen, inzwischen hat sich dies völlig geändert. Die Schadwirkungen haben sich nicht nur auf andere Arten ausgedehnt, sondern sogar den Bestand bestimmter Spezies an gewissen Stellen oder überall gefährdet. *A. alba,* die Weißtanne, der bevorzugte Weihnachtsbaum der Deutschen, mußte bereits auf die Liste der aussterbenden Arten gesetzt werden. In Bayern sind bereits über 30% dieser Art abgestorben, über 80% haben so wenig Nadeljahrgänge, daß das Schlimmste befürchtet werden muß. Dazu kommt, viele der jungen Bäume werden schon deshalb kaum mehr erwachsen, weil sie von Rehen, Hirschen und vom Gamswild verbissen werden. Insgesamt ist der Anteil der geschädigten Bäume in Europa sehr unterschiedlich, fast überall aber gravierend hoch. Im Jahre 1988 reichte die Bandbreite der in der Schadstufe 1-4[74)] geschädigten Bäume von 3,5% in Portugal bis zu 70% in der Tschechoslowakei. In der damaligen Bundesrepublik Deutschland waren es 52,4%, in der DDR 44,4%, in Großbritannien 64,0%, in den Niederlanden wurden 49,1% gemessen, Polen lag bei 49,4%, Dänemark bei 49,0%, Schweden bei 38,7% und die Schweiz bei 43,0%. Diese negative Tendenz wird durch den im Januar 1992 veröffentlichten Waldschadensbericht der EG für das Jahr 1990 bestätigt.

Allgemein ist festzustellen, daß Waldschadenserhebungen verwirrend sein können. Die ihnen zugrunde liegenden Methoden sind verschiedenartig. Teilweise ist die Statistik »geschönt«, z.B. wenn die bereits abgestorbenen und gefällten Bäume aus der Betrachtung ausscheiden. Ein Mitteln der Werte mindert ebenfalls dabei die Zahlen besonders betroffener Regionen. Für die unterschiedlichen regionalen Verhältnisse innerhalb eines Staatsgebietes ein Beispiel: In der Bundesrepublik Deutschland ergibt sich laut Waldzustandsbericht des Bundes von 1991 folgendes Bild:

1. Vergleichsweise gering sind die sichtbaren Schäden in den nordwestdeutschen Ländern.

2. Ernst ist der Waldzustand in den süddeutschen Ländern.

3. Alarmierend sind die Schäden in den ostdeutschen Ländern.

Darüber hinaus gibt es noch eine ganze Reihe von Faktoren, die das Bild verzerren, etwa wenn die Blatt- und Nadelverluste unter 10% nicht erfaßt werden. Generell deuten Methode und Form, mit denen das Material präsentiert wird, nur allzuoft auf die Tendenz, die damit verfolgt wird.

Was für Europa in bezug auf das Waldsterben gilt, ist in den überseeischen Regionen nicht anders. In Quebec, Kanada, beispielsweise stirbt der Ahorn *(Acer)* genauso wie im deutschen Schwarzwald die Tanne. Die Ursachen stammen zwar nur von bestimmten Stellen auf der Erde, dennoch ist das Problem inzwischen bis in die entlegendsten, industriell unschuldigsten Gebiete vorgedrungen. Niemand wird das überaus besorgniserregende Ausmaß der Schäden leugnen.

Weltweit ist auch ein neueres, in seiner globalen Tragweite noch nicht lange ins allgemeine Bewußtsein gedrungenes Problem akut, das in seinen Auswirkungen nicht nur auf die Bäume wahrscheinlich noch weit gefährlicher ist, der sogenannte Treibhauseffekt.

Hierzu ist zunächst einmal zu sagen, daß dieser Treibhauseffekt an sich eine ganz natürliche Sache ist. In der Troposphäre, das ist die unterste, 12 km hochreichende Luftschicht der Erdatmosphäre, lassen dic Spurengase Kohlendioxid, lediglich mit ca. 0,3 Promille am Luftvolumen beteiligt, und Wasserdampf, durchschnittlich mit einigen Promille beteiligt, das sichtbare Sonnenlicht zwar ungehindert auf die Erde einstrahlen, unterbinden allerdings, daß die Wärme anschließend ungehindert in den Weltraum abgestrahlt wird. Sie bewirken statt dessen, daß die Wärme in Höhe von ungefähr 70% der eingestrahlten Sonnenenergie zur Erdoberfläche zurückgestrahlt wird. Dies hat ganz entscheidende Auswirkungen auf die Temperatur nahe der Erdoberfläche. Die direkte Sonneneinstrahlung bewirkt zusammen mit dem Effekt der Rückstrahlung in der Nähe der Erdoberfläche eine mittlere Temperatur von ca. +15° C. Wäre nur die direkte Sonneneinstrahlung für die Temperatur auf der Erde maßgebend, läge diese um ca. 33° C niedriger. Der natürliche Treibhauseffekt ist also erforderlich für die Lebensbedingungen auf der Erde.

Die Tatsache, daß dem natürlichen Treibhauseffekt eine derartige Bedeutung zukommt und dieser nur durch den winzigen Anteil weniger Promille von Spurengasen bedingt ist, macht die Beeinflussung dieses empfindlichen Gleichgewichts durch den Menschen so überaus gefährlich. Dazu kommt noch, daß geringfügige Veränderungen der mittleren Temperatur keineswegs, wie man meinen sollte, belanglos sind. Zwischen einer Eis- und einer Warmzeit liegen nämlich nur wenige Grad Celsius (4-5 Grad!).

Das Ausmaß der von den Menschen verursachten Störungen kann also nur ermessen, wer sich diese Zusammenhänge vor Augen führt. Im Lichte derartiger Erwägungen ist das, was bisher bereits geschehen ist, beträchtlich. Im Zuge der letzten hundert Jahre hat sich der Gehalt der Luft an Kohlendioxid um ca. 25% erhöht. Ursache dafür ist vor allem die Verbrennung von Kohle, Erdöl und Ergas. Aber auch die Bäume setzen Ursachen. Einerseits dadurch, daß sie zerstört werden, andererseits dadurch, daß sie kränkeln. Bäume binden nämlich $CO_2$. Wird Wald vernichtet, entfällt also ein wichtiger Filter. Werden Bäume krank und lichter oder sterben sie ab, verlieren sie gegenüber einem gesunden Wald an Biomasse und setzen deshalb $CO_2$ frei. Außerdem wird im Zugc solchcr Entwicklungen der Boden freigelegt und Humus abgebaut, wobei ebenfalls $CO_2$ freikommt. Krankheit und Sterben von Bäumen haben also genauso Auswirkungen auf den Treibhauseffekt wie dieser umgekehrt das Waldsterben fördert.

Aber nicht nur Kohlendioxid beeinflußt das Klima. Auch andere wärmeisolierende Spurengase sind beteiligt. Hierzu zählen die Fluorchlorkohlenwasserstoffe (FCKW), die als Kühlmittel in Klima- und Kälteanlagen, als Lösungs- und Reinigungsmittel und bei der Herstellung von Kunststoffhartschäumen eingesetzt werden. Diese Stoffe bleiben etwa 100 Jahre unverändert in der Luft. Sie werden nur in der Stratosphäre abgebaut, zerstören aber bei diesem Prozeß die Ozonschutzschicht und bewirken damit eine Erhöhung der UV-Strahlung am Boden. Über dem Südpol entsteht in jedem Jahr das inzwischen bereits weitgehend bekannte »Ozonloch«, das sich viel schneller vergrößert, als mathematische Modelle bisher vorhergesagt haben. Inzwischen ist die ganze Erde betroffen. In Zukunft wird sich zuerst immer die Frage stellen, von welchem der dann entstandenen Ozonlöcher die Rede ist. Allerdings wäre mit der Verminderung oder Einstellung der Produktion von FCKW das Problem keineswegs gelöst. Diese Fluorchlorkohlenwasserstoffe blockieren nämlich ihrerseits bisher das vom Düngereinsatz in der Landwirtschaft ausgehende Distickstoffoxid, das sogenannte Lachgas ($N_2O$). Nach dem Ausstieg aus der FCKW-Produktion würden diese Stoffe die Ozonschicht am stärksten bedrohen. Außerdem ist im Zusammenhang mit dem Treibhauseffekt das Methan ($CH_4$) von Bedeutung. Es entsteht vorwiegend in den Verdauungstrakten der Wiederkäuer und in den Sumpfreisfeldern, außerdem bei der Förderung von Kohle, Erdöl und Erdgas. In Zukunft wird Methan auch aus den noch durch Dauerfrost gebundenen Sumpfböden Alaskas und Sibiriens austreten, wenn, bedingt durch den Treibhauseffekt, dort das Eis tauen wird.

Das gesamte Problem erweist sich jedoch als viel komplizierter und gefährlicher. Der Temperaturanstieg vollzieht sich nicht unmittelbar, sondern weit zeitverschoben, nachdem die schädigenden Mittel längst freigesetzt worden sind. In den letzten hundert Jahren ist die mittlere Temperatur auf der Erde um ca. 0,6° C angestiegen. Bedingt durch den Wärmepuffer Meer wird der Einfluß der Spurengase allerdings erst mit einer Verzögerung von ungefähr 30 Jahren wirksam. Das bedeutet, die Wirkung der seit etwa 1960 emittierten Stoffe hat sich bisher noch nicht in einer Veränderung des Klimas niederschlagen können, wird aber unwiderruflich eintreten. Außerdem läßt sich mit derselben Sicherheit absehen, daß auch zukünftig eine nicht genau definierbare Menge dieser Schadstoffe freigesetzt wird. Wenn man dann noch berücksichtigt, daß bestimmte Einflußfaktoren in den Klimamodellrechnungen noch nicht ausreichend bestimmbar sind, kann man sich vorstellen, daß die Voraussagen über die Höhe der zu erwartenden Temperatursteigerungen auseinandergehen.

Haben wir den Mut, die Voraussagen von IPCC (Draft Revised Executive Summary, Scientific part), vorgelegt von der Science Drafting Group am 30.08.1990 zugrunde zu legen: Danach wird die Temperatur bis zum Jahre 2050 um 2-3° C, bis zum Jahre 2100 um 3-6° C ansteigen. Es wird mit Temperaturanstiegen von 0,2-0,5° C innerhalb eines Jahrzehntes gerechnet.

Sollte es in den nächsten Jahrzehnten zu einem Anstieg der mittleren Temperatur in Höhe von einigen Grad Celsius kommen, so hätte dies auch im Hinblick auf die Wälder eine ganze Reihe von Konsequenzen, die im einzelnen nicht mit Sicherheit vorausgesehen werden können. Dies hängt damit zusammen, daß sich mit der allgemeinen Voraussage eines Wärmeanstiegs noch wenig anfangen läßt.[75] Man muß hierbei regional und saisonal denken. Legen wir einmal einen Temperaturanstieg von 3° C zugrunde. Drei Grad wärmer kann bedeuten, daß die Sommer heißer werden, die Winter aber so bleiben wie bisher. Genauso ist es aber möglich, daß zukünftig bei milderen Wintern die Sommertemperaturen mehr oder weniger gleichbleiben. Klimastatistisch drückt die reine Zahl von den Auswirkungen auf die Botanik im einzelnen noch nicht allzuviel aus. Die größten Unbekannten bei einer Erfassung der Klimaveränderung in einem Modellversuch sind der Niederschlag und der Wasserhaushalt der Pflanzen. Legen wir die Varianten des Holländers Dr. Rik Leemans vom Staatlichen Institut für Umweltschutz in Bilthoven zugrunde, dann ergibt sich:

- Wenn sich der Niederschlag bei steigender Temperatur nicht ändert, bekommen Deutschland und die angrenzenden Staaten ein Mittelmeerklima mit trockenen Sommern und milden Wintern.
- Falls es weniger regnet - der Niederschlag kann auf 70% des heutigen Durchschnitts zurückgehen - droht Mitteleuropa zu versteppen.
- Regnet es mehr - auch 130% Niederschlag sind denkbar -, dann muß man sich auf ein subtropisches, feuchtwarmes Klima einstellen.

Hierzu muß man wissen, daß Bäume, die sich in den verschiedenen Teilen der Welt angesiedelt haben, sämtlich eine klimatologische Toleranzbreite haben, innerhalb derer sie entweder die für sie richtigen Bedingungen vorfinden und gut gedeihen oder an deren Rändern sie gerade noch zurechtkommen. Im Falle einer Veränderung der äußeren Bedingungen würde dies bedeuten, daß die an den Rändern angesiedelten Arten als erste aus dem Vegetationsbild ausschieden, die nachgelagerten anfingen zu kränkeln. Hierbei ist noch zu bedenken, daß Bäume physiologisch konservative Systeme sind, wie dies die Botaniker ausdrücken. Als langlebige Arten können sie sich nur sehr langsam an veränderte Umweltbedingungen anpassen. Sie sind also nicht in der Lage, größere Temperaturschwankungen innerhalb kürzerer Zeiträume zu verkraften. Allgemein nimmt man an, daß sich die Wälder im Laufe von 100 Jahren Temperaturveränderungen von maximal 1° C anpassen können, ohne in ihrem Bestand bedroht zu werden. Die einzelnen Arten reagieren jedoch unterschiedlich. In allen drei Varianten von Leemans wäre der reine Fichtenforst nicht mehr lebensfähig. Die Rotbuche *(F. sylvatica)* wäre demgegenüber in einer weitaus besseren Ausgangslage, ebenso der Ahorn und die Esche *(Fraxinus)*. Und das heißt, daß Bäume langsame Beine haben. Fichtenwälder beispielsweise rückten nach der letzten Eiszeit in 100 Jahren nur 30 km weiter nach Norden, Buchen schafften lediglich 20 km.

Natürlich könnte ihnen der Mensch schnellere Beine machen, indem er sie systematisch anpflanzt. Nicht in den gewohnten Arten wie bisher, sondern in Voraussicht dessen, was kommt, gezielt in einer artenspezifisch verträglichen Richtung. So gesehen ist zum Beispiel das verstärkte Anpflanzen von Rotbuchen in Nordrhein-Westfalen aus heutiger Sicht zu begrüßen. Später wäre der Natur dann bewußt vorzugreifen und, sobald die endgültige Richtung erkennbar ist, mit mediterranen Hartlaubgewächsen wie Steineiche *(Quercus sessiliflora)*, Lorbeer *(Laurus)* und Ölbaum *(Olea europaea)* zu experimentieren beziehungsweise bei einer Tendenz zu feuchtwarmem Klima mit der Alternative Eukalyptus *(Eucalyptus)*.

Es gibt also zwei Richtungen. Einerseits müssen die Emissionen gekürzt und möglichst gestoppt werden. Dies ist in jedem Falle richtig. Andererseits muß versucht werden, den unabwendbaren biologischen Veränderungen rechtzeitig durch die angemessene Artenwahl vorzugreifen. Bei allen Unsicherheiten ist letzteres immer noch besser, als der Versuchung nachzugeben, die Dinge lieber nicht zu Ende zu denken.

Daß sich als weitere Folge von Klimaveränderungen Schadinsekten und andere Baumschädlinge schneller vermehren, zeigte sich bereits nach dem warmen Winter 1989/90 in Westeuropa. Unter anderen reagierte auch die Zeder *(Cedrus atlantica, C. libani)* bereits nachhaltig auf die außergewöhnlich milden Temperaturen mit anschließenden Frühjahrsstürmen. Viele dieser Bäume zeigten sich in ihrem schweren Nadelbehang den Stürmen nicht gewachsen, andere wurden so stark von Läusen attackiert, daß sie zumindest nicht mehr wie in den Vorjahren dastehen und viel von ihrem Nadel- und Astglanz verloren haben. Seit längerem schon erweisen sich die Sitkafichte *(P. sitchensis)* und die Blaufichte (*P. pungens* »Glauca«) in milderen Gegenden Deutschlands als sehr anfällig gegenüber Läusen. Nicht nur im Winter 1989/90, sondern bereits 1988/89 wurden diese Bäume aus den ansonsten kälteren Regionen, beispielsweise den Höhenlagen zwischen 500 und 600 m in der Eifel, von der Sitkafichtenröhrenlaus stärker befallen. So muß man davon ausgehen, daß sich das Verbreitungsgebiet verschiedener Baumarten und damit auch die Zusammensetzung der Wälder ändern kann. Möglicherweise wird Wald an bestimmten Standorten gar nicht mehr existenzfähig sein.

Das Beispiel der von Schadinsekten befallenen Zeder und anderer Bäume führt zu den sekundären Krankheitszeichen, die ein Temperaturanstieg bedingt. Die Krankheiten der Bäume haben also, wie bereits oben erwähnt, nicht nur eine Wirkung auf den Treibhauseffekt, sondern umgekehrt wirkt der Temperaturanstieg auch auf den Waldbestand. Der »Klimastreß« der Bäume schwächt sie gegenüber ihren natürlichen Feinden, den Schadorganismen und gegenüber anderen Umständen wie Sturm, Hitze oder Kälte. Das gleiche ist oben bereits in bezug auf die Schadstoffe festgestellt worden, die das Leben der Bäume erschweren und damit ihre natürlichen Abwehrkräfte bis zu deren Zusammenbruch schwächen.[76)]

Allein im Gebiet der ehemaligen Bundesrepublik Deutschland wurden die durch Waldkrankheiten verursachten volkswirtschaftlichen Schäden schon vor Jahren auf 5,5-8,8 Milliarden DM pro Jahr hochgerechnet.[77)]

Was sich alles mittelbar und zum Teil nicht einmal erkennbar zusammenwirkend gegen die Bäume richtet, ist bereits weit mehr, als diese verkraften können. Dazu kommen dann noch die direkten Eingriffe in die Wälder.

Um das Ausmaß der direkten Eingriffe in die Wälder kennenzulernen und gleichzeitig eine Vorstellung davon zu bekommen, in welchem Umfang die vom Menschen verursachten indirekten Schäden weltweit in primäre oder sekundäre Krankheitsursachen münden und sich auf das Bild der Erde auswirken können, werden nachfolgend einige Daten aufgezählt. Sie deuten besonders anschaulich die Kompliziertheit der Zusammenhänge an, da sie aus inzwischen kaum mehr überschaubaren Quellen stammen und damit in gewisser Weise symptomatisch sind für die Unsicherheit, die uns selbst auf den statistischen Waldwegen ständig begleitet.

Wir sind noch weit davon entfernt, in ein paar schlichten Worten und Zahlen die Bäume selbst und deren Probleme auch nur quantifizieren zu können. Leider werden unsere Chancen, dies in absehbarer Zukunft zu tun, immer besser: Die bisher nicht genau erfaßbaren Urwälder werden immer weniger.

Seit dem Mittelalter wurde der weltweite Waldbestand von etwa 62 auf heute 43 Millionen $km^2$, also um ca. ein Drittel reduziert. Dabei erhielten manche Länder das Gesicht, das nun seit vielen Generationen für sie typisch ist, zum Beispiel die Mittelmeerländer. In unserer Zeit vollzieht sich dies in den Tropenwaldregionen nach. Die durch den Tropenwald begünstigten Staaten berufen sich dabei auf ihr natürliches Recht zur Ausbeutung ihres Territoriums und darauf, daß sich andere vor ihnen gleichermaßen bedient hätten. Im Gegensatz zu damals, als in den betreffenden Ländern nur einzelne Stimmen warnten, existiert heute eine Art von Weltgewissen, das ihnen ihr Recht aus übergeordneten Gründen streitig macht. Dieses von zahlreichen Organisationen, Parteien, verschiedensten Gruppierungen und vielen einzelnen artikulierte Weltgewissen speist sich aus Erfahrungen, wissenschaftlichen Untersuchungen, Hochrechnungen, Ängsten, Ahnungen und manchmal auch »nur« aus der Liebe zu den Bäumen und der damit verbundenen Flora und Fauna.

All dies hat allerdings bisher nicht verhindern können, daß von den 1980 noch vorhandenen ca. 20 Millionen $km^2$ Tropenwald (etwa 13% der Landfläche) auf der Erde immer noch Jahr für Jahr beträchtliche Mengen vernichtet worden sind und nur ein weitaus kleinerer Teil wieder aufgeforstet wurde. Bereits die im Jahre 1980 noch vorhandene Fläche entsprach nur etwa der Hälfte der ursprünglich vorhandenen Wälder. Die tropischen Wälder sind laut Schätzungen der FAO[78)] etwa genauso groß wie die Wälder außerhalb der Tropen.

Alles, was hier von den tropischen Wälder gesagt wurde, ist umstritten. Es beginnt mit der Definition der »Tropen«. Diese Bezeichnung gilt für Gebiete, in denen die mittleren täglichen Temperaturschwankungen über den mittleren jährlichen Schwankungen liegen. Begrenzt werden die Tropen beidseitig des Äquators von einer gedachten Linie, an der die mittleren täglichen Temperaturschwankungen gleich denen des Jahres sind. In den Tropen schwanken die Länge des Tages und der Nacht wenig.

Auch die Größe der Fläche des Tropenwaldes ist umstritten. Das verwundert nicht, wenn man bedenkt, daß die Bestandsaufnahmen im wesentlichen auf Satelliten- und Radarbildern, Luftaufnahmen, Befragungen und Auskünften von Institutionen beruhen. Sommer[79)] etwa schätzte den Bestand tropischer Wälder Anfang bis Mitte der siebziger Jahre lediglich auf 17,2 Millionen $km^2$. Wenn man davon ausgeht, daß die FAO heute noch von einem Bestand von etwa 18 Millionen $km^2$ spricht, ist dies ein gewaltiger Unterschied, umso mehr, als nach Schätzungen wiederum der FAO jährlich derzeit zwischen 160 000 und 200 000 $km^2$ tropischer Wälder vernichtet werden, und der Umfang der Rodungen in den geschlossenen tropischen Wäldern, also den überwiegend immergrünen und regengrünen Feuchtwäldern im Laufe der vergangenen zehn Jahre um ca. 90% zugenommen hat.

Auf der Welt werden jährlich rund 1,6 Mrd. $m^3$ Nutzholz eingeschlagen. Davon stammen jedoch nur 15% aus tropischen Wäldern. 25% dieser in den Tropen eingeschlagenen Menge werden exportiert, davon wiederum je die Hälfte in die Industrie- und in die sogenannten Entwicklungsländer. Gemessen am Gesamtholzaufkommen in den Tropen, also von Energie- und Nutzholz, betragen die Exporte nur 4%. Bei diesen Angaben für Nutzholz ist allerdings zu berücksichtigen, daß die wirtschaftliche Ausbeute eines Holzstamms weit unterhalb der Einschlagsmenge liegt. Zusätzliche Unsicherheit bringt die Tatsache, daß die eingeschlagenen Mengen mancherorts nicht oder nicht ausreichend kontrolliert werden können. Außerdem sind dabei nicht die Bäume berücksichtigt, die beim Fällen der Nutzstämme vernichtet werden. Am Beispiel der früheren Bundesrepublik Deutschland ergibt sich beim Vergleich verschiedener Zeiträume folgendes Bild (in 1000 $m^3$): 1960-1964: 1673; 1970-1974: 1988; 1985-1988: 1741. Der Import tropischer Hölzer ist also rückläufig. Die Aussichten der tropischen Wälder bis zum Jahre 2050 sind bei Zugrundelegung einer sich kontinuierlich beschleunigenden Zerstörung der noch vorhandenen Wälder allerdings düster: Danach werden bis zu diesem Zeitpunkt nur noch etwa 5-8 Millionen $km^2$ tropischen Urwalds vorhanden sein.

Das größte zusammenhängende tropische Waldsystem existiert in Amazonien. Das afrikanische Kongobecken gilt als zweitgrößtes, und das drittgrößte liegt in Südostasien. Bleiben wir beim größten, dem Amazoniens. Auch hier spiegelt sich die Unsicherheit über die bereits vollzogenen Zerstörungen in der Statistik. Während die Weltbank von einer Gesamtfläche von 370 Millionen ha ausgeht, legt die INPE, das brasilianische Institut für

Weltraumforschung, eine Gesamtfläche des Amazonas Legal von 490 Millionen ha zugrunde. Die Weltbank kommt auf einen bereits zerstörten Anteil von 12%, INPE auf lediglich 5,12%. Damit nicht genug. Innerhalb der verschiedenen Abteilungen von INPE liegen auch noch unterschiedliche Schätzungen vor. Ein Bereich gab in einer Veröffentlichung den zerstörten Anteil mit 9,3%, ein anderer mit 8% an. Ein Mitglied des brasilianischen Parlaments, Fabio Feldmann, der zugleich ein namhafter Umweltschützer ist, schätzt den Grad der Zerstörung auf 7%.

Der Rückgang der tropischen Urwaldgebiete vollzieht sich in unterschiedlichem Tempo. In Westafrika beispielsweise beträgt die Entwaldungsrate 2,2%, in Zentralafrika lediglich 0,2%. Das tropische Südamerika hat bei einer Quote von 0,6% den höchsten absoluten Verlust an Waldfläche in Höhe von 4,6 Millionen ha pro Jahr. Zahlen, die geschätzt sind und durch neuere Berechnungen leider immer wieder berichtigt werden müssen.

Der Verlust an tropischer Waldfläche übertrifft das Maß der jährlichen Aufforstungen bzw. Wiederaufforstungen im Mittel etwa um das Zehnfache. Bei den Aufforstungen ist zwischen solchen für industrielle und solchen für nichtindustrielle Zwecke zu unterscheiden. Aufforstungen können den ursprünglichen Urwald nicht ersetzen, ihr ökologischer Wert bleibt weit hinter dem breiten Nutzwert der ursprünglichen Waldvegetation zurück. Sie bestehen meist aus schnellwachsenden Laub- oder Nadelhölzern, Eukalyptusbäume und Kiefern nehmen darunter einen bevorzugten Platz ein.

Die äußeren Ursachen für das Zurückweichen der tropischen und subtropischen Wälder sind vielfältig und unter Umständen von Region zu Region schwerpunktmäßig verschieden. Häufigste Ursachen sind die Brandrodungen. Sie vernichten etwa 60% des Waldes. Weitere 30% fallen großflächigen Erschließungs- und Entwicklungsprojekten zum Opfer. Der Konflikt zwischen Waldfläche und Agrarland entwickelt sich immer mehr zugunsten der Akkerfläche. Weltweit hat sich diese zwischen 1900 und 1980 verdoppelt. Dabei ist es so gut wie belanglos, wenn in einigen hochindustrialisierten Staaten mit rückläufiger Bevölkerungszahl die Waldfläche gegenüber der Ackerfläche wieder zunimmt. In den Tropenregionen ist es vor allem der kleinbäuerliche Wanderfeldbau, dem die Brandrodungen vorangehen. Dabei werden im wesentlichen nur Nahrungsmittel für den eigenen Bedarf gewonnen. Zu den großflächigen Projekten zählt dagegen die sogenannte agroindustrielle Landnutzung für den Export bestimmter Produkte, wie Futtermittel, oder Erzeugnissen aus dauerhaften Kulturen, wie Palmöl, Kakao, Kaffee oder Kautschuk. Dazu gehören weiterhin extensive Viehwirtschaft, Umsiedlungs- oder Industrieprojekte, die Nutzung mineralischer Ressourcen (wie zum Beispiel im Erzbergbau) und Stauseen. Die verbleibenden 10% der Vernichtungsrate tropischer Wälder entfallen auf die verschiedenen Formen gezielter Holznutzung.

Diese Ausbeutung der Wälder ist eine Folge des ungehemmten Bevölkerungswachstums und der Armut des größten Teils der einheimischen Bevölkerung, wobei sich deren Anteil als Folge von Erschließungs- und Entwicklungsprojekten fallweise entsprechend erhöht. Hinzu kommt der Ehrgeiz der Staatsmänner, sich selbst ein Denkmal zu setzen und das Land möglichst zu einem Industriestaat umzufunktionieren. Nicht zu unterschätzen sind auch das persönliche Gewinnstreben einiger weniger Einzelpersonen oder von Wirtschaftsunternehmen, die in einflußreichen Funktionen oder Positionen die Einnahmen in nicht geringem Maße zu ihren eigenen Gunsten kanalisieren sowie militärische Interessen.

Der Boden ist ungerecht verteilt, es fehlen an den meisten Orten nachhaltige Reformen. Die Verwaltungen sind zu einem beträchtlichen Teil korrupt, Staatsbedienstete mancherorts auf Bestechungsgelder geradezu angewiesen. Dies führt in der Praxis dazu, daß der in bestimmten Ländern begrenzte oder verbotene Export von Rundholz genauso wie die aufgrund hoher Steuern wirtschaftlich eigentlich unmögliche Ausfuhr von Rund- oder Schnittholz hintertrieben werden. Abgaben- und Steuersysteme honorieren die Vernichtung des Waldes. Mit staatlichen Programmen gelenkt oder aus eigenem Antrieb ersetzen überall Siedlungen den Wald. Wo Einschränkungen bestehen, fehlt es allenthalben an Personal und technischen Mitteln zur Kontrolle. Dazu kommen internationale wirtschaftliche Interessen, die ein Durchgreifen verhindern.

Das zur Zeit weltweit am heftigsten umstrittene Großprojekt mit unabsehbaren Folgen für den tropischen Urwald ist das Vorhaben Grande Carajås im Norden Brasiliens. Es stützt sich auf die in den siebziger Jahren entdeckten ungeheuren Erzvorkommen in der Serra dos Carajå 550 km südlich von Belém im Staate Parå. Mit 18 Milliarden Tonnen stellt es das größte Eisenerzlager der Welt dar. Außerdem gibt es dort bedeutende Vorkommen an Mangan-, Kupfer-, Nickel- und Zinnerzen, Gold, Bauxit und anderen Mineralien. Das Plankonzept umfaßt einen Bereich von fast 900 000 $km^2$, der zu 69% von Feuchtwäldern bedeckt ist, der Rest besteht aus Palmenwäldern, Feuchtsavannen, Küstenvegetation und Mischformationen. Das größte Problem für die Wälder ist die Verhüttung des Erzes an Ort und Stelle. Für die Großeisenherstellung wird nämlich Holzkohle als Energieträger und Reduktionsmittel verwandt. Die riesigen Eukalyptusplantagen, die diesen Holzbedarf decken sollten, sind nicht angelegt worden. Statt dessen liefern ungezählte kleine Köhler Holzkohle aus dem Baumbestand der Urwälder. Die verheerenden Folgen lassen sich leicht voraussehen. Auch ein anderes Projekt, der Bau des Tucurui-Staudamms 300 km südwestlich von Belém, hat die Welt beunruhigt.

Mit den tropischen Wäldern gehen nicht nur die Bäume und deren unendliche Artenvielfalt unter. Auch andere Pflanzenarten und viele Tiere sind betroffen. Von den nach konservativen Schätzungen auf der Erde vorhandenen 3-10 Millionen Tier- und Pflanzenarten finden sich 70-80% in den Tropen und allein 25-40% in den tropischen Feuchtwäldern. Dazu kommt der Einfluß der Wälder auf das Klima, einschließlich des Wasserhaushalts, und im Falle ihrer Zerstörung auch auf den Treibhauseffekt. Die Qualität des Bodens, die Artenvielfalt und die genetische Vielfalt stehen in enger Verbindung mit den Tropenwäldern. Zusammen mit ihnen geht auch die genetische Anpassungsfähigkeit zurück. Dies betrifft auch die letzten Ureinwohner, deren Refugien mit den Wäldern schwinden.

Die tropischen Feuchtwälder stehen zwar im Mittelpunkt des Interesses, doch die Probleme der Bäume an vielen anderen Orten sind deshalb nicht kleiner. Betrachten wir stellvertretend die Alpen, ein Gebiet mit sehr kalten, meist niederschlagreichen Wintern. Dort hat der jahrelange Kampf zwischen Ökonomie und Ökologie zu erschreckenden Siegen der ersteren geführt. Die negativen Rückwirkungen auf die Wirtschaft stellen inzwischen bereits den Wert der früheren Erfolge auf wirtschaftlichem Sektor in Frage, selbst für die überzeugten Vertreter der ökonomischen Interessen. Jetzt geht es hier längst darum, keine weiteren Siege über die Natur zu erringen. Richtiger wäre es, einige der vergangenen Siege rückgängig zu machen. In den Alpen beschränken sich die damit verbundenen Fragen nicht mehr auf das Repertoire der Naturschützer. Schließlich leben rund 70% ihrer 12 Millionen Bewohner von den Einnahmen des Tourismus.

Bei der Erschließung für den Wintertourismus entstehen die größten Schäden. Viele Bäume werden abgeholzt, die bei der Erschließung eingesetzten schweren Maschinen verdichten für immer den Boden und stören damit seine Kapillarfähigkeit erheblich. Die Folge sind schwerwiegende Erosionsschäden. Durch winterliche Pflegemaßnahmen wird dann auch noch zusätzlich der Pistenschnee verdichtet, dessen Isolierfähigkeit damit stark herabgesetzt wird. Es kommt zu Frost bis in Tiefen von über 1 m. Als Folge brauchen die betroffenen Flächen im Frühjahr länger, um wieder aufzutauen. Dadurch verkürzt sich die Vegetationszeit um bis zu 4 Wochen. Auch bei Kunstschnee kommt es zu dieser folgenschweren Entwicklung. Besonders gefährlich für die nachwachsenden jungen Bäume sind die Varianten- und Tourenskifahrer, die abseits der Pisten mit den geschliffenen Stahlkanten ihrer Ski junge Bäume beschädigen oder abfahren. Nicht nur in den Tropen, auch in den Alpen, genauso wie in anderen Mittel- und Hochgebirgen Europas, herrscht also bei den Bäumen Notstand.[80)]

# Der Schutz der Bäume

Wie kann man etwas schützen, ohne es zu kennen, ohne seine Lebens- und Wirkungsweise, seine Einflüsse und Empfindlichkeiten, Stärken und Schwächen, Abhängigkeiten und Leitfunktionen im ökologischen Gefüge der Landvegetation genau zu durchschauen? Wie will man es bewahren, ohne es im Griff unserer ansonsten doch so verläßlich einleuchtenden Statistik zu haben?

Wer macht für uns die Bäume durchschaubarer, bevor sie möglicherweise alle entlaubt sind? Die Wissenschaftler, gewiß, aber was können sie uns an gesicherten Fakten zu den Bäumen liefern! Wir brauchen Sicherheit. Wie anders sollen wir erfolgversprechende Maßnahmen für eine umfassende Hilfe einleiten? Da haben sich Buchautoren und Journalisten endlich in die Begriffswelt der Chemikalien eingeschrieben, chemische Formeln und zungenbrecherische Abkürzungen sind längst Gemeingut geworden, mit dem man leben muß, und da macht plötzlich wieder einmal jemand von sich reden, der uns dies alles wieder wegnehmen und die Diskussion neu beginnen will. Wissenschaftler von der Universität München behaupten nach jahrelangen Untersuchungen, ein direkter Einfluß schadstoffhaltiger Luft auf das Wachstum der Fichten *(Picea)* sei in den gemäßigten Zonen nicht nachweisbar!

Dann empfehlen sie dringend weitere Forschungen. Zum Beispiel sei über die Entwicklung der für das Leben der Bäume überaus wichtigen Mikroorganismen nicht genug bekannt. Auch, so mutmaßt man, käme als mögliche Ursache für Schäden an den Nadelgehölzen eine Fehlsteuerung der Spaltöffnungen an den Nadeln in Betracht, über die diese ihren Wasserhaushalt regeln.

Dem Ruf nach noch intensiveren Forschungen kann man vorbehaltlos und nachdrücklich zustimmen. Sicher ist bisher allein, daß Düngemaßnahmen, wie zum Beispiel das Kalken der Bäume, lediglich zu einem hinhaltenden Widerstand führen. Auf Dauer hilft nur die Beseitigung der Ursachen. Wenig beruhigend nach allem, was bisher in diesem Zusammenhang von der Wissenschaft übersehen oder nicht vorausgesehen worden ist, ist dagegen die Versicherung desselben Forscherteams, es bestünde kein Anlaß zu glauben, in ein paar Jahren könne es keinen Wald mehr geben. Das ist doch wohl unter den gegebenen Umständen zuviel des Optimismus. Glücklicherweise für die Bäume stammt aus derselben Quelle der Hinweis, zwar würde der Einfluß der Luftverschmutzung auf das Wachstum der Gehölze überschätzt, für andere Organismen und auch für den Menschen sei sie dagegen noch viel gefährlicher als für diese. Sonst hätten es sich manche vielleicht so leicht machen können wie früher.

Ängste, die eine ganze Zeit erfassen, sind übrigens nicht neu, auch nicht in bezug auf die Bäume. Im Spätmittelalter gab es eine Weissagung, noch vor Anbruch des Jüngsten Tages würde es in Deutschland an drei Dingen fehlen: an treuen Freunden, an guter Münze und an wildem Holz. Es breitete sich eine Endzeitstimmung aus.[81] Den Hintergrund für die Befürchtungen in bezug auf das Holz bildeten die mit dem 14. Jahrhundert einsetzenden Waldverwüstungen.

Was ist das für ein Buch, das am Ende noch Fragen stellt? Wahrscheinlich gibt es sogar eine Reihe wichtiger Fragen, die noch nicht einmal gestellt worden sind. In Anbetracht dessen, daß, wenn auch ohne jede Alternative, mit aller Kraft weitergeforscht werden muß, über solchen Arbeiten aber Jahre vergehen, bleiben eben zunächst vorläufige Antworten, denn einfach nur Hoffnung auf richtige und rechtzeitige Antworten widerspricht der Erfahrung des täglichen Lebens.

Das heißt, daß die freiwerdenden Substanzen, die im Verdacht stehen, allein oder zusammen mit anderen die Bäume zu schädigen, unter allen Umständen so schnell wie möglich gebunden bzw. ersetzt werden müssen. Eine Beschränkung bzw. das Verbot derartiger Stoffe müßten selbstverständlich so durchgesetzt werden, daß sie für alle einschlägigen Unternehmen gleich gelten, ohne daß die Wettbewerbssituation, der alle Industrieunternehmen nun einmal auf Gedeih und Verderb ausgesetzt sind, dadurch verändert wird. Auf die zu treffenden Maßnahmen darf dabei allerdings weder die Lobby des wirtschaftlich Stärksten noch die des technisch gerade Schwächsten Einfluß nehmen. Das führt zu Härten, die auszugleichen das unternehmerische Risiko derjenigen ist, die den technischen Anschluß verpassen. Falls jedoch weniger industrialisierte Gebiete aus technisch hochentwickelten Staaten den Anschluß an die neuesten Entwicklungen aus eigener Kraft nicht schaffen können, muß ihnen im gemeinsamen Interesse geholfen werden.

Es ist das erste Mal, daß ausnahmslos alle Staaten durch eine Gefahr miteinander verbunden sind, die eine natürliche Ursache hat und sich lebensgefährlich auszuweiten droht. Unter diesen Voraussetzungen reichen die gängigen Abstimmungsprozeduren und Entscheidungsmechanismen nicht mehr aus. Es kommt dann zu Ergebnissen, wie sie beispielsweise die am Ende wieder einmal nur sich selbst applaudierende Ozon-Konferenz in London im Jahre 1990 gebracht hat. Zwar wurde erstmals ein Hilfsfond eingerichtet, um ärmere Länder bei der Entwicklung von Ersatzstoffen für das FCKW zu unterstützen. Das Hauptergebnis aber war der Beschluß, die FCKW-Produktion erst zum Jahr 2000 endgültig weltweit zu unterbinden.

Erst als sich Anfang 1992 ein weiteres Ozonloch über Europa und Nordamerika abzeichnete, eröffneten sich den Entscheidungsträgern neue Einblicke. Plötzlich hatten sie es selbst dort eilig, die Fristen für die Produktion umweltschädlicher Stoffe abzukürzen, wo sie zuvor noch aus purer Rücksichtnahme auf industrielle Belange die schädlichen Substanzen am liebsten aus ihrem Wortgebrauch gestrichen hätten. Alles bereitete sich demonstrativ auf den UNO-Umweltgipfel im Juni 1992 in Rio de Janeiro vor, als ließen sich dort alle an der Umwelt entstandenen Schäden reparieren, bisher Versäumtes nachholen und das Klassenziel der Menschheit doch noch erreichen.

Da fragt man sich, wie weit man sein Bewußtsein spalten kann, ohne Gefahr zu laufen, sich als einheitliche Person zu verlieren. Wie läßt es sich miteinander vereinbaren, daß Politiker oder Wirtschaftsführer in Sitzungen oder Konferenzen die Umweltprobleme der Welt oder ihrer eigenen Länder total verformen, nur um ihre Entscheidungen zu rechtfertigen, und sich sogar gut fühlen, wenn sie anschließend in die Realität zurückkehren! Als Private, gar mit Familien und Kindern. Man kann es auch noch einfacher und so ausdrücken: Wie kann jemand mit seinem Unternehmen die Atmosphäre vergiften, deren Luft er selbst atmet, oder den Boden einer Umgebung verseuchen, in der er selbst spazierengeht, wohnt, und sogar in seinem Garten arbeitet! Es ist immer wieder verblüffend, wie hier Konflikte einfach beiseite geschoben werden. Vielleicht hängt das damit zusammen, daß Angehörige besonders von großen Unternehmen ihre Identität an diese abgeben und wie selbstverständlich in allem aufgehen, was allein dem Unternehmen nutzt. Bleiben sie dann auch in ihrem Privatleben Angehörige des Unternehmens, wird ihnen wenigstens die Spaltung ihres Bewußtseins erspart.

Interessant sind die Ergebnisse, mit denen derartige Entscheidungsprozesse enden. Und diese werden der Lage nur höchst selten einmal gerecht. Voraussetzungen für entsprechende Ergebnisse wären neben realistischen Einsichten vor allem wesentlich erweiterte Befugnisse der zuständigen Stellen. Ein Weltmanagement für Umweltprobleme mit Hoheitsbefugnissen, die ausreichen, Entscheidungen unmittelbar und für alle verbindlich zu treffen, wäre der Situation unserer Zeit angemessen. Kleine, regional begrenzte Schritte sind verdienstvolle Pionierleistungen und auch oft zum Teil nicht ohne eine gewisse Breitenwirkung. Auf Dauer aber lassen sich saubere Industrieinseln in einem Meer von Emissionen weder schaffen noch erhalten. Das Ganze hat längst eine globale Dimension. Die Erde hat sich noch nie zuvor so sehr als eine einheitliche Größe gezeigt wie in dieser Zeit großer Belastung. Nachdem sich ideologische Gegensätze wenigstens für bestimmte Bevölkerungsschichten durch Wohlstand erledigen, sollte man eigentlich meinen, daß der Weg frei wäre für die Lösung der großen gemeinsamen Probleme und daß die Bereitschaft bestünde, sich den gemeinsamen Interessen unterzuordnen. In Wirklichkeit jedoch widersetzt man sich in der EG der Aufgabe von Kompetenzen, in den Staaten der ehemaligen Sowjetunion lebt das einzelstaatliche Denken wieder auf, und im Golfkrieg kämpften Beteiligte gesondert für alles Mögliche, in schönster Einhelligkeit aber gegen die Umwelt. Bei den vielen verständlichen oder unverständlichen Einzelinteressen bleibt fast immer das globale Interesse auf der Strecke. Wären die Großstaaten nur endlich einmal bereit, sich unter Verzicht auf eigene wirtschaftliche Belange dieser Sache anzunehmen, ausnahmsweise wäre dann sogar in Kauf zu nehmen, daß andere Staaten zu ihrem eigenen Glück gezwungen würden.

Wir sollten es allerdings nicht dabei belassen, unsere Interessen bei den Politikern schlecht aufgehoben zu fühlen. Wer von uns verhält sich den Bäumen gegenüber schon richtig. Wie behandeln wir sie in unseren Gärten, wenn wir die falschen Arten auswählen und die Bäume anschließend mit Säge und Schere für unsere Unzulänglichkeit büßen lassen, die auf reiner Bequemlichkeit und der Unterlassung beruht, sich zu informieren. Was tun wir (heimlich), wenn sich Läuse und anderes bedrohliche Getier zeigen? Wir nehmen (immer noch) Gift, ohne lange nachzudenken. Und wir tun es im wesentlichen nicht, um den Bäumen zu helfen, sondern um uns (wiederum bequem) zu beruhigen. Und wie verhalten wir uns im Wald, wer denkt an die Bäume, wenn die Pilze mitunter sogar mit Rechen geerntet werden! Und wen kümmert es, wenn das Myzel dabei leidet oder zerstört wird zum Schaden der Bäume! Wen stört es auch, wenn er von den Wegen abgeht, joggt oder fährt und ganze Lebensgemeinschaften um die Bäume oder deren Sämlinge zerstört! Wer schließlich hat noch Bedenken gegenüber den Bäumen, wenn ihm eine gut dotierte Stelle in einem Unternehmen angeboten wird, wo man unmittelbar oder mittelbar an der Produktion von baumschädlichen Stoffen beteiligt wird! Wer läßt sich auch in seinem Haushalt bei der Wahl und der Menge der chemischen Mittel oder in seinem Energie- oder Heizverhalten freiwillig vom Wohl der Bäume leiten! So gesehen sind wir eine Gesellschaft von Schädigern mit mehr oder weniger Einfluß auf die Bäume. Das Mehr oder Weniger ist leider öfter eine Frage des Zufalls als des Bewußtseins für die natürliche Umwelt.

Wäre dieses Bewußtsein weltweit vorhanden, bedürfte es weder eines Weltmanagements noch zwingender Maßnahmen. Das Bewußtsein für die Natur und für die Bäume aber läßt sich nicht in einer Generation erwerben. Leider erwirbt es sich leichter, wenn die Bäume immer weniger werden. Am Ende könnte es dann unter Umständen nichts mehr bewirken. Es gibt viele Anzeichen, daß sich Menschen ehrlich bemühen, den Bäumen zu helfen. Sie zeigen vielfach aber auch, wie weit wir inzwischen von der Natur entfernt sind. Geradezu rührend ist es zu sehen, wie sich Menschen in den Städten um die Bäume bemühen, indem sie sie gießen und die Baumscheiben bepflanzen. Wenn sie dabei allerdings beispielsweise typische Balkonblüher hernehmen, zeigt sich, wie groß der Abstand zur Natur geworden ist.

In einer wesentlichen Beziehung wäre den Bäumen schon jetzt zu helfen, ohne daß man zweifelnd fragen müßte, ob dieser Ansatz auch tatsächlich richtig ist. Die direkten menschlichen Eingriffe in den Baumbestand der Tropen haben Folgen, die von jedem, der die Problematik kennt und ehrlich ist, als untragbar und unverantwortbar bezeichnet werden. Unter dem wachsenden Druck einer sich immer stärker gegen die Vernichtung der Tropenwälder festigenden Weltmeinung arbeiten sich aber die Inhaber der Waldkonzessionen mit der Unterstützung eines unwiderstehlichen technischen Apparates immer schneller in den unberührten Urwald vor, um alle Möglichkeiten ihrer derzeit immer noch günstigen Position zu nutzen. Es geht also nicht nur darum, etwas dagegen zu tun, sondern dieses auch unmittelbar in die Wege zu leiten.

Die Lösung des Problems beginnt damit, daß man in die Vergangenheit zurückblickt. Nicht in die Vergangenheit der Staaten, in deren Gebiet es tropische Wälder gibt, sondern in die Vergangenheit der Staaten, die jetzt am nachhaltigsten um den Fortbestand der Feuchtwälder ringen. Haben doch gerade einige von diesen in der Vergangenheit ihren Wäldern am meisten geschadet. Entweder wurden die Bäume gefällt und damit die Landschaft für immer verändert oder es wurden die Urwälder beseitigt und Teile dieser Gebiete mit neuen Bäumen aufgeforstet. Außerdem haben die beteiligten Staaten auf Kosten der Bäume ihres Territoriums und damit auch zu Lasten der Wälder anderer Staaten Industrien aufgebaut und ausgeweitet. Dabei wurden Schadstoffe freigesetzt, die die Umwelt belasten. Anstelle der Wälder bekamen sie Flotten und damit Macht, mit deren Hilfe sie Weltreiche gründeten. Die Industrieproduktion brachte ihnen Wohlstand und wiederum weltweit Einfluß und Macht, die sich sogar immer mehr an die Stelle der militärischen Macht setzte.

Außerdem haben sie allen anderen Staaten mit ihrer industriellen Entwicklung den Weg gewiesen. Aber nicht nur das, sie haben sie in ihrem eigenen Interesse veranlaßt, es ihnen gleichzutun. Anders ausgedrückt, sie haben in bezug auf die Industrie einen Maßstab gesetzt, an dem kein anderer Staat mehr vorbeizukommen glaubt. Und sie haben die Welt nach ihrem Wertmaßstab eingeteilt in Industrieländer, Schwellenländer und Entwicklungsländer, mit sich selbst an der Spitze. Damit ist für viele Staaten ein ungeheurer Zugzwang verbunden, sich industriell weiter zu entwickeln.

Vor diesem Hintergrund wird aber gleichzeitig von den Staaten mit tropischem Waldbestand verlangt, es den Industriestaaten in entscheidenden Punkten nicht gleichzutun. Sie sollen, anders als diese in ihren Anfängen, weder von ihrem natürlichen Reichtum, zu dem die Urwälder zählen, Gebrauch machen, noch unbedenklich auf Kosten der Umwelt produzieren dürfen.

Jeder dieser Staaten ist jedoch souverän und kann über seine natürlichen Ressourcen frei verfügen. Es wird also nicht einfach sein, die in Frage kommenden Staaten von einem freiwilligen Verzicht auf die weitere Ausbeutung der Wälder abzuhalten. Vermitteln kann unter diesen Bedingungen die Sprache des Kommerzes, die inzwischen weltweit verstanden wird. Es geht allerdings jetzt nicht mehr lediglich um das Funktionieren von Unternehmen oder der Wirtschaft eines Landes, sondern um den Erhalt der natürlichen Abläufe und Zusammenhänge auf der Erde. Aber diese nehmen letztlich Einfluß auf die Wirtschaft, und deshalb wird dieses Verständigungsmittel sicher von Nutzen sein.

In der Sprache des Kommerzes sähe dann die Lösung ganz einfach aus: Damit die Staaten mit Urwaldbestand bereit sind, auf die kurzfristigen wirtschaftlichen Vorteile zu verzichten, die sich aus einer rigorosen Ausbeutung ihrer Rohstoffvorkommen ergäben, müßten sie von allen am Erhalt der Wälder interessierten Staaten der Welt entschädigt werden, selbstverständlich unter Berücksichtigung ihres eigenen Überlebensinteresses. Das gleiche gälte für die Begrenzung bzw. Verteuerung der Produktion in einem Frühstadium der industriellen Entwicklung, in dem die heute hoch industrialisierten Staaten noch ungehemmt allein ihre wirtschaftlichen Zielsetzungen zum Maßstab ihrer Entwicklung machen konnten. Darüber hinaus wäre von den Industriestaaten zu bedenken, ob es nicht schon in ihrem eigenen Interesse besser wäre, auf eine weltweite industrielle Missionierung wenigstens teilweise zu verzichten und Exportchancen nicht dort zu suchen, wo Umweltprobleme zu erwarten sind und wo nach Tradition, Mentalität und Geographie eine Industrialisierung unangebracht wäre.

Das letztere mag schwerer erreichbar sein, weil eine funktionierende Wirtschaft weitgehend unabhängig und ohne geographische Begrenzung arbeitet, das erstere jedoch, eine Reduzierung der industriellen Erschließung, wäre durchaus erreichbar. Unter Abwägung aller Interessen wäre eine Entschädigungssumme auszuhandeln, zu der die beteiligten Tropenländer ein bestimmtes Territorium entweder verkaufen oder zum Schutzgebiet erklären und eine Nutzung für immer ausschließen bzw. kontrolliert begrenzen würden. Als Sachwalter sollte hier die UNO auftreten. Betroffene Staaten dürften sich einem solchen »Geschäft« nicht widersetzen können. »The Greatest Economical Deal« aller Zeiten steht uns also noch bevor. Jedenfalls kann man nur darauf hoffen, weil alles andere wohl lebensgefährliches Stückwerk bleiben würde.

Die Bundesrepublik Deutschland hat Brasilien im Oktober 1991 250 Millionen D-Mark für den Schutz der Regenwälder zugesagt. Dies war unabhängig von der guten Absicht, die dahinterstehen mag, nicht einmal eine halbe Sache. Was bedeuten schon 250 Millionen D-Mark im Verhältnis zu den Ausgaben für andere, vergleichsweise mindere Zwecke! Und was könnte diese Summe bei solch einem Unterfangen bedeuten! Entsprechend war die Reaktion der Bedachten. Monate später war noch keine einzige Mark abgerufen. Würden wir das Ganze auf der Basis eines Gegengeschäftes anpakken und andere Staaten mit einbeziehen, dann würde sich sicherlich auch das Problem der Einmischung in die inneren Angelegenheiten eines fremden Staates nicht mehr stellen.

Man muß aufhören, den Kampf um die Erhaltung der tropischen Wälder allein auf moralische Appelle zu beschränken. Dies ist aussichtslos und unfair. Betrachten wir die Angelegenheit doch endlich als ein klar abgrenzbares Geschäft, nur so können wir dem Urwald, seinen »Besitzern« und uns selbst eine Chance geben!

Hinter all den Problemen der Entwicklungsländer steht ein zentrales Problem, das um der Menschen und um den gesamten Lebenslauf der Erde willen unbedingt gelöst werden müßte: die Überbevölkerung. Es gibt inzwischen viel zu wenige Bäume auf der Welt, aber viel zu viele Menschen. Und es wird immer noch mehr Menschen geben und vielleicht sogar entsprechend weniger Bäume. Sprechen wir hier vor allem von den unterernährten Menschen, die in ihrem meist nur kurzen Leben nie den »Standard« eines Hundes in der industriellen Gesellschaft erreichen. 1975 gab es 500 Millionen von diesen bedauernswerten, unterernährten Geschöpfen. Laut »Global 2000« wird ihre Zahl bis zum Jahr 2000 auf über eine Milliarde anwachsen. Es sind gerade diese Menschen, die in ihrer Not weder vor den Bäumen haltmachen noch darauf verzichten können, sich ihrer zu bedienen. Namentlich um dieser armen Menschen willen ist es einfach unmenschlich, zuzulassen oder gar zu fördern, daß sich die Menschheit noch weiter vermehrt.

Außerdem sollte der Handel mit Tropenholz aufhören, seinen Anteil an der Zerstörung der Tropenwälder statistisch so weit herunterzurechnen, daß jeder fast ein schlechtes Gewissen bekommen muß, ihm je eine Schuld an der Zerstörung der Urwälder angelastet zu haben. Selbstverständlich trägt die Holznutzung einen Anteil an der Zerstörung der Tropenwälder. Dabei sind nicht nur die unmittelbaren Folgen des Holzeinschlags von Bedeutung. Nicht nur der Kahlschlag, also die Vernichtung des gesamten Waldes, sondern sogar der selektive Einschlag, also die Entnahme bestimmter Baumarten bzw. bestimmter Bäume nach der Größe ihres Stammumfangs, kann zu verheerenden Folgen führen. Der Holzeinschlag leistet allzu oft (geplant oder nicht) Pionierdienste für nachfolgende Nutzer wie die brandrodenden Kleinsiedler. Auch Wiederaufforstungen sind mit Skepsis zu betrachten. So gut wie nirgendwo wird etwas anderes nachgepflanzt als Monokulturen. Wenn das Tropenholz wirklich so unverzichtbar ist, was in vieler Hinsicht unbestreitbar ist, dann müßte man konsequenterweise, wenn schon nicht den Urwald über einen längeren Zeitraum regenerieren lassen, so doch wenigstens die in ihren einmaligen Eigenschaften so begehrten Arten rekultivieren. Alles andere ist bedenkenlose Ausbeutung.

Was die Zukunft des noch bestehenden Tropenwaldes angeht, stehen sich, grob gesprochen, zwei Meinungen gegenüber. Die eine fordert den absoluten Schutz des Urwalds. Die andere glaubt, der Urwald könne erhalten werden, wenn er nach forstwirtschaftlichen Prinzipien genutzt würde. Gegen die erste wird argumentiert, es fehle unter diesen Umständen an einem unverzichtbaren Rohstoff. Gegen die letztere stehen mangelnde Erfahrung im Umgang mit selektivem Holzeinschlag in den Tropen sowie der Effekt, daß die Türen für nachrückende Siedler geöffnet werden. Außerdem wird auf den zwangsläufig damit verbundenen Rückgang der Artenvielfalt verwiesen.

Wo liegt nun der gangbare Weg? Er liegt zweifellos zwischen beiden Theorien. Große Teile des Urwalds nicht für immer zu schützen, wäre in diesem fortgeschrittenen Stadium der weltweiten Vernichtung tropischer Wälder eine nicht wiedergutzumachende Unterlassung gegenüber der ganzen Menschheit. Andere Teile unter unbedenklichen Bedingungen, das heißt unter Erhalt der gegebenen Baumarten zu nutzen, ist eine Frage des fortstwirtschaftlichen Reifeprozesses. Eine sinnvolle Nutzung könnte sicherlich nur unter Verdichtung der im Amazonasgebiet noch zu weit gestreuten, wirtschaftlich interessanten Baumarten vollzogen werden. Und beides ist eine Frage des guten Willens und der Kontrolle sowie eine Frage der zunehmenden Bevölkerungsdichte.

In einer Hinsicht kann man sich die Erfahrungen der traditionellen Forstwirtschaft getrost zu eigen machen: Monokultur ist sicher keine hundertprozentige Lösung. Es müßte auch in den Tropen allgemeine Überzeugung werden, daß die Holzernte eine Frage von Jahrzehnten und nicht von wenigen Jahren ist.

Wenn wir endlich aufhören würden, den eigenen und sei es auch nur im eigenen Garten vollzogenen Beitrag zur Vernichtung von Bäumen zu verniedlichen, ließe sich immer ein realistischer Weg finden, bestehenden Notwendigkeiten gerecht zu werden, ohne damit den Bäumen zu schaden. Der Baum ist nicht unberührbar, und unter seinen vielen Nutzfunktionen ist die wirtschaftliche eine der wichtigsten. So vorbereitet, kann man ohne Skrupel direkt auf die tropischen Holzarten zugehen, ohne auf lokale Baumarten zurückzugreifen und dabei nur noch mehr Schaden anzurichten.

Hier ein Beispiel für einen solchen wirklichkeitsfernen Lösungsversuch zur Schonung der tropischen Wälder: Es wurde von Umweltschutzgruppen vorgeschlagen, Tropenholz unter anderem durch die Baumarten Robinie *(Robinia)*, Eibe *(Taxus)*, Lebensbaum *(Thuja)*, Birne *(Pyrus)* und Ulme *(Ulmus)* zu ersetzen. Das war gut gemeint, bis hin zu ökologisch nachteiligen Folgen spricht aber alles dagegen. Die Wuchsformen dieser Spezies sind zum Teil höchst ungünstig. Eibe und Birne zum Beispiel sind nutzungsmäßig nur Bäume zweiter oder dritter Ordnung. Birne, Eibe und Ulme sind in den europäischen Wäldern so selten, daß sie gebietsweise sogar unter Schutz gestellt sind. Auch sonst bestehen schon rein mengenmäßig Probleme. Würde der Tropenholzimport in Deutschland aus bestehenden Beständen der Robinie ersetzt, wäre diese Baumart bereits innerhalb eines Jahres erschöpft. Kämen die Vorkommen in Ungarn und Rumänien hinzu, wo größere Bestände wachsen, wären auch diese innerhalb weniger Jahre aufgebraucht. So kann man auch noch andere Alternativen durchspielen, es läuft immer wieder auf dasselbe Ergebnis hinaus: Tropenholz ist mit seinen besonderen Eigenschaften für bestimmte Einsatzzwecke unersetzbar und muß an Ort und Stelle in einer Weise genutzt werden, daß es geregelt nachwachsen kann.

Zu den tropischen Urwäldern am Schluß noch eine Bemerkung: Die meisten Menschen sind noch niemals in einem Urwald gewesen und werden einen solchen in ihrem Leben auch nicht betreten. Sie können also von dem dort herrschenden, einzigartigen Artenreichtum, dem Höchstmaß an natürlicher Verwicklung und Verflechtung nur träumen. Ist aber nicht allein der Gedanke daran, daß es etwas so Großartiges gibt, beglückend? Müssen wir immer alles selbst haben? In den Tropen übertrifft die Wirklichkeit sogar noch den Traum vom Urwald, ein Grund mehr, ihn zu schützen.

Eine besondere Bedeutung erhalten die Bäume im Zusammenhang mit dem Treibhauseffekt. Sie entziehen mit Hilfe der Sonne der Atmosphäre Kohlendioxid, bauen es dort also ab und binden es für ihren Bedarf. In der lebenden Biomasse des Waldes beträgt der Anteil von $CO_2$ etwa 50%, in der toten liegt er sogar beträchtlich höher. Auch totes Holz bindet also Kohlendioxid. Als der wichtigste Pflanzennährstoff düngt $CO_2$ die Bäume. Vergrößert sich der $CO_2$-Anteil in der Luft, nimmt das Wachstum der meisten Pflanzen zu. Das bei uns festgestellte verstärkte Wachstum der Bäume ist also eine Reaktion auf die gesteigerte $CO_2$-Versorgung der Assimilationsprozesse. Nach einer Ansicht leidet allerdings durch eine höhere $CO_2$-Konzentration die Qualität der Pflanzen. Daneben werden auch die »Unkräuter« gedüngt, die Bäume dafür später von der »chemischen Keule« getroffen.

Bei der Überlegung, wie die Bäume wirksam geschützt werden könnten, sollte man den Blick auch in die Vergangenheit wenden. Im Mittelalter kam dem Schutz der Bäume eine vorrangige Bedeutung zu, da die Bestände aufgrund von Raubbau extrem zurückgegangen waren. Dieser Situation trug die Rechtssprechung in einem Maße Rechnung, das das Ansehen der Bäume in der heutigen Zeit als geradezu verkommen erscheinen läßt.

Man machte eine deutliche Unterscheidung zwischen Bäumen, die Früchte tragen, und solchen, die keine tragen. Zu den fruchttragenden Bäumen, die unter besonderem Schutz standen, gehörten zum Beispiel in Schweden der Apfelbaum *(Malus),* die Eiche *(Quercus)* und der Hasel *(Corylus).* Haselzweige galten als Zeichen der Inbesitznahme eines Grundstücks.[82)] Im übrigen wurden Übergriffe auf Erntebäume sehr unterschiedlich bestraft. Im mittelalterlichen Augsburg beispielsweise fielen sie unter bloßen Gartenfrevel. Der Bayerische Landfrieden dagegen bestrafte das Abschlagen von fruchttragenden Bäumen als Landfriedensbruch. Nach dem ältesten Überlinger Strafrecht wurde unterschieden, ob die Bäume in rechter Fehde oder gesetzeswidrig gefällt worden waren. Im zweiten Fall wurde der Täter enthauptet.[83)]

Die unbefugte Nutzung der unter Markwald zusammengefaßten übrigen Bäume wurde als Markfrevel bestraft. Hierbei unterschied man verschiedene Zuwiderhandlungen und unterschiedliche Tätergruppen.[84)] Der Markgenosse kam stets mit einer geringeren Strafe davon als der Ausmärker. Bei den einzelnen Straftatbeständen unterschied man außerdem nach einer ganzen Reihe von Kriterien. So war der Markgenosse im Falle des Holzhiebs nur strafbar, wenn er im Bannwald oder zu verbotenen Zeiten, besonders bei Nacht oder Nebel, tätig wurde. Außerdem, wenn er bestimmte Baumarten, insbesondere die Eiche, fällte oder wenn er, statt das Holz selbst zu verbrauchen, dieses ausführen oder verkaufen wollte, und wenn er dem Wald mehr entnahm, als ihm zustand. Der einheimische Täter kam in diesen Fällen mit einer Geldbrüche, als einer Geldstrafe, davon.

Anders der Ausmärker. Die ihn treffende Strafe war nicht nur höher, sondern vielfach sogar willkürlich. Häufig verlor er dabei Pferde und Wagen. Es gab auch noch weit gravierendere Einzelfälle. Im Speller Wald bei Lingen wurde der Ausmärker, der nachts Holz schlug, auf dem Stamm enthauptet. Strenge Strafen setzten die Markweistümer auf das Köpfen oder Schälen von Bäumen. Wer einen Eichbaum köpfte, dem wurde selbst der Kopf abgeschlagen. Wer einen Baum schälte, dem wurden die Gedärme aus dem Leib gezogen. Der Frevler wurde dabei im Prinzip das Opfer uralter sakraler Traditionen, die die Baumseele mit einem Opfer versöhnen wollten: Kopf gegen Kopf und Gedärme gegen Rinde.

Man könnte die Gedanken über den Schutz der Bäume in heutiger Zeit fast beliebig fortführen. Dabei sind die Probleme in unseren inzwischen unendlich vielen Gärten genauso von Belang wie die weltweiten Bestandsschwierigkeiten. Natürlich sollte man zunächst prüfen, wie wir uns schonender und naturangemessener gegenüber »unseren« Bäumen verhalten können. Die vielerorts bestehenden Baumschutzverordnungen sind hier zwar ein begrüßenswerter Ansatz (meist ohne ausreichende Kontrolle), aber kaum ein ins Gewicht fallender Schutz. Danach lassen sich Bäume ab einem bestimmten Stammumfang zwar nicht mehr ohne weiteres fällen, werden aber immer noch durch drastische Schnittmaßnahmen verstümmelt und langsam getötet.

Um, symptomatisch für dieses Thema, die Geister am Ende noch einmal besonders krass zu scheiden, beenden wir es mit einer Eule. Eine Eule, die unter Schutz gestellt worden ist und seither ganze Wälder unter ihre geschützten Fittiche genommen hat. Oder, man kann es auch so sehen, für manche wie ein Nachtgespenst durch die Wälder geistert.

Sie heißt »Northern Spotted Owl« *(Strix occidentalis caurina).* Es gibt von ihr etwa zweitausend Paare in einem Gebiet, das Teile im Südwesten von Britisch Kolumbien, Washington, Oregon und im Nordwesten von Kalifornien umfaßt. Da nichts mehr getan werden darf, was diese Tiere in ihrem Restbestand gefährdet, ist damit automatisch die Entnahme von Rundholz in den entsprechenden Wäldern betroffen. Die Holzbranche hatte Grund, sich laut zu beklagen, die Tier- und Pflanzenschützer sahen eine Veranlassung, so laut zu jubeln, daß es die gesamte Holzwelt hörte und deutlich zu spüren bekam.

Das Thema Umwelt und Bäume ist gesellschaftsfähig geworden, es ist in aller Munde. Das gibt uns die Chance, unser Bewußtsein dafür zu schärfen und uns in unserer Umgebung oder vielleicht auch in unserem Beruf danach zu verhalten. Das Thema läuft aber auch Gefahr, zum »Small Talk« zu verkommen. Im Rahmen seiner Anpassungsfähigkeit wäre es dem Menschen zuzutrauen, mit solch einer Entwicklung zu leben. Zu leben heißt allerdings nicht zu überleben.

Die Bäume haben in der Welt eine große Lobby. Sie besteht aus den Menschen, die Verantwortung gegenüber der Natur empfinden und dabei die Bäume unter Umständen sogar bewundern und lieben. In vielen Fällen hat sie sich, um wirksamer auftreten zu können, eine Organisationsform gegeben. Weltweit tätige Bewegungen sind ebenso entstanden wie solche, die still und ohne weiteres Aufsehen in unserer Nähe wirken: »Robin Wood« genauso wie die radfahrenden Alleenretter um die Ecke. Wangari Maathai (»Mutter Kenia muß grün werden«) gründete ihr »Green Belt Movement« vor 13 Jahren und hat seither ungezählte Schulkinder, Frauengruppen und kleine Bauern dafür begeistern können.

Die indische »Chipko-Bewegung« dagegen beruft sich auf eine über 250 Jahre alte Tradition. Nach der Überlieferung soll damals der Maharadscha von Jodhpur angeordnet haben, die Khejadali-Bäume eines entlegenen Vishnoi-Dorfes zu fällen. Nun wurden aber diese Bäume von den Einwohnern des Dorfes wie ältere Brüder und Schwestern geliebt, umarmt und geschützt. Gespräche mit den Bäumen waren für alle so selbstverständlich wie alltäglich. Als die Holzfäller kamen, um den Befehl auszuführen, versuchten die Einwohner ihre Bäume umarmend zu schützen. Auch mit Gewalt ließen sie sich nicht entfernen. Bereit, für ihre Brüder und Schwestern zu sterben, ließen sie sich zerhacken. Fiel ein Dorfbewohner auf diese Weise der Axt zum Opfer, wurde er sogleich durch einen neuen ersetzt. So wurde einer nach dem anderen erschlagen, und es dauerte lange, ehe ein Baum gefällt werden konnte. Am Ende waren 363 Dorfbewohner gestorben, man hatte aber nur einen Bruchteil der Bäume gefällt, die gebraucht wurden. Der Maharadscha, dem anschließend berichtet wurde, stoppte die Arbeiten. Er begab sich selbst in das Dorf. Dort war er überwältigt von der Art, wie ihn die Einwohner, ohne zu klagen, versöhnlich und in festlicher Stimmung empfingen. Er ordnete an, in der Zukunft kein Dorf mehr, in dem Vishnoi-Gläubige wohnten, zur Holzabgabe zu zwingen.

Heute ist Sunderlal Bahuguna, ein Schüler von Mahatma Gandhi, der charismatische und inzwischen weltbekannte Führer der Chipko-Bewegung. Für sein Anliegen, die Bäume, ist er bereits tausende von Kilometern von Bergdorf zu Bergdorf gewandert, hat die ganze Welt begeistert und sich auch nicht durch Gefängnisse aufhalten lassen. Wie damals umarmen seine Anhänger die Bäume. Die »Chipko Hug-to-the-Tree People« tun das allerdings nicht um ihrer selbst, ihrer kränkelnden Seele, sondern allein der Bäume, ihrer Brüder und Schwestern, wegen.

Die Bäume werden im Menschen trotz aller positiven Bemühungen immer einen übermächtigen Gegner behalten. Dies liegt in der menschlichen Natur begründet. Wenn es darum geht, ob man die Natur, an der auch das eigene Überleben hängt, oder den eigenen, unter Umständen nur kurzfristigen wirtschaftlichen Vorteil wählt, wird fast immer das erstere zurückgedrängt, während sich das letztere gleichzeitig als unschädlich darstellt. So endet der Konflikt fast immer zuungunsten der Bäume.

Daran ändert sich für den einzelnen im Prinzip selbst dann nichts, wenn er gelegentlich durch Meldungen aufgerüttelt wird, die das verheerende Ausmaß der an den Bäumen verursachten Schäden in Verlustbeträgen verständlich machen. Nach einer Ende 1990 veröffentlichten Studie des Internationalen Institutes für Angewandte Systemanalyse (IIASA) in Laxenburg bei Wien belaufen sich die jährlichen Minderungen der Walderträge infolge der Luftverschmutzung bei allen europäischen Staaten zusammen auf 45 Milliarden D-Mark. Um das Schlimmste abzuwenden, müßten über die nächsten 25 Jahre jährlich zwischen 90 und 115 Milliarden D-Mark in verschiedenen Maßnahmen investiert werden.

Den Bäumen hilft also nur noch hoheitlicher Schutz in Form von staatlichen Maßnahmen. Damit nicht genug, wir müssen diesen im juristischen Sprachgebrauch der Zeit bi- und multinational absichern. Mehr noch, wir müssen den Baum zu einer »supranationalen Erscheinung« machen.

WINTERLINDE
*(Tilia cordata)*
BEI
HEILIGENBERG
(BODENSEE)

Bäume halten die Erde zusammen, damit sie uns nicht verlorengeht und krümelt.
- Bäume sind das Bindeglied zum Himmel. Sie übersetzen die Sprache des Himmels mit ihren Blättern, Ästen, und Zweigen und bringen den Menschen dazu, aufzuschauen und die Zwiesprache zu beginnen.

- Wer sagte: »Bäume wachsen nicht in den Himmel«, wußte nicht viel von ihnen, wahrscheinlich neidete er ihnen ihre Sonderstellung als einzige Lebewesen, die einen festen und dauernden Platz zugleich auf der Erde und am Himmel haben.

Erst dann sind sie ernstzunehmen und wirklich Bäume, wenn sie auch fest irgendwo am Himmel angewachsen sind. Wo das der Fall ist? Dort, wo die Bäume in der Luft, wenn sie erwachsen sind, anfangen zu gestalten, denn genau da beginnen sie ihn einzurichten, ist also der Anfang des Himmels. Vorher dürften sie im Grunde noch gar nicht Bäume genannt werden. Junge Bäume gibt es also eigentlich gar nicht. Um den Himmel zu erreichen, sich dort einzurichten und sich selbst zu begründen, bedarf es allerdings genauso sorgfältiger wie unbeirrbarer und langjährig unentwegter, gewöhnlich jahrzehntelanger und noch längerer Vorbereitung auf der Erde. Bäume wachsen also langsam in den Himmel. Sie dürfen dabei den Standort auf der Erde nicht einen Augenblick lang vergessen.

- Bäume bilden die natürliche Grenze. Wer in die Wälder hineinbaut, zersiedelt die Erde. Wer höher baut als die höchsten Bäume, zersiedelt den Himmel.

- Bäume sind das Maß der Dinge, der Pflanzen, der Kunst, der Architekten, der Kinder, der Vögel, der Träume und der Kletterer jeder Art und Herkunft.

- Bäume sind unerfahrbar, denn einerseits schweigen sie, andererseits reden sie aber auch mit unzähligen Zungen. Sie sprechen mit jedem ihrer Blätter und aus allen Runzeln ihrer Rinde. Obwohl sie es in einer Weise tun, die über allen Sprachen der Welt steht und sogar dem verständlich ist, der überhaupt keine Sprache spricht, haben sie zuviel auf einmal zu sagen und bleiben deshalb selbst dann ein Rätsel, wenn sie reden. Jeder versucht sie daher mit seinen eigenen Mitteln zu ergründen, und wer sie damit nicht wirklich machen kann, verpflanzt sie in Mythen, Märchen, Sagen oder Legenden. Der Baum ist immer und überall gegenwärtig, tatsächlich und in Gedanken, von den Höhen der Berge bis in die Oasen der Wüsten, täglich greifbar von dem Holzscheit im Kamin und dem Möbel in einem Zimmer oder auch nur vorgespiegelt in einer Fata Morgana.

- Manch einer täte gut daran, auch nur ein einziges Mal mit den Bäumen zu schweigen. Das wäre besser für ihn, als ein ganzes Leben lang mit seinesgleichen zu reden.

- Es wäre wichtig für uns zu lernen, die Sprache der Vögel zu verstehen. Dann könnten wir von ihnen alles erfahren, was die Bäume uns nicht verraten. Schließlich waren Bäume dabei, wenn sich die Gesetzmäßigkeiten der Erde fügten.

- Wer selbst keinen Blick für die Bäume hat und auch den Überzeugungen anderer nicht folgen kann, der stelle sich einfach einmal vor, es gäbe keine Bäume!

- Die Bäume ließen sich für viele aufsehenerregende Schlagzeilen und sensationelle Reportagen verwenden. Wer sie allerdings still betrachtet, hat noch mehr davon. Er kommt nicht mehr davon los und entdeckt unentwegt Neues.

- Bäume, die ihr Laub erneuern, können ihr Aussehen vollkommen verändern, denn sie haben zwei grundsätzlich verschiedene Gestalten. Im Sommer ziehen sie sich warmgrün an, um allen etwas gefällig Schönes vorzumachen. Im Winter aber erstarren sie nackt in gnadenloser Schönheit. Der wahre Baum scheut nicht die Nacktheit, denn er hat nichts, was er verstecken müßte. Gerade, wenn er nackt ist, zeigt er sein Wesen. Aber nur, wer dieses durchschaut, vermag seinen Anblick dann noch zu ertragen, die anderen fühlen sich dabei zu Tode erschrocken. Denken sie doch beim Anblick der fallenden Blätter an ihre eigene Vergänglichkeit und an den Tod, dem sie sich mit künstlichen Mitteln letztlich vergeblich entgegenstellen. Mancher Baum dagegen kann über tausendmal sein Laub abwerfen und bekommt doch immer wieder ganz natürlich die frischesten Blätter, so frisch, wie die frischesten, winzigsten Blätter des allerjüngsten in der langen Reihe seiner Ahnen.

Dabei übersehen sie eines: Erneuern sich in den nackten Himmelsgerüsten der Bäume nicht wenigstens immer wieder die menschlichen Gedanken! Wenigstens? Wer mit seinen Gedanken umzugehen gelernt hat, weiß, was er an ihnen hat. Dann weiß er auch, was es bedeutet, wenn er sie an natürlichen Klettergerüsten bis in die Wolken turnen lassen kann!

Bäume, die ihr Laub erneuern, haben jedoch nicht nur zwei vollkommen verschiedene Gestalten. Sie haben außerdem noch gleich viermal andere Gesichter. Im Frühjahr und Herbst, wenn sie sich für ihre neue Gestalt anziehen oder frei machen, geben sie sich mit ihren Übergangsgesichtern das eindrucksvollste Aussehen. Im Frühjahr, bevor sie sich zu dem sommergemütsvoll träge zufriedenen Einheitsgesicht entrollt haben, haben sie noch 10 000 liebevoll gerunzelte gleich zarte und dennoch ganz unterschiedlich kleine einzelne Gesichter, die alle von der Sonne berührt sein wollen, um sich wohlig zu großen Blättern zu strecken. Wenn das Sonnenschirmgesicht des Sommers dann verschlissen ist, ergeben sie sich nicht einfach ihrem Schicksal. Während sich der Baum für seine Wintergestalt freimacht, feiern sie sich bunt vor Freude an den gerade reifenden Weintrauben, bis sie schließlich schon bei dem leisesten Wind trunken zu Boden fallen oder ihnen nachts die Kraft der Jahreszeit ausgeht und sie die Stille ärgern und einfach ihre Stengel lösen, um den Erdboden mit sich zu belästigen. Dann endlich hat der Baum sein ausdeutbarstes, gläsernes Wintergesicht, und die sein Wesen ahnen, versuchen, ihn zu durchschauen.

Und die Nadelbäume und anderen immergrünen Brüder und Schwestern? Sind sie Bilder ununterbrochener Stärke, Lebenskraft und Fülle von der ersten Stunde bis an das Ende ihrer Tage? Oder sind sie weiter nichts als phantasiearme Verwandte, einfallslos, ohne Mut, ohne Abwechslung und ohne die Philosophie des unergründlichen Wandels?

- Das Leben der Bäume ist länger als das der Menschen. Eigentlich müßte es auch anders gezählt werden, denn die Bäume leben im Grunde nicht in Jahren, sondern in der Zahl ihrer Baumstücke. Jedes dieser Stücke hat drei Teile, und in jedem Jahr beginnt wieder ein neues.

Das Stück der Bäume beginnt und belebt sich im Frühjahr, leitet dann über in einen langsameren zweiten Teil des Sommers und endet ausnahmslos heftig im Herbst. Der Winter schließlich ist für die Bäume nur dafür da, sich von der langen Aufführung zu erholen. Dabei formt sich jedoch zugleich das Stück des nächsten Jahres. Die ersten Töne im Frühling sind zunächst noch ganz unsicher, vorsichtig und leise. Nie aber wirkt das Baumstück auch empfindlicher, zarter. Im Sommer dann, im zweiten Teil des Stückes, vollzieht sich der langsamere Abschnitt, die Aufführenden und die dabei sein dürfen, sind halb betäubt von der lastenden Atmosphäre. Wenn man schon glauben sollte, das Stück welke sich nun unausweichlich in den dritten Teil eines sterbenden Finales, zeigt sich in einem sinnenbetörend, atemberaubend rauschenden, oft aber von denen, die dabei sind, vollkommen verkannten, alles übertreffenden Schlußakt das ganze Ausmaß ihres Lebens. Der Herbst ist nicht die Leben beendende Dernière, sondern der Höhepunkt und zugleich die Feier der jährlich gelingenden Première eines jeden Baumstücks.

Bäume spielen ihre Premierenstücke nur einmal, und deshalb werden diese nie zur Routine. Bisher ist noch kein einziges Mal ein Stück wiederholt worden, obwohl sich scheinbar alle gleichen. Dies bezieht sich aber nur auf die Dreiteilung und den Rhythmus. Niemand, der diesen Stücken beiwohnt, wird sich daher je langweilen. Er wird im Gegenteil mit jedem Jahr mehr dabei empfinden. Die ständig wechselnden Begleitungen beflügeln das Orchester zu immer neuen Klängen. Es gibt auch keine mißlungende Premiere, selbst wenn die Witterung im Frühling einmal nicht mitspielt oder sich im Sommer anstrengt, das Stück vorzeitig vor dem Herbst zu beenden. Das Orchester ist so eingespielt, jeden Mißton oder Mißklang mühelos einzufangen und zu überspielen.

Die Bäume spielen ihr Stück allerdings für niemanden und nicht einmal für Beifall. Sie brauchen ihre Jahresstücke um ihrer selbst willen, um ihr Leben zu verlängern und zu erweitern. Deshalb zählen für sie nur die erfolgreichen Stücke, die sie spielen, und nicht die Jahre. Ein einziges mißlungenes Stück beendet ihr Leben. Ein Mensch kann dagegen unter Umständen jahrelang untätig sein oder nur Mißerfolge ernten, ohne sich dadurch zu schaden, seine Lebensjahre zählen automatisch weiter.

Ein rauschender Herbst zeigt, wie dcn Bäumen das Lebensstück wieder einmal gelungen ist. Herbst ist also ein vitales Zeichen für Leben. Feiern wir darum mit den Bäumen zusammen jeden Herbst als wieder einmal geglückte Premiere und als einen Höhepunkt des Lebens, denn nur jedes Ende eines erfolgreichen Jahres verspricht den Bäumen ein neues. Der Frühling dagegen sagt zwar etwas darüber, daß das neue Stück angefangen hat, aber noch nicht, wie es endet. Der unerbittliche Erfolgszwang, der sich mit dem weiteren Leben verbindet, hat damit bereits begonnen. Wer dagegen die Sicherheit des Herbstes hat, kann sich ausruhen und das kommende Frühjahr für die neue Premiere mit den schönsten Hoffnungen erwarten.

- Bäume bilden die Spitze der Hierarchie der Pflanzen. Das heißt aber nicht, es gäbe nicht andere

Pflanzen, die sie besiegen können. Bäume haben unter den Pflanzen eine ganze Reihe von Feinden, die sogar übermächtig werden können. Manche Würger, Kletterer oder Kriecher warten nur auf die Gelegenheit, es den Bäumen gleichzutun und sich ebenfalls zum Himmel zu erheben, während im Erdboden Pilze zwar ohne höheren Ehrgeiz, aber gleich gefährlich, auf ihre Chance warten. Kein Ast, nicht einmal Zweige lassen die Pflanzen mit höherem Ehrgeiz ungenutzt, um über die Bäume herzufallen und sich ihrer klammernd, würgend, kletternd oder hängend zu bemächtigen. Wenn sie den Baum dann erwürgt, erdrosselt, erstickt, verdunkelt, von der Zufuhr der Nahrung abgeschnitten oder sonstwie unterdrückt haben, wird ihnen ihr Hochmut, sich bis in die Pflanzenhierarchie zu erhöhen, am Ende selbst zum Verhängnis. Und wenn der Baum in sich zusammenfällt, sind sie am Ende wieder nur die gemeinen Bodenkriecher, als die sie geboren wurden. Die Zeit, als sie sich kraft ihrer Fähigkeit, sich anderer zu bedienen, über ihren Charakter erhoben hatten, bleibt immer nur ein Zwischenspiel ohne nachhaltige Folgen für die Rangordnung. Es sei denn, sie sind eine Feige *(Ficus benghalensis)*, eine mitleidlose Würgerin, die andere umschlingt, um sie zu entkräften, sich schließlich selbst an deren Stelle zu setzen und so fest in der fremden Hierarchie Halt zu finden.

Die Bäume beziehen ihr Ansehen und ihre gehobene Stellung nicht allein aus imponierender Größe. Vielmehr zählt ab einem bestimmten Alter nur noch die Kraft zu überleben, und sei es zum Schluß auch nur noch ein einziges Blatt für einen ganzen Sommer hervorzubringen. Es kann dem Betrachter mehr Bewunderung abringen als ein ganzer Blätterwald. An der Spitze der Art und aller Arten steht also der Überlebensbaum als Sinnbild des unbeirrbaren Willens, sich am Leben zu erhalten.

Ansonsten bestimmt sich die Hierarchie auch noch nach der Zugehörigkeit zu einer der bestimmten Arten. Mit an der Spitze der natürlichen Herrschaftspyramide wachsen zum Beispiel die afrikanischen Baobabs *(Adansonia digitata)*, die Baumelefanten für alle Rüsseltiere, Kinder und Poeten. Bäume leben geradezu in einem System von Kasten mit vielen dienenden Arten. Solchen, die viele Leben lang im Schatten anderer Bäume ausharren, und solchen, die anderen Bäumen als Pioniere nur den Wald bereiten. Wenn jedoch solch ein Dienerbaum, wie zum Beispiel die im Schatten der Großen geduldig wartende Eibe *(Taxus)*, ein viel höheres Alter erreichen sollte als die ihn überragenden Herrscherbäume, dann wird er selbst zum Herrscher, dann überragt er, nachdem er die alten Herrscher überlebt hat und eines Tages von deren Nachfolgern wiederum in den Schatten gestellt worden ist, alle anderen und verdient sich die alleinige Bewunderung all derer, die Bäume pflanzen oder auch betrachten.

Bäume sind die Giganten unter den Pflanzen, und als solche müssen sie niemandem außer sich selbst gehorchen und ausnahmslos ihre ganze Kraft zur Erhaltung dieser gewaltigen Art entfalten. Ihr Lebensgesetz schreibt es ihnen vor, und äußere Umstände, die dabei im Wege stehen, zwingen sie, rücksichtslos zu tun. Bäume können daher nicht friedlich sein, allenfalls beschaulich. Je nach dem Standort werden immer die flexibelsten, biegsamsten, widerstandsfähigsten, stärksten, genügsamsten, breitesten, höchsten oder sonstwie geeignetsten die überlebenden sein. Ihr Aussehen zeugt nicht nur vom Kampf mit den Elementen, sondern vor allem auch mit ihresgleichen. Dabei bedienen sie sich sowohl ihrer Wurzeln als auch ihrer Äste, machen sich unverträglich durch Gifte oder werden wurzel- und astgreiflich ohne Rucksicht auf eigene Verluste. Aber nur auf diese Weise wird ein Baum, wie er sein muß. Er muß die Spuren seines Lebens allen zeigen. Er muß wie ein Sieger aussehen, dem man ansieht, daß er kämpfen mußte. Makellose Bäume, die es in ihrem Leben zu leicht hatten, sind verdächtig. An ihnen gleitet der Blick ab, geschenkte Leben verdienen wenig Beachtung oder gar Achtung.

Die wahren Bäume sind daher Landkarten, die all ihre Siege und Niederlagen leserlich reflektieren. Karten mit Gebirgen und Schluchten, Höhen und Tiefen, lebendigen, toten und wie Moore verrottenden Gebieten, Landschaften, die ruhig und zur Abwechslung wild bewegt sind. Schlachtfelder mit abgebrochenen und toten Ästen und im Gegensatz dazu die unberührt unschuldigen neuen Blätter und Triebe. Tot oder lebendig, Wohnstadt für anderes Leben, für andere Pflanzen, Moose, Flechten, Epiphyten oder für Insekten, Vögel oder andere Tiere. Landschaften, die sich verändern, weil auf ihnen unausgesetzt neue Schlachten geschlagen werden mit allen späteren Zeichen eines Kampfes.

Schließlich gibt es aber auch noch innerhalb der Art eine Rangordnung. Manche Bäume haben den günstigeren Standort, das günstigere Klima, die schwächeren Nachbarn und den ergiebigeren Boden, oder sie haben aus sonstigen Gründen den längeren Atem oder die Gestalt, die sie so ansehnlich macht, wie es das Naturgesetz nur zuläßt. Dieses bietet allerdings nicht nur Chancengleichheit auf den nahrhaftesten Standorten. Der Natur-Bonsai in äußerster Landschaft, lebenslang auf einem schmalen Grat zwischen Leben und Tod balancierend, kann auf diese Weise mehr für seine ansehnliche Persönlichkeit getan haben als jeder aufrechte Charakter.

- Gute Fotografen sind sensible Menschen. Intuitiv erfassen sie die Bäume richtig: bis auf wenige Ausnahmen im Querformat. Mag dagegen auch jemand einwenden, bei Fotografen sei diese Perspektive die Regel. Das kann sein, bei den Bäumen ließe ihnen ihre Eingebung allerdings keine Wahl, denn Bäume herrschen. Bäume beanspruchen Raum, über den sie gebieten. Bäume benötigen ein Herrschaftsgebiet, um ihre Würde zu zeigen. Sie unterwerfen und gestalten ihre Umgebung, im weitesten Sinne die Landschaft. Wer im Hochformat einen Baum aus seiner Umgebung herausnimmt, zeigt nur einen Ausschnitt. Ist dies nicht aus einem besonderen Grunde gerechtfertigt, zeigt sich ein König ohne Reich, und das ist noch keinem Herrscher gut bekommen.

- Bei aller Bewunderung für die Bäume besteht kein Grund, sie heiligzusprechen oder zu verehren. In manchem sind sie nicht anders als die Menschen. Sie leben nur sich selbst und dies weit bedenkenloser und konsequenter, als es je ein Mensch vermocht hat. Sie haben in ihrem unter Umständen sehr langen Leben keine einzige »schwache Sekunde«, in der sie sich zugunsten anderer von ihren eigenen Interessen abbringen ließen.

Das wohl krasseste Beispiel dafür ist der so überaus erstaunliche und daher bereits mehrfach zitierte indische Banyan. Zur Erinnerung: Anfänglich wächst er epiphytisch auf einem anderen Baum. Bald jedoch senkt er Luftwurzeln bis auf den Erdboden herab. Diese werden allmählich zu Stämmen, die sich immer weiter ausbreiten und im Alter geradezu einen Wald von Banyan bilden. Zu diesem Zeitpunkt ist der ursprüngliche Trägerbaum, von dem der Banyan als Epiphyt seinen Ausgang nahm, längst erwürgt, der Banyan hat sich an seine Stelle gesetzt. Und doch wird der Baum in seiner Heimat als heilig verehrt. Im wahrsten Sinne heiligt hier der Zweck die Mittel. Hier bekommt es einmal dem Baum nicht schlecht, wenn er mit menschlichen Maßstäben gemessen wird. Einem Baum ergeht es so im Ansehen der Menschen nicht schlechter als einem geachteten Staatsmann, der als Revolutionär begann, oder einem Millionär, der sich nicht mehr erinnern will, wie er die erste Million zusammengebracht hat.

- Der natürliche Auftrag, sich vorbehaltlos und rücksichtslos zu einer den Anforderungen ihrer Art gerecht werdenden Pflanze zu entwickeln, die schon der Keimling nicht erst lernen muß, prägt sich dem Baum im Laufe seines Lebens so sehr ein, daß er ihn nicht einmal sterbend vergessen kann. Wer sieht, wie ein fallender Baum alles mit sich fortzureißen sucht, kranke wie gesunde gleichaltrige Bäume und schließlich sogar mehrer Generationen des eigenen Nachwuchses, der könnte meinen, er mißgönne anderen ihr Leben. Dem ist nicht so, denn: In Wirklichkeit ist er nur konsequent vom ersten bis zum letzten Augenblick.

- Mögen die Bäume auch die Herrscher unter den Pflanzen sein, und mag es unter ihnen auch die ansehnlichsten, ältesten, mächtigsten oder stärksten geben, die in einer bestimmten Weise noch einmal alle anderen überragen, die Erde ist keinem von ihnen ausgeliefert. Es gibt keine Willkür der Bäume in dem Sinne, daß sich eine Art an die Stelle aller anderen setzen könnte. Auch der Herrschaft der dominierendsten Baumarten sind Grenzen gesetzt. So wird es auf natürlichem Wege niemals zur Weltherrschaft einer Art kommen können. Die Erde ist natürlich programmiert auf Vielfalt. Das gilt unter den Bäumen gleichermaßen wie unter den Menschen. Beide ähneln sich darin, scheinbar unbelehrbar immer wieder alles zu versuchen, sich an die Stelle der anderen zu setzen. Aber dies dürfte unvermeidlich sein, weil es wohl selbst unter den schwächeren Spezies kaum eine gibt, die es nicht gerne täte. Und so ist letztlich alles diktiert durch das Überleben.

Die natürliche Begrenzung des Herrschaftsbereichs der Arten läßt sich am Beispiel eines durch seine große Verbreitungsfähigkeit starken Geschlechts, der Kiefer *(Pinus)*, erläutern. Die Kiefer wächst mit ihren verschiedenen Arten auf den unterschiedlichsten Plätzen der Erde. sie ist so genügsam, daß sie das kälteste, rauheste Klima ebenso verträgt wie die größte Luftfeuchtigkeit oder hohe Temperaturen. Sie wächst in der flachen, sandigen Ebene ebensogut wie in Lehm oder in den Höhen der Berge auf felsigem Boden. Sie steht in Westeuropa wie in Vietnam, Japan, Indonesien oder in Chile. In manchen Bereichen, wie auf den hohen Bergen an extremen Punkten, dient sie sogar als Charakterbaum, um das Gesicht der Landschaft mitzuprägen. In der Regel aber steht sie in den Wäldern in der Ebene oder am Rande der Berge gleichförmig stramm als Diener der Holzwirtschaft und ohne eigenes Ansehen. In den Subtropen steigert sie den Gewinn für die Waldbesitzer, indem sie sich in ganz kurzen Umtriebszeiten zu einem ausgewachsenen Wirtschaftsbaum entwickelt. In unglaublich breiten Jahresringen stellt sie nicht nur alles schnell in den Schatten, sondern erzeugt Jahr für Jahr um ihren Stamm herum eine zusätzliche Schicht von Brettern. Die chilenische Kiefer *(P. radiata)* ist bereits nach nicht einmal 15 Jahren schlagreif, also ausgewachsen für die Ernte. Die Kiefern in Europa brauchen, um sich ähnlich zu entwickeln, ungefähr 60 bis 80 Jahre.

Aber auch die Kiefern haben ihre natürlichen Grenzen. Ebenso wie sie versuchen, zum Licht zu streben und dabei alle anderen in den Schatten zu stellen, sind sie selbst höchst empfindlich gegenüber dem Schatten. Auch ihre Pfahlwurzeln, mit deren Hilfe sie auf so vielen Böden zurechtkommen, verlieren ihren Halt zum Beispiel in sumpfigem Gelände. So stößt selbst die weitläufigste Art auf Grenzen. Eine Fremdherrschaft ist unter Bäumen nicht möglich. Für Bäume gilt das Gesetz des Wachstums in ihnen natürlich angemessener Umgebung. In solche Bereiche gepflanzt, können sie jedenfalls im Prinzip keine Eindringlinge sein. Denn ihrer Natur gemäß warten sie nur selbst auf die Gelegenheit, dorthin vorzudringen oder zurückzukehren. Und in den Zeiträumen, in denen sich Bäume entwikkeln und verbreiten, also in Jahrmillionen, würde ihnen das auch ohne unsere Hilfe irgendwann einmal gelingen. Ein ungestörtes Wachstum rechtfertigt daher immer die Pflanze an dem jeweiligen Standort. Man könnte es auch als das natürliche Lebensrecht der Bäume auf verträglicher Erde bezeichnen. Ungleichgewichte zwischen Bestehendem und Neuem können nur menschliche Maßnahmen bewirken, die, unsensibel für die natürlichen Zusammenhänge, die Verhältnismäßigkeit erheblich überdehnen.

- Der japanische Bonsai und die Penjing aus China versinnbildlichen das Elend der Bäume der Welt.

- Bonsai geben dem Betrachter das Gefühl, sich über die Bäume wie ein Vogel in die Luft erheben zu können. Bonsai ist also der Baum, der dem Menschen die Vogelperspektive eröffnet.

- Bonsai ist eine der quälerischsten Formen von Unterdrückung, Unterwerfung, einer der radikalsten Versuche, sich die Erde untertan zu machen.

- Bonsai zeigt die Macht des Menschen über die Natur.

- Bonsai ist der perverseste Versuch, Natur durch Kultur zu überhöhen.

- Bonsai läßt Bäume schon nach kürzerer Zeit zu jungen Greisen altern. Diese tragen alle Anzeichen eines anbetungswürdigen Pflanzenalters. Der Kampf des Baumes um seine natürliche Entwicklung wird im Pflanzgefäß künstlich ausschließlich auf ein Leben im Angesicht des Todes begrenzt.

- Bonsai ist die Verniedlichung eines gewaltigen Naturereignisses.

- Bonsai steht für die wesentlichen Eigenschaften des Baumes.

- Bonsai, der Religionsbaum, der in westlichen Wohnzimmern zur gepeinigten Natur verkommt.

- Bäume sehen sehr unterschiedlich aus. Unter ihnen gibt es nicht einmal eineiige Zwillinge. Selbst am gleichen Standort unter genau den gleichen Bedingungen entwickeln sich die Bäume, die einer Art angehören, verschieden.

Dem steht keineswegs entgegen, daß sich die Bäume genauso in vielem gleichen. Die Tendenz ihres Wachstums, ihre äußere Charakteristik und ihr innerer Charakter zeigen entsprechend den Anlagen, die der Art gemeinsam sind, die gleiche Richtung. Und sie zeigen die gleiche Flexibilität. Im Laufe der Zeit vermögen sie sich anzupassen, bestehende Eigenschaften besonders auszuprägen oder auch zusätzlich neu zu entwickeln.

Die Gleichheit des Charakters steht in einem klaren Gegensatz zu den Menschen. Diese Gleichheit geht sogar so weit, daß es im Normalfall keinen unter ihnen gibt, der seinen Charakter verlöre. Schließlich kann es sich auch keiner erlauben, denn wer aus der Art schlägt, wird vom Menschen unnachgiebig bestraft. Wer »mutiert«, das heißt andersartige Erbanlagen entwickelt, wird zur Sorte, gerade noch gut genug, mit spitzer Feder in Anführungszeichen gesetzt zu werden. Nicht einmal dieser ist er würdig, halbe Anführungszeichen kennzeichnen sein Schicksal, und die Schriftform ihres Namens, der bei der Art anders ist als bei der Sorte. Der Mensch ist unerbittlich darin, andere Lebewesen für Charakterschwankungen zu bestrafen.

- Aus Bäumen macht man Bücher, gewiß, aber was viel weniger bekannt und doch unvergleichlich wichtiger ist: Bäume sind Bücher.

Bäume sind Geschichtsbücher. Unbestechlich und über jede Kritik erhaben sind sie die einzigen objektiven Bücher, die es je gab. Sie berichten nicht über groß genannte Frauen, Männer oder Bäume. Jahresring für Jahresring zeichnen sie allein das auf, was wirklich zählt, nämlich die jeweiligen Lebensbedingungen auf der Erde. Dabei zählt ein Baumbuch unter Umständen Tausende von Seiten.

Über jedes Jahr gibt es unzählige von Baumbüchern, die ohne jede Abweichung ausnahmslos dasselbe berichten. Darin liegt nicht nur der Beweis der Wahrheit dessen, wovon sie erzählen. Die unzählig vielen, unterschiedlich alten Baumbücher stellen sicher, daß die Berichterstattung über das Leben der Erde nicht abreißt, wenn bei den ältesten Baumbüchern die Ringseiten einmal enden.

Gleichzeitig sind Baumbücher auch die ältesten erhaltenen Bücher. Selbst diese haben im Laufe der Jahrmillionen nichts von ihrer Aussagekraft verloren. Wer in fossilen Büchern liest, kommt sich vor wie eine Eintagsfliege. Wer dagegen in den Ringseiten unserer kranken Bäume liest, dem kommt fast der Gedanke, die Baumbücher könnten bald enden. Das wäre schlimm, denn dann erreichte manche Eintagsfliege unter uns nicht einmal das Ende ihres Tages.

- Der letzte Baum, der vergeht, setzt den Menschen das Zeichen, daß ihre Zeit vorbei ist und das Zeitalter der Spinnen auf der Erde begonnen hat.

- Warum nur fühlen sich die Menschen von den Bäumen ständig herausgefordert? Und warum müssen ihnen die Gärtner dies auch noch laufend bestätigen?

Wer ohne sachlichen Zwang an seinen Bäumen herumschneidet, zeigt nicht seine Überlegenheit, sondern nur Ohnmacht gegenüber all dem, was ihm ein Baum uneinholbar voraus hat, und er bestätigt damit seine Aggressionen.

- Hat die Erde eine Seele, dann spiegelt sie sich in den Bäumen. War diese einstmals einzigartig, so machten wir sie durch die einartigen Waldkulturen gleichartig und immer mehr vergessenswert. Bietet sie doch vielerorts schon nichts mehr, was sie in ihren Stimmungen unterscheidet. Machen wir sie auch sonst noch immer weiter krank, entseelen wir uns am Ende selbst.

- Bäume sind für kleine Jungen der Grund, ihre Kräfte kletternd an ihnen zu probieren. Für kleine Mädchen sind sie der Grund, sie trällernd zu umspielen, weil sie lernen wollen, selbst Wesen, die aus dem härtesten Holz geschnitzt sind, zu betören.

Für Verliebte sind Bäume der Grund, sich ihnen selbstvergessen zu überlassen. Scheint es doch, als ob diese ihnen mit weit ausgebreiteten Ästen wie mit einladenden Armen entgegenkämen, um sie zu empfangen.

Für Leute zwischen den ganz Jungen oder Verliebten und den Alten sind die Bäume ein Grund, unter ihnen zu gehen oder zu laufen und dabei heftig aufzustampfen, als ob sie immer noch die Hoffnung hätten, mit ihren nachlassenden Kräften die Erde (als Jogger) ernsthaft zu erschüttern.

Die alten Männer schließlich kommen nicht umhin, sich am Ende ihres Lebens noch einmal zu verlieben. In die Bäume, weil diese allein mit ihnen übriggeblieben sind. Außer ihren Frauen, diese sind dann eifersüchtig auf die Bäume und fangen an, ihre Äste zu verbrennen.

- Bäume kennen keinen Stillstand. Wenn es das Naturgesetz von ihnen verlangt, müssen sie Folge leisten. Der Baum, der auch nur ein einziges Mal im Frühling den Anschluß verpaßt, muß sterben. Mag er sich auch längst innerlich ausgehöhlt haben und dabei langsam verrotten, an einer, und wenn auch nur einzigen Stelle, muß er Triebe und Blätter wie jeder andere Baum erzeugen: Das allein entscheidet, dann lebt er. Das Ende eines Baumes läßt sich nicht an seinen abgestorbenen Teilen und an seiner Fäulnis ablesen. Diese müssen nicht einmal der Gradmesser dafür sein, wieviele Jahre ihm noch zustehen. Unter solchen Umständen können Bäume im äußersten Fall noch hunderte von Jahren leben. Das mag den Eindruck erwecken, als habe der Baum verschiedene Leben.

- Der Baum wird krank, hierin unterscheidet er sich von keinem anderen Lebewesen. Der Baum muß sterben, genauso wie alle Lebewesen. Der Baum zeigt es an, wenn er krank wird, auch das hebt ihn nicht von anderen ab. Der Baum zerfällt, wenn er alt wird, wie grundsätzlich alles Lebendige, wenn es für seine Art lange genug gelebt hat.

Zerfallen andere Lebewesen, sind sie dem Tode nah. Zerfällt der Baum, bedeutet dies zunächst einmal überhaupt nichts für sein Leben. Zeigt er aber unverkennbar in fehlendem Blatttrieb an, daß er stirbt oder tot ist, heißt dies noch lange nicht, daß er unbedingt wie andere Lebewesen umfällt. Ein Menschenleben lang und länger kann er auch unter diesen Umständen immer noch ein aufrechter Baum bleiben. In diesem Zustand übersteht er sogar die schwersten Stürme, während rings um ihn herum die gesündesten Stämme unterliegen.

Darum läßt sich auch kein einziger Baum mit unserer künstlichen »Verkehrssicherungspflicht«

Ein freiwachsender, einzelner Baum leistet im Sturm den gleichen Widerstand wie die bestausgerüstete Armee von Wald.

vereinbaren. Ein Baum bleibt undurchschaubar, der gesunde genauso wie der kranke oder tote. Wer einen Baum pflanzt, trägt mit ihm zusammen das Risiko von dessen Größe, die Herausforderung an die natürlichen Gewalten. In diesem Konflikt und unter der Last der Verantwortung soll sich schon so mancher in den Städten für die Bäume verantwortliche Beamte vorsorglich für die Zeit der Stürme auf Kosten der Bäume rückversichert haben. Sofern er sie nicht restlos beseitigt, hat er dabei allerdings, siehe oben, die Rechnung häufig ohne die Bäume gemacht.

- Der Baum ruht entweder in sich selbst, oder er stützt sich auf den Wald. Zwischen beiden liegen Welten wie zwischen der Feldmaus und der Stadtmaus. Die eine traut nur sich selbst, die andere verläßt sich teilweise auf andere.

- An einem Baum im Einzelstand, an seiner ausgebreiteten Schönheit und naturhaften Vollendung, aber auch an seinen Rissen, Kerben, Absplitterungen, Wunden, verdrehten Stämmen, verworfenen Ästen, verwehten Blättern und den lichtflehenden, nackten, nichtssagend schlanken Stämmen der Waldbäume zeigt sich, was den Unterschied zwischen einer Einzelpersönlichkeit und den Mitgliedern einer Massengesellschaft ausmacht.

- Ein freiwachsender, einzelner Baum leistet im Sturm den gleichen Widerstand wie die bestausgerüstete Armee von Wald, bestehend aus unzählig vielen Stämmen.

- Ein Wald mit großen Lücken und aufgeasteten Bäumen an seinen Rändern ist wie ein Haus mit offenen Türen und Fenstern: eine Einladung an den Sturm, darin zu wüten und zu toben und sich beliebig viel zu holen.

Ein einzelner Baum, dem wichtige Äste abgeschnitten werden, läuft dagegen gleich Gefahr, sich selbst zu verlieren.

- Wie schade, daß wir die Wälder in der Erde niemals zu Gesicht bekommen! Die Bäume zeigen uns leider nur die Hälfte ihrer Erscheinung. Der gläserne Wald, der uns den Blick in den Erdboden freigäbe, würde die ohnehin nicht erfaßbare Vielfalt der Bäume noch einmal verdoppeln. Das beweist auch ein umgestürzter Baum, der sich uns offen zeigt, er erschreckt uns. Auf der einen Seite kennzeichnen die Vögel, Eichhörnchen oder Schlangen im Geäst oder auf den Zweigen einen Teil der Welt der Bäume. Auf der anderen sind es die Tiere der ewigen Finsternis, die blinden Maulwürfe oder unzählbar viele, unüberblickbar winzige Tierchen und anstelle der Schlangen die blinden Regenwürmer, die die Wurzeln umgraben, umwimmeln und schlängelnd umwinden. Und sämtliche Tiere auf beiden so unterschiedlichen Ebenen fühlen sich den Bäumen gleich eng verbunden. Sie alle leben selbstverständlich und vertraut auf ganz unterschiedliche Weise und mit grundsätzlich andersartigen Vorstellungen mit oder von den Bäumen. Sicherlich, Bäume sind in der Erde mehr oder weniger das Spiegelbild ihrer äußeren Erscheinung, aber schon diese Tiere sind symptomatisch für die wahre Doppelnatur der Bäume. Die Bäume leben nicht wie die Menschen auf der Erde, sie leben in der Erde und über der Erde. Das hat den Menschen von jeher überfordert. Immer wieder mußte er Zuflucht zu seiner Phantasie nehmen, um sich eine Meinung zu bilden, und diese hat dann schließlich die Bäume überfordert. Da haben es die Tiere, die sich die Doppelnatur der Bäume wie selbstverständlich zunutze gemacht haben, viel leichter. Zum Beispiel profitieren die selbst im Dunkeln hellwachen Mäuse gleich zweimal von den Bäumen, die Wurzeln bieten ihnen Schutz und die Früchte die Nahrung. Für weiterreichende Gedanken fehlt unter diesen Umständen schon der Anlaß. Hätten wir nur solch elementare Instinkte, gäbe es heute keine Diskussionen um die Bäume.

- Die Erde gehört den Bäumen, nicht irgendeinem Tier oder dem Menschen. Unvorstellbar lange haben sie unsere Welt beherrscht. Noch heute stehen sie überall dort auf Abruf bereit, es sofort zu beweisen, wo der Boden von uns noch nicht für ihr Wachstum zerstört worden ist. Wer die Erde auch nur in Ruhe läßt, bereitet damit schon das Wachstum für Bäume. Ließen wir den Bäumen ihren Lauf, eines Tages stünden sie in unseren Wohnzimmern und auf den Dächern unserer Häuser, wie es der Urwald mit den Tempeln von Angkor in Kambodscha gemacht hat. Statt dessen rupfen wir in jedem Jahr ihre Sämlinge aus unseren Gärten und leisten damit unseren Anteil, ihnen ihre angestammten Plätze zu verwehren.

- Welche Bewußtseinsspaltung des Menschen! Auf der einen Seite pflanzt er den Hausbaum, der sein Wohnhaus prägt, es mitunter sogar erst von anderen unterscheidet oder es beschützt. Der Mensch macht ihn zum persönlichen Baum, in dem sich der Hausherr selbst sieht und wodurch er über sein Anwesen herrscht. Oder er pflanzt den Baum neben die Kirche, die dieser manchmal überragt, beherrscht oder zumindest mit der Erde verankert.

Mancherorts verzichtet er gar auf die Kirche und sucht sich einen Baum, um darunter zu beten. Auf öffentlichen Plätzen pflanzt er für sich und andere den Baum, damit er sich später unter ihm wohlfühlt, ausruht, tanzt oder feiert. Oder er suchte sich früher einmal den chrakterfestesten Baum aus, um sich ständig von ihm daran erinnert zu fühlen, unbeirrbar Recht zu sprechen. Es gibt sogar noch Stellen auf der Welt, da wird ein Baum als heilig oder göttlich verehrt. Auf der einen Seite also schmückt er sich selbst mit dem Baum und diesen mit seinen besten Vorstellungen, auf der anderen Seite jedoch läßt er es ungerührt zu, daß die Bäume an ihren natürlichen Standorten in den Urwäldern, also dort, wo sie am schönsten sind, zerstört werden.

- Wahrhaft identifizieren mit einem Baum kann sich nur, wer ihm ähnlich ist. Wer biegsam ist wie Gras oder Bambus, der wird nie ein Baum. Vielleicht wird er länger leben, aber eben mit einem anderen Status. Auch ein Baum gibt nach, ist flexibel, kennt den Kompromiß, um zu überleben. Niemals aber wird er sich selbst verleugnen und daher eher brechen, als sich unter seine Charakterschwelle beugen. Würden dagegen die Menschen zu Bäumen, ließe sich kein Wald mehr gefahrlos betreten. Beim leisesten Wind schon würden sich die meisten biegen, beugen und alles unter sich sowie sich gegenseitig erschlagen.

- Es hat noch keinen einzigen Baum gegeben, der sich so weit neigte, daß er die Grundhaltung seiner Art dabei verleugnet hätte.

- Wenn die Bäume wie die Gräser wären, verlören sie zwar ihren ureignen Charakter, aber sie wären vor uns Menschen gerettet. Schon beim leisesten Wind würden sie uns erschlagen. Unter diesen Umständen könnten sie ihr Leben allein unter sich selbst ausmachen, die Erde bliebe bedeckt mit uneinnehmbaren Festungen.

- Warum nur halten die Bäume immer still, wenn sie, mehr als ihr Bestand verkraftet, gefällt oder ohne Rücksicht auf ihre ursprüngliche Form in Gärten, Parks und an unseren Straßen verstümmelt werden! Würden sie sich nur endlich einmal auf die Täter stürzen, hätten sie endlich ihre Ruhe und enthöben uns der Sorge um die Bäume!

- Ein Sturm, der einen alten Wald bewegt, trägt die Verantwortung für zehntausende von Jahren. Er obliegt ihr, indem er mit den umstürzenden Bäumen die Zukunft düngt.

Menschen, die einen Wald fällen, nutzen die Vergangenheit eigensüchtig für sich selbst und lassen dem Wald damit von Mal zu Mal weniger für seine Zukunft.

- Ein Orkan und ein Tycoon ähneln sich in Wirkung und Methode. Allerdings nur auf den ersten Blick. Später stellt man fest, der Orkan geht vorüber, ohnmächtig muß er vor dem nachwachsenden Baumleben kapitulieren, das er selbst in seiner größten Stärke nicht mit sich fortreißen konnte. Der Tycoon weicht demgegenüber nicht mehr von der Stelle, er setzt sich über alles hinweg und verewigt sich anstelle der Bäume.

- Bäume sind die großartigste Gestaltung, die sich jemals auf der Erde entfaltet hat. Sie beinhaltet eine Idee, welche sich fortpflanzt und dabei ständig neu entwickelt.

- Als die Saurier starben, verschwanden sie von der Erde. Die Riesen hingegen schliefen nur ein und wurden zu den Bäumen.

- Was ist der Mensch mehr als ein lebendig gewordenes Stück Erde. Wie der Baum. Nur lebt dieser nicht nur länger, er wirft an seinem Ende auch größere Haufen.

- Fällt ein mächtiger Baum, so brüsten und verbreiten sich die bodennahen Kräuter. Nach einer Zeit erheben sie sich sogar auf den Stamm, teilen ihn unter sich auf und glauben eine Zeitlang, sie hätten die Welt verändert. Aber wer hat schon jemals die Welt bewegt, der nur den gewöhnlichen Ansprüchen seiner Art genügte! Und weil in der Natur jede Pflanze ihre fest vererbte Rolle hat, geht auch keine weiter. Am Ende siegen nur wieder die Bäume, es bleibt bei der alten Ordnung. Glücklicherweise, denn Gleichmachung auf der untersten Ebene der Kräuter würde einseitig die Würmer und die Insekten bevorzugen gegenüber den Gestalten, die sich in einem Wald an den Stämmen der Bäume messen.

- Bäume sind dafür da, daß die Vögel niemals müde werden zu fliegen und daß die Elfen nicht aufhören, nachts in ihnen zu tanzen, und daß die Erdanziehung die Phantasie der Menschen niemals herabzwingt.

- Wir müssen alles tun, um die Bäume davon zu überzeugen, auf der Erde zu bleiben. Schon um der Feen, Nymphen, Kobolde, Zwerge, Baumgeister, Wurzelmännchen und deren ganzen phantastischen Verwandtschaft willen. Ohne die Bäume würden sie heimatlos, zurück blieben allein die Gartenzwerge, und unsere Phantasie würde mit ihnen erstarren, die Schrift in den Märchenbüchern verblassen, und unsere Kinder verlören ihre Träume.

Die Krise der Bäume ist nur ein Reflex.
Wir sind es, die in Wahrheit leiden.
An unserem Bewusstsein.

- Bäume verkörpern Phantasie und Realismus. Einerseits stehen sie, über ihre Wurzeln eng mit der Erde verwachsen, fest im Boden. Andererseits träumen sie mit ihren Ästen und Zweigen himmelweisend phantastische Gebilde, die sich niemals ein Mensch hätte einfallen lassen können. Mit anderen Worten, sie beweisen unwiderlegbar die gleichberechtigte Vereinbarkeit von der Phantasie und dem Realismus.

- Die Bäume sind der Inbegriff von Geduld. Die einjährigen Sommerblumen sind ein Sinnbild ungebärdig unbezähmbarer Lebensfreude, die sich in einem Sommer auslebt. Und trotzdem läßt die Natur beide ohne Unterschied überleben.

- Bäume stehen für die Fähigkeit zu leiden und würdig zu sterben.

- Über die Bäume erfährt der Mensch von einem mächtigeren Gesetz, das weit über der Kraft steht, seinen Willen anderen aufzuzwingen. Kein Mensch kann einen Baum auf Dauer zwingen, ihm zu gehorchen. Der Baum folgt unbeirrt dem Einzelgesetz, das die Natur seiner Art vorgeschrieben hat. Daraus hätte der Mensch eigentlich lernen müssen, bescheidener zu werden und dieses höhere Gesetz zu studieren. Statt dessen hat er immer nur weiter versucht, seinen eigenen Willen und seine Interessen rigoros durchzusetzen. Jetzt endlich beginnt er möglicherweise zu begreifen, daß alles diesem Gesetz unterliegt.

- Die Krise der Bäume ist nur ein Reflex. Wir sind es, die in Wahrheit leiden. An unserem Bewußtsein.

- Warum bauen Menschen Baumhäuser? Gewiß, vordergründig, um sich zu schützen. Und hintergründig? Ist es, um sich mit dem starken Baum zu identifizieren, sich mitten hineinzusetzen und an seiner Kraft teilzuhaben? Oder geschieht es, um sich zu erhöhen, nicht nur physisch, sondern auch ansehnlich auf die Warte eines höheren Standes und damit Status? Oder sich gar auf der höchsten Ebene gleichzustellen? Schließlich wurden und werden mancherorts sogar noch heute die Bäume als Sitz der Götter angesehen. Tun sie es vielleicht auch nur, weil sie dort oben auf den Bäumen bei den Vögeln ihrer Sehnsucht, fliegen zu können, näher sind? Oder ist es am Ende ganz nüchtern nichts anderes als ein Überbleibsel ihrer möglichen ursprünglichen Herkunft?

- Alte Bäume – alte Menschen. Alte Bäume und alte Menschen sind in der Krise. Alte Bäume kränkeln und zerfallen am gesunden Holz. Dadurch verlieren sie an Achtung und Würde, denn sie dürfen nicht natürlich altern. Alte Menschen werden nicht mehr gehört und haben deshalb nichts mehr zu sagen. Sie ziehen sich in sich zurück, werden einsam, und obwohl sie heute im Gegensatz zu den Bäumen viel länger als jemals zuvor da sind, sterben sie weit vor dem Zeitpunkt ihres Todes. So läuft es bei ihnen auf das gleiche hinaus wie bei den Bäumen. Auch sie verlieren die Achtung und ihre Würde.

- Sind die Bäume die Saurier unserer Zeit, und wann ist ihre Epoche zu Ende?

- Sind die Hochhäuser etwa die Bäume der Menschen? Dann müssen wir sehr gut auf die Architekten achten. Werden sie erst einmal beide miteinander verglichen haben, ist kein Baum mehr seines Lebens und vor ihnen sicher. Denn wie stünden die Architekten da, wenn wir den Unterschied tatsächlich bemerkten!

- Das Lebensrecht der Bäume und der Menschen auf der Erde läßt sich quantifizieren. Als Maßstab bieten sich die Regeln an, nach denen wir selbst verfahren, wenn wir Land für uns selbst beanspruchen:

Bäume gibt es seit 350 Millionen Jahren
Menschen seit 500 000-100 000 Jahren.
Bäume gibt es also fast 5000mal länger als Menschen.

Diese Zahl entspricht übrigens gleichzeitig der absoluten Altersgrenze einzelner Bäume.

- In der Zeit erscheinen wir Menschen gegenüber den Bäumen wie ungezogene Kinder, die nicht auf die Erfahrungen und die Weisheit der Älteren hören wollen.

- Das letzte Märchen, das auf der Erde erzählt werden wird, wird so beginnen: »Es war einmal eine Zeit, da gab es auf der Erde noch Bäume. Und wenn sie dicht beieinander standen und mit anderen Pflanzen und Tieren zusammenlebten, dann bildeten sie einen Wald.«

Diejenigen, die sich dieses Märchen anhören müssen, gehören zu den ärmsten Menschen, die je auf der Erde gelebt haben.

- Wenn etwas wie die Bäume während Hunderter von Millionen Jahren in jedem Jahr aufs Neue mit den Zeichen frischgrüner Frühlingsblätter in unzähligen Exemplaren und allein in diesen einzelnen oft Hunderte oder Tausende von Malen hintereinander wiedergeboren worden sind, darf man sich dann überhaupt so wichtig machen und auch nur einen Augenblick daran denken, es würde vielleicht die Menschen nicht überleben?

Die Stunde zwischen Wolf und Hund mag ich sehr; die Zeit der Dämmerung, in der Linien verwischen und Landschaften etwas Traumhaftes bekommen. Das ist die Stunde der toskanischen Bäume: Auftritt der Einzelgänger. Das Szenario: wahlweise fast schwarz wirkende Zypressensäulen vor beige nuanciertem Hintergrund oder grünschimmernde Baumkronen vor aufgeworfener Erde. Das Licht wie Watte - diffus, die Bäume weit wegrückend und zugleich greifbar nahbringend.

Hier habe ich meine Bäume gefunden. Besser: wiedergefunden. Die Schutzlosen und doch Beschützenden. Erinnerung an die Trauerweide meiner Kindheit, in deren Ästen versteckt ich Geborgenheit fand, an den uralten Baum, dem die Krone abhanden gekommen war und der zum Verbündeten wurde und einer jungen Liebe Kraft gab. Mein Freund, der Baum? Genau. Bäume sind für mich keine mystischen Wesen mit Direktkontakt zu Erdgeistern und Luftfeen, sondern sind wie Lebensgefährten. Standhaft. Beständig. Die Birken machen sich eben nicht in der Dämmerung auf den Weg. Bäume als Orientierungspunkte? So könnte es sein. Deshalb ziehen mich auch die Alleinstehenden an, die Raum brauchen und Raum schenken. Die Nonkonformisten, die fernab von der modrigen Kühle des Waldes und dem trügerischen Schutz in der Menge allen Widrigkeiten trotzen. Allein. Und eben doch nicht allein.

**Gabi Pfeiffer**
*Bäume aus Sicht des Fotografen*
(Siehe Abbildung S. 108)

Nicht ich finde die Bäume, die Bäume finden mich. Scheinbar unbewußt nähern sie sich mir. Sind plötzlich da - obwohl ich meist schon vorbeigegangen bin. Dann: der zweite Blick. Mittlerweile erstaunt es mich nicht mehr: Es sind immer die Einsamen, die Vergessenen, die Wegweisenden, die mich anrühren. Nicht die Mächtigen, eher die Zarten. Die mag ich, und die fotografiere ich. Mehr noch: Die will ich in Szene setzen.

Mir geht es nicht darum, Abbilder zu schaffen. Ich will dem Baum die Möglichkeit geben, sich zu zeigen. Vielleicht seine Seele zu zeigen. Er: der Aktive. Ich: der Passive. Da gab es zum Beispiel diese streng formierte Reihe Birken. Tief im Tal, die Stämme wie Telegrafenmasten klar erkennbar, die Kronen sich vor dem erdigen Hintergrund auflösend. Nichts Spektakuläres. Aber für mich wie ein kaum sichtbares Signal: »Leben ist möglich, auch in dieser kargen Umgebung.« Und mir geht es darum, dieses Signal festzuhalten. Bestmöglich. Das heißt: dem Baum optimales Licht einräumen, einen Blickwinkel finden, in dem er, der nie beachtet wird, auffällt.

Manchmal sind es nur Details, die mich erreichen. Details, die dann auch losgelöst von einem bestimmten Baum wirken: die aufgebrochene Borke, die Bewegung von Blättern im Wind, das Licht-Schatten-Spiel im Geäst. Lauter Synonyme sind das für mich. Vielleicht stehen die aufgebrochene Rinde für Verletzung, die Bewegung der Blätter für das Auf und Ab im Leben, Licht und Schatten gar für Leben und Tod? Vielleicht auch nicht. Um das zu wissen, müßte ich die Sprache der Bäume verstehen.

**Walter Rüth**
*Fotograf*

Der Baum ist das personifizierte Mitgefühl. Selbst denen ist er wohlgesonnen, die Steine nach ihm werfen. Dafür versorgt er sie mit seinen Früchten. Dem Holzfäller gegenüber zeigt er sich so wohltätig, ihn mit dem Stiel für seine Axt zu versehen. Der Baum nimmt die große Hitze der Sonne mit seiner Krone auf sich und spendet Schatten. Ohne Unterschiede zu machen, bietet er jedem seinen Schutz an. Für all diese Dienste verlangt er nichts.

Das waren die Worte eines Heiligen. Für uns wird es Zeit, sich daran zu erinnern, daß der Baum Sauerstoff abgibt, ohne den wir nicht drei Minuten überleben können. Bäume reinigen die Luft, und sie filtern mit ihren Wurzeln das Wasser. Wälder sind die Mütter der Flüsse. Bäume sind auch die Fabriken des Bodens. Sie geben uns Nahrung, die erste Nahrung, die die Menschheit hatte. Nach den falschen Agrarpraktiken sollte die Menschheit mit Hilfe des Waldbaus überleben. Waldbau bedeutet weniger Arbeit und größere Ernten, ohne daß damit der Mutter Erde geschadet würde. In der Landwirtschaft werden dagegen der Erde Wunden zugefügt. Der Waldbau erfordert auch weniger Wasser und zieht die Wolken an.

Unser gesamtes Verhalten ist gewalttätig. Wir sind wilde Tiere geworden, weil wir nicht Vegetarier geblieben sind. Für die nichtgewalttätige Gesellschaft müssen wir zum Waldbau zurückgehen. Das Schlimmste ist das Fleisch, das Beste der Waldbau, dazwischen liegt die Landwirtschaft. Friede, Glück und Erfüllung werden es uns lohnen.

Alle Menschen sollten unter den Bäumen sitzen und meditieren wie Buddha. Dieser Religionsstifter lehrte immer unter einem Baum.

**Sunderlal Bahuguna**
*Führer der indischen »Chipko Bewegung«, Indien*

In Kenia hat sich unter dem Namen »Green Belt Movement« eine breitgefächerte Bewegung entwickelt, die die Neuanpflanzung von Bäumen zum Inhalt hat. Die Menschen werden ermutigt, Bäume in Reihen rund um Schulen, Kirchen und Landflecken (shambas) zu pflanzen. Weil so viele nackte Flächen mit Gürteln grüner Bäume umfaßt werden, ist diese Bewegung vom Volk »Grüngürtelbewegung« genannt worden.

Die erste feierliche Pflanzaktion fand in Nairobi 1977 statt. Wir bestanden darauf, daß die Personen, deren wir während der Pflanzzeremonie gedachten, tote Kenianer waren. Dafür bestand ein besonderer Grund. Es gibt nämlich in Kenia einen modernen Trend, daß, wenn die Mächtigen tot und beerdigt sind, die Lebenden hart arbeiten, um sicherzustellen, daß jene, die gestorben sind, auch geistig tot bleiben. Dies widerspricht afrikanischer Tradition, die lehrt, daß die Toten unter den Lebenden verweilen und alle Arten von Erfahrungen mit ihnen teilen. Auf diese Weise wird die Vergangenheit in die Gegenwart übertragen, indem sie die Zukunft sowohl einsehbar als auch sicher macht.

Während der Jahre, in denen wir Baumsämlinge verteilten, machten wir die Erfahrung, daß es im Land einen Hunger auf Bäume gab. Dieses Phänomen ist nicht auf Kenia begrenzt. Mag unsere Frauenbewegung Menschen in anderen Ländern ermutigen, ihr Bestes zu tun für die Bäume.

**Prof. Wangari Maathai**
*Führer der kenianischen »Grüngürtelbewegung«, Kenia*

Bäume und Licht, welch ein Thema! Sind es doch die Bäume, die das Licht der Sonne für uns interpretieren. Und dann noch einmal der Blick des Photographen, der seine eigene Auslegung wiedergibt. Wie sehr kann ich ihm folgen!

In meiner Jugend liebte ich Birken über alles. Birken sind jugendliche Bäume und Bäume für die Jugend, sie sind leicht, heiter und freundlich von ihrer weißen Rinde bis in ihre grazilen Zweige und zarten Blätter.

Heute liebe ich eher schattige Wälder und Laubbäume im Herbst, wenn sie sich verfärben. Zwar verfärbt sich auch die Birke, aber auch dann steht sie hinter anderen, gewichtigeren Bäumen zurück, wie zum Beispiel dem Ahorn. Wenn sich mir in einem schattigen Wald ein Anblick wie auf dem Photo bietet, dann genieße ich ihn wie einen Lichtblick im Alter.

**Anna Schulz**
*Hausfrau*
(Siehe Abbildung S. 145)

**Baumalleen**

Alte Alleen sind Kirchenschiffe, Lichtschiffe mit unzähligen variierenden und changierenden Fenstern. Ihr Lichtspiel ist ihnen nie gut genug. Immer versuchen sie, es weiter zu verändern und zu verbessern. Wer durch sie hindurchgeht, wird feststellen, daß es ihnen immer wieder aufs neue gelingt. Alte Kirchenfenster sind schön, aber starr, Alleenfenster steigern den Glanz und die Bewegung des Lichts bis zur Vollendung. Kirchenfenster sind verläßlich, Baumfenster flüchtig; in ihnen spiegelt sich die unerfüllbare Sehnsucht nach undefinierbaren Zielen. Diese Allee zieht mich magisch an, durch sie hindurchzugehen. Aber Vorsicht, sie hat helle und dunkle Plätze! Einerseits fühle ich mich in ihr beengt, andererseits aber auch frei. Die dunklen Stellen möchte ich nicht alleine durchschreiten, sondern mit jemandem teilen.

Wo mag der Weg wohl hinführen? Alleen dürfen nicht einfach auslaufend enden. An dem einen Ende muß ein mächtiges, kunstvoll geschmiedetes Tor stehen. An dem anderen ein Schloß, mindestens jedoch ein altehrwürdiger Gutshof. Wo aber sind sie geblieben, die alten Gutshöfe und Schlösser? Einige stehen inzwischen ohne Alleen da, von anderen sind die Baumalleen abgerückt, durchschnitten von Autobahnen und Straßen. So haben wir uns die großen Baumillusionen selbst genommen, ohne eine Gelegenheit zu haben, neue aufzubauen. Denn lebendige Kirchenschiffe zu bauen, dauert mindestens ebenso lange, wie es braucht, um steinerne aufeinanderzufügen. Schließlich reicht unsere Zeit auch nicht mehr, Kirchenschiffe zu bauen, die den alten vergleichbar wären. Die neuen bestehen nur noch aus sterilen Mauern. Entsprechend sind unsere neuen Baumpflanzungen ernüchternd.

**Miriam Henseling**
*Produktionsassistentin*
(Siehe Abbildung S. 213)

Ich arbeite schon seit 12 Jahren im Holz. Dabei habe ich im Umgang mit dem geschnittenen Holz einige besondere Erfahrungen gesammelt.

Zunächst einmal muß ich feststellen, die Hölzer sind nicht alle gleich, auch wenn sie geschnitten scheinbar alle mehr oder weniger gleich wirken. Wenn man lange mit dem Schnittholz umgeht, weiß man, daß jede Holzart eine andere Ausstrahlung hat. Wenn man das Holz anfaßt, teilt es sich einem mit, es ist, als ob eine Verbindung zwischen dem toten Baum und dem Menschen hergestellt würde.

Von den geschnittenen Hölzern erinnert mich nur das Kantholz an die Bäume im Wald, weil es eine Stammform hat. Die Bretter haben für mich mit den Bäumen nichts mehr zu tun.

Ich habe lange Zeit in Deutschland gelebt und habe festgestellt, daß die Deutschen eine andere Beziehung zum Wald haben als die Italiener. Die Deutschen kennen ihr Auto und den Wald. Die Italiener kennen ihr Auto, vergessen es aber nicht einmal im Wald, das heißt sie fahren mit dem Auto in den Wald. Das Auto hat mindestens immer die gleiche Bedeutung wie der Wald, während der Deutsche im Wald sogar sein Auto vergißt.

**Carlo Ferronato**
*Holzlagerarbeiter, Italien*

*Ich bin die Königin des Lichts.*
*Die Bäume sind die Herrscher der Erde.*

**Sancta Lucia Yvonne Ryding**
*Schweden*

In Portugal sagt man, der Olivenbaum sei »das Licht des armen Mannes«.

Ich komme aus einer armen Familie. Wir waren zu Hause neun Kinder. Schon als Kind wurde ich immer »zum Licht« geschickt, das heißt, wir mußten alle bei der Olivenernte helfen. Entweder mußten wir Geld bei der Olivenernte verdienen, oder wir mußten die Oliven für den Winter für uns sammeln. Wie oft habe ich erlebt, daß meine Mutter im Winter geweint hat, weil das Olivenöl ausgegangen war und sie nicht mehr wußte, wie sie kochen sollte. Vor allen Dingen konnte unsere tägliche Nahrung, Sardinen mit Öl, nicht mehr zubereitet werden.

Damals habe ich mir vorgenommen, selbst einmal Olivenbäume in meinem eigenen Garten zu besitzen. Dies ist mir auch gelungen. Ich habe heute auf meinem eigenen Grundstück ungefähr 500 Olivenbäume. Damit habe ich 500 »Lichter des armen Mannes« in meinem eigenen Garten. Das macht mich zwar nicht zum reichen Mann, es kann dabei aber auch nicht mehr passieren, daß meine Frau im Winter weint, weil das Öl für die Speisen nicht ausreicht.

**Albertino Pimenta**
*Vorarbeiter, Portugal*

**Gedanken zu meinem Fachwerkhaus**

»Bäume sind Heiligtümer. Wer mit ihnen zu sprechen, wer ihnen zuzuhören weiß, der erfährt die Wahrheit. Sie predigen nicht Lehren und Gesetze, sie predigen, um das Einzelne unbekümmert, das Urgesetz des Lebens.« (Hermann Hesse) Bäume sind die Grundelemente des alten Hofgutes Bolthausen, eines Fachwerkhauses, das ich zur Zeit restauriere. Die freigelegten alten Eichenbohlen erzählen eine Geschichte von Menschen, denen die Ruhe und der Frieden, die ich unter ihrem Schutz zu finden hoffe, nicht vergönnt waren. In der Zeit um 1548, als mein Fachwerkhaus in der Honschaft Krutscheid, im heutigen Wuppertal-Vohwinkel, erbaut wurde, gerieten die damaligen Bewohner der Gegend in ein böses Spiel um Macht und Geld. Der erzbischöfliche Kurfürst von Köln und der Graf von Berg stritten sich um die Rechte an dem Gebiet und um die Steuern, die von den Krutscheidern zu entrichten waren. Die Menschen gerieten in die Mühlen der Gesetze und wurden zum Spielball der

Mächtigen. Männer, Frauen und Kinder wurden aus ihrer Wohnstatt vertrieben und ins Gefängnis geworfen.

Ich denke oft an diese Geschichte meines Hauses, und wenn ich sie zu den Worten von Hermann Hesse in Beziehung setze, so mahnt sie mich immer wieder, daß politisches Handeln sich zuallererst dem Urgesetz der menschlichen Existenz, nämlich dem Grundrecht auf Toleranz und Freiheit, verschreiben muß. Einer Freiheit im übrigen, die, wie Rosa Luxemburg sagte, immer auch die Freiheit der Andersdenkenden ist.

**Uwe Herder MdL**

**Der Baum der Wüste**

Ist das ein Baum? Die Halbnomaden der Namib kannten ihn seit je und hatten ihn einfach Tumbo - »die Pflanze« - genannt, der Grazer Botanikprofessor F. Welwitsch jedoch sank vor der botanischen Jahrhundertentdeckung auf die Knie: »Ich kniete auf dem heißen Sand und starrte voller Verwunderung, denn ich glaubte, meine Phantasie betrügt mich. Ich sah eines der unfaßbarsten Gebilde Afrikas, ich glaube, ich habe eine neue Art entdeckt.«

Das war am 3.11.1859, doch die später so genannte »Welwitschia« hatte womöglich seit 2000 Jahren dort gestanden bzw. gesteckt. Der »Baum der Wüste« ist eher ein »Bonsai der Wüste«, sein zu einer Art »Rübe« gestauchter Stamm im Boden verborgen, das Laub auf zwei lederzähe graugrüne Bänder reduziert - eine einzige Anpassung an die älteste, trockenste, trostloseste Ödsandregion der Erde. Dazu gehören Feinstwurzeln, denen von der »Jahresniederschlagsmenge« von 12 mm kein Vierteltautröpfchen entgeht, vielleicht auch die Fähigkeit, Nebel der nahen Skelettküste zu nutzen. Wahrscheinlich gehört die Welwitschia - dem Ginkgo vergleichbar - zur Vor-Ahnenreihe der Nadelhölzer, zapfenähnliche Fruchtstände scheinen dies anzudeuten. Auf jeden Fall ist sie die einzige in einer Urlandschaft vorstellbare Urpflanze der Urzeit.

Welwitschs »Tumbo« dürfte früher über die Namib als Bethlehems Stern auf die Negev geschaut haben: Als Vasco da Gama vorübersegelte, wird sie etwa faustgroß gewesen sein, bis zu Jan van Riebebeck, Lüderitz und Uno sind dann noch drei, vier Daumenbreiten hinzugekommen. Im burischen Afrikaans heißt die Welwitschia »Tweeblaarkanniedod« (das heißt Zweiblattkannichttot), »kanniedod« läßt sich mit »unsterblich« übersetzen.

**Dr. rer. nat. W. Gewalt**
*Zoodirektor*
(Siehe Abbildung S. 155)

Wenn ich mir diese Pappel ansehe, dann scheint es mir so, als ob etwas gestört ist. Der Stamm, der in meinen Augen die Funktionen eines Lebensboten zwischen den Wurzeln und der Krone hat, kann hier ganz offensichtlich seinen Aufgaben nicht mehr gerecht werden. Die Verbindung und gleichzeitige Trennung von sichtbarer Baumwelt (Wipfel) und unsichtbarer Welt (Wurzel) ist nicht mehr gegeben.

Durch die freigespülten Wurzeln verliert der Baum seine Stabilität, das Gleichgewicht der Pappel ist verloren. Es sieht beinahe so aus, als ob sie unfreiwillig in einen Konflikt zwischen beiden Baumwelten hineingezogen würde. Unsicher hat sie sich auf ihre Baumspitzen gestellt, wie eine Ballettänzerin, die sich einer Entscheidung entziehen will.

**Anuschka Wieczorek**
*Restauratorin*
(Siehe Abbildung S. 154)

Die Kelten, eng verbunden mit den natürlichen Abläufen im Jahresrund und daraus erwachsender Zahlenmystik, brachten 21 Bäume mit den dazu in besonderem Verhältnis stehenden Monaten und Tagen in eine Horoskopordnung. 21 erhalten wir, wenn wir Drei und Sieben - heilige Zahlen - miteinander multiplizieren.

Bäume waren bei den Kelten Wohnstätten göttlicher und geistiger Wesenheiten. Ein Mensch, der sich aus dem Körper seiner Mutter löst zu einem Zeitpunkt, der im Zeichen eines bestimmten Baumes steht, bekommt die Chance, mit Hilfe dieses Baumgeistwesens seine Aufgaben zu lösen, die ihm für dieses Leben gestellt sind. Die heilige Dreizahl - Wurzel, Stamm und Krone - läßt sich gut auf den Menschen übertragen: Wurzelst du fest im Unbewußten, das dir gute Nahrung gibt, so kannst du wachsen mit geradem Stamm und deine Zweige frei entfalten. Ebenfalls die Zahl Sieben finden wir im Baum erneut wieder, denn seine vom

Menschen nutzbare Struktur kann siebenfach aufgefächert werden: Wurzeln, Holzstamm, Rinde, Geäst, Blätter, Blüten und Früchte.

Vier Hauptbäume - Eiche, Ölbaum, Birke und Buche - sind je einem wichtigen Tag zugeordnet: den Tagundnachtgleichen und den Sonnenwenden. Die übrigen 17 finden jeweils einen Platz zugleich in der aufsteigenden wie auch in der absteigenden Jahreshälfte für Zeitspannen, die etwa den Dekaden der Sonnenzeichen in der abendländischen Astrologie entsprechen. Diese oppositionelle Anordnung gleicher Bäume läßt entgegengesetzte Lösungswege erkennen, die - sich ergänzend - zu einer Einheit führen.

**Brigitte Lewien**
*Reinzeichnerin*

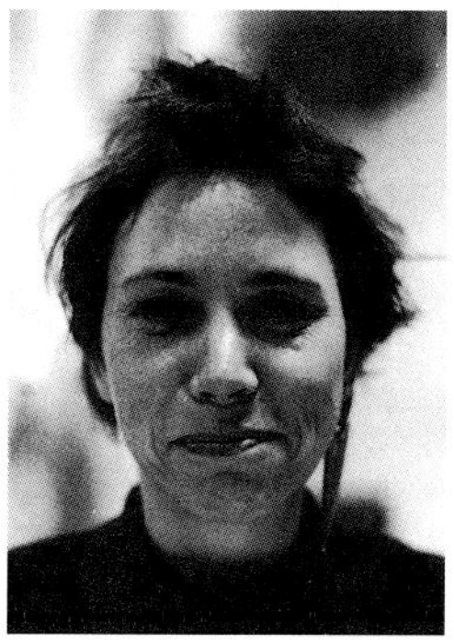

Voran die beiden alten Schwarzen, - auf der Suche nach dem Trommelbaum. Es ist ein langer Weg mit drei Freunden und zwei Fremden weg vom Dorf Agua, Benin, West-Afrika, und tief in den Wald hinein. Ausgedorrte Zweige, welkes Laub, dazwischen grüne frische Triebe, Frühling und Herbst zugleich. Es ist Dezember. Und wir sind am Ziel, endlich ist da, unscheinbar, der Baum. Die folgende Szene wirkt surreal. Im Nachmittagslicht der Gang der Alten um den Baum herum, immer wieder ihn umkreisend, dabei klaren Schnaps aus mitgebrachten Flaschen schüttend. Es beschwichtige die Baumgeister. Erst die Zeremonie, dann die Axt.

Wir sind Außenstehende, das Ritual ist fremd, und doch entsteht auf die Weise Beziehung zu dem Baum, und es tut weh, ihn dann gefällt liegen zu sehen.

Später sehe ich sie sitzen, auf dem Platz am Dorfrand, die beiden Männer. Und drei Tage lang, zwischen den Knien das Holz, drehen die Hände den Eisenstab, permanentes Drehen, um es auszuhöhlen, Millimeter um Millimeter. Unsere Ungeduld wächst. Endlich möge aus dem Stammstück eine Trommel werden. Aber vor allem beeindruckt der Alten Ruhe und Zeit. Gleichzeitig stehen die Blechwannen mit den Fellen der Buschratten, gerade gejagt, in dem Raum, der unser Aufenthalts- und Eßraum ist. Die Trommelfelle.

**Nora Schattauer**
*Redakteurin*

Da ich aus dem tropischen Klima Indiens bin, erinnert mich ein Baum in erster Linie an Schatten, Rast und Schutz vor der brennenden Sonne.

Ganz anders als der selbstgenügsame Baum, der sich ernährt, ohne sich dabei zu bewegen, muß der Mensch auf seinen Zweigen mit den darüberliegenden Wurzeln wandern, immer auf der Suche nach den vielen Dingen, die er benötigt.

Die Hindu-Traditionen nehmen auf viele Bäume und Pflanzen Bezug. An Festtagen dekorieren wir unsere Türrahmen mit Mangoblättern *(Mangifera indica)*. Während des Dasara-Festes im Oktober treffen wir uns mit unseren Freunden. Während wir Shami-Blätter *(Acacia suma)* oder Belbblätter (Wood apple) austauschen, geben wir vor, die Blätter seien Gold oder Silber. Der Vata-Baum *(Ficus indica)* wird von Frauen zum Schutz ihrer Kinder verehrt, und einmal im Jahr, im Juni, beten sie für ein langes Leben ihrer Ehemänner.

So ließen sich sehr viele Beispiele für Baumverehrungen im weitesten Sinne in Indien anführen.

Glaube ich persönlich daran, daß mein Leben verlängert wird, indem meine Frau einen Baum verehrt? Ich weiß es nicht. Soziale Traditionen werden von Frauen länger bewahrt als von Männern. Wenn mich meine Frau darum bäte, etwas zu tun, weil es üblich ist, ich denke, ich würde es tun.

**Dr. VP Joshi**
*Sekretär, Indien*

Ich hatte in meinem Leben schon manch engen Kontakt zu den Bäumen, sei es, daß ich sie gepflanzt oder gefällt habe. Stets hatte ich ein anderes Erlebnis mit ihnen, manchmal war es ein Peitschenhieb von einem Zweig, oder die Äste richteten irgendeinen anderen Schaden an. So bekam ich allmählich das Gefühl, der Baum rächt sich.

Leider gibt es sehr viele Menschen, die kein ausgeprägtes Gefühl zur Natur und zu den Bäumen haben. Dabei ist der Baum für jeden von uns von der Wiege bis zum Sarg ein treuer Begleiter.

Wie stünde es um unser Wissen von den alten Kulturen und den Kenntnissen vergangener Generationen, wenn wir mit Hilfe der Bäume nicht die Bücher hätten! Wie hätte die Welt erforscht werden können ohne das Holz für die Schiffe!

Bäume sind nützlich, und Bäume sind lebendig. Mit tausend Jahren sehen sie noch ästhetisch aus, haben Formen, die uns immer wieder auf das Höchste erstaunen. Der Wert der Bäume ist unschätzbar. Was wäre eine Landschaft ohne Bäume?

Wir alle müssen unseren Beitrag leisten, um den Baum zu ehren und zu erhalten. Ich tue es an dieser Stelle mit einem kleinen Gedicht:

*Du zeigst Dich uns stets anders,*
*mal hell und kahl, leuchtend schön,*
*dann dunkel und schwer atmend,*
*daß wir Deinen Schmerz fühlen,*
*Dein Herz hören, wie es weint.*
*Du leidest!*

**Karl Hubert**
*Maurer*

*Der Wind*
*hat die Musik gemacht.*

*- Ich Baum*
*- Ich Holz*
*- Ich Klang*
*Ich singe seine Lieder...*

**Joh. Georg Houcken**
*Lautenmacher*

Die Natur ist ein Ausdruck vom Seelenleben des Menschen. So ist das Waldsterben ein reales Bild dessen, was im Inneren des Menschen vor sich geht. Das Waldsterben begann nicht in unserer modernen Zeit, sondern bereits im 8. Jahrhundert, in dem Winfrid, der spätere Bonifatius, die heiligen Bäume der Germanen fällen ließ.

Die Menschheit in alten Zeiten vermochte noch in der Natur den Ausdruck des Göttlichen zu sehen. Aber wie Paracelsus sagt, ist jedes Naturding zuerst bloß ein Buchstabe. Nur der Mensch ist fähig, diese völlig verschiedenen Naturbuchstaben zusammenzustellen und daraus ein »Wort« zu bilden, das uns den Sinn der Dinge im Zusammenhang mit dem Kosmos offenbart. Der heilige Baum, den man fast in allen Kulturkreisen (wie im Buddhismus, im alten Hebräertum, in der Shintoreligion Japans) findet, ist ein Zeuge davon.

Auch das Christentum in Germanien, das keltische Christen mitgebracht hatten, wußte es, bevor jener Winfried kam. Das keltische Element, in der Natur einen Ausdruck des Wortes, des Logos, ja, des Christus zu finden, ging verloren; das »Wort« war zerstückelt.

Man soll heute wieder den Baum in einem größeren Zusammenhang lieben lernen. Wie in einem buddhistischen Sutra (Avatamsaka-sûtra) steht, kann jede Handlung des Menschen Einfluß auf den ganzen Kosmos ausüben. Ja, die Welt, sogar der Kosmos beginnt, sich zu verändern, wenn ich staunen lerne über das Dasein des Baumes, denn die Natur ist eine Spiegelung unseres menschlichen Seelenlebens.

**Naoki Kobayashi**
*Pfarrer*

Ich verneige mich vor alten Bäumen. In Ehrfurcht ohne große Worte.

**Friedel Becker**
*Kaufm. Angestellte*

**Herbstessonne über Weidenschöpfen.**

Ferne der Frühling, da Bienen an seidigen Kätzchen gesaugt und schlanker Ruten Fülle lebendig zum Lichte gestrebt. Verloren die Heilkraft der Blätter, da sie den Früchten gefolgt, die der Wind sich gesellte.

Vergangen die Hochzeit von Wasser und Luft, die das Jahr hindurch währte.

Nun warten Wintertage: In den Schöpfen nisten Nebelfetzen und Regen rinnet still ins Gras.

**Prof. Dieter Strauch**
*Jurist*
(Siehe Abbildung S. 192)

Am Anfang gab es auf der Erde die Herrschaft der Bäume. Diese wurde abgelöst durch die Herrschaft der Menschen. Heute wissen wir, welche Herrschaft bekömmlicher war für die Erde.

**Christoph Kuhlmann**
*Student*

Ich liebe alte Bäume. Ich bewundere die Lebenskraft, aus der sie erwachsen sind, und die Unerschütterlichkeit, mit der sie Jahrhunderten standgehalten haben.

Mich bewegen die stille Würde, mit der sie ihren Platz im Leben behaupten, und die Treue, mit der sie das Schicksal vieler Sommer in ihren Ringen bewahren.

Mich rührt der Gedanke an die Ungezählten, die vor ihnen gestanden sind und ähnlich empfunden haben.

Deshalb liebe ich alte Bäume.

**Prof. Dr. Roman Herzog**
*Präsident des Bundesverfassungsgerichts*

**Bäume sind das wichtigste Gestaltungsmittel des Garten- und Landschaftsarchitekten.**

Mit Großbäumen hat er die Möglichkeit, ein Gegengewicht zu der meist sehr massiven Bebauung herzustellen.

Schnellwüchsige, kurzlebige Baumarten dienen als Pionierpflanzen und Füller. Sie müssen später zugunsten von langsam wachsenden, langlebigen Bäumen ausgelichtet werden. Wir folgen damit einem Prinzip der Natur. Bei der Auswahl der Bäume sind viele Kriterien zu berücksichtigen:

Unterschiedliche Arten müssen miteinander harmonieren. Pflanzensoziologische Gesichtspunkte helfen uns, die ganze Vielfalt der Wuchsformen, der Blatt- und Rindenstrukturen, die Farbpalette der Blüten und Früchte in Einklang zu bringen. Dazu kommt das unterschiedliche Erscheinungsbild zu den verschiedenen Jahreszeiten. Die jeweiligen Ansprüche an Boden, Licht und Klima sind zu beachten.

Nur ein Baum, der optimale Lebensbedingungen vorfindet, kann sich voll entwickeln. Die Wirkung freistehender, alter Bäume ist beeindruckend. Ganze Landschaften werden von einzelnen, dominierenden Baumarten unverwechselbar geprägt.

Unregelmäßige und lichtdurchlässige Baumkronen lassen üppigen Unterbewuchs zu, zeichnen, je nach Lichteinfall, immer neue Licht- und Schattenfiguren, im Wind tanzende, impressionistische Gemälde.

Bizarre Wuchsformen mildern scharfe Zäsuren, überspielen harte Abgrenzungen, verbinden Gegensätzliches.

Dichte Baumkronen bieten Sichtschutz, filtern Staub, reduzieren Lärm, verbessern das Kleinklima, sind ein wichtiger ökologischer Baustein. Bäume schaffen Bezugspunkte, dienen der Orientierung.

Alleen führen das Auge, steigern, konisch gepflanzt, die Tiefenwirkung, gliedern Räume, vermitteln stroboskopische Lichtreflexe.

Regelmäßige, geometrische Kronenformen unterstreichen architektonische Strukturen. Diese Wirkung kann durch Schnitt noch gesteigert werden. Alter Baumbestand macht den Zauber historischer Gartenanlagen aus.

Die Kenntnis von der Entwicklung und Altersform der Bäume ist eine sehr wichtige Voraussetzung für ihre fachgerechte Anpflanzung.

**Dipl.-Ing. Karl Wiater**
*Landschaftsarchitekt*

Auch wer aufrecht stirbt, verläßt uns; Bäume aber sind Weise. - Wer, ach, wird uns lehren, wenn sie gegangen sind?

**Yogi Kumar**

Die spezielle, ausführliche, stark praxisbezogene und einheitliche Ausbildung für den Baumpfleger in Deutschland ist dringend erforderlich. Die gesetzgeberischen Vorbereitungen dazu sind bereits getroffen. Intensive Baumpflege und Baumsanierung werden immer bedeutender für den städtischen (urbanen) Baumbestand.

Neue wissenschaftliche Forschungsergebnisse werden uns Praktikern seit einigen Jahren zugänglich. Vor allem in der sogenannten »Baumchirurgie« gibt es gravierende Erkenntnisse, die diesen Teil der Baumpflege und -sanierung so in Frage stellen, daß heute wesentlich weniger extreme Baumchirurgie betrieben wird als früher.

Baumchirurgische Maßnahmen bedeuten ein Arbeiten im bestehenden Holzkörper des Baumes mit dem Ziel, krankes, zerstörtes, zumeist pilzbefallenes Holzgewebe zu beseitigen, um die fortschreitende Holzzersetzung zu vermeiden bzw. zu reduzieren. Dies ist abhängig von der Baumart, -vitalität, vom Standort und der Umwelt einerseits und der Art und Vitalität des Schädigers anderseits. Die Erfolge/Mißerfolge sind ebenfalls abhängig von der verwendeten Technik und der Mittel.

In der Schnittechnik und dem Wundverschluß im Bereich der Kronen- und Wurzelarbeiten können wir dagegen aufgrund der Forschungsergebnisse viel sicherer und effizienter arbeiten.

Größere Forschungsprogramme bezüglich der Bodenverbesserung in Baumbereichen sind im Gange, aber noch nicht abgeschlossen.

In der »Zusätzlichen Technischen Verordnung Baumpflege« werden alle neuen und sicheren Erkenntnisse eingearbeitet, so daß wir in diesem Werk die geltenden »Regeln der Technik« finden. All dies ist für den Baum natürlich nur soviel wert, wie es in die praktische Baumpflege und Baumsanierung umgesetzt wird, was leider heute allzu oft nicht der Fall ist. Ihre Anwendung würde eine gute und fundierte Fortbildung bedingen, die nicht in kurzen Seminaren oder Lehrgängen zu vermitteln ist. Ich hoffe sehr auf den zukünftigen »Fachwirt in der Baumpflege«.

**Dietrich Kusche**
*Fachwirt Baumpflege*

Wegen der großen Entfernung sah ich ihn nicht, obwohl die ganze Erde unter oder über mir lag, ich hörte das Rascheln seiner Blätter im Vakuum des Weltraumes nicht, ich konnte den Duft seiner Blüten in meinem Raumfahrzeug nicht riechen: Ich hatte manchmal Heimweh zum Baum, zum Leben, zur Erde.

**Prof. Dr. Ernst Messerschmid**
*Direktor des Instituts für Raumfahrtsysteme*

Bäume sind heute meist nur noch zusammengesetzte Wesen. Sehen Sie sich doch nur unsere Obstbäume an! Was ist von der Herrlichkeit der alten Obstbäume geblieben?

Auch die langsam wachsenden Bäume, wie die Eibe, werden verschwinden. Die Leute haben keine Zeit mehr, auf sie zu warten. Mit der Bearbeitung des Holzes ist es ganz genauso. Was früher mühsam von Hand geschnitzt wurde, entsteht heute unter der Schablone. Das Ergebnis ist nur ein Spiegel der künstlichen Bäume.

Waldsterben? Das ist viel Lärm um nichts, denn einen Wald gibt es schon lange nicht mehr. Monokulturen sind nur noch Nutzholz und keine Bäume. Sie würden auch ohne Umwelteinflüsse sterben, weil sie nicht mehr zu den Menschen gehören. Früher bestand der Wald aus Bäumen, mit denen man lebte. Es war der Wald der kleinen Leute und der kleinen Lebewesen und dabei ein Mischwald. Hier standen unter anderem Akazien und Weiden, also Bäume für die Bienen. Von den Bienen lebten die armen Leute. Und von Schweinen, die wiederum im Wald die Eicheln fraßen. Heute gibt es dort keine kleinen Lebewesen mehr, genausowenig wie kleine Leute. Dafür aber die großen Leute, und die finden sich großartig, wenn sie darin herumlaufen.

**Oskar Weber**
*Bauer und Leierkastenmann, Luxemburg*

*Bäume sind Spuren des Lebens.*

**Prof. Kurt Horres**
*Generalintendant*

**Bäume bedeuten für mich einen Dreiklang.**

In einer Grundform des täglichen Lebens sind sie das Holz, aus dem unsere Gebrauchsgegenstände gemacht sind. In dieser Ausprägung sind Bäume so selbstverständlich, daß man sich schon gar keine Gedanken mehr darüber macht.

In einer höheren Form bedeuten sie den Menschen Kunst, Musik und Kultur. Instrumente, auf denen wir unsere Musik spielen, bildende Kunst, Bücher, aus denen wir unser Wissen beziehen und durch die wir uns unterhalten. Alles Mittel für einen höheren Genuß der Bäume.

Den höchsten Klang aber erzeugen die Bäume selbst abseits der Nutzung ihres Holzes. Sie nehmen uns den Lärm und die Hektik des Alltags und öffnen uns für die Eindrücke der Natur.

Am Ende des Dreiklangs steht die Harmonie des Menschen.

Bäume sind schützenswert um unser selbst willen.

**Nicola Mucha**
*kaufmännische Angestellte*

Ein Baum erinnert mich an Gott - an die Wärme und Geduld seiner Liebe und an die beruhigende Wirkung seines Schutzes. Die mit scharlachrot leuchtenden und becherförmigen Blüten geschmückten, hageren Äste des gigantischen »semal tree« (Bombax malabaricum) erinnern mich an Lakshmi, die Göttin des Wohlstands, wenn sie scharlachrote Leuchten auf den Handflächen ihrer zahlreichen, ausgestreckten Hände hält.

**Maneka Gandhi**
*Ministerin für Umwelt und Wälder, Indien*

**Bäume und Hecken**

In der Nordeifel, nahe dem Hohen Venn, liegt das Monschauer Land. Hier legte man vor rund 200 Jahren ausschließlich aus Rotbuchen bestehende Hecken an, die noch heute das Bild dieser Landschaft und der darin eingebetteten Dörfer prägen.

Die in den Ortschaften in unmittelbarer Hausnähe angepflanzten Hecken, die vornehmlich dem Schutz der Häuser vor den über die Höhen fegenden rauhen Westwinden und peitschenden Regenfällen dienten, sind im Laufe der Jahrhunderte zu haushohen dichten Wänden herangewachsen. Kunstvoll geschnitten, erfreuen sie heute das Auge des Betrachters und erfüllen zugleich noch immer ihren Zweck, indem sie im Bereich zwischen Hecke und Haus die Windgeschwindigkeit um die Hälfte herabsetzen, für höhere Luft- und Bodentemperaturen sorgen und die Wände der Häuser vor Schlagregen schützen.

Anders ist es jedoch um die ins freie Feld gepflanzten alten Monschauer Landschaftshecken bestellt, die ursprünglich nicht nur dazu dienten, Vieh und Acker vor Wind und Kälte zu schützen, sondern auch Landparzellen zu umhegen und Brennholz zu liefern. Da die Hecken im Zuge der Modernisierung der Landwirtschaft an Bedeutung verloren, folgte ihre jahrzehntelange Vernachlässigung, die zu starker Verwilderung führte. So weisen die ehemals dichtgewachsenen Niederhecken, aus denen die Bauern zur Brennholzgewinnung einzelne Triebe zu hohen Bäumen durchwachsen ließen, heute im unteren Bereich große Lücken auf und können daher ausreichenden Windschutz nicht mehr geben. Die Hekken bedürfen dringend der Pflege, denn sie sind nicht zuletzt von großer Bedeutung für Tiere und Pflanzen.

So wird durch die gezielte Zusammenarbeit von Forstbeamten, Ökologen und Landwirten seit einigen Jahren wieder viel dafür getan, die einzigartigen Hekken im Monschauer Land zu schützen, zu pflegen und damit zu erhalten.

**Sabine Heldt**
*Studentin*
(Siehe Abbildung S. 149)

Wo sich der Mensch breitmacht, wird es in der Natur eng. Das ist das Schicksal der Bäume.

Und wenn wir heute Bäume pflanzen, dann setzen wir sie zu dicht - und engen sie damit nochmals ein.

**Klaus Wildenhaus**
*Werbeberater*

Bäume werden rar in unserem von der Technik bestimmten Leben. Besonders alte Recken, welche schon unsere Ahnen bewegten, verschwinden aus unserem Bewußtsein. Menschen früherer Generationen hatten ein anderes Verhältnis zu diesen Bäumen. Die Kultur wuchs mit ihnen und gerade durch sie. Ohne die Bäume wäre eine Fortentwicklung des Menschen seit der Urzeit undenkbar. Geschichtswissenschaftler gaben den Zeitepochen ihre Namen nach dem Werkzeug wie Stein, Metall (Bronze, Eisen) oder heute das Atom.

Wo aber blieb das Holz? Der Mensch lernte, Hart- und Weichholz je nach Tauglichkeit zu unterscheiden. Mit einem Baum ohne Hilfswerkzeuge fertig zu werden war ein Kampf. Bäume mit dem härtesten Holz wurden den Menschen teuer und heilig. In ihnen wohnten später die Götter.

Als der Wald durch die übergreifende Kultur zerstört wurde, bauten sich die Menschen ihre Bäume aus Stein in Form von Säulen in Tempeln und Kirchen. Diese Kultur kam vom Süden und drang weit nach Nordeuropa vor in die Wälder, in denen die Menschen von den Bäumen abhängig lebten. Wir denken dabei heute an die Indianer Nordamerikas, die Nordasiaten, aber auch die Germanen in Mitteleuropa, welche nicht ohne Protest den Wald hergaben.

Aus diesen Zeiten blieben Denkbilder in uns zurück, auf deren symbolische Deutung wir auch heute noch reagieren. Nicht ohne Grund entwickelte sich der Naturschutz im Norden Europas. Bindungen des Glaubens, verbunden mit einem über Jahrtausende gewachsenen ästhetischen Formgefühl, bringen in uns Gefühle zu diesen Baumgeschöpfen hervor, die viele nur schwer erklären können. Vieles haben wir verschüttet in uns, geopfert zum Siege der menschlichen Kultur. Dennoch hat die Symbolkraft des Baumes nichts verloren.

Forschen wir also nach unseren alten Bäumen! Wir werden überrascht sein, zu entdecken, daß die einzelnen Baumarten nicht wenig mit unserer Religion, ja sogar mit unserer heutigen politischen Auffassung zu tun haben, denn es entstand alles durch und über sie - unsere alten Bäume.

**Heribert Reif**
*Gärtnermeister*

In gutem Geigenholz findet man die Kraft der im Wald untergegangenen Sonne.

**Bernhard Zanders**
*Geigenbauer*

Bäume sind so sehr Teil meines Lebens, daß ich mir nicht vorstellen kann, ohne ihr Laubwerk zu leben! Bäume gehören für mich als Verehrer der Natur zu deren größten Gaben, und wenn ich die wunderschönen Wesen sehe, fühle ich mich unserem Schöpfer näher. Wenn ich gezwungen wäre, in einer Wüste zu leben, würde ich alles daran setzen, einen gangbaren Weg finden, einen Flecken lindernden Laubwerks zu schaffen und zu ernähren.

Inmitten des Betondschungels Bombay, der wirtschaftlichen Hauptstadt von Indien, stehen drei »gigantische« Bonsais stolz wie Wächter auf dem Terrassengarten von Godrej (Bhavan), unserem Hauptbüro, auf der 7. Etage. Viel bewundert von der Straße und eine Augenweide für die umliegenden Viertel, sind diese Bäume, von uns geradezu zärtlich gepflegt, über zwei Dekaden auf derselben Höhe gehalten worde. Es handelt sich um *Terminalia cattapa* oder »Badam Tree«, *Peltophorum ferrugineum* oder »Copper Pod« und *Ingadulsis* oder »Madras Thorn« beziehungsweise »Manila Tamarind«. Deren Wurzeln breiten sich horizontal aus und werden einmal im Jahr vor Beginn des Monsuns beschnitten. Außerdem werden die Äste von den Gärtnern so beschnitten, daß sich Luft hindurch bewegen kann, um zu verhindern, daß der Winddruck auf die Wurzeln zu stark wird. Diese Bäume schaffen angenehmen Schatten und willkommene Kühle für unsere Empfänge. Für viele nationale und internationale Würdenträger verbinden sich mit ihnen äußerst angenehme Erinnerungen.

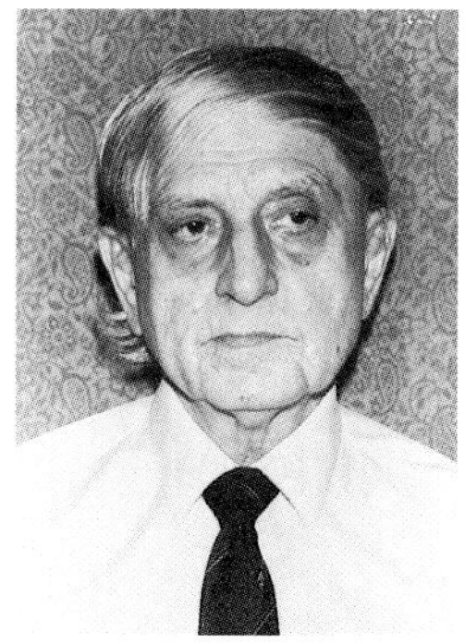

Mein Lieblingsbaum ist der auf dem Photo abgebildete »Manila Tamarind«. Dieser stachelige, immergrüne Baum erreicht im freien Wuchs eine Höhe von 12-15 m. Seine Früchte, die in spiralförmig gedrehten Hülsen liegen, gleichen Ohrringen und sind Vögeln hochwillkommen. In kurzem Abstand gepflanzt, wachsen diese Bäume leicht zu wunderschönen Hecken heran.

**S.P. Godrej**
*Chairman, Indien*
(Siehe Abbildung S. 46)

Ich kann mit einzelnen Bäumen nichts anfangen, weil ich den Baum vor lauter Wald nicht sehe.

Ich sehe Menschen und Landschaften, aber zu einzelnen Bäumen habe ich keinerlei Verhältnis.

**Prof. Dr. Rolf Liebermann**
*Komponist*

Wenn ich diesen einsamen Baum auf der Verkehrsinsel da betrachte, dann habe ich zunächst einmal ein verwirrendes Gefühl. Das betrifft eigentlich weniger den Baum als die Unausgeglichenheit dieses Bildes. Das, was ich hier sehe, gehört einfach nicht zusammen: Neonlicht, Autos, Beton auf der einen Seite, ein Stück Natur, aber isoliert, alleingelassen, auf der anderen Seite. Der Baum ist hier einfach nicht an seinem Platz. Ich liebe die Natur, ich liebe die Bäume im Wald, aber nicht den Baum einsam zwischen all dem Beton.

Das Bild zeigt mir eigentlich, wie schwer es ist, eine Harmonie zwischen diesen manchmal auch zweifelhaften Zivilisationselementen und der Natur zu schaffen. Im Grunde steht für mich da nur noch ein Alibi-Baum. Der letzte, der gerade noch übriggebliebene. Der, der den Autofahrern suggerieren soll, daß es auch in dieser Umgebung noch Leben gibt.

Der Baum stört in diesem Bild. Und mich stört, daß mich der Baum stört. Denn es ist viel, was ich persönlich mit dem Thema Baum verbinde. Ich habe in meiner Jugend viel Zeit auf dem Land und in Wäldern verbracht, das war in den Ardennen mit meinem Großvater.

Daher habe ich so viele positive Erinnerungen an Wald und an Bäume, daß ich solche für mich negativen Bilder schwer ertrage. Der Baum - das ist für mich das Leben. Auf einer Wiese unter ihm zu schlafen, das ist für mich ein Traum.

Deshalb schlage ich vor: Wenn es schon sein muß, stelle man doch einen Baum mit synthetischen Blättern in diese Umgebung. Oder noch besser vermeide man solche Umgebungen, denke man noch mehr darüber nach, wie man auch Zivilisation schöner, besser, ausgewogener gestalten kann, wo Bäume den Baum neben sich haben dürfen. Denn da sind Bäume nicht anders als Menschen.

**Daniel Goeudevert**
*Industriemanager*
(Siehe Abbildung S. 188)

**Die Bräutigamseiche**

Eine Sage erzählt, daß vor vielen hundert Jahren ein keltischer Fürstensohn gefesselt im Dodauer Forst ausgesetzt wurde. Ein Mädchen befreite ihn, und aus Dankbarkeit pflanzte er eine heute über 500 Jahre alte Eiche.

Damit verbindet sich noch eine andere Geschichte: Es liebten sich eine Försterstochter aus Dodau und ein Schokoladenfabrikant aus Leipzig. Der alte Oberförster aber war dagegen. Beide vertrauten daraufhin heimlich ihre Liebesbriefe dieser Eiche an. 1891 kam es dann unter der Eiche doch noch zu einem glücklichen Ende in Form einer großen Hochzeit.

Seitdem wird dieser Baum »Bräutigamseiche« genannt. Danach wurden immer wieder Botschaften in das Astloch gelegt. Heute werden sie sogar von der Post befördert. Drei bis vier Briefe sind es täglich und im Jahr etwa 1.000 Schreiben aus allen Ländern.

Jeden Mittag um 12 Uhr trifft der Zusteller bei der Eiche ein, um die Briefe in das Astloch zu legen. Er wird schon von vielen Neugierigen erwartet. Nacheinander klettern sie die Leiter hinauf und nehmen Briefe aus dem Astloch. Gefällt einer, wird er mitgenommen und beantwortet, anderenfalls in das Astloch zurückgelegt. So sind im Laufe der Jahre viele Freundschaften und Ehen entstanden.

Falls Sie sich beteiligen wollen, schreiben Sie doch auch an:
Bräutigamseiche, Dodauer Forst, D-2420 Eutin

**Kay Petersen**
*Kundenberater*

**Baum und Kraftwerk**

Ist nicht in Wahrheit der Baum das Kraftwerk? Dieses Urbild des Lebens, ohne das auch das Menschenwerk Kraftwerk kraftlos wäre?

Der Baum, kraftstrotzend nicht nur in der »Blüte« seiner Jahre, sondern noch Jahrmillionen nach seinem scheinbaren Tod: als fossiler Brennstoff Kraftquelle für über 90 Prozent der Menschen.

Und wie er so dasteht am »Krematorium« seiner Vorfahren, dann auch ein flammender Appell an unsere Verantwortung und unsere Vernunft: Nur wenn wir die Energie-Umwandlung drastisch verringern, wenn wir nicht Raubbau treiben mit den Rohstoffen dieser Erde und die Reinigungskraft der lebenden Bäume nicht überfordern, schaffen wir den Weg ins solare Zeitalter - wir: die Bäume, vor allem aber die Menschen.

**Willy Leonhardt**
*Dipl.-Ingenieur*
(Siehe Abbildung S. 189)

In unserer technisierten Zeit haben wir weitgehend die innige Beziehung und den Respekt vor den Bäumen verloren. Früher war das anders. Die alten Holzknechte verwendeten dafür als sichtbares Zeichen meist das Kreuz. Dies wurde mit der Hacke in vier Hieben aus dem Holz herausgehauen und so alltäglich der Stock des am Morgen zuerst und der Stock des am Abend zuletzt gefällten Stammes bekreuzt. Die Holzknechte deuteten dies als ein »Bitt- und Dankgebet der Axt«.

In einigen Tälern wurden die Ränder des Holzschlages an mehreren Stöcken mit je drei Kreuzen und dem Namen des Meisterknechts bezeichnet. Andernorts wurden die Stöcke außergewöhnlich mächtiger Stämme bekreuzt. Man wollte damit Gott für ihre glücklich vollbrachte Fällung danken.

Wurde ein Holzknecht bei der Arbeit von einem Stamm erschlagen oder von einem Stammstück überrollt, so wurde das todbringende Holz bekreuzt und nicht mehr angerührt. In einen der nächststehenden Stämme hieben die Gefährten des Verunglückten ein Kreuz - die früheste und auch einfachste Form eines Marterls.

Aber nicht nur die Gottesfurcht, sondern auch so mancher Aberglaube und ein ganzer Komplex von Sagen rankten sich um die Bekreuzigung des Holzes. Glaubten die einen, daß auf den bekreuzten Stücken den armen Seelen Ruhe gewährt wird, meinten die anderen, daß sich hier die »Wilde Jagd« zur Rast niederlassen könne, oder sie waren der Auffassung, daß die Kreuze alle bösen Geister des Waldes bannen könnten. Mancherorts versuchte man, während des Fällens des Stammes drei Kreuze in den Stock zu hauen. Gelang es, so war dies dann eine Stätte der Rast für den »Wilden Jäger«. Auch armen Seelen war hier Erlösung aus ihrer Pein vergönnt.

Es ließen sich noch viele alte Bräuche aufzählen - aus einer Zeit, da Mensch und Natur noch eins waren.

**Walter Drack**
*Forstingenieur und Säger, Österreich*

**Der Baum als Archetyp**

Der Baum der Erkenntnis hat viele Früchte. Eine dieser Früchte war und ist die Alchemie, für die der Baum eine besondere symbolische Bedeutung besaß. Für den Alchemisten, der in der Wissenschaft des Baumes die Geheimnisse der Natur erkunden wollte, stellte der Baum den lebenden Kosmos vor. Kosmos ist ein griechisches Wort für Ordnung und Harmonie.

Seine Blätter, die fallen, um neuen Blättern Platz einzuräumen, offenbaren die Zyklen des ewigen Werdens und Vergehens in der nie endenden Bewegung des Lebens.

Der Stamm des Baumes verbindet die Wurzeln, also die Kraft der Erde, mit den himmlischen Energien, die seine Krone, das Symbol der Vollkommenheit, versinnbildlicht.

Die Vedas, die heiligen Schriften des Inders, erwähnen einen umgekehrten Baum. Seine Wurzel ist im Himmel, während seine Äste die Erde berühren. In dieser Vision wird der Baum zum Bindeglied, das die göttliche Macht, die sich so vielfältig auf Erden offenbart, zum Ausdruck bringt.

Früchte tragend, beschützend, mütterlich, war der Baum bei den Kelten das Sinnbild des Jugendbronn.

Sie meinten, daß das Lebenselixier aus einer hohlen Eiche fließe. Es kosten hieß, seine Unsterblichkeit durch weises Mitwirken am großen Werk der Natur zu erringen.

Die hohle Eiche wird somit zum Symbol der Weisheit und gleicht auf dieser Ebene einem Kelch, der seit Jahrtausenden in der Menschheitsgeschichte geistert. Der Kelch des Grals.

Es ist daher nicht verwunderlich, daß der mystische Kelch des Königs Arthur des öfteren als ein mit Juwelen geschmückter Baum beschrieben wird.

Enden wir diesen kurzen Einblick in ein wesentliches Gebiet mit der Feststellung, daß der Baum als Archetyp einen Aufstieg zum Lichte der Erkenntnis verbildlicht, einen Aufstieg, den über kurz oder lang jeder vollbringen muß.

**Frédéric Lionel**
*Philosoph und Schriftsteller, Frankreich*

Jedes Wesen hat sein ewiges Urbild, dem es sich im Laufe seiner Entwicklung annähern kann. Wir müssen lernen, uns mit den Urbildern der Dinge immer mehr zu vereinen, um zu unserem wahren Sein zu gelangen.

Eine Hilfe auf diesem Weg ist die Beschäftigung mit dem Baum, sowohl in seiner sichtbaren wie symbolischen Gestalt.

Er kann unser Lehrmeister sein, sein Leben ist eingebettet in den rhythmischen Verlauf der Natur, des Werdens und Vergehens.

Tief greift er mit seinen Wurzeln in das Erdreich hinein, um sich mit den hier waltenden Elementarkräften zu verbinden. Auch mit den aufsteigenden Säften vereinigt er sich und beginnt langsam, zum Lichte emporzuwachsen, dabei helfen ihm die Feuerwesenheiten. Und wenn sich seine Blattkrone dem Lichte öffnet, werden auch die Luftgeister entbunden und beginnen zusammen mit den anderen Elementarwesen ihre segensreiche Arbeit. Der deutsche Sprachgenius entschlüsselt in einzigartiger Weise das Geheimnis des Baumes: Auf den beinah wie eine Hülle wirkenden Anfangskonsonanten »B« folgt der Laut »aum«. In der indischen Kultur wurde das Herabsteigen aus dem Geist, das Leben in der Materie und die Rückkehr zum Geist erlebt und dargestellt durch die heilige Silbe »Aum« (Om). Durch die Versenkung in diese Silbe kann man von den Abbildern zu den Urbildern gelangen.

So offenbart der Baum in seiner ganzen Erscheinung den Logos, das Weltenwort.

**Gisela Claudius Sur**
*Schauspielerin*

*Welche Ruhe, welche Kraft, welche Stärke, welche Gewalt strömt aus einem Baum.*

*Einen Baum umarmen ist, sich in eine unbeschreibliche Bewegung gezogen zu fühlen, sich von einer grenzenlosen Großzügigkeit überfallen zu lassen.*

*Ein neues Leben, ein Erwachen zu einem neuen Bewußtsein strömt langsam durch die Adern, von tiefem Frieden bewegt.*

*Der Baum kennt nur Geben.*

*Lassen wir uns vom Baum beeindrukken.*

*Wünschen wir uns, daß der Baum zeitlos weiter wirken kann.*

**Marguerite Heeb**
*Architektin und Bildhauerin, Schweiz*

Wie in einer Reihe anderer afrikanischer Regionen wird der Baum in Krindjabo mit dem »Palaver«, was prosaisch so viel heißt wie »Dialog« oder »Diskussion«, verbunden.

In der Tat ist es so, daß unter dem großen Palaverbaum einstmals Sitzungen des Gerichts stattfanden, Sühnetermine oder öffentliche Beratungen abgehalten wurden. Der Baum spielte die Rolle eines Auffangbeckens für alle großen Gelegenheiten, darin eingeschlossen auch bestimmte Feste. Deshalb mußte er ein imposantes Aussehen haben und vorzugshalber mitten im Dorf stehen. Dies ist auch der Fall in Krindjabo, der Hauptstadt des alten Königreiches von Sanwi.

Der Baum schützte die Anwohner darüber hinaus natürlich auch mit seinem Schatten. Abgesehen davon war der Palaverbaum auch noch Sitz der Vorfahren und mystischer Gestalten, gegen den die überirdischen, bösen Geister kämpften. Dieser Glaube wird besonders eindrucksvoll in Krindjabo sichtbar, wo eine Reihe von kolonialen Verwaltern zu ihrem eigenen Unglück versucht hatten, den Koloß des Dorfes zu fällen.

Es ist dieses Gefühl von Sicherheit, das der Baum der Bevölkerung verschafft und welches sein Überleben gegenüber der Modernisierung des Dorfes rechtfertigt. Sogar der Asphalt, der seit einigen Jahren die Hauptstraße des Dorfes bedeckt, hat dem majestätischen Symbol des Konservatismus der Agni Rechnung tragen und sich um den Palaverbaum herum winden müssen.

Es gibt Fälle, in denen die großen Bäume, namentlich solche am Rande des Dorfes, als Schutz der bösen Geister angesehen werden. Wahre Kampagnen aus Gründen des öffentlichen Wohls sind nach der Unabhängigkeit geführt worden, um diese Bäume zu fällen und so die Ausweitung der traditionellen Dörfer voranzutreiben.

**Appia Affiba**
*Patriarchin, Elfenbeinküste*

Der Baum war schon immer ein großes Thema in Liedern, Gedichten und Sagen.

Unsere Bäume sind für uns heute wertvoller als ihr Holz, das sie uns geben, und selbst als ihr kühlender Schatten, den sie uns spenden.

Für diese Erkenntnis sollte es nie zu spät sein, aber wer sagt es den anderen in Südostasien und Südamerika?

Wir, die Holzbearbeitungsmaschinenindustrie, haben heute Methoden, Verfahren und Systeme entwickelt, die rohstoffsparend arbeiten durch optimierte Rohstoffausnutzung, durch Recycling und Abfallverwertung und Einsatz von holzähnlichen, pflanzlichen Stoffen (Bagasse, Flachs, Baumwollstauden, Gräser).

Die holzverarbeitenden Industrien, unsere Kunden, haben uns dazu ermuntert, an diesen Problemen zu arbeiten. Der Dialog zwischen der holzverarbeitenden Industrie und dem Maschinenbau hat unseren Industriezweig zur Weltspitze geführt in der gemeinsamen Erkenntnis, den wertvollen und schönsten Baustoff, den wir haben, sparsam zu verwenden.

Es ist unsere gemeinsame Aufgabe, dies immer wieder anderen zu sagen und zu helfen, diese Erfahrung in der Welt zu verbreiten.

Nur Ehrfurcht und Einsicht wird die Wälder in der Welt erhalten, die viel mehr sind als nur die bloße Summe von Bäumen.

**Dieter Siempelkamp**
*Industriemanager*

Urvölker mögen es gewußt oder geahnt, Psychologen bedacht und wieder verworfen haben: Der Baum ist Urkraft, Stärke und Saft, ist Phallus. Er wächst und welkt, doch er bleibt stets Stamm.

Er hat keine weiblichen Eigenschaften, obwohl er neben Ruhe und Schutz auch Geborgenheit ausstrahlt. Deshalb sind Bäume immer männlich. Der Baum ist verläßlich, weil er bodenständig ist, er wechselt Kleid, Aussehen und Form, doch damit nicht seinen Charakter.

Eine scheinbare Weiblichkeit zeigt sich, wenn ein Ast abgeschnitten ist und sich dadurch eine Kreisform bildet, die allmählich männlich zuwächst.

**Dr. Werner Kranz**
*Industriemanager, Schweiz*

Ein Baum ist ein Mangobaum, ein Apfelbaum oder ein Kokosbaum.

**Romeo**
*Reiseführer, Westindische Inseln*

Bambus wird in Asien »Baum des armen Mannes« genannt. Er steht aber genauso häufig in den Gärten der Reichen. Bambus ist ein Baum für alle.

Er wird in den Tropen so groß wie ein ansehnlicher Baum, nein, nicht wie ein Baum, sondern wie viele Bäume, denn er wächst immer mit mehreren gemeinschaftlich aus dem Boden. Botanisch gehört er nicht zu den Bäumen.

**Ulla Ram**
*Hotelfachfrau*
(Siehe Abbildung S. 158)

Ein Grabstein, eine trauernde Frau, ein Baum, dessen Identität schwer auszumachen ist. So ist es eben auf dem Friedhof: Zwielicht und Erlöschen des Ich.

Gefühle werden bei mir wach: Ich mag gewisse Blumen und Bäume nicht. Nie würde ich eine Calla verschenken, Koniferen kommen nicht in meinen Garten! Der berufliche Zwang, oft an Beerdigungen teilnehmen zu müssen, hat Assoziationen geschaffen. Ich übergehe die Frage einmal, ob es würdig ist, sich diesen Assoziationen zu entziehen. Das memento mori hat sicher Sinn.

Aber der Baum: Seine Rolle ist festgelegt. Seine Schönheit vermag sich nicht mehr zu entfalten. Er ist zum Baum des Todes geworden und kann nur noch die Stimmung zur Trauer erwecken.
Dieser Rollenfestlegung für den Baum möchte ich mich widersetzen!

**Dr. Martin Gerlach**
*Akademieleiter*
(Siehe Abbildung S. 186)

Wenn jetzt nicht ernsthaft etwas geschieht, werden in 50-100 Jahren die tropischen Regenwälder zerstört sein. Die Rate des Holzeinschlags überschreitet bei weitem die der Neuanpflanzung, die darüber hinaus in bestimmten Gegenden überhaupt nicht praktiziert wird.

Skrupellose Konzessionäre, lediglich von Profitstreben besessen, sind die Hauptschuldigen an der Zerstörung der wertvollen Regenwälder ungeachtet öffentlicher Proteste und des weltweiten Aufschreis. Einige schlagen den Weg vor, unseren sich schnell verringernden Wald dadurch auszudehnen, indem man die Kahlflächen mit schnell wachsenden Arten wie Kiefern bepflanzt. Ich sage dagegen, wir sollten uns des Langzeitwertes unserer tropischen Harthölzer und mittelharten Hölzer bewußt werden, mit Spezies wie Chengal, Balau, Resak, Dark und Light Red Meranti, Menesu, Seraya, Surian, Jelutong, Keruing, Kempas, Mengkulang, Mersawa und Nyatoh, um nur ein paar zu erwähnen.

Tropisches Hartholz und mittelhartes Holz wären außerdem am besten für unser lokales Klima geeignet. Nicht Kiefer, die höchst trocken ist und unter der Voraussetzung heißen Wetters, was in unseren Bereichen nicht unüblich ist, die Gefahr von Waldbränden mit sich bringt. Eine praktische Lösung dieses ernsten

Problems wäre die Aufforstung bzw. Wiederaufforstung auf der Basis einer nachhaltigen Nutzung.

Genauso wichtig ist es, daß unsere Regierung gleichfalls ihre Rolle dabei spielt, um den Erfolg in Wiederaufforstungsprogrammen sicherzustellen. Zum Beispiel solte die in Malaysia »Cess« genannte Abgabe, die der Holzindustrie auferlegt worden ist und für Ausgaben der Forstkultur gedacht war, einzig für diesen Zweck genutzt und nicht anderen Verwendungen zugeführt werden.

**Dato Ng Chee Cheong**
*Sägewerker, Malaysia*

**Gibt es »gute« und »böse« Bäume?**

Der Baum, der in Nachbars Garten steht und mir die Sonne nimmt, die Bäume, die mir als Kind abends immer Angst eingejagt haben, weil in ihnen angeblich ab einem bestimmten Zeitpunkt die »Abendmutter« haust, der Baum, der die Blitze anzieht wie Fichte und Pappel, der Baum, der den Holzfäller erschlägt, wenn er gefällt wird, der Baum, der dem Autofahrer »im Weg steht« und somit gefährlich wird.

**Sind diese Bäume alle »böse«?**

Der Baum, der in meinem eigenen Garten steht und mich mittags vor der grellsten Sonne schützt, die Bäume, die mir mein Jogging im Wald erträglich machen, die Bäume, die mich vor dem Blitz schützen wie die Buche, der Baum, der Früchte trägt.

**Sind diese Bäume »gute« Bäume?**

Die Bäume sind jenseits von Gut und Böse. Sie haben nur so viele Eigenschaften, daß jeder, der ihnen gut oder böse gesonnen ist, auf seine Kosten kommt. Was haben wir nicht alles im Laufe unserer Geschichte in die Bäume hineininterpretiert! Warum versuchen wir nicht endlich, sie so zu sehen, wie sie sind!

**Ingeborg Hederich**
*Sekretärin*

**Baum-Kunst**

Es scheint ein Grundgesetz auf diesem Planeten zu sein, daß sich Individuen - ganz gleich ob Menschen, Tiere oder Pflanzen - nur in dem Maße entwickeln können, wie es ihre Umgebung zuläßt. Dazu drei Bilder:

Vor gut zehn Jahren war ich im Allgäu mit einem Jahresring-Bohrer unterwegs, um das Alter einiger markanter Bäume zu ermitteln. Einer neugebauten Forststraße hatte eine kleine Eibe weichen müssen. Ich fand sie abgesägt neben der glatten Asphaltdecke. Kaum mehr als 80 cm hoch, hatte sie einen kräftigen Stamm entwickelt. Eine Scheibe war schnell abgesägt und zu Hause unter der Lupe ausgezählt. Wie erstaunt war ich, über 50 Jahresringe zu ermitteln! Kurze Vegetationsperioden und ständiger Wildverbiß hatten der Eibe verwehrt, zu einem Baum heranzuwachsen.

Zweites Bild: Das Gebirge des Lushan im Süden Chinas ist berühmt für seine landschaftliche Schönheit, die Vorbild für die Gestaltung chinesischer Gärten wurde. An einer senkrechten Felswand entdeckte ich eine bizarr gewachsene Kiefer. Der exponierte Standort hatte sie zu einem natürlichen Bonsai - oder wie der Chinese sagt: Penjing - werden lassen.

Drittes Bild: Jährlich strömen Tausende durch die berühmten Barockgärten. Sie bewundern die farbenfrohen Broderien mit den grünen Umrandungen aus geschnittenem Buchsbaum. An heißen Sommertagen genießen sie den angenehmen Schatten im Laubengang aus halbrund gezogenen Hainbuchen. Sie spüren die Räumlichkeit des von kegelförmig geschnittenen Eiben begrenzten Parterres.

Vergewaltigung der Natur im formalen Garten? Nein, hier ist es der gestaltende Mensch, der die Entwicklung von Baum und Strauch beeinflußt. Er kann sie nicht in Formen zwingen, die sie nicht zu entwickeln fähig wären. Er engagiert sie vielmehr als Akteure eines Kunstwerks, das von seiner Wirkung auch heute, im Zeitalter einer neuen Naturästhetik, noch nichts eingebüßt hat.

**Karlheinz Rücker**
*Chefredakteur*

**Die Früchte der Bäume**

An den Früchten erkennt man den Baum. Ein Spruch, der oft ohne weiteres Nachdenken geäußert wird. Wenn man aber die Augen öffnet, wird einem klar, wie wahr er ist. Wenn man, wie ich, sein halbes Leben dem Ahorn gewidmet hat, staunt man stets aufs neue.

Als Kinder lernten wir den Ahornbaum mit seinen großen Blättern kennen. Die Früchte drückten wir auf die Nase. Beim Spitzahorn ging das lange nicht so gut, aber welches Kind macht sich darüber Gedanken!

Als Gartenfreund wundert man sich auch nicht weiter, *Acer* ist schließlich eine Gattung mit vielen Erscheinungsformen, und zu den typischen Ahornfrüchten gehören nun einmal auch fünflappige Blätter.

Aber dann begegnet man Arten mit großen, gefiederten Blättern, und trotzdem sind die Blättchen gelappt. Die Früchte verraten ihn jedoch, es ist der Eschenahorn, *Acer negundo*.

Geht man von den gängigen Arten weg, sieht man Pflanzen mit Blättern, die dem typischen Ahorn ganz unähnlich sehen. Auch sie tragen aber Ahornfrüchte. Man glaubt es kaum, ist dieser Baum nicht eine Hainbuche? Die Natur hat sich nicht geirrt, die Früchte sind Ahornfrüchte, und die Blätter stehen sich gegenüber. Er sieht nicht danach aus, der Baum ist aber dennoch ein Ahorn.

Damit nicht genug, da begegnet einem plötzlich ein Ahorn mit Lindenblättern. Auch hier verraten ihn die Früchte. Der Baum entpuppt sich als *Acer distylum*, eine Rarität erster Güte. Was soll man erst zu Ahornarten mit Kirschlorbeerblättern sagen, so *Acer oblongum?* Nur wenige Gattungen sind so formenreich. Immer wieder verraten aber die Früchte die Zugehörigkeit.

**D. M. van Gelderen**
*Inhaber einer Baumschule, Holland*

**Gott im Baum**

Der Balzer-Herrgott bei Gütenbach im südlichen Schwarzwald

Mit den Bäumen verbinden uns Beziehungen, die in älteste mythische Schichten zurückreichen: der Baum als Symbol des Lebens, als Sinnbild für die Einheit des Kosmos, als Welten- und Lebensbaum; Assur, die Zeder auf dem Libanon, die Weltesche Yggfrasil, der indische Bodhibaum, die Bäume des Paradieses, unter ihnen der Baum der Erkenntnis des Guten und des Bösen.

Sollten wir diese Urbilder nun nicht besser auf die Deponien unseres kulturellen Sperrmülls befördern, nachdem wir die Hinfälligkeit der Bäume gegenüber den von uns produzierten Luftschadstoffen haben erkennen müssen, seit wir ihre Unversehrtheit nicht mehr gewährleisten können, seit sie zu mitleiderregenden Objekten unseres ökologischen Unverstands zu degenerieren beginnen? Sollten wir solche Sinnbilder nicht abschaffen, wenn die Symbolsprache zur unverständlichen Fremdsprache geworden ist, wenn mit der Umwelt auch die Bildwelt kippt?

Da ist der Balzer-Herrgott, der in die Buche eingewachsene, vielleicht spätgotische Sandsteinkruzifixus. Christus am grünenden Baumkreuz: So ist in frommen mittelalterlichen Bildern die Überwindung des Todes dargestellt worden; das Kreuz, Lebensbaum der Christen.

Gott im Baum, einst und jetzt. Pan: griechischer Wald- und Herdengott, Schutzgott der Jäger und Hirten, der durch sein Auftauchen auch in Panik, in panischen Schrecken versetzen konnte. PAN: Peroxyacetylnitrat, aus Stickoxyden entstehendes Smog-Gift, mutmaßlicher Hauptverursacher des bedenkliche Dimensionen annehmenden Waldsterbens.

Der Balzer-Herrgott droht indessen vollends einzuwachsen. Die ihn umklammernde Buche, ganz »Mutter des Waldes«, ist im Begriff, ihn unseren Blikken zu entziehen. Verbirgt der Gekreuzigte sein Antlitz im Schmerz über das ihm und seiner Schöpfung Angetane? Keine Bildhaftigkeit, keine Symbolkraft? Doch wozu brauchen wir Symbole? Der Schwarzwälder Herrgottswinkel, die Schwarzwälder Freizeit- und Erholungslandschaft braucht ihre Anziehungspunkte, der Balzer-Herrgott muß als Ausflugsziel erhalten bleiben! Her mit dem Baumchirurgen, her mit dem Herrgottsschnitzer, der den Gott im Baum sauber wieder herauspräpariert! Die Operationswunde ist nun mit grünem Anstrich übertüncht, mit dem Balsam der Baumpfleger, wasserabstoßend und fungizid, damit er die Zeit überdauert.

**Wolf Hockenjos**
*Forstdirektor*
(Siehe Abbildung S. 133)

Ein erwachsener Baum erzeugt in mir Angst mit seiner Stärke und Kraft, seiner Größe, Erfahrung und seinem Alter, seiner Schönheit, Zielsicherheit und Natürlichkeit. Er hat all das, was ich momentan nicht besitze.

**Claudia Schäffer**
*Floristin*

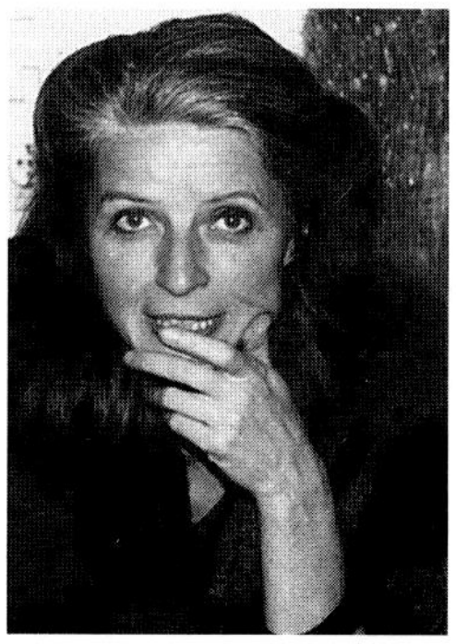

**Wald - Bäume - Stille**

Stille umfängt mich, unendliche Stille. Ich gehe wie durch meine eigenen Räume und bin gleichzeitig Teil der Großen Stille.

Die Bäume schenken mir ihr Schweigen, ihr Ruhen in sich selbst.

Mein Blick gleitet an ihren Stämmen entlang, Energieleiter aus dem Unendlichen. Mittler der kosmischen Polaritäten zwischen Himmel und Erde, Licht und Dunkel.

Hier erfahre ich meine wahre Dimension.

**Elena Engel**
*Malerin und Bildhauerin*

Die Bedeutung des Baumes für die Menschen über die Jahrhunderte läßt sich eindrucksvoll an der Orakeleiche von Dodona ablesen. Das Orakel von Dodona war dem griechischen Göttervater Zeus geweiht, dem die Eiche - ebenso wie dem germanischen Gott Donar - heilig war. Es ist bekannt, daß der Blitz nur zu gerne in mächtige Eichen einschlägt, und Zeus äußerte seinen Willen in Blitz und Donner.

Im Rauschen der dodonäischen Eichenblätter antwortete der Göttervater auf die Fragen der ratsuchenden Orakelbesucher. Sitzt man heute in Dodona unter der Eiche, so hört man ebenfalls das Blätterrascheln, denn es weht fast ständig ein kühler Lufthauch durch das Gebirgstal. Die Abgeschiedenheit und Stille dieses Tales lassen dieses Blätterrauschen um so geheimnisvoller wirken. Was flüstert mir die Eiche zu?

Homer berichtet, daß bereits Achilleus vor Troja an diesem Baumheiligtum betete und sich Odysseus hier vor seiner Rückkehr nach Ithaka Rat holte. In der Antike schrieben die Orakelbesucher, Staatsmänner wie einfache Leute, ihre Fragen auf Bleitäfelchen und übergaben diese den Priesterinnen. Die Priesterinnen deuteten nun die Antworten des Göttervaters Zeus aus dem Rascheln der Eichenblätter.

Viele Menschen suchten bei der Orakeleiche Rat, und das Baumheiligtum kam zu Weltruhm. Ca. 400 v. Chr. baute man zusätzlich einen Zeustempel, dem später weitere Kulträume folgten.

Welchen Zulauf Dodona gehabt haben muß, zeigt das Theater am Eingang des heiligen Bezirkes, in dem 15.000 Zuschauer Platz fanden. Das Heiligtum wurde im 2. Jahrhundert vor Chr. von den Römern zerstört.

Man sitzt zwar heute nicht mehr unter dem ursprünglichen Orakelbaum. Das nachgepflanzte Exemplar zieht noch nicht den Photographen an, jedoch empfindet man im Schatten der an dieser Stelle nachgewachsenen Eiche immer noch die geheimnisvolle und mystische Bedeutung dieser historischen Stätte.

**Dr. Gertrud Hein**
*Dipl.-Geographin*

Wir haben verlernt, die Blätter im Wald zu lesen. Seitdem haben wir die Bücherregale.

**Ben Wargin**
*Baumpate und Überredungskünstler*

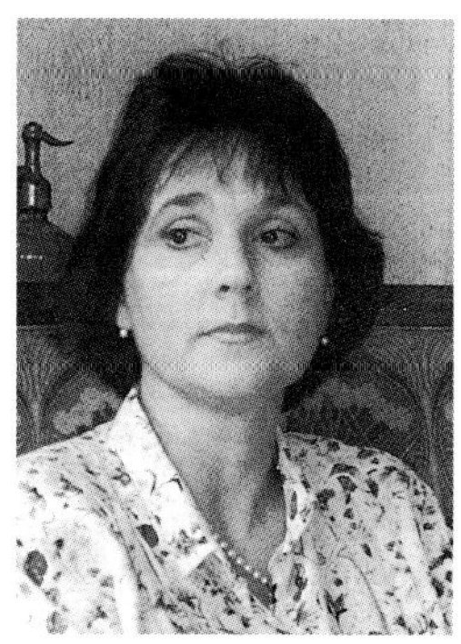

Dies ist nicht meine Baumgeschichte, sondern die von Hänschen Apfelkern:

Zur Zeit der Besiedlung Kaliforniens zog auch Hänschen in einem Treck gen Westen. Er war ein kleiner Junge, der nichts anderes tat, als müßig herumzustreunen, den Apfelvorrat aufzuessen und die Kerne überall zu verstreuen.

Sein ganzes Leben lang blieb er in den Augen seiner Mitmenschen ein liebenswerter Nichtsnutz, denn er tat wirklich nichts.

Nach seinem Tod stand er nun schüchtern vor Gottes Thron mit leeren Händen. So ganz leer waren sie natürlich nicht, denn er hielt in einer Hand ein paar Apfelkerne, als er traurig sagte, daß er zu Lebzeiten nicht viel Nützliches geleistet habe. Dabei kullerten ihm Tränen über die Bäckchen, die so rot und rund wie Äpfel aussahen.

Da nahm ihn Gott bei der Hand, teilte die Wolken und gab ihm den Blick frei auf ein paradiesisches Tal. Dort standen unzählbare Apfelbäume in ihrer schönsten Blütenpracht, daß es ihm den Atem verschlug! Und Gott sprach: »Siehst Du, ein jeder hat seine Bestimmung auf Erden. Und durch Dich habe ich all diese Bäume wachsen lassen! Aus diesem Grunde sollst Du für alle Zeiten den Namen Hänschen Apfelkern haben!«

**Monika Ram**
*Hausfrau*

1,2 Milliarden Menschen besuchen in jedem Jahr den deutschen Wald. Ein unerträglich hoher Prozentsatz sucht ihn dabei regelrecht heim, d.h. viele Menschen hinterlassen ihre Spuren auf höchst unerfreuliche Weise an allen möglichen Stellen und immer wieder an einem zentralen Ort, dem Wanderparkplatz. Hier ist der Endpunkt für das Auto und der Ausgangspunkt für den Wald. Hier endet die Zivilisation, hier beginnt die Natur.

Wie aber sehen diese Wanderparkplätze im allgemeinen aus. Asphalt, Schuttablagerungen, Feuerstellen, naturferne Anpflanzungen prägen das Bild. Diese Plätze wirken somit in einer Weise bewußtseinsbildend, die mit Natur nicht vereinbar ist. Der Eindruck des Parkplatzes wirkt nach, wenn die Menschen in den Wald gehen, und er verwischt umgekehrt den Einblick in die Natur wieder, wenn sie zu ihrem Auto zurückkehren. Sicherlich verstärken solche Anblicke auch die Tendenz, sich im Wald so lieblos zu verhalten, überall Verunreinigungen zu hinterlassen.

Ich habe mich jetzt entschlossen, nicht nur dagegen zu denken, sondern auch praktisch etwas dagegen zu tun. Ich bemühe mich, einen solchen Wanderparkplatz zu erwerben und ihn so zu gestalten und zu erhalten, daß er den Wald nicht mehr beleidigt. Mehr noch, gleichzeitig gründe ich hiermit den ersten Verein der privaten Eigner von Wanderparkplätzen und hoffe auf viele Mitglieder, damit diese Orte allenthalben zu einer Verbeugung vor dem Lebewesen Baum werden. Schließen Sie sich mir an, machen wir es zu einer Bewegung!

**Wolfgang Winners**
*Oberstudienrat*

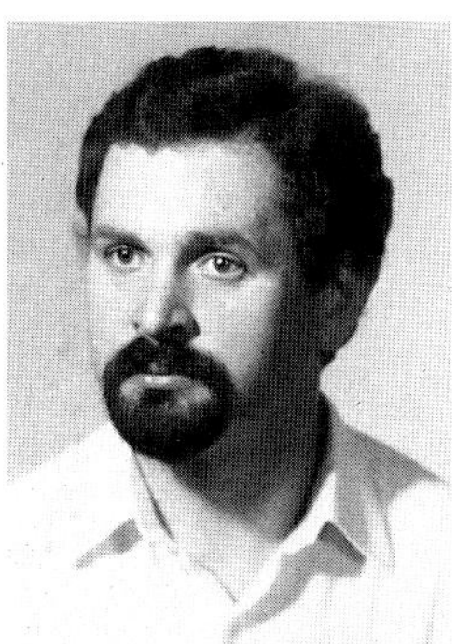

Der wundersamste Baum, dem ich je begegnet bin, stand im Park von Szczytnicki in Breslau. Es war ein Ginkgo. Im Laufe der Jahre hatte er ohne jede menschliche Hilfe in seiner Spitze ein Gebilde entwickelt, das mit dem christlichen Kreuz identisch war. Als sich dieses immer mehr herausformte, fingen die Leute allmählich an, an dieser Stelle Kerzen anzuzünden und zu beten. Sie sahen darin eine Erscheinung der Mutter Gottes. Die Kunde von der wundersamen natürlichen Gestalt des Baumes verbreitete sich sehr schnell in Polen, und es kamen immer mehr Menschen, um an dieser Stelle zu beten. Da half es auch nicht, daß sich die Kirche davon distanzierte.

Als der Zulauf zu diesem Baum immer größer wurde, fand man ihn eines Morgens im Jahre 1975 gefällt. Die Kirche behauptete, es seien die Kommunisten gewesen. Es ist aber nicht sicher, ob der Baum nicht auf Veranlassung der Kirche gefällt worden ist. Immerhin ist die Kirche auf diese Weise eines Problems enthoben worden, das sich immer mehr ausweitete.

Der Baum hat jedenfalls der oppositionellen Gesellschaft geholfen, offen auszusprechen, daß die Politik der Kommunisten nicht gut war. Der Baum hat sie also ermutigt. Wenn der Baum von Gott war, hat er jedenfalls geholfen.

**Dr. Jaroslaw Warenczuk**
*Wissenschaftler, Polen*
(Siehe Abbildung S. 160)

Wenn die Natur in der Lage ist, Wunder zu vollbringen, warum dann nicht auch am Stammbaum des Menschen? Der eindrucksvollste dieser Art ist zweifelsohne jener der Familie Bach. Er läßt sich weit zurückverfolgen. Eine seiner frühen Wurzeln ist der Musikus Hans Bach. Der Name Bach wächst sich seither zu einem Synonym für Musiker schlechthin aus.

Ist es ein Zufall, daß Johann Sebastian Bach ausgerechnet an dem Tage geboren wurde, der in dem keltischen Baumhoroskop als einziger im Jahr im Zeichen der Eiche steht? Musikalisch gesehen ist Johann Sebastian Bach zweifellos der mächtige Stamm des Familienbaumes. Als zentrale Persönlichkeit hat er die Strömungen seiner Zeit zu einer genialen Symbiose geführt und gleichzeitig den markanten Endpunkt des Hochbarock gesetzt. Zu diesem Stamm gehört - aus den gleichen Wurzeln genährt - auch seine Cousine zweiten Grades und erste Ehefrau Maria Barbara Bach. Die Äste seiner Nachkommenschaft recken sich in die lichten Höhen der Wiener Klassik. Seine Söhne, insbesondere Wilhelm Friedemann, Carl Philipp Emanuel (beide aus erster Ehe), Christian, der »Londoner«, und Johann Christoph Friedrich, der »Bückeburger« (beide aus der zweiten Ehe mit der durch das »Notenbüchlein« berühmt gewordenen Anna Magdalena Bach geb. Wükken), wurden für die Stilbildung der Klassik ähnlich der »Mannheimer Schule« eines Johann Stamitz unentbehrlich. Ohne die Söhne Bachs wäre der musikgeschichtliche - insbesondere der stilistische - Nährboden für Joseph Haydn, Wolfgang Amadeus Mozart, Ludwig van Beethoven und Franz Schubert nicht geschaffen worden. Es ist spekulativ zu mutmaßen, wie anders sich die Musik ohne Bachs Söhne entwickelt hätte.

Das letzte Ästchen des Bachschen Stammbaums reicht mit dem Enkel Wilhelm Friedrich Ernst Bach (einem Sohn des »Bückeburgers«) bis weit ins Biedermeier hinein und verdorrt hier.
Späteren Musikergenerationen bleibt allein die Ausprägung des genialen Individuums trotz musisch veranlagter Vorfahren und Nachkommen. Beispielsweise traten Mozarts Söhne zwar in die Fußstapfen ihres Vaters, aber einzig Franz Xaver Mozart konnte durch die frühe Ausprägung romantischen Geistes in wenigen Werken Aufmerksamkeit, die bis heute anhält, erringen.

Daß die Verbindung Schumanns mit der bedeutenden Pianistin und Komponistin Clara Wieck trotz des Kinderreichtums keine bedeutenden Künstlerpersönlichkeiten mehr hervorgebracht hat, ist möglicherweise auf den äußerst kraftvollen, beherrschenden Charakter Claras zurückzuführen.

Der Bachsche Stammbaum steht jedenfalls hinsichtlich der Vererbung von musikalischem Genie einzig da.

**Klaus Witteler**
*Musikpädagoge*

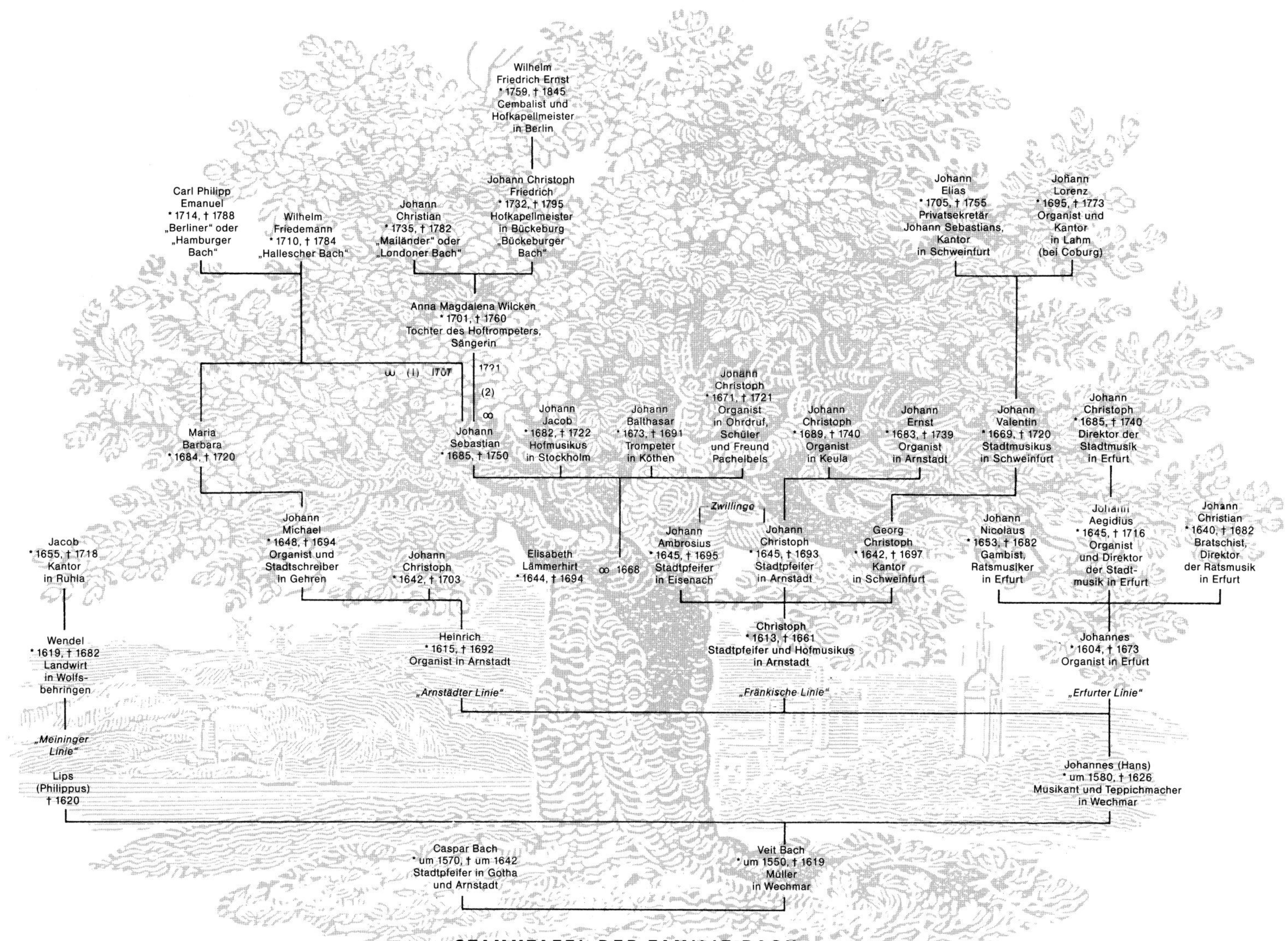


**STAMMTAFEL DER FAMILIE BACH**
(Übersicht)

**Forstliche Genressourcen als Basis der Waldökosysteme**

Die genetische Differenzierung der Wälder während der postglazialen Entwicklung ermöglicht es ihnen, unter natürlichen Umweltbedingungen langfristig zu überleben. Durch Selektion sind natürliche und autochthone Waldbestände an ihren Wuchsort angepaßt. Sie können mit Hilfe ihrer bewährten genetischen Information den natürlichen Streßfaktoren widerstehen, da ihr Genpool sich mit biotischen und abiotischen Umweltfaktoren unter natürlichen Verhältnissen im dynamischen Gleichgewicht befindet.

Wenn auch ein größerer Teil unserer Wälder noch den Anforderungen des jeweiligen Standortes genügt, ist dennoch unverkennbar, daß wertvolles Erbgut verloren gegangen ist durch:

- *Rodungen für Besiedlung und landwirtschaftliche Nutzung,*
- *Zurückdrängen ursprünglicher Laubwälder zugunsten von Nadelwäldern und Bevorzugen bestimmter Herkünfte,*
- *anthropogene Luftverunreinigungen und neuartige Waldschäden.*

*Besonders den Immissionsbelastungen sind Waldbaumarten wegen der langen Generationsdauer mit ihrem bewährten Erbgut nicht gewachsen.*

*Als Maßnahmen zur Sicherung der bedrohten genetischen Vielfalt der Wälder sind notwendig:*

- *Reduktion von Luftverunreinigung und Waldinanspruchnahmen*
- *Erhaltung der genetischen Variation durch natürliche Verjüngung*
- *Sicherung von Wäldern durch Saat und Pflanzung in weniger beeinträchtigten Regionen*
- *Konservierung durch Einlagerung von Saatgut und Pollen*
- *Anlage von Klonsammlungen und Erhaltungssamenplantagen*
- *Sicherung der Vielfalt der Arten und Standortrassen.*

**Heinz Peter Schmitt**
*Forstdirektor*

**Der Galgenbaum**

Im 15. Jahrhundert lebte in Frankreich ein Dichter, der sich nicht anpassen wollte.

Er rauft und säuft und hurt und gerät deshalb immer wieder mit der Obrigkeit in Konflikt. Schließlich wird er wegen einer Tat, die er nicht begangen hat, zum Tode verurteilt. Angesichts seines nahen Todes schreibt er sich seine Todesangst und Verzweiflung von der Seele, und er malt sich in allen Einzelheiten aus, wie es sein wird, wenn ihn morgen die Raben annagen. Sein Name: François Villon.

»Seinen« Galgenbaum stelle ich mir so vor: groß, grün, mit weitausladenden Ästen, und Villon und seine Saufkumpane hängen daran wie exotische Früchte.

So wird der Baum als Symbol für Leben und Fruchtbarkeit und als mythischer Ort der Erkenntnis und Offenbarung in sein Gegenteil verkehrt.

Doch halt: Unser Dichter hat Gesellschaft bekommen. Gott Odin reitet über die Äste dieses »windigen Baumes«. Odin kennt sich hier bestens aus. Nicht umsonst lautet einer seiner vielen Beinamen »Gott der Gehenkten«: Der Mythos erzählt, er habe sich einst neun Nächte lang selbst aufgehängt und sei danach zur Kenntnis der Schrift und der Dichtkunst gelangt.

Es bleibt nachzutragen, daß Villon nicht erhängt, sondern im letzten Augenblick begnadigt wurde. Danach verliert sich seine Spur in der Geschichte. Die »Ballade der Gehenkten« wurde zum Schwanengesang.

**Gisa Bringer**
*Studienrätin*
(Siehe Abbildung S. 200)

Zu lange und zu rücksichtslos haben wir uns in die Natur eingemischt, als daß wir sie jetzt sich selbst überlassen könnten. Sie kann sich nicht mehr helfen, wir müssen eingreifen.

In Nordrhein-Westfalen geschieht dies mit Hilfe einer Landeseinrichtung, die etwa 300 Mitarbeiter aus allen naturwissenschaftlichen und mehreren technischen Disziplinen zählt. Mit allen zugänglichen wissenschaftlichen und praktischen Kenntnissen und Mitteln soll die Erhaltung und Wiederherstellung der Natur in einer Zeit, in der alles geplant werden muß, nicht dem Zufall überlassen werden.

Welche Stellung nehmen die Bäume dabei ein? Eine sehr wichtige, die bereits in sämtlichen Bestandteilen des Namens dieser Landeseinrichtung zum Ausdruck kommt. Sie heißt »Landesanstalt für Ökologie, Landschaftsentwicklung und Forstplanung« und wurde 1975 mit Sitz in Recklinghausen gegründet. Bei der Landschaftsplanung, Einführung eines Landschaftsinformationssystems, Einrichtung von Forstbetrieben, Standortkartierung für alle Waldflächen des Landes, Ermittlung und Bewertung der Schadstoffbelastungen von Böden und Pflanzen, dem Aufbau eines landesweiten Biotopkatasters, Artenschutz- und Naturschutzprogrammen und -maßnahmen spielt der Baum eine wesentliche Rolle. Entscheidend ist, die Erkenntnisse auf die politischen Entscheidungsinstanzen zu übertragen. Ich finde, es kann gar nicht genügend Institutionen dieser Art geben, um den Bäumen und ihren Lebensräumen nachhaltig zu helfen.

**Prof. Dipl-Ing. Albert Schmidt**
*Präsident der Landesanstalt für Ökologie, Landschaftsentwicklung und Forstplanung*

**Die Waldschadenserhebung - Teil der Umweltkontrolle**

In Deutschland ist man seit langem dabei, die Entwicklung der Bäume sorgfältig zu beobachten. In dem Bundesland Nordrhein-Westfalen wurde im Jahre 1990 bereits zum 8. Mal in ununterbrochener Reihenfolge eine Waldschadenserhebung durchgeführt:

Dabei werden 1.000 Erhebungspunkte mit insgesamt mehr als 24.000 Bäumen festgelegt, die sorgfältig auf ihren jeweils aktuellen Gesundheitszustand kontrolliert werden. Es werden 4 x 2 $km^2$-Stichprobenraster ergänzt durch ein 16 x 16 $km^2$ Raster auf EG-Basis. Allgemein kommt es dabei zu Aussagen über

- Kronenverlichtung durch Nadel- und Blattverluste
- Verfärbungen im Kronenbereich
- Schädigungen durch Borkenkäfer, Eichenwickler, Frostspanner und Buchenspringrüßler.

Seit im Jahre 1990 schwere Stürme aufgetreten sind, kommen auch noch Erkenntnisse aus diesen Ereignissen hinzu. Ohne eine derartige Untersuchung gäbe es keine verläßliche Aussage über die Vitalität der Waldbäume.
Nordrhein-Westfalen ist nur Teil einer EG-weiten Gesamtsicht.

Im Jahre 1990 lag die Waldschadensfläche NRW bei rd. 359.600 ha, das entspricht 42,1%. Dies sind 26.500 ha = 3,1% mehr als im Vorjahr.

Dieser erneute Schadensanstieg, vor allem bei der Baumart Buche, ist weiterhin Anlaß zu großer Besorgnis und ein deutliches, warnendes Signal. Es muß gehandelt werden.

**Wolfgang Schöller**
*Forstdirektor*

Bäume sind allgemein das Symbol des Lebens und der Inspiration schlechthin. Ein Platz ohne Bäume ist eintönig und tot, es geht nichts von ihm aus.

Ich habe auch eine ganz persönliche Beziehung zu einem Einzelbaum. Es ist eine Eiche. Wenn ich den Dingen auf den Grund gehen will und wenn ich die wunderbare Hand Gottes in der Natur wahrnehmen möchte, dann gehe ich zu diesem Baum, schaue in seine grünen Blätter und erfahre alle Antworten.

**Lawrence Mathebula**
*Reverend, Südafrika*

**Der Fledermausbaum**

Fledermäuse? Das ist ja furchtbar. Vampire, die uns in der Nacht heimsuchen, unser Blut trinken und mit dem Teufel im Bunde stehen. Schauerliche Phantasien aus der Zeit des dunklen Mittelalters? So könnten wir meinen.

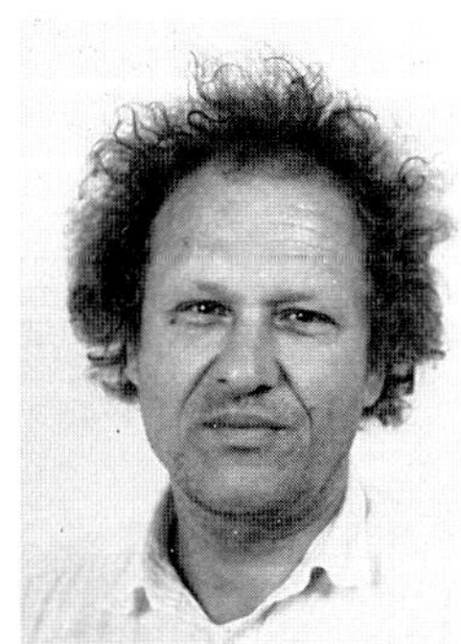

Leider kenne ich auch heute noch Orte, wo es Leute gibt, die harmlose Insektenfresser aus ihren Tagesschlafquartieren holen und abergläubisch an Scheunentore nageln. Gottlob kann den Wald- und Baumfledermäusen derartiges nicht widerfahren. Sie leben sicher und geborgen im mächtigen Leib alter, auch abgestorbener alter Bäume. Wie viele derartige Bäume wurden von uns nicht schon den Forstverwaltungen für die Fledermäuse abgerungen! Nach dem Willen der Verwaltungen wäre das Totholz längst verschwunden, hätte einer ertragreichen Neuanpflanzung Platz gemacht. Aber was wäre uns damit alles verlorengegangen! Gerade die alten und auch die toten Bäume sind bevorzugte Wohn- und Lebensräume der Fledermäuse. In den höhlenreichen Stämmen beziehen sie ihre Quartiere und bleiben dort solange, wie es der Baum zuläßt. Erst wenn Wind und Wetter den Veteranen zu Fall bringen, suchen sich die Fledermäuse ein neues Zuhause.

Daher ist es von größter Bedeutung, diese Patriarchen des Waldes zu erhalten, denn ungezählten Insekten, Vögeln und Säugetieren bietet die mächtige Buche am Rande des Waldes Schutz und Obdach, Nahrung und Heimat.

**Hans Joachim Rech**
*Naturschützer-Schriftsteller*

Der Baum gilt seit alters her als Sinnbild des Lebens. Wie bei den Menschen ist allerdings der Baum im Lauf unserer Zeit immer mehr zum Sinnbild des jungen Lebens geworden.

Das Ideal vieler Gärtner und Förster ist der aufgeastete, gerade Stamm mit hochsitzender Krone, also der im Grunde unnatürliche Baum. Wenn ein Baum alt wird und dabei seine typische Altersgestalt mit Höhlungen, damit verbundener Mulmbildung, Pilzbesatz, gespaltenen Stämmen und abbrechenden Ästen zeigt, erscheint er sanierungsbedürftig. Er muß entweder beseitigt werden, oder die Natur soll baumchirurgisch dem menschlichen Geschmack angepaßt werden.

Dabei wird der Baum erst dann richtig zum Lebensspender, wenn er über einen sehr langen Zeitraum allmählich selbst zerfällt. Junge Bäume bieten nur einer begrenzten Zahl von Tieren ausreichende Lebensbedingungen. Erst der alte Baum wird zum Biotop in sich, bietet alles, was eine unzählbare Vielfalt von Lebewesen für ihr Leben braucht und wird also erst im Alter zum eigentlichen Sinnbild des Lebens.

**Matthias Forst**
*Entomologe*

**Welcher Baum lebt besser?**

Ich beschreibe einen Baum, der in der kleinen Stadt Ratingen im Rheinland am Straßenrand steht, wo viele Häuser sind. Am Anfang habe ich diesen Baum vor unserem Haus nie beachtet, und es machte mir auch nichts aus, daß um ihn herum Unkraut wucherte.

Eines Tages kam ein Nachbar zu uns und fragte meinen Bruder und mich, ob wir nicht Lust hätten, für den Baum die Patenschaft zu übernehmen. Wir sagten begeistert zu. So wurde an den Baum eine Plakette gehängt. Dann erst sah ich, wieviel Unkraut um den Baum gewachsen war. Und ich machte mir regelrecht Sorgen darum. Also packte ich Schaufel und Eimer und zupfte das ganze Unkraut heraus. Anschließend goß ich den Baum, und jetzt sah er schon viel besser aus. Zum Schluß setzten wir Blumen um den Baum, die sehr grell leuchteten, damit die Autofahrer ja nicht den Baum anfahren und somit gewarnt waren.

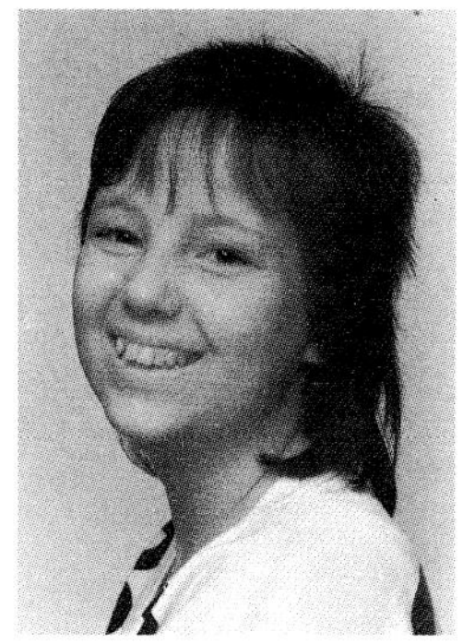

Als alles fertig war, ging ich ins Haus und überlegte mir, wie schlecht es den Bäumen auf der Straße ging. Die hatten ja fast keine Erde und wurden in Beton eingepflanzt. Und sie hatten noch nicht einmal eine andere Pflanze, mit der sie sich die Wärme und das Wasser teilten. Zum Beispiel der Pilz. Er leitet die Wärme zum Baum über, und der Baum führt das Wasser zum Pilz. Sie taten mir wirklich leid, die Bäume in der Stadt. Ich würde mir wünschen, daß alle Bäume in der Stadt in den Wald ziehen würden. Aber das geht ja leider nicht. Im Wald haben die Bäume alles, was sie brauchen: Wasser, Erde, Wärme und die anderen Pflanzen, die diese Dinge mit ihnen teilen. So nahm ich mir vor, mich noch mehr um den Baum zu kümmern. Ich goß ihn fast jeden Abend. Und ich hoffe, daß ich dem Baum damit ein bißchen helfe, sein armes Leben mit etwas mehr Liebe und Sorgfalt aufrechtzuerhalten.

**Nina Eble**
*Schülerin*

Bäume, dauernder Born der Lebensfreude aus langlebigen, manchmal still gewordenen, aber nie versiegenden Quellen. Spiegel unserer Zivilisation, in dem sich die Unruhe der menschlichen Existenz aus den Wunden unserer unkontrollierten Handlungen, unserem wahnsinnigen Eifer, alles profanisierend zu berühren, zeigt.

Bäume, unsere ewige Suche nach Genuß, den wir so zahllos oft in dem Schattenschirm ihrer Äste fanden, in dem endlosen Kampf zwischen dem Ideal, das wir suchen, und der Wirklichkeit, der wir dienen.

Bäume, Brunnen der Inspiration oder bloße Begleiter in hedonistischen Augenblicken, Nahrung oder Rohstoff, ihre Vielseitigkeit erstrahlt mit dem Ruhm dessen, was wir aus ihnen gemacht haben.

Eine Gesellschaft kann danach beurteilt werden, wie sie ihre schwächeren Mitglieder, wie Kinder oder Alte, behandelt. Ich sage: Zeigen Sie mir Ihren Garten, und ich werde Sie entsprechend der Art, wie Sie die Bäume darin behandeln, beurteilen!

**Paul Jounet**
*Industriemanager, Holland*

Bäume sind die Brüder und Schwestern der Menschen. Fast scheinen sie nur da zu sein, unser Leben zu fördern und zu erhalten. Bei der Assimilation geben sie Sauerstoff ab und gleichzeitig nehmen sie Carbondioxid und -monoxid auf. Das ist genau der Umkehrungsprozeß der Atmung des Menschen.

Wir können uns den Bäumen anvertrauen, denn sie sind die weit älteren, ungleich erfahreneren Brüder und Schwestern. Sie sind schon seit undenkbar vielen Millionen Jahren da, daß wir ihnen gegenüber wie Kleinkinder wirken. Aber auch Kleinkinder können böse sein und Schaden anrichten, man sieht es an dem Zustand unserer Bäume. Wer erzieht uns rechtzeitig, damit wir uns so verhalten, wie es sich in einer Familie unter Brüdern und Schwestern gehört?

Die Bäume aber nehmen selbstlos und unbeirrt ihre Schutzfunktion für uns wahr. In unserem tropischen Klima beschützen sie uns außerdem vor der Sonne, und sie sind ein Filter vor anderen Strahlungen aus dem Kosmos, die uns genauso schädlich werden können wie die Sonne. Ich hoffe, die Zeit, da wir einmal etwas für unsere Brüder und Schwestern tun, ist nicht mehr fern.

**S. Zuhdi**
*Dipl.-Forstwirt, Indonesien*

**Bäume - das größte Geschenk an die Menschheit**

Einen Baum könnte man einfach als eine Pflanze definieren, die aus einem Stamm und verschiedenen Wipfelformen besteht, ganz in Abhängigkeit von der Holzart. Dies wäre eine ziemlich einfache Definition. Tatsächlich dürfen wir jedoch nicht die Kraft und Bedeutung der Bäume unterschätzen, denn tatsächlich sind sie »das größte Geschenk an die Menschheit«.

Seit Beginn unserer Zivilisation haben die Bäume der Menschheit geholfen, ihre Bedürfnisse nach Wärme, Schutz, Transport und wirtschaftlicher Entwicklung in Richtung auf einen besseren Lebensstandard zu erfüllen. Die Wälder haben uns mit Holz, Chemie, Medizin, außerdem mit Häusern, Möbeln, Papier und Kleidung versorgt und die Befriedigung unzählbarer alltäglicher Grundbedürfnisse gesichert.

In Indonesien haben Bäume und die angemessene Verwendung des Holzes 180 Millionen Menschen den Anstoß gegeben, ihren Lebensstandard zu verbessern. So wurde über die wirtschaftliche Entwicklung ein Niveau erreicht, das über dem Standard der Armut liegt.

Bäume sind eine erneuerbare Quelle. Niemals sollten wir zulassen, daß sie unserer Welt der verschiedenartigsten Kulturen verlorengehen.

Indonesien löst das Problem seiner Bäume intensiv in sorgfältig geplanten Programmen. So wird die Grundlage neuer Wälder für zukünftige Generationen gelegt, und ich kann allen versichern: Wir werden die Bäume, »das größte Geschenk an die Menschheit«, schützen!

**M. Hasan**
*Vorsitzender der indonesischen Forstwirtschaft, Indonesien*

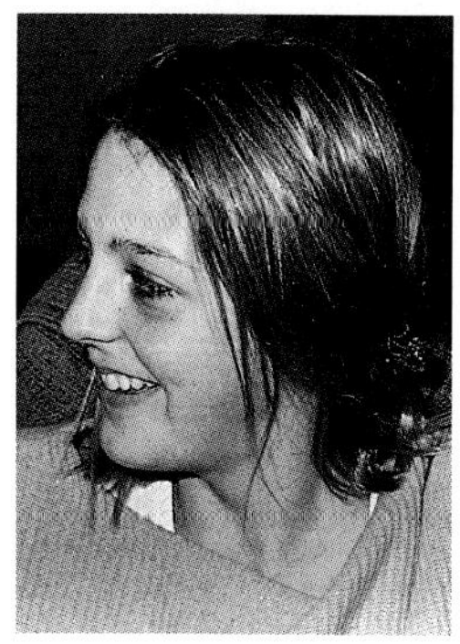

*Bäume sind wahrhafte Tänzer:*
*selbstlos in ihrem Wesen,*
*ausdrucksvoll und überzeugend in ihrer Bewegung*
*und unglaublich ideenreich in der Darstellung.*
*Bäume sind so lebendig wie ihre Tänze.*

**Bettina von Vopelius**
*Studentin, England*

*Der Baum -*
*ein Wanderer am Ziel -*
*der verharrt -*
*sich verwurzelt -*
*steht -*
*bleibt -*
*lebt!*

*Der die Vögel, die bei ihm wohnen, hinausschickt, um seine Erfahrungen, Weisheiten und Träume als Märchen weiterzutragen!*

**Suse Schamoni**
*Innenarchitektin*

Welch unvergleichliche Atmosphäre, die mich anzieht und aufsaugt, damit ich vergesse.

Die Nähe der Bäume gibt mir Sicherheit, gegen die Stämme gelehnt, atme ich ihr Zauberparfüm, wiege mich sanft in den Blättern, um mich zu trösten, schließe die Augen, bis mich ein wohlwollender Schwindel erfaßt, allmählich weicht die bedrückende Spannung, die Kraft der Bäume errichtet sich in mir, innere Ruhe, so sehr herbeigesehnt, breitet sich in mir aus, erfüllt mein Herz mit Wärme und Wohlklang.

Gefüllt mit der Kraft und inneren Ruhe der Bäume, werde ich ihnen gleich und damit ein Bestandteil des Waldes.

**Monique Janotta**
*Primaballerina*
(Siehe Abbildung S. 138)

Einen Baum schneidet man in 5 Minuten um.

Zum Wachsen braucht er über 50 Jahre. Das ist ungefähr das Verhältnis zwischen technokratischer Zerstörung und ökologischem Aufbau. Der sogenannte Fortschritt ist zum Schritt an den Abgrund geworden.

Überleben können wir nur durch einen Rückschritt.

**Friedensreich Hundertwasser**
*Österreich*

**Gedanken:**
**Bäume und Energie**

Bäume sind natürlich viel mehr als Energie, sie sind Leben. Jeder Baum für sich und in seinem Zusammensein als Wald.

Bäume nehmen Nahrung zu sich und atmen, verbinden Erde und Himmel. Jede neue Baumgeneration lebt aus den Hinterlassenschaften der alten. Wie alles Leben haben sie einen Wert an sich.

Bäume sind auch Energiespender. Praktisch. Im Sommer durch ihren Schatten, im Winter durch die Fähigkeit, vor kaltem Wind zu schützen.

Aber auch die ganz pragmatische Bedeutung von Bäumen geht weit darüber hinaus. Bäume ermöglichen Lebensenergie für Menschen, indem sie Sauerstoff erzeugen. Sauerstoff ist notwendiger Bestandteil aller Lebensvorgänge, auch des menschlichen Stoffwechsels. Deshalb: Bäume sind Lebensenergie - ganz unmittelbar und mit allem, was dazu gehört, mit Vergangenheit, Gegenwart und Zukunft.

Es gibt keine Zukunft ohne Gesellschaftsutopie - es gibt keine Bäume ohne Zukunft.

**Dr. Wilhelm von Braunmühl**
*Bund für Umwelt und Naturschutz*

Bäume bieten nicht nur wirtschaftliche, sondern auch ästhetische Aspekte. Dies sollte jeder Förster vor Augen haben. Ich hoffe, daß ich als Förster durch das Pflanzen und Hegen von Bäumen, durch die Schaffung neuer, naturgemäßer Wälder den Menschen die Natur und Landschaft gegeben habe, die wir brauchen, um ruhig und still zu werden, die wir brauchen, um über Natur und Schöpfung nachzudenken, die man vielleicht braucht, um Ehrfurcht vor dem Leben zu haben.

**Dipl.-Ing. Bruno Hammerschmidt**
*Gemeindeforstamtsrat i.R.*

Bäume haben seit frühester Jugend eine große Faszination auf mich ausgeübt. Sie vermitteln - bei aller Statik ihres Daseins - ein getreues Abbild unseres menschlichen Lebens: sie bilden Gemeinschaften, sind Einzelgänger, sie passen sich an, und sie sterben, wenn ihre Zeit gekommen ist. Es gibt viele »Persönlichkeiten« unter diesen schönen Gewächsen, manchmal hoch gewachsen und bewundernswert herrlich anzusehen, manchmal knorrig, zerzaust und standfest, unberührt von den sie umbrausenden Stürmen und Wettern. Bäume wird es immer geben, auch wenn wir Menschen längst von dieser Erde verschwunden sind.

**Dr. med. Fritz Wienke**
*Arzt*

Inmitten einer illustren Gesellschaft von Materialien und Werkstoffkombinationen, die ständig aus den Laboratorien der Industrie neu auf den Markt drängen, steht Holz fast etwas abseits, geduldig auf

dich wartend wie ein Gefährte aus frühester Jugend, bis du es brauchst.

Duftendes, aus Leben entstandenes, begreifbares Holz, Begleiter durch all unsere Jahre als Wiege und Wickeltisch, Bauklotz-Chaos des Kinderzimmers, schrammendes Gerüst übermütiger Kletterlust. Erinnerst du dich an den ärmlichen, schützenden Unterstand aus morschen Brettern, heimlicher Treff glückseliger Zweisamkeit, Postillon d' amour, in Balken geschnitzt? An das Richtfest, die Geometrie aus frisch gesägten Sparren und Brettern, die Ersteinrichtung und wieder ein Kinderbett?

Schau dich um: Wo du auch bist, da ist etwas aus Holz um dich. Die Bank vor deiner Haustür, das Gartentor, die Brücke auf dem täglichen Weg durch den Park, der Stock in deiner Hand. Auch die Verkleidung in der Straßenbahn, in der du gerade sitzt, enthält Holzfasern in den Papierbahnen, die mit dem Harz getränkt sind. High-Tech in der Holzveredelungsindustrie.

Der Wald als großer Baukasten der Natur hält in unserer modernen Welt mit ihren vielseitigen Anforderungen das wohl anpassungsfähigste Material bereit:

Holz, den uralten, anspruchslosen, immer zeitgemäßen, stets verfügbaren und ständig nachwachsenden, vielseitig anwendbaren sowie herrlichen Bau- und Werkstoff des Menschen.

**Wolfdietrich Ehrentreich**
*Dipl.-Holzwirt*

**Der Baum**

Für einen guten Dachstuhl, eine gute Tür, ein warmes Parkett, qualifizierte Möbel und unendlich vieles mehr in unserer gebauten Umwelt wird es auch in 100.000 Jahren kein schöneres Material geben als echtes Holz. Holz, ein Gut, welches fast unbegrenzt leben kann, obwohl es schon tot ist.

Der Baum als Spender für Nahrung, Wärme, Klima, Schatten und eben auch für Holz darf deshalb unseren höchsten Einsatz für seine Erhaltung und Vermehrung erwarten.

So oft wir das Gegenteil verursachen, leisten wir Frevel an der Natur unserer Umwelt und Frevel an unseren nachkommenden Generationen.

**Walter Brune**
*Diplom-Ingenieur, Architekt*

**Bäume geben auch das Werkzeug für Wünschelruten.**

Es gibt keine Baum- oder Strauchart, bei der der abgeschnittene Zweig nicht als Wünschelrute benutzt werden könnte. Dies gilt für Weich- wie für Hartholz.

Das Weichholz leistet nur schwachen Widerstand. Auf Grund dessen ist auch die Spannung schwach. Hartholz leistet einen enormen Widerstand, und es entsteht auch eine enorme Spannung. Je stärker die Spannung, desto stärker ist die Einwirkung der Erdstrahlen auf die Wünschelrute. Deshalb wähle ich vorwiegend Rotbuchen-Heckenholz.

Über Wünschelruten wird viel geredet. Letztlich zählen aber Erfahrungen, nicht Meinungen. Erfahrungen sind schwer widerlegbar und rücken dicht an Wahrheiten und Tatsachen heran. Tatsache ist auch, daß der Wünschelruteneffekt naturverbunden ist. Um einen Ausschlag zu erbringen, gehören vier Dinge dazu:

1. müssen an Ort und Stelle Erdstrahlungen vorhanden sein
2. muß in die Wünschelrute Schwingung hineingebracht werden
3. muß der Blickpunkt genau auf das Strahlenfeld gerichtet sein
4. muß der Rutengänger sich auf sein Vorhaben konzentrieren

Für den perfekten Rutengang braucht man eine Rute mit feststehendem 30-40 mm starkem Griff. Dann hat man die Kraft, diesen wie in einem Schraubstock festzuhalten und alle Widerstände zu überwinden. Nach Überschreiten des Strahlenfeldes muß die Rute wieder in ihre Ausgangslage zurückkommen. Geschieht dies nicht, ist sie durch Handgelenk- und Unterarmbewegung zum Ausschlag gezwungen worden. Es liegt kein Ausschlag vor. Das muß einmal gesagt werden.

**Ludwig Forster**
*Wünschelrutengänger*

Ich bin Mitglied der Wiradjuris, eines alten australischen Eingeborenenstammes. In der Tradition meines Volkes wurde der Baum vor allem als ein Markstein für die Toten verwendet. Meine Vorfahren pflegten sorgfältig ausgearbeitete Muster auf die Rinde voll ausgewachsener Bäume zu schnitzen. Diese waren meist geometrisch ausgelegt.

Aber dies war nur eines der Dinge, zu denen Aborigines Bäume benutzten. Da-

neben gab es auch andere. Dazu gehörten natürlich auch sehr weltliche, das Kanu genausogut wie der coolamon oder coolaman (dies ist ein Tragegerät für alle Zwecke, zum Transportieren von Wasser, Nahrung bis zu Kleinkindern). Außerdem zählten dazu Schilde und natürlich der weltberühmte Bumerang. Aborigines waren traditionell mit den Bäumen in vielfacher Beziehung eng verbunden.

**Iris Clayton**
*Australien*

**Der Baum in der kunsttherapeutischen Praxis:**

Gemalte und gezeichnete Bäume sind wichtige Symbole für das bewußte und unbewußte »Selbst«. Daher sind sie für die Diagnose und den Verlauf des Heilungsprozesses wichtig. Ich zeige hier ein Baumbild einer 50jährigen Patientin, die wegen Erschöpfung und Arbeitsproblemen behandelt wurde.

Ihr Apfelbaum entstand nach einer meditativen Einstimmung. Das bevorzugte Querformat war ein erster Hinweis auf ihre spezielle Ausgangslage, denn sie klagte anschließend über Platzmangel, daß sie die mittleren Äste nicht weiter in den Himmel malen könne. Ihr Baum war mit viel Liebe gemalt, die Natur hatte für sie eine besondere Bedeutung.

Zu den Äpfeln fielen ihr ihre beiden Töchter ein, die älteste sei der linke Apfel, der an einem verdorrten Ast hing, zu ihr habe sie keine gute Beziehung. Die jüngere sei der rechte Apfel, mit dieser Tochter lebe sie zusammen, sie sei sehr lieb.

Mir schien noch der Bereich der Wurzeln bedeutungsvoll. Die vielen Wurzeln, die statt von Erde von einigen dunklen Steinen umgeben waren, deuteten auf ein Problem hin. Tatsächlich war die Patientin Flüchtling und hatte bis heute kein neues Heimatgefühl entwickeln können. Durch dieses Baumbild war ihr und mir deutlich geworden, daß sie noch heute unter den Auswirkungen der Flucht litt, daß sie es schwer hatte, ihren Platzbedarf richtig einzuschätzen. Die weit ausladenden Seitenäste verstand ich als Versuch, Kontakte zu schließen.

**Gisela Fritschi**
*Malerin,*
*Kunst- und Gestaltungstherapeutin*
(siehe Abbildung S. 104)

Holz, dieser wohl älteste Werkstoff der Menschheit, verdient, daß man sich mit ihm intensiv auseinandersetzt. Das vor allem in einer Zeit, die von kaltem Funktionalismus und Rationalismus geprägt ist, in der glatte, unterkühlte Kunststoff- und Edelstahlformen in ihrer absoluten und unmenschlichen Präzision den scheinbaren Sieg der Vernunft über das Gefühl feiern. Holz reizt - wie kein anderer Werkstoff - unseren Tastsinn und unsere Wärmeempfindung. Es bleibt selbst in totem Zustand »lebendig«: Für mich haben Spannungsrisse und polierte Flächen, weiches Splint- und hartes Kernholz, ausgefaulte Stellen und Verwachsungen enorme taktile und plastische Reize. Sie erzählen die Geschichte des Baumes und sind häufig erste Anregungen für ganze Skulpturen oder plastische Details. Jeder Baum hat - verglichen mit anderen plastischen Grundmaterialien, wie z.B. Ton, Gips, Bronze, Eisen, Stahl und Kunststoff, seine unverwechselbare Form und Struktur. Ihnen nachzuspüren und sie in meinen Skulpturen sichtbar zu machen, ohne daß sie meine plastischen Ideen beherrschen, ist eines meiner wesentlichen Anliegen als Bildhauer. Ohne Holz wäre meine Arbeit und damit mein Leben als Künstler ärmer!

**Hans-Jürgen Hiby**
*Bildhauer*

**Bäume: besondere Geschöpfe**

Bäume werden meist älter als die Menschen.
Einzelne überlebten hundert Menschengenerationen im härtesten Hitze-, Dürre-, Frost- und Sturmklima. Sie überragen uns um ein Vielfaches der Menschengröße; im regentrockenen Nebelklima ragen sie sogar mehr als 100 m auf. Die Baummassen sind oft gewaltig, die Stämme schwingen dennoch wie Gerten im Wind. Die Organe verwerten Energie der Sonne, Kohlenstoff der Luft und Wasser aus dem Boden zu Biomasse so nutzbringend wie kaum andere Pflanzen.

Die Baumgestalten sind genetisch bedingt, aber auch individuell geformt von den Kräften der Natur: die Rinden zerfetzt vom Hagel, die Äste zerschlagen vom Sturm und niedergedrückt von Eis- und Schneelasten, ganze Bäume oft übel zugerichtet vom Blitz. Am ausdrucksvollsten entfaltet sich der Charakter beim Solitär in der Feldflur, wie die Bizarrheit der knorrigen Eiche, die Sanftheit der Kugellinde oder der Kegel des Nadelbaumes. Der Baum im dressierten Gefüge des Forstes hingegen verliert die eigene Gestalt, eingezwängt steht er da in der Uniform der Masse.

**em. Prof. Dr. Dr. h.c.**
**Albert Baumgartner**
*Forst-Meteorologe und Bio-Klimatologe*

Eigentlich bin ich ganz zufällig zum Holz gekommen. Aber war es wirklich Zufall? Rückblickend kann ich mir eigentlich gar nicht mehr vorstellen, daß ich je etwas anderes getan hätte.

Aus der Beschäftigung mit dem Holz und den Bäumen hat sich die Vorliebe für bestimmte Arten ergeben. Da ist zunächst die Kiefer, der polnische Nationalbaum, der in unserem Lande die besten Bodenverhältnisse vorfindet und deshalb für seine Holzqualität berühmt ist. Da ist auch noch der Baum, den ich persönlich besonders mag, die Lärche. Im Frühjahr wird sie immer wieder so erfrischend jung, daß man geneigt ist, sich selbst mit ihr zusammen regenerieren zu wollen.

Da ist aber auch noch ein Einzelbaum, den ich bevorzuge. Er steht am Rande des Urwaldes »Puszcza Bialowieska«. Er ist ein ganz erstaunliches Geschöpf, das aus zwei verschiedenen Persönlichkeiten besteht. Es ist eine Eiche, die einstämmig beginnt und sich über dem Erdboden in zwei verschiedene Arten teilt. Im Frühjahr schlägt der Baum zweimal in unterschiedlichen Grüntönen aus. Der Herbst findet im Abstand von vierzehn Tagen auf den beiden verschiedenen Seiten statt. Eine imponierende »gespaltene« Persönlichkeit, die mich immer wieder in Gedanken beschäftigt!

**Ryszard Jendo**
*Forsttechniker, Polen*

*Denke ich an Bäume,*
*denke ich an Wälder.*
*Und Wälder sind Leben.*
*Beim Thema Baum fallen mir*
*aber auch Hänsel und Gretel ein.*
*Im dunklen Wald verliefen sie sich.*
*Und die Lyrik des jungen Goethe wird*
*ins Gedächtnis gerufen,*
*so in dem Sesenheimer Gedicht*
*»Willkommen und Abschied«:*
*»Es schlug mein Herz, geschwind zu*
*Pferde!*
*Es war getan fast eh gedacht.*
*Der Abend wiegte schon die Erde.*
*Und an den Bergen hing die Nacht;*
*Schon stand im Nebelkleid die Eiche,*
*ein aufgetürmter Riese,*
*da,*
*wo Finsternis aus dem Gesträuche*
*mit hundert schwarzen Augen sah.«*

**Kathrin Lücker**
*Redakteurin*

Ein Baum ist ein lebendes »Naturprodukt«, das immer wieder nachwächst. Ich freue mich an diesem Baum, ich genieße diesen Baum. Ich erfreue mich an dem Wald, ich genieße den Wald. Ganz besonders an freien Wochenenden und vor allem in den Ferien. Bei Wanderungen durch den Wald geht mir dabei auch oft jene häufig aufgeworfene Streitfrage durch den Kopf, ob die Papierindustrie – und für sie arbeite ich seit mehr als 40 Jahren - die Wälder schädigt oder sie sogar, wie so häufig behauptet wird, vernichtet. Es wäre für mich fürwahr eine Belastung, wenn dies so wäre. Zu meiner inneren Beruhigung komme ich aber immer wieder sehr schnell zu der Überzeugung, daß man dies mit gutem Gewissen verneinen kann. Das Herrliche am Baum und am Wald ist doch vor allem, daß hier das Alter verehrt, aber auch die Jugend geliebt werden kann. Ein ehrwürdiger alter Baum gibt mir Rat und Ruhe, mit dem jungen Baum möchte ich spielen wie mit einem Kind. Und damit wir den alten Baum möglichst lange verehren und den jungen Baum gesund heranwachsen sehen können, muß der Wald gepflegt und damit auch durchforstet werden. Und dazu tragen wir als Papierindustrie viel bei. Bei der Durchforstung fällt jenes Durchforstungsholz an, das wir nämlich als Rohstoff für die Papiererzeugung einsetzen. Als Papierindustrie und als Menschen, die dieser dienen, helfen wir so mit, daß es gesunde Bäume, gesunde Wälder und damit eine gesunde Umwelt gibt, sind doch gesunde Bäume, gesunde Wälder ein Teil einer gesunden Umwelt, die wir uns alle wünschen und die wir zum Überleben brauchen.

**Peter Dauscha**
*Industriemanager*

Im deutschen Werbewald sind viele Bäume gewachsen. Fast könnte man meinen, der Baum ist das Logo der Werbung schlechthin. So, wie die gute alte deutsche Eiche als Sinnbild dasteht für Stärke, Sieg und Heldentum.

Den Baum in der Werbung finden wir in verschiedenen Zweigen, als da sind: Der Baum des Konsums, der Baum der Erkenntnis, der Baum im Schlaraffenland, der Urlaubsbaum, der kranke Baum, der gesunde Baum, der Holzlieferant, der wachsende Baum, der Markenbaum. Und der Baum als solcher.

Die stämmigen Vertreter aus allen Gattungen sehen wir nachgedruckt in den nebenstehenden Anzeigen, die uns denken lassen, daß deren Gestalter ihr Handwerk weniger auf einer Kunstschule erlernt haben, als vielmehr auf der Baumschule. Und damit jeder Art-Direktor sich seine Krone aufsetzen kann, bietet eine Bilderagentur auch noch Bäume zum Aussuchen an.

Der bekannteste Baum des Konsums ist und bleibt der Tannenbaum, den man auch als Weihnachts- oder Christbaum bezeichnet. Wir kennen diesen Baum schon seit dem 17. Jahrhundert; aber erst nachdem die Weihnachtsmänner der

Werbung dem Konsumenten klargemacht haben, daß unter dem Tannenbaum alljährlich ein reger Austausch von Geschenken stattzufinden hat, bekam der Christbaum seine kommerzielle Bedeutung. Süßer die Kassen nie klingeln als zu der Weihnachtszeit!

Der Baum der Erkenntnis ist natürlich der Baum im Garten Eden, woran Gott uns Menschen geprüft hat. Was zur bekannten Erbsünde führte, die uns bis heute verfolgt. Und just diesen biblischen Baum, der im übrigen wohl kaum ein Apfelbaum gewesen ist, betrachten die Werber sozusagen als ihren Stammbaum, zeigen uns tausendfach die Szene mit Apfel, Eva und der Schlange, um eine Verführung zu symbolisieren. Was in der Tat das Gegenteil darstellt von dem, was sie meinen. Denn nach dem ersten Sündenfall der Menschheit ging vor dem Paradies der Schlagbaum runter.

An den Bäumen im Schlaraffenland hängen dagegen allerlei gute Gaben. Und in der Werbung sehen wir solche Bäume immer wieder, wo die verschiedenen Früchte auf ein und demselben Stamm wachsen. Und Kekse und Schokolade und vieles mehr.

Der Urlaubsbaum ist die Palme. Und wenn es um Urlaubsreisen in den sonnigen Süden geht, dann gehen die Werber stets auf die Palme, damit wir darunter liegen und unsere Seele baumeln lassen sollen. Und davon träumen, für ein paar Wochen lang keine Bäume ausreißen zu müssen.

Den kranken Baum kennen wir seit Ende der 70er Jahre, als das Waldsterben sichtbar wurde. Und mit Beginn der 80er, als die Grünen ins erste Länderparlament eingezogen waren und deutlich gemacht hatten, was die Ökonomie der Ökologie angetan hat - da wuchsen urplötzlich die Bäume in der Werbung wie die Pilze im Walde. Speziell dem abgestorbenen Baum wurden viele Anzeigen gewidmet. Baumskelette zeigend, die als warnendes Denkmal dienen sollen für jene, die zum Waldsterben beigetragen haben. Und als Mahnmal für Politiker, die solchem Frevel Einhalt gebieten mögen.

Mit dem gesunden Baum indes sollen wir auf einen grünen Zweig kommen, sprich: Er stammt aus den 47,1 Prozent (Stand 1989) des deutschen Waldes, der noch gesund zu sein scheint, und er steht in den Anzeigen von Parteien und Verbänden wie auch für Busse und Bahnen. Und für Strom und Erdgas ebenso wie fürs Energiesparen. Und der Gipfel ist, daß auch die, die zum sauren Regen beitrugen und erst durch den Druck von Bürgerbewegungen zur Umkehr gezwungen wurden - daß die hernach anzeigen, wie gut sie plötzlich zum deutschen Wald sind. So wie der auf frischer Tat ertappte Geldschrankknacker, der sich vorm Richter auf die eigene Schulter klopft und gelobt werden will, weil er doch die restlichen Tresore verschont hat.

Der Baum als Holzlieferant liegt abgeholzt mit sichtbaren Jahresringen vor uns im Werbebild. Und als Parkettfußboden, als Möbel, Bleistift und als Träger für Farben, Lacke und Holzschutzmittel. (Nebenbei bemerkt: Ein Produzent von Kunststoffenstern, der Bäume in seiner Werbung abbildet, schreibt dazu astrein »Wir lassen die Bäume im Wald.«)

Bäume, die für Wachstum stehen, sind festverwurzelt in der Werbung für Banken, Versicherungen und Investmentfirmen. Hier sehen wir niemals kranke Bäume, sondern nur solche, die in den Himmel wachsen und reichlich Früchte abwerfen.

Ein Markenbaum z.B. ist die Eiche, die in der Werbung von »Ureich Pils« zu sehen ist. Und wenn eine Firma Baumhüter oder Buchwald heißt oder Linde, dann finden wir dort nicht selten den betreffenden Baum als Marken- beziehungsweise Firmenzeichen.

Der Baum als solcher schließlich ist weitverzweigt in der Werbung. Er steht für die Natur und ihre Produkte, für reine und gesunde Luft, für Beständigkeit, Ruhe und ein langes Leben. Wir finden den Baum in den Inseraten der Gartenbauunternehmen genauso wie in den Anzeigen der Wohnstifte im Grünen. Und wer sich tiefenpsychologisch mit dem Baum als Symbol beschäftigt hat, weiß, daß der Stamm seit alters her für den Phallus steht. Und die Krone, die Früchte trägt und Schutz und Schatten spendet, die versinnbildlicht den weiblichen Schoß.

Alle Bäume in der Werbung haben eines gemeinsam: Sie sind gedruckt auf Papier, dem Stoff aus dem die Bäume sind, nämlich nicht wegzudenken. Und den Kritikern, die sich dagegen aufbäumen und das Hohelied vom »Umweltpapier« singen, denen sei gesagt: Ungebleichtes Recyclingpapier schont zwar die Umwelt, weil dadurch die Deponien weniger belastet werden - Druckpapier aber trägt zur Erhaltung des Waldes bei, der dafür nach Schwachholz durchforstet und somit gepflegt wird. Außerdem: Viele Bäume werden zwecks Holzernte genauso angepflanzt wie man Kohlköpfe anpflanzt zur Kohlernte. Und kein Mensch käme auf die Idee, gegen Kohlsuppe oder Sauerkraut zu protestieren.

(Zwischen den Absätzen: Ein anderes Kapitel ist der Baumfrevel in den tropischen Regenwäldern; ein Thema, das in der Werbung so gut wie gar nicht vorkommt).

Das Fazit schnitzte dichter Nebel umweltbewußt in die Rinde seines harten Brotes: »Wer in der Werbung viele Purzelbäume schlägt, muß Obacht geben, daß er beim Bäumchen-wechsle-dich-Spiel nicht zwischen Baum und Borke sitzt!«

*Spießer Alfons*

---

# Anmerkungen

*1) Victor Helm: »Der Ölbaum«, in: »Sag' Ich's Euch, Geliebte Bäume«, Manesse Bibliothek der Weltliteratur, Zürich 1985, 2. Auflage, S. 154.*

*2) Vgl. Gerd Krüssmann: »Handbuch der Laubgehölze«, Verlag Paul Parey, Berlin und Hamburg 1976, dessen Einteilungen hier und im folgenden Ausgangspunkt für die Überlegungen zum Wuchscharakter der Bäume sein sollen.*

*3) »Schätze des Waldes« in »Regenwälder-Zeitung«, Nr. 3/89, S. 3.*

*4) Beispielhaft für die einschlägige Literatur seien erwähnt: Günther Friedrich: »Funktionen von Gehölzen an Fließgewässern«, Cour. Forsch.-Inst. Senckenberg, 41, Frankfurt am Main 1980 S. 237-245; ders. »Fließgewässer. Charakteristik - Gefährdung - Schutz«, Hrsg.: Deutscher Naturschutzring e.V., Bundesverband für Umweltschutz (DNR), Bonn 1982; ders. »Die Gewässer als Bestandteil von Natur und Landschaft aus ökologischer Sicht«, Kongreß Wasser*

*Berlin 1985, Hrsg.: AMK Berlin, Wissenschaftsverlag Spiess, S. 240 ff.; ders. »International Symposium 24-29 April 1988: Hydrological Processes and Water Management in Urban Areas«, S. 649 ff.; Albrecht Krause: »Bewuchs an Wasserläufen«, AID 1987; »Bäche und Flüsse naturnah«: Schriftenreihe des Landesamts für Wasser und Abfall Nordrhein-Westfalen 43, Düsseldorf 1986; »Naturnahe Gewässer in Hessen, Bachpatenschaften, Renaturierungsmaßnahmen«, Hrsg.: Hessisches Ministerium für Umwelt und Reaktorsicherheit, Offenbach 1989.*

*5) Vergleiche etwa: Rudolf Geiger: »Das Klima der bodennahen Luftschicht. Ein Lehrbuch der Mikroklimatologie«, Verlag Friedr. Vieweg & Sohn, Braunschweig 1952, S. 378 ff.; Albert Baumgartner: »Wald und Biosphäre«, Sonderdruck aus Allgemeine »Forstzeitschrift« Nr. 21/1982.*

*6) Zu der gesamten Problematik vgl. im übrigen Jacob Grimm: »Deutsche Rechtsaltertümer«, Wissenschaftliche Buchgesellschaft, Darmstadt 1965, 2. Band, S. 411 ff.*

*7) Vgl. Buszello, Blickle, Endres: »Der deutsche Bauernkrieg«, Schöningh, Paderborn/München/Wien/Zürich 1984, S. 231.*

*8) Carl Amery: »Das Ende der Vorsehung. Die gnadenlosen Folgen des Christentums«, Rowohlt, Reinbek bei Hamburg 1974, Januar 1987.*

*9) Vgl. Selma Lagerlöf: »Die Flucht nach Ägypten«, in: »Christuslegenden«, Verlag Nymphenburger, München.*

*10) Vgl. »Verzauberte Welten. Fabeltiere«, Time-Life-Buch, Amsterdam 1985, 23 S. 17 f.*

*11) »Die Edda«, Voluspaj 19, Verlag Eugen Diderichs, München 1983, 4. Auflage.*

*12) »Rumpelstilzchen« aus: »Kinder- und Hausmärchen, gesammelt durch die Brüder Grimm«; Insel-Verlag, Frankfurt am Main 1974, 1. Teil, S. 318 ff.*

*13) Brüder Grimm, a.a.O., 1. Teil, S. 112 ff.*

*14) Brüder Grimm, a.a.O., 2. Teil, S. 44 ff.*

*15) Brüder Grimm, a.a.O., 1. Teil, S. 90 ff.*

*16) Brüder Grimm, a.a.O., 2. Teil, S. 299 ff.*

*17) Felix Karlinger: »Südamerikanische Märchen«, Fischer, Frankfurt/Main 1973, S. 89 ff.*

*18) Man denke an die sieben Zwerge in »Schneewittchen« (Brüder Grimm, a.a.O., 1. Teil, S. 300 ff.). Es kann aber auch »nur« ein Jäger sein, wie zum Beispiel in »Rotkäppchen« (Brüder Grimm, a.a.O., 1. Teil, S. 176 ff.).*

*19) Wie etwa die weiße Ente, die Hänsel und Gretel über das große Wasser hilft (»Hänsel und Gretel«, Brüder Grimm, a.a.O., 1. Teil, S. 112 ff.). In diesem Märchen gibt es allerdings auch noch die Vögel, die die von Hänsel und Gretel ausgelegten Brotbröcklein fressen und die beiden nicht mehr den Weg nach Hause finden lassen. Und wie ist das schöne, schneeweiße Vöglein zu sehen, das den Weg zu dem Hexenhaus weist? Rettet es die beiden vor dem Verhungern oder führt es sie der Hexe zu?*

*20) Brüder Grimm, a.a.O., 1. Teil, S. 43 ff.*

*21) Brüder Grimm, a.a.O., 1. Teil, S. 200 ff.*

*22) »Der weiße Wolf« aus: »Der Goldene Rehbock. Märchen von Ludwig Bechstein«, Aufbau-Verlag, Berlin und Weimar 1979, S. 125 ff.*

*23) »Der Tannenbaum« aus: »Die schönsten Märchen von Hans Christian Andersen«, Siegbert-Mohn-Verlag, Gütersloh 1959, S. 374 ff.*

*24) Brüder Grimm, a.a.O., 2. Teil, S. 248 f.*

*25) Brüder Grimm, a.a.O., 1. Teil, S. 153 ff.*

*26) Hermann Hesse »Märchen«, Fischer, Frankfurt/Main 1973, S. 145 ff.*

*27) »Enzyklopädie des Märchens«, Walter de Gruyter, Berlin, New York 1977, 1. Band, S. 367 ff.*

*28) Brüder Grimm, a.a.O., 2. Teil, S. 139 ff.*

*29) Enzyklopädie, a.a.O., S. 1371.*

*30) Enzyklopädie, a.a.O., S. 1377 ff.*

*31) Enzyklopädie, a.a.O., S. 1386 ff. mit Literaturnachweisen.*

*32) Zur assoziierenden Kraft des Wortzeichens »Baum« vgl. auch Eugen Gomringer: »Der Baum in der Dichtung«, Festvortrag anl. der Preisverleihung des Wettbewerbs »Baum und Kunst«, Bonn 1988, Jahreshefte der Kunstakademie Düsseldorf, 1. Band, Düsseldorf 1988, S. 127 ff.*

*33) Gomringer, a.a.O., S. 132.*

*34) In: »Die Sicht und Seele der Bäume im Worte der Dichter«, Benno Schwabe Verlag, Basel/Stuttgart 1960, S. 41.*

*35) Joseph von Eichendorff: »Bei einer Linde«, in: »Sag' Ich's Euch, Geliebte Bäume...«, Manesse, Zürich 1985, 2. Auflage, S. 314.*

*36) »Romantik« Volk und Wissen, Volkseigener Verlag Berlin 1977, 3. Auflage, S. 71 f.*

*37) Vgl. auch R. Immerwahr: »Romantik. Genese und Tradition einer Denkform.« Athenäum, Frankfurt/Main 1972, S. 60, 68, 70.*

*38) Dante Alighieri: »Die Göttliche Komödie«, Reclam, Stuttgart 1963, S. 7.*

*39) Vgl. Hubertus Fischer: »Naturwahrnehmung in Mittelalter und Neuzeit«, in: »Landschaft und Stadt«, Eugen Ulmer-Verlag, Stuttgart 1985, Nr. 3, S. 101.*

*40) Annette von Droste-Hülshoff: »Die Judenbuche«, Insel-Verlag, Frankfurt/Main 1988.*

*41) Jovan Ducic: »Uferweide«, in: »Gesicht und Seele der Bäume«, a.a.O., S. 46.*

*42) »Ein Gespräch über Bäume zwischen Rudolf Hagelstange und HAP Grieshaber«, Bruckmann, München 1972.*

*43) Pierre de Ronsard: »Elégie XXIV«, in: Manesse, a.a.O., S. 183.*

*44) Walter de la Mare: »Der Baum«, in: Manesse, a.a.O., S. 61.*

*45) Paul Valéry: »Gespräch über die Bäume«, in: Manesse, a.a.O., S. 206 ff.*

*46) Michail Prischwin: »Die Unterhaltung der Bäume«, in: Manesse, a.a.O., S. 8 f.*

*47) Else Lasker-Schüler: »Die Bäume unter sich«, in: »Bäume. Das Insel-Buch der Bäume«, Insel-Verlag, Frankfurt/Main 1987, S. 235 ff.*

*48) Aus: »Der Arzt Gion«, in: »Gesicht und Seele der Bäume«, a.a.O., S. 31.*

*49) Bertolt Brecht: »Der Geierbaum«, in: »Bäume«, a.a.O., S. 55 f.*

*50) Robert Burton: »The Anatomy of Melancholy«, in: Manesse, a.a.O., S. 418 f.*

*51) Antipatros von Thessaloniki: »Platane und Weinstock«, in: Manesse, a.a.O., S. 16.*

*52) Hermann Hesse: »Bäume«, Insel-Taschenbuch, Frankfurt/Main 1984, 1. Auflage S. 9 f.*

*53) Erhart Kästner: »Ölbaum«, in: »Bäume«, a.a.O., S. 93.*

*54) Ingeborg Bachmann: »Nebelland«, in: Wolfgang Lauter: »Das Leben der Bäume«, Harenberg Edition, Dortmund 1987, S. 30.*

*55) Else Lasker-Schüler: »Der leuchtende Baum«, in: »Gesicht und Seele der Bäume«, a.a.O., S. 55.*

*56) »Heinrich Heines sämtliche Werke in 12 Bänden«, Max Hesses Verlag, Leipzig, 1.-4. Auflage S. 61.*

*57) Marnix Gijsen: »Der Baum des Guten und des Bösen«, in: Manesse, a.a.O., S. 332 ff.*

*58) Iwan Turgenjew: »Fahrt ins Waldgebiet«, in: Manesse, a.a.O., S. 108 f.*

*59) Anna Seghers: »Die drei Bäume. Der Baum des Ritters«, in: »Bäume«, a.a.O., S. 173.*

*60) Friedrich de la Motte Fouqué: »Der Eichbaum in der Mark Brandenburg«, in: »Bäume«, a.a.O., S. 34.*

*61) Günter Eich: »Pappeln«, in »Bäume«, a.a.O., S. 111.*

*62) Hugo von Hofmannsthal: »Blühende Bäume«, in: »Gesicht und Seele der Bäume«, a.a.O., S. 111.*

*63) Sakanoue Korenori, in: Manesse, a.a.O., S. 35.*

*64) Theodor Fontane: »Herr von Ribbeck auf Ribbeck im Havelland«, in »Bäume«, a.a.O., S. 70 f.*

*65) »Was die Mutter an der Wiege singt«, Rainer Wunderlich Verlag, Tübingen, S. 28.*

*66) »Kinderlieder, Kinderreime«, Ueberreuter, Wien, Heidelberg 1973, S. 166.*

*67) Karl Aichele und Bernhard Binkowski: »Unser Liederbuch (für norddeutsche Kinder)« Ernst Klett-Verlag, Stuttgart, S. 45.*

*68) Worte: August Zarnack, 1820; Melodie aus: Nicolais »Feinem Almanach«, um 1777 (vgl. »Deutsche Volkslieder«, Philipp Reclam Jun., Stuttgart 1976, S. 104.*

*69) Worte aus: »Des Knaben Wunderhorn«, 1809; Melodie: Friedrich Reichardt, 1752-1814 (vgl. »Deutsche Volkslieder«, a.a.O., S. 90.*

*70) Vgl. Eva Börsch-Supan: »Garten-, Landschafts- und Paradiesmotive im Innenraum«, Verlag Bruno Hessling, Berlin 1967.*

*71) Zur Geschichte der Gartenkunst und einzelner Gärten vgl.: Marie Luise Gothein: »Geschichte der Gartenkunst« in zwei Bänden, Eugen Diederichs, Jena 1914.*

*72) Vgl. Karl Oettinger: »Laube, Garten und Wald«, in: »Festschrift Karl Oettinger zum 60. Geburtstag am 4.3.1966 gewidmet«, Hrsg.: H. Sedlmayr und W. Messerer, Erlangen 1967, S. 201 ff.*

*73) Herausgegeben von der Projektträgerschaft für Biologie, Ökologie und Energie der Kernforschungsanlage Jülich GmbH im Auftrag des Bundesministeriums für Forschung und Technologie und der U. S. Environmental Protection Agency. KFA Jülich 1987, 2. Auflage.*

*74) Die hier zugrundegelegten Schadstufen gliedern sich nach Blatt- und Nadelverlusten wie folgt: 1: 11-25%, 2: 26-60%, 3: über 60%, 4: abgestorben.*

*75) Vergleiche hierzu auch Jürgen Nakott: »Todesstoß für den deutschen Wald« in: »Bild der Wissenschaft«, Nr. 12/1991, S. 54 ff.*

*76) Zu den klimatologischen Entwicklungen und deren Konsequenzen auf das Leben der Bäume vgl. beispielsweise: »2. Bericht der Enquête-Kommission: Vorsorge zum Schutz der Erdatmosphäre (zum Thema 'Schutz der tropischen Wälder').« Drucksache 11/7220, 25.05.1990; K. Heinloth: »Energieversorgung kontra Klima. Naturgesetzliche Auswirkungen und politische Konsequenzen.« Physikalisches Institut der Universität Bonn, März 1990.*

*77) Vgl. etwa H. J. Ewers: »Zur monetären Bewertung von Waldschäden. Methodische Untersuchung am Beispiel der Waldschäden.« Umweltbundesamt, Berlin 1986, (Bericht 4/86).*

*78) FAO = Food and Agriculture Organization of the United Nations.*

*79) A. Sommer: »Attempt at an Assessment of the World's Tropical Moist Forests.« Unasylva Band 28, 1976, S. 5-24.*

*80) Zum Themenkomplex Alpenflora wird u. a. auf die zahlreichen Initiativen von Karl Partsch, Sonthofen, als kompetentem Streiter für die Interessen der dortigen Umwelt verwiesen.*

*81) Vgl. hierzu Hubertus Fischer: »Naturwahrnehmung in Mittelalter und Neuzeit« in: »Landschaft und Stadt«, Eugen Ulmer, Stuttgart, Nr. 3/1985, S. 105.*

*82) Dieter Strauch: »Das Ostgotenrecht«, Weimar 1971, S. 257.*

*83) Vgl. Rudolf His: »Das Strafrecht des deutschen Mittelalters«, 2. Teil: »Die einzelnen Verbrechen«, Weimar 1935, S. 240.*

*84) Zu den Tatbeständen und Strafen im einzelnen vgl. u.a. His, a.a.O., S. 348 ff.*

**Impressum:**
**Die Deutsche Bibliothek – CIP – Einheitsaufnahme**

**Schulz, Claus:**
Bäume und Menschen / von Claus Schulz. – Düsseldorf: Werner, 1992
ISBN 3-8041-3432-7


Produktion: Thema GmbH, München
Umschlag: Grafik-Design Krön, München
Druck: Passavia, Passau
Papier: Ikonorex, natura (Zanders Feinpapiere AG)

Printed in Germany

ISBN 3-8041-3432-7

**Bildnachweis:**
Bruno Barbey S. 46; Ursel Borstell S. 60, 97, 180; Gisela Fritschi S. 104; Dr. Wolfgang Gewalt S. 155; Dr. Gertrud Hein S. 112; Wolf Hockenjos S. 68, 89, 121, 133, 216; Wolfgang Lauter S. 11, 52, 53, 151, 152, 159, 184; Stanislaw Misiewicz S. 160; Marion Nickig S. 101, 183, 190/191; Willy Puchner S. 6, 63, 102/103, 105; Marc Riboud S. 106/107; Jürgen V. Riedel S. 99; Walter Rüth S. 108, 109, 110, 192; Dr. Karlheinz Schmidt S. 9, 13, 49, 157; Kurt Schmitten S. 62; Half Schulz S. 56, 57, 64, 145, 148/149, 153, 154, 156, 178, 179, 200; Michael Stamm S. 12, 72/73, 138, 150, 186, 187, 188, 189; Staatsbibliothek, Bildarchiv Preußischer Kulturbesitz 54; Imme Techentin-Bauer Titelfoto, S. 2/3; Peter A. Thomas S. 50/51, 181; Gerhard Waldmann S. 15, 16, 55, 58, 59, 111, 182; ZEFA S. 98, 100, 177, 185.
Für die kostenlose Überlassung von Bildmaterial danken wir dem Bogor Botanical Garden, Indonesien (S. 158), Koskitukki Oy, Finnland (S. 61) und dem State of Wisconsin (S. 14).